Online-Kommunikation
Grundlagen, Praxisfelder und Methoden

von
Prof. Dr. Claudia Fraas
Dr. Stefan Meier
Christian Pentzold
Technische Universität Chemnitz

Oldenbourg Verlag München

Bibliografische Information der Deutschen Nationalbibliothek

Die Deutsche Nationalbibliothek verzeichnet diese Publikation in der Deutschen
Nationalbibliografie; detaillierte bibliografische Daten sind im Internet über
http://dnb.d-nb.de abrufbar.

© 2012 Oldenbourg Wissenschaftsverlag GmbH
Rosenheimer Straße 145, D-81671 München
Telefon: (089) 45051-0
www.oldenbourg-verlag.de

Das Werk einschließlich aller Abbildungen ist urheberrechtlich geschützt. Jede Verwertung
außerhalb der Grenzen des Urheberrechtsgesetzes ist ohne Zustimmung des Verlages unzulässig
und strafbar. Das gilt insbesondere für Vervielfältigungen, Übersetzungen, Mikroverfilmungen
und die Einspeicherung und Bearbeitung in elektronischen Systemen.

Lektorat:Christiane Engel-Haas
Herstellung: Constanze Müller
Titelbild: thinkstockphotos.de
Einbandgestaltung: hauser lacour
Gesamtherstellung: Grafik & Druck GmbH, München

Dieses Papier ist alterungsbeständig nach DIN/ISO 9706.

ISBN 978-3-486-59180-4
eISBN 978-3-486-71481-4

Vorwort

Im Internet zu kommunizieren, ist längst zur Selbstverständlichkeit geworden. E-Mails zu schreiben und per Skype zu telefonieren, Kontakte über soziale Netzwerke wie Facebook zu pflegen, Informationen über Google und in Wikipedia zu suchen, Online-Einkäufe abzuwickeln oder Meinungen und Bewertungen zu teilen, gehört für viele Menschen zum Alltag. Ein Leben und Arbeiten ohne Online-Kommunikation ist inzwischen kaum noch denkbar. So stellt die ARD/ZDF-Onlinestudie 2011 fest, dass im Frühjahr 2011 fast 52 Millionen jugendliche und erwachsene Deutsche online waren und etwa drei Viertel davon täglich. Das sind immerhin über 73 Prozent der Bevölkerung und im Vergleich zum Vorjahr nochmals 2,7 Millionen Nutzer mehr. Dass die jüngere Generation einen großen Teil ihrer Zeit im Internet verbringt, ist bekannt. Aber auch in älteren Bevölkerungsgruppen nimmt die Internetnutzung kontinuierlich zu.

Diese Entwicklung wirft die Frage auf, inwieweit das Internet unsere alltäglichen Kommunikationsprozesse inzwischen durchdrungen hat, inwieweit es in diese selbstverständlich eingebunden ist und wie es diese verändert. In der Gesellschaft wachsen das Bedürfnis und die Notwendigkeit, sich mit solchen Fragen auseinanderzusetzen. Das mediale Interesse an Internet-Themen ist ungebrochen. Neue Berufsfelder setzen Kenntnisse und Fähigkeiten im Bereich der Online-Kommunikation voraus, worauf Schulen und Ausbildungsbetriebe, Universitäten und Hochschulen wiederum mit ihren Angeboten reagieren.

Vor diesem Hintergrund führt das hier vorliegende Buch in den Gegenstand Online-Kommunikation und seine wissenschaftliche Untersuchung ein. Es ist für alle gedacht, die sich aus sozialwissenschaftlicher und insbesondere aus kommunikations- sowie medienwissenschaftlicher Perspektive mit Online-Kommunikation beschäftigen wollen. Darüber hinaus soll das Buch alle am Internet Interessierten in kompakter Form über die wichtigsten Merkmale online-medialen Kommunizierens und über zentrale Forschungsthemen informieren.

So bietet das vorliegende Buch Einsteigern eine Einführung in wichtige Aspekte der Online-Kommunikation und vertiefend eine Orientierung zu den wesentlichen Forschungsfeldern. Im Verlauf der sechs Kapitel werden folgende Fragen behandelt: Welche wesentlichen Eigenschaften zeichnet Online-Kommunikation aus? In welchen Formen und Anwendungsfeldern findet Online-Kommunikation statt? Inwiefern ist Online-Kommunikation multimodale Kommunikation? Wie werden mithilfe von Online-Kommunikation Identitäten konstruiert und Beziehungen hergestellt bzw. gepflegt? Wie hat Online-Kommunikation politische und ökonomische Prozesse verändert? Wie kann Online-Kommunikation empirisch untersucht werden?

Jedes Kapitel beginnt mit einer kurzen Vorschau auf die im jeweiligen Abschnitt behandelten Themen. Im Text finden sich Abbildungen, Tabellen, Beispiele und Zitate, welche die diskutierten Inhalte veranschaulichen sollen. Kurze Zusammenfassungen schließen jeweils die Unterkapitel ab und erleichtern die Orientierung. Am Ende jedes Kapitels unterstützen Fragen und praktische Aufgaben das Wiederholen, Reflektieren, Anwenden und Weiterdenken des Gelesenen. Darüber hinaus regen kommentierte Lektüreempfehlungen zum Weiterlesen an. Alle im Text verwendeten Begriffe, die computervermittelte Kommunikation und Interaktion betreffen, werden knapp und verständlich in einem Glossar am Ende des Buches erklärt. Ein Stichwortverzeichnis erleichtert das Auffinden von wichtigen Begriffen im Haupttext.

Ohne tatkräftige Unterstützung wäre das Buch in dieser Form nicht möglich gewesen. So gilt an erster Stelle unser besonderer Dank Ruth Geier, deren ‚Adleraugen' in bewährter Weise sprachliche Ungereimtheiten aufspürten. Außerdem gilt unser Dank Julia Pape und Christin Scholz, die in kreativer Manier Soft- und Hardware für die Erstellung des Glossars, des Literaturverzeichnisses und der zahlreichen Abbildungen zu beherrschen wussten. Auch soll Tanja Rupp herzlich gedankt werden, die die ersten Schritte in Richtung auf das vorliegende Buch mit Recherchen und Literaturbeschaffung unterstützt hat. Ein besonderes Dankeschön geht an Franziska Thiele für die tatkräftige Erstellung und zuverlässige Korrektur des Manuskriptes sowie die souveräne Handhabung der nötigen Software. Auch Lena Rieger gilt unser Dank, die in der heißen Phase der Manuskripterstellung effizient und zuverlässig zum Gelingen der laufenden Arbeiten beigetragen hat. Gedankt sei darüber hinaus Martin Böhringer, Catherina Dürrenberg, Sabine Völkel, Steffen Albrecht und Malte Ziewitz für ihre wertvollen Kommentare zu früheren Versionen des Manuskriptes. Wir danken den Studierenden der Medienkommunikation an der Technischen Universität Chemnitz, die Inhalte des Buches in verschiedenen Seminaren aufmerksam und engagiert diskutiert haben.

Zum Schluss sei dem Oldenbourg-Verlag gedankt für seine vertrauensvolle Begleitung, seine Offenheit gegenüber layouttechnischen Sonderwünschen und für die kompetente Beratung bei der Manuskripterstellung.

Chemnitz, im September 2011   Claudia Fraas, Stefan Meier, Christian Pentzold

Inhaltsverzeichnis

Vorwort   V

1   **Einleitung**   1

2   **Was ist Online-Kommunikation?**   5
2.1   Was ist Kommunikation? 5
2.1.1   Handeln und Verhalten 6
2.1.2   Soziale Interaktion, Medialität und Symbolhaftigkeit 7
2.2   Was ist Online-Kommunikation? 13
2.3   In welchen Formen findet Online-Kommunikation statt? 19
2.3.1   Kommunikationsraum für Kommunikationsmodi bzw. Kommunikationsformen ... 19
2.3.2   Kommunikationsmodi und Kommunikationsformen – konkrete Anwendungen 21
2.4   Was ist Online-Öffentlichkeit? 30
2.4.1   Öffentlichkeit 31
2.4.2   Online-Öffentlichkeit 35

3   **Online-Kommunikation als multimodales Zeichenhandeln**   49
3.1   Semiotik und Online-Medien 49
3.2   Bedeutungsvermittlung und Zeichenhandeln 51
3.2.1   Zeichen als Bedeutungsträger 51
3.2.2   Kommunikation und Zeichenhandeln 53
3.2.3   Konventionalisierte Bedeutungsstiftung mittels Zeichen 54
3.3   Sprachlichkeit und Bildlichkeit in der Online-Kommunikation 56
3.3.1   Kodalität 56
3.3.2   Modalität 64
3.4   Multimodalität und online-kommunikatives Zeichenhandeln 66

4   **Identität und soziale Beziehungen in der Online-Kommunikation**   73
4.1   Identität(en) in der Online-Kommunikation 73
4.2   Soziale Beziehungen in der Online-Kommunikation 82
4.2.1   Freundschafts- und Liebesbeziehungen 82
4.2.2   Gemeinschaften, Gruppen, Netzwerke 87
4.3   Theorien sozialer Prozesse in der Online-Kommunikation 93

5	**Politik in der Online-Kommunikation**	**107**
5.1	Politische Kommunikation im Netz	108
5.2	Online-Polity: Formen der Regulierung	113
5.3	Online-Politics: Kommunikation politischer Akteure	115
5.4	Online-Policy: Politikfeldbezogene Kommunikation	124
5.5	Politische Online-Kultur: Kommunikative Vernetzung	130
6	**Ökonomie, Werbung und PR in der Online-Kommunikation**	**137**
6.1	Internet-Ökonomie: Voraussetzungen und Merkmale	137
6.1.1	Voraussetzungen der Internet-Ökonomie	138
6.1.2	Dynamiken der Internet-Ökonomie	141
6.2	Unternehmen und Kunden in der Internet-Ökonomie	143
6.2.1	Geschäfts- und Ertragsmodelle	143
6.2.2	Modularisierung und Vernetzung von Organisationen	146
6.2.3	Kundenintegration	148
6.3	Werbung und Online-Kommunikation	150
6.3.1	Merkmale der Online-Werbung	151
6.3.2	Formate der Online-Werbung	152
6.4	Online-PR	154
6.4.1	Instrumente der Online-PR	156
6.4.2	Potenziale der Online-PR	156
7	**Methoden der Online-Forschung**	**159**
7.1	Befragung	160
7.1.1	Grundlagen	160
7.1.2	Online-Befragung	162
7.2	Beobachtung	169
7.2.1	Grundlagen	169
7.2.2	Online-Beobachtung	170
7.3	Inhaltsanalyse	171
7.3.1	Grundlagen	171
7.3.2	Online-medienspezifische Bedingungen bei der Datenerhebung	173
7.3.3	Quantitative Online-Inhaltsanalyse	174
7.3.4	Qualitative Online-Inhaltsanalyse	178
7.4	Logfile-Analyse	184
7.4.1	Serverseitige Logfile-Analysen	184
7.4.2	Clientseitige Logfile-Analysen	186
7.5	Forschungsethik	188
7.5.1	Grundlagen	188
7.5.2	Ethik der Online-Forschung	189

Abbildungsverzeichnis	**197**
Tabellenverzeichnis	**201**
Glossar	**203**
Literatur	**225**
Register	**249**

1   Einleitung

Die Kommunikationsforschung beschäftigt sich seit rund zwei Jahrzehnten mit Online-Kommunikation und hat in dieser Zeit ihr Verständnis des Gegenstandes ausdifferenziert und geschärft. Dabei wandte sich die Kommunikationsforschung, die traditionell öffentliche Kommunikation als Massenkommunikation über Fernsehen, Radio und Print untersuchte, auch der Analyse interpersonaler Kommunikation im Netz zu. Dies geschah aus der Erkenntnis heraus, dass im Internet interpersonale Kommunikation an gesellschaftlich relevante Themen anschließen kann, auf diese Weise Bestandteil öffentlicher Kommunikationsprozesse wird und diese signifikant beeinflusst. Von Online-Kommunikation zu sprechen, heißt in diesem Sinne, sich auf alle Formen der interpersonalen, gruppenbezogenen und öffentlichen Kommunikation zu beziehen, die online über Computernetze, digitale Endgeräte und Mobilfunknetze erfolgt.

Ein solches Verständnis von Online-Kommunikation hat insbesondere Kommunikation und Interaktion im Internet und im World Wide Web im Blick, während computergestützte Vermittlungsweisen per CD oder DVD in den Hintergrund treten. Aus diesem Grund soll in diesem Buch von Online-Kommunikation und nicht von computervermittelter Kommunikation (CvK) die Rede sein, einem immer wieder als sperrig und unhandlich empfundenen Begriff, der in der deutschsprachigen Forschung in Anlehnung an den anglo-amerikanischen Begriff der *computer-mediated communication* gebildet worden war.

Ausgehend von einer kommunikationswissenschaftlichen Perspektive auf Online-Kommunikation greift das vorliegende Einführungsbuch auf Nachbardisziplinen zurück, um den Gegenstandsbereich in seinem Facettenreichtum vorzustellen. So ermöglicht beispielsweise der Blick in die Sprachwissenschaft und in die Semiotik als Lehre von den Zeichen, die besonderen Zeichenprozesse in der Online-Kommunikation differenziert zu behandeln. Die soziale Bedeutsamkeit von Online-Kommunikation wird in Anbindung an soziologische und sozialpsychologische Studien diskutiert. Nicht zuletzt erfordert die Untersuchung von politischen und ökonomischen Gegenstandsbereichen auch politik- und wirtschaftswissenschaftliche Perspektiven, die das Einführungsbuch in wichtigen Grundzügen nachzeichnet.

Ein Buch über Online-Kommunikation ist zwangsläufig der Gefahr ausgesetzt, schnell an Aktualität zu verlieren. Die technische, soziale, ökonomische, politische und juristische Entwicklung im Web schreitet schnell voran. In kurzer Folge begegnen wir neuen Online-Anwendungen und Kommunikationsformen. Auch die Verschränkung von massenmedialer und online-medialer Kommunikation entwickelt sich weiter. In diesem Buch verfolgen wir daher das Ziel, der Dynamik des Gegenstandes mit einer ‚großen Werkzeugkiste' zu begegnen. Sie soll der Leserin oder dem Leser ein breites Spektrum an möglichen Konzepten und Analyseansätzen an die Hand geben, aus dem sie oder er je nach Fragestellung auswählen kann. Die Beispiele helfen dabei, die praktische Relevanz der Inhalte nachzuvollziehen.

Zum Aufbau des Buches

Der inhaltliche Aufbau des Buches orientiert sich an den wesentlichen Aspekten von Online-Kommunikation und behandelt nacheinander die folgenden Fragen: Was ist Online-Kommunikation und in welchen Formen findet sie statt? Was ist Online-Öffentlichkeit? Inwiefern ist Online-Kommunikation multimodales Zeichenhandeln? Wie werden im Internet Identitäten und soziale Beziehungen konstituiert und gepflegt? Wie verändern sich politische Prozesse durch Online-Kommunikation? Welchen Einfluss hat das Internet auf kommunikative Prozesse im Kontext von Ökonomie, Online-Werbung und PR? Mit welchen Methoden der empirischen Forschung kann Online-Kommunikation untersucht werden bzw. welche Methoden stellt die Online-Forschung bereit? Das Buch ist in sieben Kapitel gegliedert, die diese Fragen bearbeiten.

Nach der Einleitung führt das **zweite Kapitel** ausgehend von einer allgemeinen Bestimmung des Kommunikationsbegriffs in grundlegende Aspekte von Online-Kommunikation ein. Dabei wird Kommunikation als soziale Interaktion verstanden, die durch Zeichen- bzw. Symbolhaftigkeit, Medialität und Multimodalität gekennzeichnet ist. Diese allgemeine Bestimmung von Kommunikation führt weiter zur Fragestellung, wie sich die Bedingungen, Formen und Prozesse von Kommunikation verändert haben, seitdem das Internet zum Kommunizieren genutzt wird. Dabei wird sowohl auf die technischen Gegebenheiten als auch auf die soziale Dimension des Internet eingegangen. Obwohl im Feld der Online-Kommunikation immer wieder neue Anwendungen und Kommunikationsweisen hervorgebracht werden, erfolgt zur allgemeinen Orientierung ein Überblick über die derzeit gängigen Online-Kommunikationsformen. Der abschließende Teil des zweiten Kapitels beschäftigt sich mit dem Öffentlichkeitsbegriff und fragt danach, wie Online-Öffentlichkeit charakterisiert werden kann.

Das **dritte Kapitel** greift den Aspekt der Zeichen- bzw. Symbolhaftigkeit von Kommunikation aus dem zweiten Kapitel auf und arbeitet heraus, inwiefern Kommunikation im Allgemeinen sowie Online-Kommunikation im Besonderen als Handeln mittels Zeichen beschrieben werden kann. Dazu werden die zentralen Begriffe Multimodalität und Zeichenhandeln eingeführt und erläutert. Zunächst wird erklärt, dass (medienvermittelte) Kommunikation durch Zeichen als bedeutungstragende Phänomene realisiert wird. Online-Medien stellen dafür unterschiedliche Zeichennutzungsmöglichkeiten zur Verfügung. Die Semiotik als ‚Lehre von den Zeichen' liefert das nötige Analyseinstrumentarium, um der Komplexität zeichenhafter Kommunikation gerecht zu werden. Davon ausgehend werden die zeichentheoretischen Grundlagen thematisiert, auf die das Verständnis von Kommunikation als Zeichenhandeln aufbaut. Weiterhin kommen die jeweiligen kommunikativen Funktionen und Verwendungsweisen in den Blick, die mit den Zeichensystemen wie Sprache und Bild in der Online-Kommunikation realisiert werden können. Darauf folgend werden die bedeutungsstiftenden Korrespondenzen verschiedener Zeichensysteme anhand von Beispielen dargestellt.

Das **vierte Kapitel** wendet sich dem Thema zu, wie in der Online-Kommunikation einerseits Identitäten geformt und dargestellt und andererseits soziale Beziehungen geknüpft und gepflegt werden. Dazu wird zunächst der Begriff der Identität geklärt und daran anschließend die Rolle der Online-Kommunikation bei der Konstruktion und Präsentation von Identitäten erarbeitet. Im Folgenden steht die Gestaltung sozialer Beziehungen in und durch Online-Kommunikation in unterschiedlich weiten Personenkreisen, von der Zweierbeziehung bis zu großen Kollektiven, im Mittelpunkt. Ein Überblick über kommunikationswissenschaftliche und sozialpsychologische Theorien, die Prozesse des computervermittelten Austausches zwischen Individuen zu erklären versuchen, rundet diese Darstellung ab.

Kapitel fünf geht der Frage nach, inwiefern soziales Handeln im Netz politisch ist. Es beleuchtet Online-Kommunikation, die zu kollektiv verbindlichen Entscheidungsprozessen beiträgt, und untersucht, welchen Regulierungsformen sie unterworfen ist. Im Besonderen werden soziale Handlungen von politischen Akteuren betrachtet, die auf der einen Seite top-down auf die politische Öffentlichkeit einwirken und zum anderen bottom-up politische Willens- und Entscheidungsprozesse zu beeinflussen bemüht sind. Diese Handlungen werden zunächst als politische Online-Kommunikation gefasst, wobei zum Ende des Kapitels eine nötige Öffnung zu (sub-)kulturell motivierter Kommunikation mit politischer Ausrichtung vorgenommen wird.

Im **sechsten Kapitel** werden die Bedingungen und Auswirkungen der Online-Kommunikation für ökonomische Zusammenhänge behandelt. Dazu werden die wichtigsten Begrifflichkeiten eingeführt und eine Definition dessen vorgenommen, was unter ‚Internet-Ökonomie' zu verstehen ist. Davon ausgehend werden wichtige Voraussetzungen und Effekte der Internet-Ökonomie erläutert. Es wird darauf eingegangen, welche Effekte die Online-Kommunikation für die Geschäftsmodelle und Wertschöpfungsketten von Unternehmen, für die Beziehung zwischen Unternehmen und Kunden sowie für den Werbeprozess hat. Der letzte Abschnitt des Kapitels beschäftigt sich mit Organisationskommunikation, wobei der Schwerpunkt auf den Instrumenten und Strategien der Online-PR liegt.

Das **siebte Kapitel** dieses Buches behandelt die Frage, wie Online-Kommunikation untersucht werden kann und welche einschlägigen Methoden die Online-Forschung einsetzt. Dabei wird sowohl das quantitative als auch das qualitative Vorgehen berücksichtigt. Aus dem Spektrum sozialwissenschaftlicher Methoden werden zunächst die zentralen Datenerhebungsmethoden Befragung und Beobachtung behandelt. Im Anschluss daran folgt die Beschreibung inhaltsanalytischer Verfahren und der Logfile-Analyse als gängige Untersuchungsmethoden der Online-Forschung. Das Methoden-Kapitel wird komplettiert durch die Betrachtung grundlegender ethischer Anforderungen an empirische Sozialforschung mit besonderem Augenmerk auf online-spezifische forschungsethische Problemlagen.

2 Was ist Online-Kommunikation?

2.1 Was ist Kommunikation?
2.2 Was ist Online-Kommunikation?
2.3 In welchen Formen findet Online-Kommunikation statt?
2.4 Was ist Online-Öffentlichkeit?

Dieses zweite Kapitel führt in grundlegende Aspekte von Online-Kommunikation ein und nimmt zunächst eine allgemeine Bestimmung des Kommunikationsbegriffs vor.
- Abschnitt 2.1 charakterisiert Kommunikation als soziale Interaktion und führt als Basis dafür die Konzepte Handlung und Verhalten ein. Als weitere wesentliche Merkmale von Kommunikation werden Multimodalität, Medialität und Symbolhaftigkeit behandelt.
- Der Abschnitt 2.2 widmet sich einführenden Überlegungen zu einer Charakterisierung von Online-Kommunikation und gibt eingangs einen kurzen Abriss der Internet-Entwicklung. Anschließend werden grundlegende Aspekte von Online-Kommunikation angesprochen.
- Abschnitt 2.3 bearbeitet die Frage, in welchen Formen Online-Kommunikation stattfindet und wie diese beschrieben werden können.
- Der Abschnitt 2.4 beschäftigt sich mit dem Öffentlichkeitsbegriff und fragt danach, wie Online-Öffentlichkeit charakterisiert werden kann. Eine besondere Rolle spielen hier die Erweiterung professionell hergestellter Öffentlichkeiten, die Bedeutung persönlicher Öffentlichkeiten und die Integration unterschiedlicher Öffentlichkeits-Ebenen.

2.1 Was ist Kommunikation?

Um die Frage beantworten zu können, was Online-Kommunikation ist, muss zunächst geklärt werden, was unter Kommunikation überhaupt verstanden werden kann. Das ist nicht einfach zu bewerkstelligen, denn Kommunikation gehört zu den grundlegenden Handlungen, die wir in unterschiedlichen Situationen und Konstellationen ständig ausführen. Weder unser alltägliches noch das gesellschaftliche Leben ist ohne Kommunikation vorstellbar. Dementsprechend gehört Kommunikation zu den zentralen Konzepten unseres Alltagsbewusstseins und spielt eine große Rolle in den Medien. Eine Google-Suche nach dem Stichwort „Kommunikation" ergab im Juni 2011 über 90 Millionen Treffer, eine Suche nach der englischen Entsprechung sogar ca. 900 Millionen. Neben dieser Alltagsrelevanz ist Kommunikation ein Forschungsgegenstand vieler Fachgebiete und wird deshalb auch – entsprechend den Erkenntnisinteressen der einzelnen Fächer und Wissenschaftler – ganz unterschiedlich interpretiert und beschrieben. Das Konzept Kommunikation ist also „something of a slippery fish to define" (Thurlow/Lengel/Tomic 2009: 17). Allein der Kommunikationswissenschaftler Klaus

Merten (1977) stellte 160 unterschiedliche Definitionen des Kommunikationsbegriffs zusammen und verweist darauf, dass auch in technischen und naturwissenschaftlichen Zusammenhängen von Kommunikation gesprochen wird, z. B. von Kommunikation zwischen technischen Systemen, Kommunikation zwischen Tieren oder Zellen oder auch von Kommunikation zwischen Mensch und Maschine.

Wir interessieren uns hier für den Kommunikationsbegriff der Sozialwissenschaften, insbesondere der Kommunikationswissenschaft, deren erklärtes Ziel es ist, Kommunikation zu untersuchen. Kommunikation ist demnach als eine Form sozialer Interaktion zun betrachten, die entweder medial vermittelt oder gleichzeitig zwischen anwesenden Interaktionspartnern (Face-to-face-Kommunikation) stattfinden kann.

2.1.1 Handeln und Verhalten

Das Konzept der sozialen Interaktion lässt sich mit einer Bestimmung der Begriffe Handlung und **Verhalten** verstehen. Miebach (2006: 20) stellt die Unterscheidung des Soziologen Max Weber zwischen Verhalten und Handlung folgendermaßen vereinfacht dar:

> „Verhalten ist der allgemeinste Begriff, der sich auf die Klasse aller möglichen menschlichen Aktionen bezieht, die unbewusst oder bewusst ablaufen können und sowohl Reflexe als auch geplante Handlungen einschließen können. Handeln im Weberschen Sinne ist Verhalten, mit dem der Akteur – wie wir den Handelnden nennen – einen bestimmten Sinn verbindet. Der Sinnbegriff hat zwei Hauptdimensionen. Einerseits wird damit der vom Akteur angestrebte Zweck des Handelns verstanden. Andererseits kann Sinn als die Bedeutung für den Akteur definiert werden. Den Sinn seiner Handlung kann der Akteur durch Kommunikation anderen vermitteln, und der Forscher kann den Handlungssinn ‚deutend' verstehen."

Als Verhalten kann also jede Regung eines Organismus verstanden werden, z. B. auch die Reaktion auf Umweltreize durch Aktivitäten des Zentralnervensystems und motorische Bewegungsabläufe. **Soziales Verhalten** wäre dann entsprechend das Verhalten von Lebewesen im Hinblick aufeinander, also die Reaktion auf das Verhalten anderer. Es wird deutlich, dass der Begriff des Sozialen im Weber'schen und damit im soziologischen Sinne vom alltagssprachlichen Verständnis abweicht. Während ‚sozial' in der alltagssprachlichen Bedeutung als ‚hilfsbereit' sowie ‚finanziell und/oder moralisch unterstützend' beschrieben werden kann und mit positiven Werten verbunden ist, fokussiert der soziologische Begriff des ‚Sozialen' wertneutral Verhalten bzw. Handlungen von Akteuren, die dabei Bezug auf andere nehmen oder zumindest von diesen beeinflusst sind (Schneider 2005: 55 ff.). Soziales (also auf andere ausgerichtetes) Verhalten erhält einen kommunikativen Aspekt, wenn dabei Bedeutung bzw. Sinn vermittelt wird. **Handeln** kann als Spezialfall von Verhalten gelten, denn es ist intentionales (zielgerichtetes) Verhalten. Dieses wird zu Handeln, wenn es bewusst und absichtsvoll geschieht. Auch bewusstes Unterlassen von Aktivität oder bewusstes Dulden von etwas ist Handeln. Wenn Handeln an anderen Menschen orientiert ist und sich auf deren Verhalten oder Handeln bezieht, spricht man von **sozialem Handeln**. Max Weber ([1922] 1990: 16) umreißt den Begriff wie folgt:

> „Soziales Handeln (einschließlich des Unterlassens und Duldens) kann orientiert werden am vergangenen, gegenwärtigen oder künftig erwarteten Verhalten anderer. [...] Die ‚anderen' können Einzelne und Bekannte oder unbestimmt Viele und ganz Unbekannte sein [...]. Nicht jede Art von Berührung von Menschen ist sozialen Charakters,

sondern nur ein sinnhaft am Verhalten des andern orientiertes eigenes Verhalten. Ein Zusammenprall zweier Radfahrer z. B. ist ein bloßes Ereignis wie ein Naturgeschehen. Wohl aber wären ihr Versuch, dem anderen auszuweichen, und die auf den Zusammenprall folgende Schimpferei, Prügelei oder friedliche Erörterung ‚soziales Handeln'."

Kommunikation ist insofern soziales Handeln, als die Kommunikationspartner ihre kommunikativen Handlungen mit Intentionen (sinnhaften Absichten) verbinden und ihr Handeln auf das Verhalten oder Handeln bzw. auf die Reaktionen der anderen Kommunikationsteilnehmer ausrichten. Eine kommunikative Handlung allein ist jedoch noch nicht Kommunikation, sondern zunächst nur eine notwendige Voraussetzung, die Kommunikation in Gang setzen kann. Damit Kommunikation wirklich stattfindet, ist das In-Beziehung-Treten der Kommunikationspartner wesentlich, also deren wechselseitiges Reagieren aufeinander, ihr Interagieren. Kommunikative Handlungen führen nicht zu Kommunikation, wenn sie ohne Reaktion und Interaktion bleiben. Die Begrüßungsfloskel im Chat als kommunikative Handlung und Signal für Kommunikationsbereitschaft bleibt folgenlos und mündet nicht in Kommunikation, wenn keiner der im Chatraum Anwesenden auf die Begrüßung eingeht. Kommunikation entsteht also erst aus der sozialen Interaktion der Beteiligten. Das heißt, wenn wechselseitige Wahrnehmung und Reaktion aufeinander mit verbaler oder nonverbaler Kontaktaufnahme und der Intention verbunden sind, Bedeutung zu vermitteln. Wichtige Merkmale von Kommunikation sind also Wechselseitigkeit (Reziprozität) und die Absicht, Bedeutung zu vermitteln. Erst der wechselseitige Prozess der Vermittlung von Bedeutung ist Kommunikation, die insofern auch als wechselseitiges soziales Handeln mittels Zeichen (Kap. 4) verstanden werden kann.

2.1.2 Soziale Interaktion, Medialität und Symbolhaftigkeit

Es ist wichtig zu erkennen, dass Kommunikation aus sozialwissenschaftlicher Perspektive auf unterschiedlichen Ebenen betrachtet werden kann: zum ersten als soziale Interaktion zwischen mindestens zwei Personen (soziologisch gesprochen auf der **Mikro**-Ebene sozialer Beziehungen), zum zweiten als soziale Interaktion zwischen Angehörigen von Gruppen (soziologisch gesprochen auf der **Meso**-Ebene) und zum dritten als mediale Interaktion auf gesellschaftlicher Ebene (soziologisch gesprochen auf der **Makro**-Ebene).

Diese verschiedenen Aspekte von Kommunikation sind von unterschiedlichen Disziplinen untersucht worden: Interpersonale bzw. Gruppen-Kommunikation (also Kommunikation auf der Mikro- und Meso-Ebene) war vor allem ein Forschungsgegenstand der Sprachwissenschaft und (Sozial-)Psychologie. Medial vermittelte öffentliche Kommunikation (also Kommunikation auf der Makro-Ebene) war der klassische Forschungsgegenstand der Kommunikationswissenschaft. Es ist unschwer zu erkennen, dass diese drei Aspekte von Kommunikation im Bereich der Online-Kommunikation nicht mehr so scharf zu trennen sind, denn hier greifen Formen interpersonaler und gruppenbezogener Interaktion sowie öffentlicher Kommunikation ineinander. Eine Twitter-Botschaft, gesendet von einer Privatperson, kann überpersonale Bedeutung erlangen und Teil gesellschaftlicher Kommunikation werden, wenn sie etwa Informationen von öffentlichem Interesse beinhaltet. So werden oft erste Informationen zu einem aktuellen Ereignis über Microblogging (Twitter) oder Weblogs verbreitet, wie z. B. im Januar 2009 die Notwasserung eines Flugzeugs auf dem Hudson River in New York. Andererseits finden aktuelle Ereignisse, die von klassischen Massen-

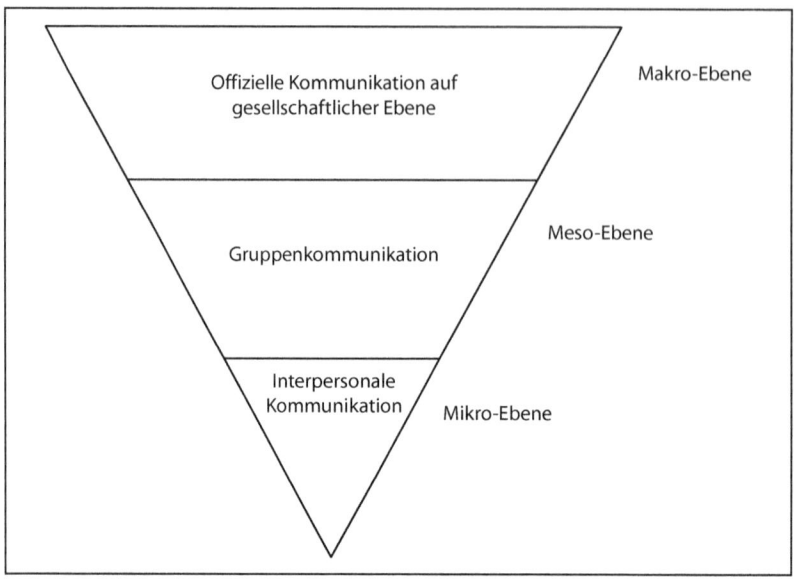

Abb. 2.1:   Kommunikation auf der Mikro-, Meso- und Makroebene. Quelle: eigene Darstellung.

medien verbreitet werden, Widerhall im Netz und werden dort weiterdiskutiert. Nicht selten wirken diese Netz-Diskussionen wieder zurück in massenmediale Angebote. Dies wird z. B. an der Debatte um den Gesetzentwurf der Bundesregierung zur Sperrung von Kinder-Pornografie-Seiten im Sommer 2009 deutlich. Der Entwurf hatte im Netz eine Protestbewegung ausgelöst und konnte von Seiten der verantwortlichen Politiker, schon weil sie die größte Sammelklage in der Geschichte der Bundesrepublik zum Ergebnis hatte, nicht ignoriert werden.

Diese unterschiedlichen Sichtweisen auf Kommunikation erschweren es, einen Kommunikations-Begriff zu definieren, der für interpersonale wie für öffentliche Kommunikation zutrifft und die Mikro-, Meso- und Makro-Ebene aufeinander bezieht. Interpersonale Kommunikation wird in der Regel als soziale Interaktion interpretiert, während für die Definition öffentlicher Kommunikation das Kriterium der öffentlichen Publika als Kriterium herangezogen wird. Gegenwärtige kommunikationswissenschaftliche Auffassungen gehen jedoch davon aus, dass sowohl interpersonale als auch öffentliche Kommunikation als Interaktionsprozess verstanden werden können (Beck 2006: 44 ff.).

> Kommunikation kann grundlegend als **sozialer Interaktionsprozess** gesehen werden, der auf der wechselseitigen Übermittlung und Interpretation von Botschaften, also auf der Vermittlung von Bedeutung beruht. Dieser kommunikative Interaktionsprozess zeichnet sich durch **Multimodalität**, **Medialität** und **Symbolhaftigkeit** aus (Burkart 2002; Thurlow/Lengel/Tomic 2009).

Was heißt das? Die Vorstellung von kommunikativer **Interaktion** schließt eine Wechselseitigkeit von Handlungen und ein In-Beziehung-Treten von Akteuren ein. Das leuchtet für die Ebene der interpersonalen Kommunikation sofort ein, wurde jedoch für den Bereich der öffentlichen Kommunikation, die im Wesentlichen als einseitige Massenkommunikation charakterisiert wurde, lange Zeit nicht so gesehen. Nach der klassischen Definition von Maletzke (1963) wird Massenkommunikation verstanden als Prozess, bei dem Aussagen öffentlich, indirekt und einseitig durch technische Verbreitungsmittel (Massenmedien) an ein disperses Publikum vermittelt werden.

Öffentlich heißt, dass der Kreis der Rezipienten nicht definiert oder beschränkt ist, sondern sich jeder angesprochen fühlen kann. Indirekt heißt, dass die Kommunikationspartner nicht zur gleichen Zeit am gleichen Ort sein müssen, also nicht zwangsläufig in eine gemeinsame zeitlich-räumliche Kommunikationssituation eingebunden sind.

Einseitig heißt, dass kein Rollenwechsel vorgesehen ist zwischen demjenigen, der den zu kommunizierenden Inhalt produziert, und demjenigen, der ihn (später) rezipiert. Das bedeutet vor allem, dass Rezipienten in dieser unidirektionalen Vermittlung nicht zu Produzenten werden können.

Disperses Publikum heißt, dass die Rezipienten von massenmedialen Inhalten weder stabile noch homogene soziale Gruppen bilden, sondern sich das massenmediale Publikum „von Fall zu Fall dadurch (konstituiert), dass sich eine Anzahl von Menschen einer Aussage der Massenkommunikation zuwenden" (Maletzke 1963: 28). Das heißt, nach der Definition von Maletzke, dass Verlage bzw. Sender professionell Medieninhalte produzieren und diese an ein nicht homogenes und im Einzelnen nicht bekanntes Publikum senden, ohne dass ein relevanter Rückkanal für die inhaltliche Mitarbeit der Rezipienten vorgesehen wäre.

Nicht nur mit Blick auf netzbasierte Formen öffentlicher Kommunikation ist diese Sichtweise inzwischen obsolet. Auch für klassische Massenkommunikation wird das Merkmal der Einseitigkeit nicht mehr auf den Prozess der Kommunikation selbst, sondern vielmehr auf den Prozess der Verbreitung und Vermittlung der Inhalte bezogen. So schlägt Schönhagen (2004: 77 f.) vor, Kommunikations- und Vermittlungsprozess analytisch zu trennen, wobei der Vermittlungsprozess sowohl die technische als auch die redaktionelle Vermittlung meint. Wenn man diese analytische Trennung vornimmt, wird deutlich, dass nicht die Kommunikation selbst, wohl aber die Vermittlung der Inhalte in der Massenkommunikation tatsächlich einseitig verläuft: Von Kommunikatoren und Medieninstituten ausgehend wird sie in Richtung Publikum vollzogen. Professionelle Medieninstitutionen (Sender, Verlage etc.) organisieren die Kommunikation über professionelle Kommunikatoren (Journalisten, Redakteure etc.). Im massenmedialen Kommunikationsprozess kommen nicht nur professionelle Sprecher und Schreiber der Medieninstitutionen zu Wort, diese vermitteln zwar Inhalte stellvertretend für Politiker, Vertreter aus Wirtschaft, Kultur und Sport sowie für alle von aktuellen Themen betroffenen Bevölkerungsgruppen. Eine Studie zur Abtreibungsdebatte in deutschen überregionalen Tageszeitungen zeigt jedoch, dass ca. 80 Prozent aller Aussagen zum Thema von Akteuren kommen, die nicht dem Mediensystem angehören, also weder Journalisten noch andere Angehörige von Medieninstitutionen sind (Gerhards/Neidhardt/Rucht 1998). So wird deutlich, dass es sich auch bei klassischer Massenkommunikation nicht um interaktionsfreie Kommunikation handelt, sondern dass die gesellschaftlichen Ausgangs- und Zielpartner im mediatisierten Vermittlungsprozess ebenfalls vertreten sind (Beck 2006: 49; Schönhagen 2004: 215). Während in der interpersonalen Kommunikation die Beteiligten sowohl als Kommunikatoren als auch als Vermittler der Inhalte agieren, also für sich selbst sprechen, treten in der klassischen Massenkommunikation die Kommunikatoren hinter Medieninstitutionen zurück. Die Vermittlungsleistung ist rationalisiert und professionalisiert. Wenn man dieser Argumentation folgt und Einseitigkeit im Rahmen der Massenkommunikation nicht auf die Kommunikation selbst, sondern auf die Vermittlungsstrukturen im Kommunikationsprozess zurückführt, kann soziale Interaktion auf allen Ebenen der Kommunikation zugeschrieben werden. Denn „auch der in der sogenannten Massenkommunikation vermittelte Kommunikationsprozess findet [...] als wechselseitige Mitteilung zwischen beliebigen Mitgliedern der Gesellschaft statt, die Vermittlung dieser Mitteilungen vollzieht sich dagegen überwiegend einseitig durch autonome Vermittlungssysteme." (Schönhagen 2004: 120). Nicht Einseitigkeit der Kommunikation ist also das wesentliche Merkmal von Massenkommunikation, sondern die besondere Vermittlungsrolle, die professionelle Medieninstitutionen übernehmen, indem sie gesellschaftliche Kommunikationsprozesse organisieren.

Ein zentraler Begriff der Diskussion um die Unidirektionalität von Massenmedien und das Veränderungspotenzial neuer Telekommunikationstechnologien, insbesondere des Internet, ist **Interaktivität**. Doch ist sie gerade auch im Zusammenhang mit neuen Kommunikationstechnologien und Online-Kommunikation erklärungsbedürftig. Interaktivität definiert Neuberger als „das Potenzial eines technischen Einzelmediums oder einer Kommunikationssituation, das interaktive Kommunikation begünstigt" (2007: 43 f.) und unterscheidet es so von der Interaktion als Handlungsprozess. Interaktive Kommunikation wiederum bestimmt Neuberger als Reihenfolge nacheinander produzierter und aufeinander mehr oder minder explizit bezogener Mitteilungen zwischen Kommunikationspartnern. Technische Voraussetzung für Interaktivität ist daher der integrierte Rückkanal als Möglichkeit des Wechsels zwischen Kommunikator- und Rezipientenrolle, wobei Neuberger zu bedenken gibt, dass grundsätzlich jedes technische Medium dazu eingesetzt werden kann. Interaktivität ist nicht für computervermittelte Kommunikation reserviert. Jedoch sei die reale Nutzung der Interaktionsmöglichkeit erstens eine Frage der Effektivität, zweitens der Nutzerwahrnehmung des interaktiven Potenzials eines Mediums und drittens der Institutionalisierung von möglichen Formaten für interaktive Kommunikation (Schweiger/Quiring 2006). So gesehen ist die computervermittelte Kommunikation deshalb generell betrachtet interaktiver als die Vermittlungsweisen des Fernsehens oder des Radios, weil sie sich effektiver gestalten lässt und die Nutzer entsprechende Formate (wie etwa die E-Mail) anzuwenden gelernt haben.

Bisher wurde geklärt, was es heißt, Kommunikation als sozialen Interaktionsprozess zu beschreiben. Was hat es nun damit auf sich, dass Kommunikation darüber hinaus durch Multimodalität, Medialität und Symbolhaftigkeit gekennzeichnet ist?

Multimodal bedeutet, dass Kommunikation über unterschiedliche Zeichensysteme und Kanäle geschieht. Wir kommunizieren nicht nur über verbale, sondern auch über nonverbale Botschaften (Gesten, Mimik, Körperhaltung) und nicht nur über sprachliche Zeichen (Buchstaben, Wörter, Sätze), sondern auch über Bilder, Töne, Klänge, Geräusche usw. Ausführlich wird dieser Punkt im dritten Kapitel diskutiert.

Medialität heißt, dass Kommunikation ein vermittelter Prozess ist und eine ‚materielle Hülse' braucht, durch welche die Inhalte hin und her vermittelt werden. Als eine solche Vermittlungsinstanz zwischen Kommunikationspartnern fungieren **Medien**, die aus einer eher technischen Perspektive heraus und entsprechend der Alltagsvorstellung von Medien als „materielle oder energetische ... Träger und Übermittler von Daten bzw. Informationseinheiten" erklärt werden (Hiebler et al. 1997: 8).

Aus kommunikationswissenschaftlicher Sicht reicht diese technische Betrachtungsweise nicht aus, denn sie berücksichtigt nicht die sozialen Systeme, die sich um technische Medien herum bilden. Deshalb werden Medien definiert als „komplexe institutionalisierte Systeme um organisierte Kommunikationskanäle von spezifischem Leistungsvermögen" (Saxer 1996: 6). Sie dienen zunächst einmal der Produktion, Vermittlung und Speicherung von Informationen. Damit ist jedoch noch nicht ihre Funktion angesprochen, ein Kommunikationsmedium zu sein, denn diese kann der technische Apparat allein gar nicht erfüllen. Vielmehr vermitteln Medien darüber hinaus Botschaften zwischen Beteiligten. Dazu verwenden sie spezifische Zeichensysteme und formieren die kommunikativen Handlungen entlang bestimmter technischer und sozialer Regeln sowie Codiergrenzen. D.h. sowohl die medial vorgegebenen Zeichensysteme als auch die Regeln und Codiergrenzen haben Einfluss auf die vermittelten Inhalte, so dass Medien also nicht bloße Container für die vermittelten Inhalte sind. Es macht einen Unterschied, ob die Information über ein tragisches Ereignis über eine Radio-Nachricht, die Fernsehberichterstattung, ein YouTube-Video, einen Twitter-Beitrag oder eine SMS empfangen wird. Andererseits sind Medien als soziale Institutionen regel- und dauerhafte Formen der Ordnungs-, Orientierungs- und Sinnstiftung und sie sind Organisationen, also geregelte soziale Gebilde, die – wie z. B. Verlage oder Sender – arbeitsteilig Leistungen im Hinblick auf ein Organisationsziel erbringen (Saxer 1980).

Diese Komplexität kann mit Hilfe eines techniksoziologischen Medienbegriffs erster und zweiter Ordnung gefasst werden, der dem Doppelcharakter von Medien gerecht wird und diese einerseits als kommunikationstechnisches Potenzial und andererseits als Sozialsysteme begreift, die sich um diese Kommunikationstechnologien bilden. Medien erster Ordnung sind in diesem Verständnis die technischen Systeme, Medien zweiter Ordnung die damit im Zusammenhang stehenden soziokulturellen Institutionen und Organisationen. Das heißt, dass sich Medien zweiter Ordnung erst durch den Gebrauch von Medien erster Ordnung herausbilden können (Kubicek/Schmid/Wagner 1997: 19-42).

Symbolhaftigkeit heißt, dass Kommunikationspartner mit dem Ziel in Verbindung treten, aufgrund gemeinsam verfügbarer Zeichen Bedeutungsinhalte wechselseitig im Bewusstsein zu aktualisieren. Solche Zeichen können Buchstaben sein, die in bestimmten Kombinationen Wörter ergeben, die Bedeutung transportieren: Die Buchstaben B, M, U und A sind in der Reihenfolge BAUM im Deutschen mit einer bestimmten Bedeutung verbunden und erzeugen ein bestimmtes Bild vom bezeichneten Objekt im Bewusstsein. Diese Bedeutung kann verbal expliziert werden. Der Duden beschreibt die Bedeutung der Buchstabenfolge BAUM in ihrer eher enzyklopädischen Auslegung folgendermaßen: „Holzgewächs mit festem Stamm, aus dem Äste wachsen, die sich in laub- oder nadeltragende Zweige teilen". In anderen Sprachen dienen jeweils andere Buchstabenfolgen dazu, einen Baum zu benennen.

Zeichen sind dabei materielle Erscheinungen, die auf etwas verweisen und Bedeutung tragen. Die menschliche Sprache ermöglicht es, Zeichen als Symbole einzusetzen, d.h. über einen Verweis auf den bezeichneten Gegenstand hinaus eine subjektiv erfahrene und bis zu einem gewissen Grade sozial geteilte Wirklichkeit zu repräsentieren. Des Weiteren können Symbole abstrakte Inhalte wie Gedanken, Empfindungen, Vorstellungen usw. ausdrücken sowie auf Gegenstände, Prozesse bzw. Phänomene verweisen, die in der aktuellen Kommunikationssituation nicht verfügbar sind. Sie ermöglichen es, über Bäume zu sprechen, auch wenn diese gerade nicht im Blickfeld liegen. Die Idee der Symbolhaftigkeit von Kommunikation geht auf den Soziologen Georg Herbert Mead zurück, der den Weber'schen Begriff des sozialen Handelns durch die interaktiv hergestellte Funktion von Symbolhandlungen ergänzt (Morel et al. 2007/2001: 55 ff.) und das Konzept des Symbolischen Interaktionismus entwickelt hat. Meads Grundidee dabei besagt, dass Menschen nicht nur in einer natürlichen, sondern auch und vor allem in einer symbolischen Umwelt leben. Das heißt, dass Dinge ihre Bedeutungen

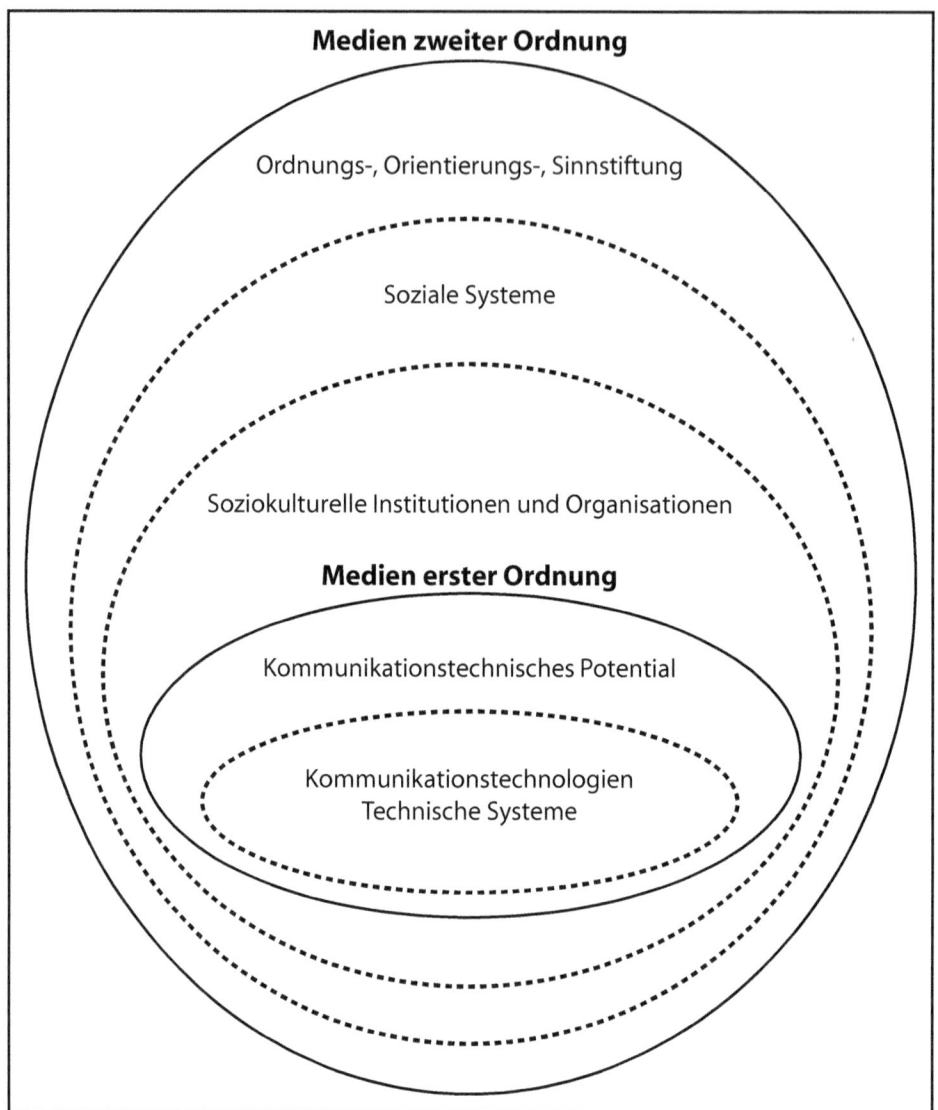

Abb. 2.2: Medien erster und zweiter Ordnung. Quelle: eigene Darstellung.

erst aus den jeweiligen persönlichen Erfahrungen beziehen und somit eine subjektive Wirklichkeit repräsentieren. Da diese Erfahrungen im Rahmen konkreter Handlungen gemacht werden, die in der Regel in einem Bezug zu Interaktionspartnern stehen, sind Bedeutungen in soziale und raum-zeitliche Kontexte eingebunden und auch Veränderungen unterworfen. Die Bedeutung von Gegenständen konstituiert sich demnach erst, wenn sie in soziale Interaktionen einbezogen werden. So erfährt das ‚Ding' Handy seine Bedeutung erst dadurch, dass es von vielen Menschen für bestimmte Zwecke genutzt wird, die sich im Laufe der Zeit auch verändert haben (im Falle des Handys von einem Mobiltelefon zu einem mobilen multifunktionalen Endgerät mit Anschluss ans Internet).

Symbolhandlungen liegen nach dem Verständnis von Mead dann vor, wenn die Äußerungen auf Produzenten- und Rezipientenseite gemeinsame Bedeutungszuschreibungen ermöglichen und so das jeweilige Handeln bewusst darauf ausgerichtet werden kann. Hierfür ist geteiltes Wissen nötig, das sich für eine Kommunikationsgemeinschaft im Zuge von interaktiven Prozessen konstituiert. Dieses geteilte Wissen ist mit Konventionen verbunden, die je nach Kommunikationsgemeinschaft unterschiedlich sein können. Das schließt die Möglichkeit mit ein, dass soziale Gruppen und unterschiedliche Kulturen eigene Konventionen entwickeln und dass zudem in jeder Kommunikationssituation bzw. Interaktion eigene Bedeutungszuschreibungen hergestellt werden können. Diese beruhen auf den individuellen kommunikativen Zielen, dem individuellen Weltwissen der Akteure, den jeweiligen soziokulturellen Rahmungen, möglichen medialen Bedingungen und der Dynamik des interaktiven Kommunikationsprozesses selbst. Kommunikation als symbolisch vermittelte Interaktion zu sehen heißt, Kommunikation als Aushandeln und Teilen von Bedeutung zu verstehen oder – um es mit Luhmann zu sagen – als „gemeinsame Aktualisierung von Sinn" (1971: 42).

Zusammenfassung
Es ist festzuhalten, dass Kommunikation sowohl für die interpersonale als auch für die öffentliche Ebene als sozialer Interaktionsprozess bestimmt werden kann, der auf der wechselseitigen Konstitution von Bedeutung beruht und durch Multimodalität, Medialität und Symbolhaftigkeit gekennzeichnet ist.

2.2 Was ist Online-Kommunikation?

Das folgende Kapitel führt die allgemeine Bestimmung von Kommunikation weiter zur Fragestellung, wie sich die Bedingungen, Formen und Prozesse von Kommunikation verändert (oder auch nicht verändert) haben, seitdem das Internet, also die technische Infrastruktur vernetzter Computer dafür zur Verfügung steht. Leitend dafür ist die allgemeine Feststellung von Thurlow/Lengel/Tomic (2009: 17):

> "In fact, one of the things that new technologies have done – and have always done – is force people to reconsider what the essential nature of communication really is. [...] in some ways, it's almost as if we are experiencing communication anew, and yet in other ways, nothing's changed."

Die **Geschichte des Internet** reicht bis in die 1960er Jahre zurück, als erste Versuche unternommen wurden, mehrere Computer miteinander zu verbinden. Die damals noch sehr begrenzte Rechenkapazität der sehr teuren Geräte sollte durch Vernetzung optimiert werden. So wurden in den USA Rechner von Forschungsprojekten, die das Militär finanzierte, zusammengeschlossen, um Kosten zu sparen und eine bessere Auslastung zu erzielen. 1968 wurde die *Network Working Group* (NWG) gegründet und ein Jahr später das ARPANET (*Advanced Research Projects Agency Network*) aufgebaut (Werle 1999). Um die Datenübertragung stabil zu halten und gegen Störungen abzuschirmen, wurde ein dezentrales System entwickelt, das bei Ausfall von Teilen des Netzes nicht in seiner Gesamtheit zusammenbrechen würde. Deshalb wurden die Datenströme in kleinere Pakete zerlegt, über verschiedene Wege zu eindeutig adressierten Empfänger-Rechnern weitergeleitet und dort wieder zusammengesetzt. In den 1970er Jahren wurden immer mehr Rechner mit dem ARPANET verbunden, das zunehmend über Forschungszusammenhänge hinaus an Bedeutung gewann. Mit dem USENET (*Unix User Network*) entstand Ende der 1970er Jahre eine öffentlich zugängliche Alternative zum ARPANET und in den 1980er Jahren kam es zum Aufbau weiterer Computernetze für verschiedene gesellschaftliche Bereiche: staatliche Netze wie z. B. das Netz der Weltraumbehörde NASA, kommerzielle Netze wie Telnet oder Corporate Networks für die Unternehmens- und Organisationskommunikation (Werle 1999). Die Abschaltung des ARPANET 1990 markiert einen Wendepunkt in der Geschichte des Internet hin zur Kommerzialisierung. Die Initiative privater Unternehmen prägt von nun an im Wesentlichen die Gestaltung des Netzes. Mit diesen Prozessen gehen die Verbreitung von kostengünstigen PC's (Personal Computern) und eine Entwicklung hin zu komfortableren Nutzeroberflächen einher, die Laien den Umgang mit dem Computer immer mehr erleichtern. Parallel dazu ist ein wesentlicher Schritt der Internet-Geschichte die Entwicklung des Hypertext-Systems World Wide Web (WWW) durch Tim Berners-Lee und Robert Cailliau am Genfer Kernforschungszentrum CERN. Das System beruht auf dem *Hypertext Transfer Protocol* (HTTP) und der grafikfähigen *Hypertext Markup Language* (HTML) und war anfänglich für die Kooperation der CERN-Mitarbeiter und -Partner konzipiert. 1993 wurde es zur allgemeinen Benutzung für die Öffentlichkeit freigegeben und trug zum rasanten Anstieg des weltweiten Datenaustauschs bei.

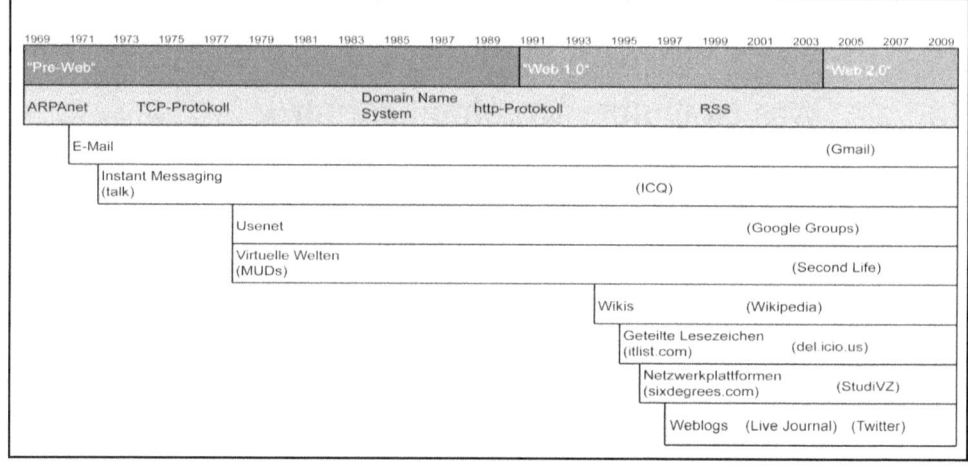

Abb. 2.3:   Geschichtliche Entwicklung von Anwendungen. Quelle: Schmidt (2009: 15).

Mit Beginn des 21. Jahrhundert wurde es im Zuge der Erweiterung der Bandbreite möglich, immer größere Datenmengen über das Internet zur Verfügung zu stellen. Dadurch hat die Bedeutung des World Wide Web (WWW) zugenommen, das oft mit dem Internet gleichgesetzt wird, allerdings nur eine der verschiedenen Internet-Dienste darstellt. Das Netz wurde zunehmend als Plattform wahrgenommen, auf welcher Inhalte hinterlegt werden können. Weblogs sowie Online-Communities und -Netzwerke wurden immer populärer und 2001 startete die Wiki-basierte Enzyklopädie Wikipedia, die inzwischen weltweit als wichtigste Nachschlagequelle gilt.

Für diese neuen Entwicklungen hat sich das Schlagwort **Web2.0** durchgesetzt. Web 2.0 assoziiert eine neue Dimension von Kommunikation und Interaktion im Netz, für welche die

Ausdrücke *social networking*, *collaboration* und *participation* geläufig wurden. Geprägt hat die Bezeichnung Web 2.0 der amerikanische Verleger Tim O'Reilly, der 2004 eine Konferenz mit dem Titel „Web 2.0 Conference" einberief, um nach dem Niedergang der *New Economy* zu Beginn des Jahrtausends ein Zeichen für neue Dynamik und Innovation in der Internet-Wirtschaft zu setzen. Sein 2005 veröffentlichter Essay „What is Web 2.0" verhalf dem Begriff, der mit der Anspielung auf die Versionen-Nummerierung von Software (,2.0') einen grundlegenden Wandel des Internet suggeriert, weltweit zum Durchbruch, denn er wurde von den Medien aufgegriffen und verbreitet. Gerade jedoch die mitschwingende Idee eines Versionssprungs oder revolutionären Bruchs in der Technik und Nutzung des Netzes ruft Kritik hervor, da abrupte Veränderungen für die Internetentwicklung nicht charakteristisch sind. Sowohl die neueren Entwicklungen der Internet-Technik und -Wirtschaft als auch die prägenden Leitbilder des Netzes weisen eher auf Kontinuität in der Geschichte des Netzes hin (Schmidt 2009). Daher tauchten als alternative Konzepte **Social Software** oder **Social Web** auf, die sich in den vergangenen Jahren ebenfalls zur Beschreibung neuerer Entwicklungen im Internet durchgesetzt haben.

> „Social Software umfasst jede netzbasierte Anwendung, in der die Nutzer miteinander kommunizieren und gegebenenfalls kollaborativ arbeiten können, die prinzipiell für jeden zugänglich ist, keine Nutzerhierarchien aufweist und die Möglichkeit der freien Kombination von one-to-one, one-to-many und many-to-many Kommunikation bietet. Anders als die aus dem Bereich der Open-source-Bewegung bekannten Communities, in denen meist Experten organisiert sind, stellt die social software insbesondere Formen der alltäglichen Internetnutzung dar." (Pentzold et al. 2007: 62).

Der Begriff der Social Software beschreibt also solche Technologien, die Kommunikation und Kooperation im Netz unterstützen. Demgegenüber fokussiert der Begriff des Social Web nicht so sehr auf die einzelnen Programme und Anwendungen, sondern auf die sozialen Prozesse des Zusammenwirkens und Austausches, also die Resultate der so unterstützten Tätigkeiten und die Beziehungen zwischen den Nutzern. Social Web meint daher diejenigen Anwendungen, die

> „den Informationsaustausch, den Beziehungsaufbau und deren Pflege, die Kommunikation und die kollaborative Zusammenarbeit in einem gesellschaftlichen oder gemeinschaftlichen Kontext unterstützen sowie (die) Daten, die dabei entstehen und (die) Beziehungen zwischen Menschen, die diese Anwendungen nutzen." (Ebersbach/ Glaser/Heigl 2008: 31).

Aufgrund der Kritik am Konzept Web 2.0 schlägt Schmidt (2009) deshalb vor, den aus kommunikationswissenschaftlicher Sicht am besten geeigneten Begriff Social Web zu verwenden, weil er zum einen auf den inzwischen universalen Dienst des Internet, das World Wide Web, verweist und dessen grundlegenden sozialen Charakter betont. Anderseits suggeriert er keine zeitlichen Entwicklungsphasen, so dass auch Instant Messaging oder Diskussionsforen, die es bereits lange vor dem Web 2.0 gegeben hat, als Bestandteile des Social Web erfasst werden können.

Im Kontext eines Medienbegriffs erster und zweiter Ordnung, der Medien einerseits als kommunikationstechnisches Potenzial und anderseits als Sozialsysteme beschreibt, welche sich um diese Kommunikationstechnologien bilden (Kap. 2.1.2), wurde in den vergangenen Jahren diskutiert, ob das Internet beide Aspekte erfüllt. Als Infrastruktur ist es ein technisches Vermittlungssystem und damit zunächst ein Medium erster Ordnung (Rössler 1998). Jedoch fällt es schwer, vom Internet als Medium zweiter Ordnung zu sprechen, weil vergleichbare institutionalisierte Systeme und organisierte Kommunikationskanäle traditioneller Medien (Fernsehen, Hörfunk, Presse etc.) für das Internet nicht ohne Weiteres festgestellt werden können. Kritisch an einer solchen Betrachtungsweise ist, dass sie stark den technischen Aspekt des Internet betont und dabei vernachlässigt, dass das Social Web über diese technische Seite hinausweist. Deshalb ist es sinnvoll, als übergeordnetes Konzept das Konzept **Online-Medium** einzuführen, welches sowohl die technische Infrastruktur umfasst als auch die im Begriff des Social Web angelegte soziale Funktion des Internet mit einschließt. Auf diese Weise kann in der Tat davon gesprochen werden, dass sich um die Kommunikations- und Interaktionstechnologien des Internet herum Interaktionsweisen institutionalisieren und soziale Konstellationen organisieren, die sowohl der Kommunikation und Kooperation sowie dem Identitäts-, Beziehungs- und Informationsmanagement dienen als auch einfache und komplexe Öffentlichkeiten hervorbringen (Schmidt 2009 u. Kap. 4). Das Online-Medium umfasst also beide Ebenen – die technische und die soziale – und kann somit ebenso als Medium erster wie als Medium zweiter Ordnung verstanden werden. Zu einem ähnlichen Ergebnis gelangt Beck, der das Internet als eine technische Plattform (Medium erster Ordnung) begreift, „das eine Reihe verschiedener Modi computervermittelter Kommunikation und Medien zweiter Ordnung ermöglicht" (Beck 2010: 33).

Wenn im vorliegenden Buch von **Online-Kommunikation** die Rede ist, dann sind alle Formen interpersonaler, gruppenbezogener und öffentlicher Kommunikation angesprochen, die über vernetzte Computer vermittelt werden. Dabei steht Internet-Kommunikation im Mittelpunkt, wohingegen das umfassendere weitere Feld der off- und online vermittelten Computer-Kommunikation (z. B. CD-ROMs, andere Datenfernübertragungsdienste, Intranets, Teleshopping mit digitalem Rückkanal, Video-on-Demand usw.) vernachlässigt wird. Auch Entwicklungen hinsichtlich mobiler Kommunikation stehen nicht im Zentrum des vorliegenden Buches, werden jedoch nicht völlig ausgeblendet. Internetfähige mobile Endgeräte wie z. B. Handys oder Smartphones und immer kleiner und leichter werdende portable Net- oder Lifebooks erweitern die Möglichkeiten von Online-Kommunikation und tragen zur umfassenden Entwicklung der Mediatisierung, Mobilisierung und Individualisierung des alltäglichen und professionellen Lebens bei. Somit sind sie Teil einer „,Nomadisierung' von Medien" und Baustein einer mobiler werdenden Gesellschaft (Höflich/Gebhardt 2005: 7).

Über technische und softwareseitige Bedingungen eröffnet das Internet einerseits eine große Vielfalt von Möglichkeiten der Kommunikation. Andererseits werden diese Optionen durch ebendiese technischen und softwareseitigen Bedingungen gleichzeitig wieder begrenzt. So kann beispielsweise jeder im Prinzip alles im Netz veröffentlichen. Diese grundsätzliche Chance auf Publizität ist aber de facto erstens dadurch begrenzt, dass als grundlegende ökonomisch-materielle Voraussetzung der Zugang zur notwendigen technischen Infrastruktur (vernetzte Computer samt Software) gegeben sein muss. Zweitens ist eine gewisse Medienkompetenz sowohl hinsichtlich medientechnischer Fähigkeiten als auch hinsichtlich einer Kompetenz für angemessene Nutzungsweisen erforderlich. Es muss also nicht nur die notwendige Technik vorhanden und zugänglich sowie die Fähigkeit gegeben sein, diese erfolgreich zu bedienen. Vielmehr ist das Wissen darüber erforderlich, welche Gebrauchsweisen neuer Technologien und Kommunikationsformen sich etabliert haben und von anderen Interaktionsteilnehmern verstanden wie auch erwartet werden. Jeder neue und noch unerfahrene Nutzer in einem Forum merkt das sehr schnell, weil er bei den ersten Ungeschicklichkeiten oder naiven Fragen von den erfahrenen Nutzern darauf hingewiesen wird, sich doch bitte die

2.2 Was ist Online-Kommunikation?

FAQ's durchzulesen. Diese Nutzungsbedingungen kommen dann wiederum einer Schließung von Nutzungsmöglichkeiten gleich, denn es kann eben doch nicht jeder unter jeder Bedingung und zu jeder Zeit alles tun. Somit sind Internetnutzung und Online-Kommunikation zum einen flexibel und offen, zum anderen jedoch sehr voraussetzungsreich und in gewissem Sinne geschlossen.

Die sowohl technisch als auch soziokulturell bestimmten Bedingungen für Kommunikation, die sich als technische Einstellungen, etablierte Gebrauchsweisen bzw. überindividuelle Nutzungsmuster äußern, können als ‚**Rahmen**' beschrieben werden. Dem Soziologen Erving Goffman folgend ist festzustellen, dass Menschen ihr Handeln in konkreten Situationen an den vielfachen Erfahrungen aus ähnlichen Situationen orientieren. Sie müssen nicht in jeder Situation völlig neu entscheiden, was eigentlich vorgeht, was erwartet wird und wie sie sich angemessen und erfolgreich verhalten können. Die Metapher des Rahmens beschreibt also eine „Organisation von Erfahrung" (Goffman 1977: 19), die Situationen vorstrukturiert und Musterwissen verfügbar macht, das im Laufe der Sozialisation erworben wurde. Mit Hilfe der Rahmen-Metapher lässt sich auch Online-Kommunikation beschreiben, denn die Verwendung vernetzter Computer beeinflusst die kommunikativen Abläufe technisch wie auch sozial.

> „Unter einem Computerrahmen wird [...] jene (Medien)Situation verstanden, in die die kommunikativen Handlungen der Nutzer eingebunden sind [...]Im Sinne einer Organisation von Kognition kommt allerdings auch zum Ausdruck, dass ein Computerrahmen nicht allein durch technische Grenzen [...] markiert ist. [...] Solche Computerrahmen (sind) keine determinierenden Kräfte [...]. Angelpunkt ist die interaktive Seite computervermittelter Kommunikation, mit der zum Ausdruck kommt, dass der die entsprechenden Computerrahmen konstituierende Gebrauch ein gemeinsamer – auf andere bezogener, von anderen mitgetragener, aber auch durch andere beeinflusster – Gebrauch ist." (Höflich 1998: 55/57)

Rahmen stehen hier für standardisierten Mediengebrauch, der sich durch vielfach wiederholtes Handeln als erfolgreich erwiesen und als übliche Praxis durchgesetzt hat. Das heißt, alle an der Kommunikation Beteiligten haben sowohl gegenüber dem Medium als auch gegenüber den jeweils anderen an der Kommunikation Beteiligten bestimmte Erwartungen und gehen davon aus, dass diese Erwartungen von allen Beteiligten geteilt werden. So ist es üblich und erwartbar, dass eine dringende E-Mail nicht erst nach einer Woche beantwortet wird, dass private Chat-Kommunikation über Nicknames stattfinden kann oder dass Twitter-Nachrichten aktuelle Informationen enthalten. Es wird also ein geteiltes Wissen darüber vorausgesetzt, wie die aktuelle Kommunikationssituation bewertet wird, wer sich wie zu verhalten hat sowie auf welche Weise und mit welchem Ziel der Kommunikationsprozess gestaltet werden soll. Als ‚normale' und gebräuchliche Nutzungsweisen eines Mediums bzw. einer Kommunikationsform sind Rahmen das Ergebnis vielfacher individueller Handlungen, die überindividuelle Nutzungsmuster bilden und kommunikative Abläufe institutionalisieren (Höflich 1997: 86; 2003: 37 f.). So werden die Chancen auf Verständigung erhöht und Möglichkeiten zur Anschlusskommunikation eröffnet. Computerrahmen beschreiben das technisch Machbare in Korrespondenz mit sozial möglichen und üblichen Handlungsweisen. Dabei werden die Handlungsweisen durch die technischen Gegebenheiten nicht determiniert, sondern nahegelegt, beschränkt oder ausgeschlossen. Höflich (2003) unterscheidet drei idealtypische Computerrahmen auf unterschiedlichen Abstraktionsebenen je nach Größe des Publikums bzw. Zahl der Interaktionspartner:

- öffentliche Kommunikation an ein disperses Publikum (Computer als Abrufmedium),
- öffentliche Kommunikation an ein Nutzerkollektiv (Computer als Forum und Diskussionsmedium)
- und private Kommunikation an eine Nutzergruppe bzw. einzelne Individuen (Computer als Medium interpersonaler oder Gruppenkommunikation).

Schmidt (2005) ergänzt hier den Transaktionsrahmen für Fälle, in denen es nicht zu direkter Interaktion, wohl aber zu geschäftlichen oder administrativen Transaktionen kommt (E-Commerce, E-Government).

Die technischen Möglichkeiten und Begrenzungen, mit denen ‚Computerrahmen' verbunden sind, haben Auswirkungen auf die Nutzungspraktiken, determinieren diese jedoch nicht unausweichlich. Im Zuge des Gebrauchs von Anwendungen bzw. Kommunikations- und Interaktionsformen eignen sich Nutzer die Praktiken mitunter auf eigensinnige Weise an und reizen so den Toleranzbereich des Rahmens aus bzw. verschieben diesen. So werden medientechnische Neuerungen nicht immer so verwendet, wie es von Erfindern bzw. Entwicklern vorgesehen war. Ein bekanntes Beispiel aus der Mediengeschichte ist hierfür die Aneignung des Telefons, das von seinen Erfindern in der zweiten Hälfte des 19. Jahrhunderts nicht als Gerät zur Überwindung räumlicher Distanz für interpersonale Kommunikation entwickelt worden war, sondern als Rundfunkmedium (z. B. zur Übertragung von Konzerten) und zur Unterstützung der Telegraphie (Fischer 1994). Erst über die Jahrzehnte etablierte sich die für das 20. Jahrhundert typische Nutzungspraxis: Telefonieren als medial vermittelte Form der interpersonalen Kommunikation. Auch neue Medien und Kommunikationsformen werden flexibel und dynamisch angeeignet und bilden ihre Nutzungsstandards erst allmählich heraus. Beispielsweise adaptieren Nutzer Kommunikationsformen, die eigentlich für private Zwecke gedacht waren (YouTube, Twitter, *social networks*), um öffentliche Themen zu verhandeln bzw. kommerzielle Ziele zu erreichen. Deutlich zeigt sich das anhand der neuen Wahlkampfpraktiken (Obama auf Twitter, Politikerblogs, Politikerpräsenzen in *social networks* etc.) oder am Marketing über Kontaktbörsen, Musik- und Videoplattformen usw.

Zusammenfassung
Online-Kommunikation ist an die mediale Vermittlung durch vernetzte Computer gebunden und findet auf der Basis des Internet statt. Durch immer leistungsfähigere Systeme der Datenübertragung und -speicherung sowie immer komfortablere Software-Lösungen hat sich das Internet inzwischen zu einem multifunktionalen Netz entwickelt, das nicht nur Informations-, Publikations- und Unterhaltungs-, sondern auch den sozialen Bedürfnissen nach Interaktion, Kooperation und Partizipation an der Produktion nutzergenerierter Inhalte entgegenkommt. Der Begriff des Online-Mediums verweist daher sowohl auf die technischen Gegebenheiten als auch die soziale Dimension des Internet. Die damit einhergehenden medialen Möglichkeiten und Begrenzungen rahmen übliche und erwartbare online-kommunikative Nutzungsweisen. Vernetzte Computer dienen hierbei als massenmediale Abrufmedien, als teilweise öffentliche Diskussionsmedien oder als private Kommunikationsmedien.

2.3 In welchen Formen findet Online-Kommunikation statt?

2.3.1 Kommunikationsraum für Kommunikationsmodi bzw. Kommunikationsformen

Online-Kommunikation findet auf der Basis der technischen Infrastruktur des Internet statt, die außerordentlich vielfältige kommunikative Möglichkeiten bietet. Um diese Vielfältigkeit auszudrücken, hat sich die bildliche Umschreibung des Internet als ‚**Kommunikationsraum**' durchgesetzt, die sich z. B. in Bezeichnungen wie *Cyberspace* oder *Telepolis* ausdrückt, aber auch bei Benennungen konkreter Kommunikationsformen wie z. B. *Chatroom* bzw. -*raum* zeigt. Die darin enthaltene Idee findet sich bereits in den 1960er Jahren, also noch vor der Internet-Ära, als der Medienwissenschaftler Marshall McLuhan den Begriff vom ‚globalen Dorf' prägte, das Menschen durch die kommunikative Vernetzung über elektronische Medien weltweit verbinde.

Der bildliche Vergleich des Internet mit einem Raum meint dabei nicht dessen lokale Anbindung an einen bestimmten Ort, sondern vielmehr den soziologischen Aspekt des Raum-Begriffs als „Universum, in dem sich die sozialen Prozesse abspielen", wie es der Soziologe Leopold von Wiese (1933: 110) ausdrückte. So gesehen formt das Internet einen ‚Kommunikationsraum', in dem sich funktional verschiedene ‚**Kommunikationsmodi**' ausbilden. Diese Modi sind wiederum entsprechend bestimmter Kriterien zu unterscheiden. Eine ganz grundlegende Differenzierung kann bezüglich der Zeitdimension getroffen werden. Nämlich danach, ob die Kommunikation wie bei ICQ oder Skype gleichzeitig (synchron) oder wie beim Mailen ungleichzeitig (asynchron) stattfindet. D.h., ob das Senden der Botschaft durch den einen Kommunikationsteilnehmer gleichzeitig mit der Rezeption und gegebenenfalls der Antwort durch den anderen stattfindet. Eine weitere Unterscheidung der Kommunikationsmodi liegt in der Sozialdimension begründet. Hier wird danach gefragt, wie viele Kommunikationsteilnehmer sich auf der Sender- bzw. der Empfängerseite befinden. Mögliche Kommunikationsmodi wären hier one-to-one (z. B. Skypen, Mailen an einen Empfänger), one-to-few (z. B. Mailen an mehrere Empfänger), one-to-many (Bloggen, Twittern) oder many-to-many (z. B. Nutzung von Filesharing-Plattformen).

Die Dynamik der Medienentwicklung führt dazu, dass sich einerseits das Angebot von Kommunikationsmodi im Internet ständig erweitert und ausdifferenziert. Andererseits ist ein Verschmelzen von Medienfunktionen zu beobachten. Dieser Prozess wird als **Medienkonvergenz** bezeichnet und meint das Zusammenrücken bzw. die Verknüpfung bisher getrennt betrachteter Kommunikations- und Medienbereiche (Schuegraf 2008: 26; Kolo 2010: 286 ff.). Solche Ausdifferenzierungsdynamiken einerseits und Integrationsdynamiken andererseits, welche sich auf der technischen Ebene und der Ebene von Organisationen und Institutionen vollziehen, werden von Kommunikationswissenschaftlern mit Begriffen wie „Medienintegration" (Beck 2003) oder „Integrationsmedium" Internet (Krotz 1998: 117) gefasst. Damit soll ausgedrückt werden, dass sich das Internet zum allumfassenden Kommunikationsraum entwickelt, und zwar nicht in erster Linie, weil es alle Medien als Multimedium oder Supermedium vereint, sondern vor allem, weil sich im Internet eine Vielzahl von Kommunikationsmodi (im Sinne von Anwendungen bzw. Diensten) herausbilden, die sich nicht unbedingt physisch, wohl aber in ihrer Funktionalität für die Kommunikationspartner von

Modi anderer Medien unterscheiden. Daher schlägt Rössler (1998: 20) vor, die Modi nicht bezüglich ihrer technischen Eigenschaften, sondern mittels ihrer für den Gebrauch relevanten Dimensionen zu kategorisieren. Solche Dimensionen wären Individualität, Interaktivität und Medialität, wobei hier eher die Potenziale der unterschiedlichen Modi beschrieben werden als die konkreten Nutzungspraktiken der Nutzer selbst.

Tab. 2.1: *Klassifikation der Online-Kommunikationsmodi. Quelle: Rössler (1998: 36).*

	Individualität	Interaktivität	Medialität
World Wide Web	-	-	++
E-Mail	++	+	-
Usenet-Newsgroups	+	-	-
hat (IRC)	++	++	--
MUDs	++	++	++

Neben dem Begriff der Kommunikationsmodi, der im Rahmen der Kommunikationswissenschaft entwickelt wurde, schlagen Linguisten den bedeutungsähnlichen Terminus der **Kommunikationsformen** vor. Auch dieser Begriff ist geeignet, um Prozesse der Ausdifferenzierung bzw. Integration in der Online-Kommunikation systematisch zu beschreiben, und bezieht sich sowohl auf die technische Ebene als auch auf die Ebene des Mediengebrauchs. Kommunikationsformen werden von Medien abgegrenzt, die umfassend als komplexe institutionalisierte Systeme um organisierte Kommunikationskanäle von spezifischem Leistungsvermögen zu definieren sind (Kap. 2.1). Kommunikationsformen können mit Hilfe von unterschiedlichen Kriterien charakterisiert werden: hinsichtlich der verwendeten Zeichentypen, der Kommunikationsrichtung, der Kapazität des (technischen) Mediums zur Speicherung und Übertragung von Daten, der Zeitlichkeit und der Anzahl der Kommunikationspartner. Angewandt auf das Beispiel Chat heißt das, dass sich die Kommunikationsform Chat durch die folgende besondere kommunikative Konstellation von anderen Formen computervermittelter Kommunikation unterscheidet: Der Zeichentyp, in dem die Kommunikation stattfindet, ist die geschriebene Sprache, die Kommunikationsrichtung ist dialogisch, die Anzahl der Kommunikationspartner ist variabel, die räumliche Dimension ist durch Distanz gekennzeichnet, die zeitliche Dimension kann als quasi-synchron beschrieben werden und das technische Medium der Kommunikation ist das Internet (bzw. sind vernetzte Computer):

Tab. 2.2: *Beschreibung der Kommunikationsform Chat. Quelle: Dürscheid (2005).*

Kommunikationsform Chat	
Zeichentyp	Geschriebene Sprache
Kommunikationsrichtung	Dialogisch
Anzahl der Kommunikationspartner	Variabel
Räumliche Dimension	Distanz
Zeitliche Dimension	Quasi-synchron

Trotz der analytischen Trennung der Merkmale einzelner Kommunikationsformen zeigt die Praxis der Online-Kommunikation, dass es zwischen den Kriterien oft fließende Grenzen gibt, weshalb Höflich (1997: 85) das Internet als „Hybridmedium" bezeichnet, „bei dem sich verschiedene Kommunikationsmodi auf spezifische Weise im Mediengebrauch (ver)mischen", wie es Beck (2006: 24) ausdrückt. Diese Hybridität macht es auch schwer, die ein-

2.3.2 Kommunikationsmodi und Kommunikationsformen – konkrete Anwendungen

Die Differenzierung unterschiedlicher Kommunikationsmodi bzw. -formen, in denen Online-Kommunikation stattfindet, ist zwar unter Umständen heuristisch sinnvoll, doch gleichzeitig ein problematischer Zugriff auf die Beschreibung von Online-Kommunikation, weil in diesem hochdynamischen Feld immer wieder neue Anwendungen und Kommunikationsweisen hervorgebracht werden und entsprechende Darstellungen deshalb schnell veralten. Außerdem scheint eine konsequent systematische Abgrenzung der unterschiedlichen Anwendungen kaum möglich, da sich in ‚Hybrid-Angeboten' Elemente verschiedener Formen zu neuen Arten der Kommunikation und Kooperation verbinden, etwa wenn soziale Netzwerkplattformen Blogfunktionen integrieren (Schmidt 2009: 22). Darüber hinaus werden die einzelnen Anwendungen im Netz soziokulturell gesehen unterschiedlich genutzt: So erreichen Netzwerk- und Multimedia-Plattformen immer noch vor allem jüngere Internetnutzer (obwohl ältere allmählich aufholen), während eine Anwendung wie Wikipedia inzwischen von der Mehrheit der Internetnutzer gebraucht wird. Jedoch nur neun Prozent der Nutzer tragen aktiv zur Erstellung von Artikeln bei und nur ein Prozent der Nutzer ist permanent aktiv und produktiv (Nielsen 2006). Deshalb plädiert Schmidt (2009) dafür, anstatt einer angebotszentrierten Perspektive eine praxistheoretische Perspektive einzunehmen und die unterschiedlichen sozialen Praktiken der Internetnutzung zu untersuchen. Der Blick richtet sich also darauf, was User auf welche Weise und aus welchen Gründen in bestimmten Situationen der Internetnutzung tun, unter welchen technischen und sozialen Bedingungen sie dies tun und in welche übergreifenden sozialen Kontexte sie dabei eingebunden sind.

Trotz solcher Einwände wird an dieser Stelle auf die wesentlichen Anwendungen überblickartig eingegangen. Inzwischen klassische Formen von Online-Kommunikation sind E-Mail, Mailinglisten, Newsgroups und Chats. Für das Social Web unterscheidet Schmidt (2009: 22 ff.) Plattformen, *Personal Publishing*, Wikis, Instant Messaging und Werkzeuge des Informationsmanagements. Im Folgenden sollen diese Kommunikationsformen kurz charakterisiert werden.

a) E-Mail

Das Senden und Empfangen von E-Mails ist für alle Altersgruppen immer noch die häufigste Form der Online-Kommunikation. Laut ARD-ZDF-Onlinestudie 2010 geben 84 Prozent der Bevölkerung an, mindestens einmal pro Woche zu mailen. In der Altersgruppe der über 60-Jährigen sind das immerhin noch 71 Prozent. Mailen ist sowohl im privaten wie im organisationellen Bereich seit Jahren eine etablierte Form der Kommunikation und aus dem Alltag nicht mehr wegzudenken. Typischerweise wird Mailen als asynchrone, schriftliche, interpersonale Form der Kommunikation beschrieben. Dabei wird jedoch außer Acht gelassen, dass das Mailen in unterschiedlichen Kontexten verschiedene Funktionen erfüllen und sowohl hinsichtlich der Zeitlichkeit (synchon/asynchron) als auch der an der Kommunikation Beteiligten variieren kann. Wenn die Kommunikationspartner gleichzeitig mailen, ist eine fast synchrone Kommunikation möglich, die dem Chatten nahekommt. Auch können Mails an mehrere Adressanten geschickt werden (Newsletter, Spam) und multikodale Dateien (Audio-, Video- oder Grafik-Dateien) mitgeschickt werden.

Je nach Kommunikationssituation, -intention und -partner differieren auch die Anforderungen an das Verfassen einer Mail. Während im privaten Bereich nahe an der mündlichen Sprachnorm eher salopp geschrieben werden kann (‚verschriftlichte Mündlichkeit'), erfordern dienstliche oder auch Werbe-Mails die Einhaltung der Normen schriftlicher Sprache (Kap. 3).

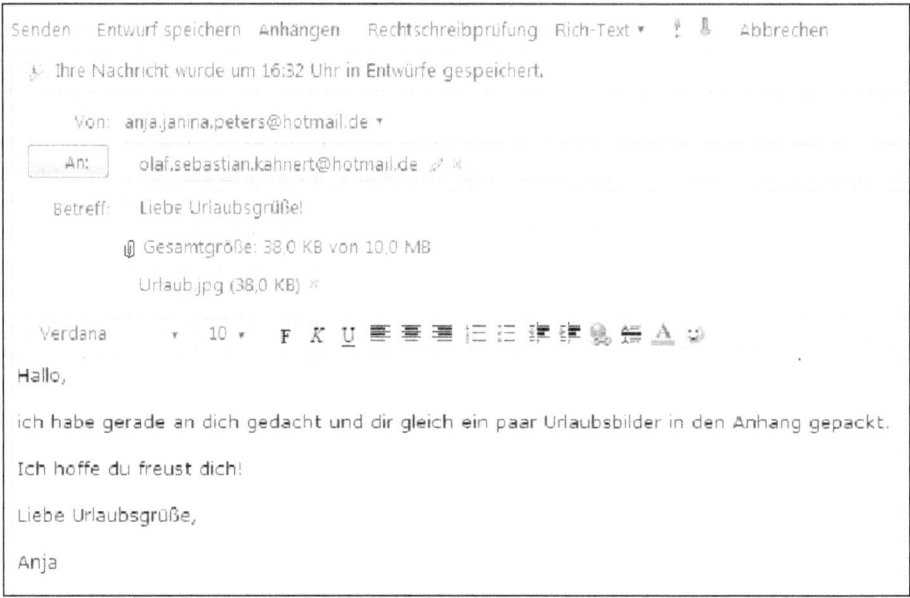

Abb. 2.4: E-Mail. Quelle: www.web.de. Aufgerufen am 03.03.2010.

b) Mailinglisten

Eine zentral organisierte Form der Distribution und Kommunikation von Inhalten auf Basis elektronischer Nachrichten sind Mailinglisten. Der Grad der Begrenzung (offen, teilweise offen, geschlossen etc.) und die Organisation der Liste (moderiert oder nicht moderiert) variieren dabei je nach Ausrichtung und Zweck. Es existieren eine Vielzahl offener Mailinglisten, die interessierte User abonnieren können, um regelmäßig mit Informationen zu bestimmten Themen versorgt zu werden und diese bei Bedarf zu kommentieren oder zu diskutieren (Listen von Freundeskreisen, Fangemeinden oder Interessengemeinschaften). Dabei kann der Teilnehmerkreis zwischen wenigen Interessierten bis zu großen Abonnentengruppen (Hunderten oder sogar Tausenden) schwanken.

Daneben haben sich vor allem in der Organisations- und Wissenschaftskommunikation Mailinglisten als Kommunikationsform etabliert, die es erlaubt, Inhalte in einer organisationell oder thematisch begrenzten Gruppe von Empfängern zu verteilen und zu diskutieren. Der Zugang zu Mailinglisten, die der Arbeitsorganisation und dem Wissensmanagement in institutionalisierten Gruppen dienen, ist beschränkt und kontrolliert. Untersuchungen zur Sozialstruktur von Mailinglisten zeigen, dass sich im Prozess der Nutzung Hierarchien herausbilden. In der Regel organisieren sich die Listen um einen aktiven Kern von Nutzern herum, die

2.3 In welchen Formen findet Online-Kommunikation statt?

untereinander sozial vernetzt sind, mit hoher Frequenz posten (Inhalte an die Liste schicken) und auf andere Beiträge mit Kommentaren reagieren. Die meisten Nutzer bleiben dagegen eher passive Rezipienten. Hinsichtlich des Nutzungsverhaltens haben sich unterschiedliche Nutzungsrollen herausgebildet: „Poster" (Versender von vielen Mails an die Liste), „Diskutanten" (User, die die Mails anderer häufig kommentieren und diskutieren) und „Lurker" (passive Beobachter). Es kann also hinsichtlich der Aufmerksamkeit gegenüber Akteuren und bezüglich unterschiedlicher Kompetenzzuschreibungen eine Zentrum-Peripherie-Struktur beobachtet werden, die die hierarchische Struktur von Mailinglisten abbildet. Das heißt, Akteure, die viel Aufmerksamkeit anderer Nutzer auf sich ziehen und denen eine hohe Kompetenz zugeschrieben wird, dominieren mit zahlreichen Kontakten das Sozialgefüge der Mailinglisten (Stegbauer 2001).

c) Newsgroups

Ähnlich den Mailinglisten dienen Newsgroups dazu, Inhalte elektronisch gleichzeitig vielen Nutzern zur Verfügung zu stellen, die wiederum die Möglichkeit haben, diese zu kommentieren und kommunikativ weiterzuverarbeiten. Da sich daraus umfangreiche Themendiskussionen entwickeln können, werden Newsgroups vor allem als asynchrone Diskussionsforen verstanden, die moderiert oder nicht moderiert sein können. Newsgroups decken inzwischen ein breites funktionales Spektrum ab. So können sie dem Austausch von Informationen ebenso dienen wie als politisches Diskussionsforum oder als Selbsthilfe-Plattform. Sie sind thematisch strukturiert und im Zugang variabel.

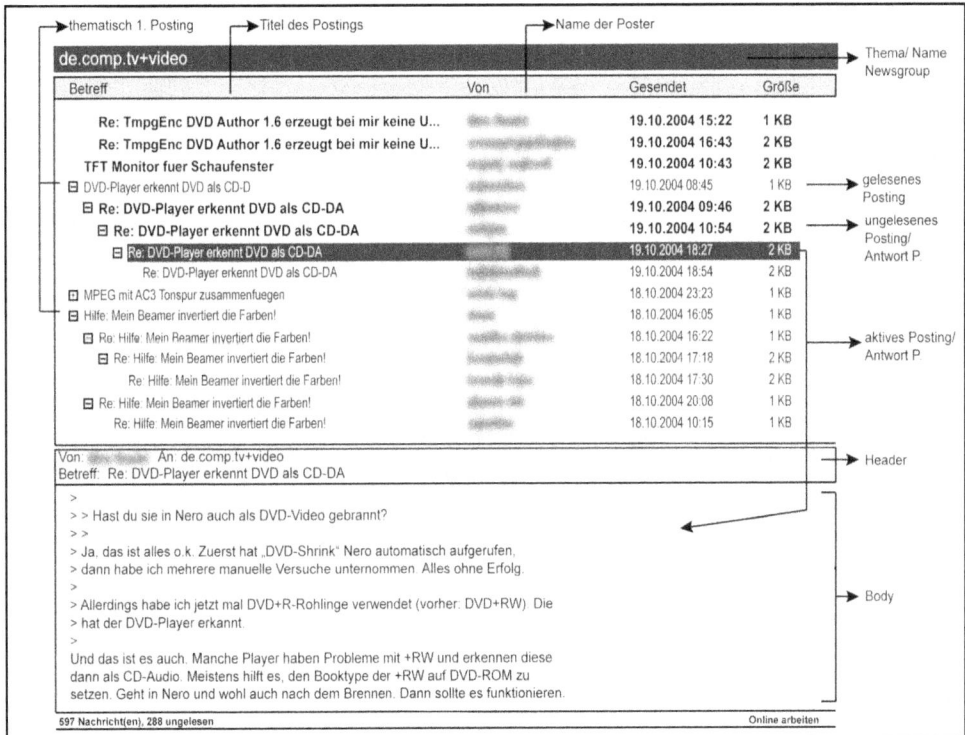

Abb. 2.5:   Newsgroup. Quelle: Beck (2006: 103).

d) Chat

Chatten ist eine nahezu synchrone Kommunikation zwischen gleichzeitig Anwesenden, die jedoch räumlich getrennt sind und das Internet zur Synchron-Kommunikation nutzen. Zeitliche Verzögerungen kommen durch die technische Übertragung und Sortierung der Beiträge zustande, die vom Server zeilenweise in der Reihenfolge angezeigt werden, wie sie von den einzelnen Teilnehmern gesendet worden sind. Dadurch ist es oft nicht einfach, eine thematische Struktur in einem Chat-Logfile zu erkennen, weil im Chatraum in der Regel mehrere Gespräche parallel laufen und die einzelnen thematischen Versatzstücke rein technisch bedingt und nicht thematisch sortiert dargestellt werden.

1	BigBrother: 'niceshyBoy' betritt den Chat !!!
5	Alien_Girl (Thu 17:22): WELCHER SÜ?E BOY WILL MIT EINEM SÜ?EM GIRL CHATTEN???
8	niceshyBoy (Thu 17:22): hi allen girls wie gehts??
9	Alien_Girl (Thu 17:22): GUT!!!
10	Alien_Girl (Thu 17:22): WIE ALT ???
12	niceshyBoy (Thu 17:23): wie alt bist du denn??
13	Alien_Girl (Thu 17:23): !&
14	Alien_Girl (Thu 17:23): 16
15	niceshyBoy (Thu 17:23): ich bin 16
16	Alien_Girl (Thu 17:23): UND DU ???
19	niceshyBoy (Thu 17:23): woher bist du denn??
22	Alien_Girl (Thu 17:24): berlin und du ???
29	niceshyBoy (Thu 17:25): ich komme auch aus berlin
32	niceshyBoy (Thu 17:25): wogenau aus berlin kommst du denn ?? ich aus hellersdorf
	www.europachat.org, Raum „Entrée", 20.07.00, bereinigt um die nicht zum Dialog gehörigen Turns.

Abb. 2.6: Chat-Ausschnitt. Quelle: Misoch (2006: 48. zitiert nach Orthmann 2004: 111).

Meist finden Unterhaltungen in der Öffentlichkeit des Chatraums statt. Der private Austausch in kleineren Gruppen oder zu zweit unter Ausschluss der anderen im Chatraum Anwesenden ist jedoch über spezielle softwareseitig unterstützte Funktionen möglich. So können im Chatraum angemeldete Nutzer kleinere Räume eröffnen und andere Nutzer dorthin einladen oder über die sogenannte Flüsterfunktion bilaterale Gespräche führen, die für die anderen nicht sichtbar sind. Da die Anmeldung in einem Chatraum in der Regel über Nicknames geregelt wird, findet die Chat-Kommunikation pseudonym statt. Über die Wahl des Nicknames wird jedoch meist versucht, ein bestimmtes Image aufzubauen und zu halten (zu Besonderheiten des Sprachgebrauchs im Chat siehe Kap. 3). Auch der Chatraum ist – ebenso wie die Mailingliste und die Newsgroup – kein hierarchiefreier Raum. Wenn auch die sozialen Hierarchien der Offline-Welt dort nicht unbedingt gelten, so bilden sich doch für die jeweilige Online-Kommunikationsform Regeln und Normen heraus, die unterschiedliche soziale Status hervorbringen. So kann auch in Chaträumen beobachtet werden, dass versierte, erfahrene, schlagfertige und originelle Teilnehmer einen höheren sozialen Status genießen als andere Nutzer (Kap. 4).

e) Plattformen

Internetanwendungen, „die einer Vielzahl von Nutzern eine gemeinsame Infrastruktur für Kommunikation oder Interaktion bieten" (Schmidt 2009: 22), werden Plattformen genannt und können grob gesprochen in Netzwerk-, Multimedia- und kommerzielle Plattformen unterschieden werden.

2.3 In welchen Formen findet Online-Kommunikation statt?

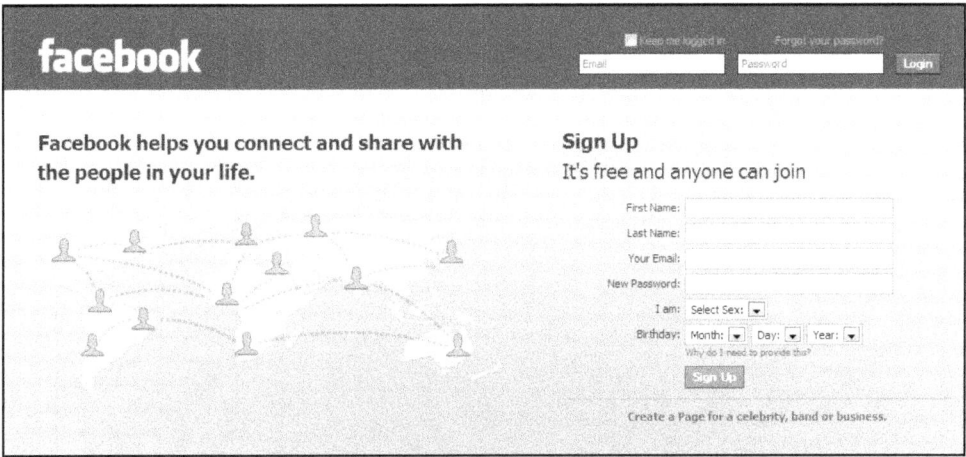

Abb. 2.7:   Plattform Facebook. Quelle: www.facebook.com. Aufgerufen am 03.03.2010.

Da es hier um sehr große Nutzergruppen geht, können Plattformen in dieser Hinsicht von Werkzeugen des *Personal Publishing* abgegrenzt werden, die – wie die Bezeichnung schon sagt – eher auf einzelne Nutzer ausgerichtet sind. Soziale Netzwerkplattformen (z. B. Facebook, StudiVZ, MySpace) unterstützen das Pflegen und Knüpfen von sozialen Kontakten und machen die sozialen Beziehungen über Freundeslisten, Gruppenzugehörigkeiten u.Ä. sichtbar. Sie unterstützen Identitätsarbeit (Selbstdarstellung über persönliche Profile), die Navigation im Netzwerk (Informationssuche) sowie soziale Kommunikation und Interaktion. Multimedia-Plattformen dienen in erster Linie dem Publizieren bzw. Rezipieren von multimedialen Inhalten und konzentrieren sich dabei in der Regel auf konkrete Medienformen (z. B. Videos auf YouTube, Fotos auf Flickr oder Audiodateien auf Last.fm). Oft sind ebenso Funktionen von Netzwerkplattformen integriert, z. B. das Anlegen von Nutzerprofilen oder die Beziehungspflege zu anderen Plattformmitgliedern. Auch kommerzielle Plattformen wie Amazon, Ebay oder der iTunes-Shop bieten ihren Kunden Möglichkeiten der Kommunikation und Kooperation. Doch ist ihr primärer Fokus auf ökonomische Ziele gerichtet, obwohl dieser bei anderen Plattformen ebenso wenig ausgeschlossen werden kann – wie das zum Google-Konzern gehörende Angebot YouTube zeigt.

f) Personal Publishing

Unter die Rubrik *Personal Publishing* fasst Schmidt (2009) Weblogs, Microblogging-Dienste (z. B. Twitter) und als multimediale Varianten Podcasts sowie Videocasts. Auch Werkzeuge des *Personal Publishing* unterstützen die Veröffentlichung von Inhalten im Netz, wobei jedoch der einzelne Produzent, Autor bzw. Urheber im Mittelpunkt steht. „In der Bezeichnung ‚personal' klingt die Abgrenzung von professionell-journalistisch produzierten Inhalten an, die jedoch zunehmend aufweicht, da inzwischen auch Unternehmen oder Redaktionen eigene Weblogs oder Podcasts betreiben" (Schmidt 2009: 24). Weblogs (Blogs) sind rein formal gesehen Websites, die regelmäßig aktualisiert werden und die Beiträge in umgekehrt chronologischer Reihenfolge anzeigen, wobei der aktuellste Eintrag jeweils an erster Stelle steht. Oft werden die Inhalte in Textform bereitgestellt, aber auch Bilder, Videos und Audio-Dateien sind üblich.

Abb. 2.8: Blog. Quelle: www.netzpolitik.org. Aufgerufen am 03.03.2010.

Da Weblogs in der Regel von einem Autor betrieben werden, der seine Rezipienten jedoch häufig über eine Kommentarfunktion zu Meinungsäußerungen einlädt, vereinen sie Merkmale der Homepage und des Diskussionsforums und nehmen so Eigenschaften bereits etablierter Kommunikationsformen im Internet auf. Prototypische Blogs können deshalb auch als Räume im Internet betrachtet werden, die von einem Autor zwar inhaltlich getragen werden, der seine Leser jedoch wie ein Gastgeber auf seine Site einlädt und zur Teilnahme animiert. Insofern sind Blogs Kommunikationsformen, die auch vom Feedback und den Aktivitäten der Rezipienten leben. Unter funktionalen Gesichtspunkten hat sich die Weblogszene inzwischen ausdifferenziert, unterschiedliche kommunikative Funktionen übernommen und verschiedene Domänen durchdrungen: Alltag, Politik, Wirtschaft und Wissenschaft. Wenn man die Funktion als Unterscheidungskriterium ansetzt, können inzwischen mindestens die folgenden Blog-Typen festgehalten werden:

Tab. 2.3: Weblog-Typen. Quelle: eigene Darstellung.

Weblog-Typ	Funktion
Online-Tagebuch	Private Interessen, Ansichten, Anekdoten, Erlebnisse publizieren und über Text und Bild Alltag dokumentieren
Nachrichten-Blog	Nachrichten filtern, verbreiten und diskutieren
Medien-Blog	Medien beobachten und filtern
Politiker-Blog	Politische Imagearbeit und Werbung, Mittel im Wahlkampf
Firmen-Blog	Kundenbindung, Werbung, Imagearbeit, branchenspezifisches Informationsportal
Knowledge-Blog	Wissen über ein spezielles Sach- und Interessensgebiet bündeln
Research-Blog	Wissenschaftler-Communities vernetzen

Von diesen inzwischen klassischen Weblog-Formen können Formen des **Microblogging** (z. B. Twitter) unterschieden werden, welche nur sehr kurze Beiträge erlauben, die nicht kommentierbar sind.

g) Wikis

Wikis sind Sammlungen verlinkter Hypertextseiten und unterstützen das kooperative Arbeiten an Dokumenten. Dafür ist es wichtig, dass sie leicht zu bedienen sind, denn potenziell soll es jedem Nutzer möglich sein, bestehende Inhalte zu verändern oder neue zu kreieren. Direkt im Browser werden Hypertext-Dokumente angelegt, editiert und verlinkt. Die jeweiligen Veränderungen können über eine Archivfunktion verfolgt und bei Bedarf rückgängig gemacht werden.

Als bisher größtes und erfolgreichstes Wiki ist die seit 2001 aktive Online-Enzyklopädie Wikipedia, eines der weltweit meistbesuchten Webangebote überhaupt. Darüber hinaus werden Wikis als Werkzeuge des kooperativen Wissensmanagements inzwischen auch in der Organisations- und Unternehmenskommunikation eingesetzt.

Abb. 2.9: Wikis. Quelle: eigene Darstellung nach simpsonspedia.net/index.php?title=Simpsons pedia; www.zunftwissen.org/de/index.php/Hauptseite; www.ameisenwiki.de/index.php/Hauptseite. Alle aufgerufen am 03.03.2010.

h) Instant Messaging

Instant Messaging (z. B. über ICQ) ermöglicht synchrone Kommunikation, d.h., beide Kommunikationspartner sind für ihren Austausch gleichzeitig online und kommunizieren in Echtzeit. Das unterscheidet Instant Messaging z. B. vom Mailen, einer anderen Form interpersonaler Kommunikation im Netz.

Die Kommunikation ist beim Instant Messaging oft textbasiert, jedoch sind auch Audio- oder Videotelefonie sowie Datentransfer möglich (z. B. mit Skype). Ähnlich dem Chatten werden beim Instant Messaging zur Identifikation der Kommunikationspartner Nicknames verwendet und der Stil der Kommunikation ist eher informell und an die mündliche Kommunikation angelehnt. Allerdings wird die Kommunikation nicht wie beim Chatten über einen ‚Raum' organisiert, in dem man anwesend sein muss, um mit den anderen kommunizieren zu können, sondern die Nutzer autorisieren sich gegenseitig durch Aufnahme in Kontaktlisten, die auch die aktuelle Erreichbarkeit (das Angemeldet-Sein) anzeigen.

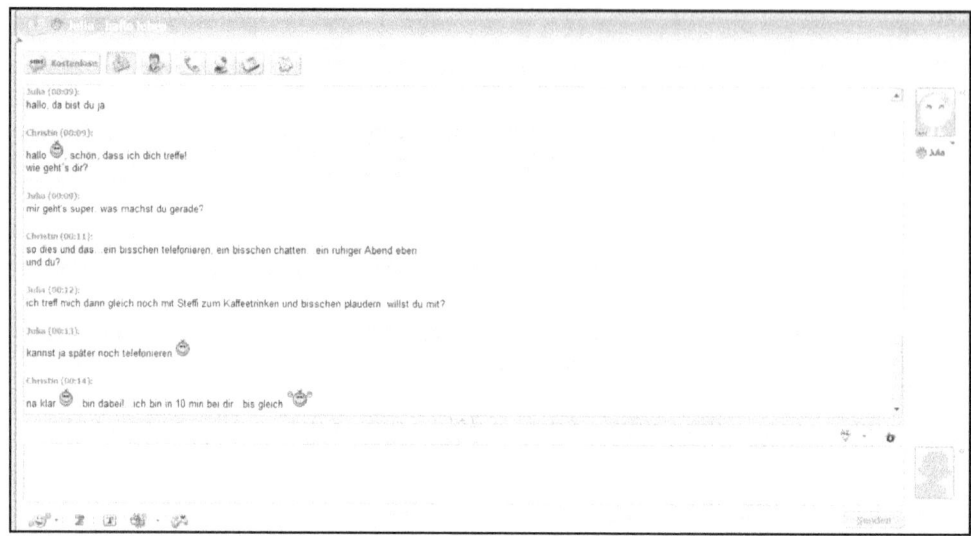

Abb. 2.10: Chat-Ausschnitt von ICQ. Quelle: eigene Darstellung. Aufgerufen am 03.03.2010.

i) Werkzeuge des Informationsmanagements

Schmidt (2009) ergänzt seine Klassifikation der Anwendungen zur Kommunikation und Publikation von Inhalten durch Werkzeuge des Informationsmanagements. Dies sind vor allem *Feed Reader* bzw. *Feed Aggregatoren,* die man zur automatischen fortlaufenden Information über die Aktualisierung von Websites als Programm installieren oder auch als Dienst abonnieren kann.

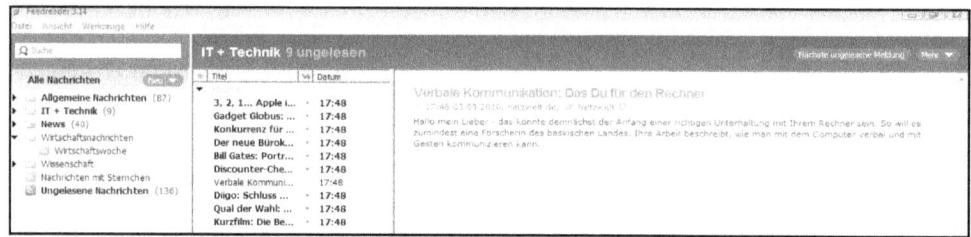

Abb. 2.11: Feed Reader (Feedreader 3.14). Quelle: www.feedreader.com/?fromfr. Aufgerufen am 03.03.2010.

Kollektive Verschlagwortungssysteme wie Delicious oder *Mister Wong* unterstützen das individuelle Informationsmanagement, denn beliebige Internetressourcen können gebookmarkt und mit frei gewählten Schlagwörtern (*tags*) versehen werden.

Die Zusammenführung massenhaft vergebener Schlagwörter bringt Ordnungen hervor, die im Unterschied zu klassischen, von Experten entwickelten Taxonomien oder Klassifikationen von den einzelnen Nutzern nicht bewusst erstellt werden, sondern als *folksonomies* durch das Aggregieren individuell gesetzter Schlagwörter entstehen. Diese Schlagwortsysteme können grafisch als sogenannte *tag clouds* dargestellt werden.

Demgegenüber arbeiten die Nutzer im Rahmen von Social-News-Diensten wie z. B. digg.com oder Yahoo! Buzz bewusst kollektiv an der Herstellung von Ordnungen, indem sie

2.3 In welchen Formen findet Online-Kommunikation statt?

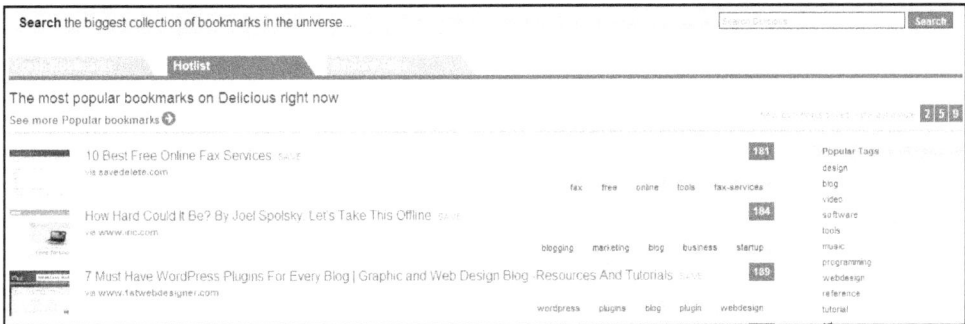

Abb. 2.12:   Verschlagwortungssystem Delicious. Quelle: delicious.com/?view=hotlist. Aufgerufen am 03.03.2010.

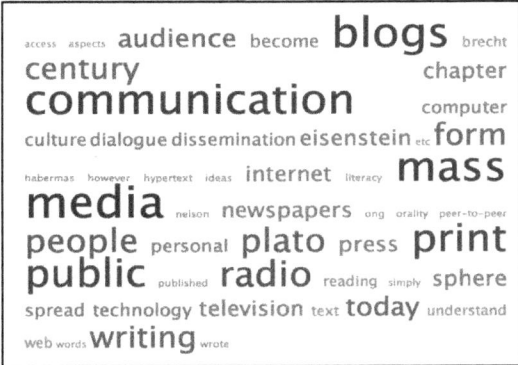

Abb. 2.13:   Darstellung einer Folksonomy als Tag Cloud. Quelle: jilltxt.net/wp-content/uploads/2006/10/tagcloud-bards-to-blogs.png. Aufgerufen am 16.03.2010.

gemeinschaftlich Nachrichten auswählen und bewerten. Von Nutzern in die Plattform eingespeiste Web-Inhalte werden von anderen Nutzern bewertet, was bei Zusammenführung der Ratings dynamische Listen über Aktualität und Popularität von Inhalten entstehen lässt.

Zusammenfassung

Online-Kommunikation findet auf der technischen Basis des Internet in einem Kommunikationsraum statt, in dem sich unterschiedliche Kommunikationsmodi bzw. -formen herausgebildet haben (Mail, Chat, soziale Netzwerkplattformen, Wikis, Weblogs usw.). Der Fokus auf die Ebene der Kommunikationsmodi bzw. -formen hat den Vorteil, dass diese systematisch betrachtet werden können, indem sie mit Hilfe bestimmter Kriterien beschrieben und voneinander abgegrenzt werden (z. B. hinsichtlich der Anzahl der beteiligten Nutzer, der Gleichzeitigkeit bzw. Ungleichzeitigkeit der Kommunikation, der verwendeten Zeichentypen usw.). Ein wesentlicher Nachteil dieser Betrachtungsweise liegt jedoch in der Dynamik des Gegenstands, denn es entstehen immer wieder neue Anwendungen und Formen, so dass jede Klassifizierung schnell veraltet. Deshalb ist es sinnvoller, anstatt einer angebotszentrierten Perspektive eine praxistheoretische Perspektive einzunehmen und die unterschiedlichen sozialen Praktiken der Internetnutzung zu untersuchen. Man geht also der Frage nach, was User auf welche Weise und aus welchen Gründen in bestimmten Situationen der Internetnutzung tun (Kap. 4).

2.4 Was ist Online-Öffentlichkeit?

Die Medienentwicklungen der letzten Jahre haben das klassische System öffentlicher Kommunikation deutlich verändert. Auch wenn technikzentrierte, euphorische Prognosen den realen Entwicklungen nicht Stand halten, so können doch auch Kritiker des Internet nicht leugnen, dass die neuen Formen und Möglichkeiten von Online-Kommunikationspraktiken nicht ohne Auswirkungen auf das Mediensystem bleiben. Die Debatte um den Stellenwert der Internet-Öffentlichkeit kreist im Wesentlichen um zwei Hauptrichtungen: eine eher durch Enthusiasmus und eine eher durch Skepsis geprägte Position.

Jarren und Donges (2006: 112) charakterisieren die **enthusiastische Position** so: „Die enthusiastische Position prognostiziert einen starken und positiven Einfluss des Internet auf die Strukturen von Öffentlichkeit und auf politische Willensbildungs- und Entscheidungsprozesse" und postuliert einen „,direkten Draht' zwischen Bevölkerung und Politik, der auch intensiv genutzt werde" (Jarren/Donges 2006: 112). Dieser ‚direkte Draht' zwischen Bevölkerung und politischen Entscheidungsträgern führe dazu, dass sich Bürgerinnen und Bürger mit ihren Anliegen durch die erweiterten Kommunikationsmöglichkeiten besser in politische Willensbildungs- und Entscheidungsprozesse einbringen und diese beeinflussen könnten. Im Hinblick auf den Bezug der elektronischen Öffentlichkeit zum politischen System selbst weist Friedland (1996) auf zwei Ausprägungen der enthusiastischen Position hin: Die radikal plebiszitäre Variante geht davon aus, dass die neuen technischen Kommunikations- und Interaktionsmöglichkeiten das politische System selbst verändern, indem an elektronischen Orten basisdemokratisch Meinungen ausgetauscht und in den politischen Prozess eingespeist werden können. Demgegenüber postuliert die gemäßigt deliberative Position eine Stärkung des politischen Systems durch erweiterte Partizipationsmöglichkeiten für die Bürgerinnen und Bürger über elektronische Öffentlichkeiten.

Die **skeptische Position** indessen erläutern Jarren und Donges (2006: 112) so: „Die skeptische Position verweist hingegen darauf, dass die bestehenden Barrieren zwischen Individuum und politischer Öffentlichkeit vorwiegend nicht technischer, sondern sozialer Natur sind und durch das Internet nicht aufgehoben werden können." Es hat sich gezeigt, dass der Zugang zur Internetnutzung wie auch die Art und Weise der Internetnutzung sowohl im nationalen als auch im internationalen Maßstab ungleich verteilt sind, was mit *Digital Divide* (**Digitale Kluft** oder Spaltung) umschrieben wird (Marr/Zillien 2010). Damit wird ausgedrückt, dass zwar enorme Zuwachsraten in der Internetnutzung zu verzeichnen sind. Diese konzentrieren sich aber auf bestimmte soziale Gruppen und geografische Regionen, so dass die ungleiche Verteilung des Zugangs zu modernen Kommunikationstechnologien ungleiche soziale und wirtschaftliche Entwicklungschancen nach sich zieht. Die Zugangschancen werden kontrolliert durch soziale Faktoren wie Bildung, Alter, Gruppenzugehörigkeit, Milieu und Geschlecht und hängen wesentlich davon ab, in welcher Region der Welt jemand lebt:

> „Während es Länder gibt, in denen bereits die Hälfte der Bevölkerung online ist (USA, Norwegen, Schweden, Island), eine weitere Gruppe von Ländern auf einen Online-Anteil von 40 Prozent der Bevölkerung kommt (Deutschland, Finnland, Niederlande, Dänemark, Australien, Singapur, Neuseeland), liegt die Online-Rate in den meisten Entwicklungsländern unter einem Prozent. Obwohl in Skandinavien und Nordamerika nur sechs Prozent der Weltbevölkerung leben, besitzen diese Länder 73 Prozent der Online-Angebote und 76 Prozent der online-fähigen Rechner." (Bucher 2005: 197 f.)

Doch auch innerhalb der sozialen Gruppen und geografischen Gebiete, die einen hohen Status der Internetnutzung erreichen, sind soziale Differenzen auszumachen. Soziale Barrieren betreffen z. B. auch das Zeitbudget, das zur Mediennutzung zur Verfügung steht, die mangelnde Bereitschaft der User, gezielt nach politischen Informationen zu suchen, oder die Tatsache, dass kommunikative Handlungen eng mit Merkmalen wie Glaubwürdigkeit und Vertrauen in Beziehung stehen. Diese müssen bei medial vermittelter Kommunikation auf andere Weise hergestellt werden als bei interpersonaler Kommunikation (Zillien 2009).

Die skeptische Position weist klassischen Massenmedien weiterhin eine zentrale Rolle bei der Konstitution gesellschaftlicher Öffentlichkeit zu, denn Selektion, Aufbereitung und Gewichtung von Informationen, wie sie durch Massenmedien geleistet werden, schaffen Relevanzstrukturen, lenken die Aufmerksamkeit der Rezipienten und unterstützen auf diese Weise die Konstruktion von Sinn.

2.4.1 Öffentlichkeit

Mit Bezug auf Neidhardt (1994: 8 f.) soll Öffentlichkeit definiert werden als Kommunikationssystem, in dem Themen und Meinungen gesammelt, verarbeitet und weitergegeben werden. Für das Sammeln, Verarbeiten und Weitergeben formuliert Neidhardt drei normative Ansprüche:

- **Transparenzfunktion**: „Öffentlichkeit soll offen sein für alle gesellschaftlichen Gruppen sowie für alle Themen und Meinungen von kollektiver Bedeutung."
- **Validierungsfunktion**: „Öffentlichkeitsakteure sollen mit den Themen und Meinungen anderer diskursiv umgehen und ihre eigenen Themen und Meinungen unter dem Druck der Argumente anderer gegebenenfalls revidieren".
- **Orientierungsfunktion**: „Öffentlichkeit, die von den Öffentlichkeitsakteuren diskursiv betrieben wird, erzeugt ‚öffentliche Meinungen', die das Publikum als überzeugend wahrnehmen und akzeptieren kann."

Unterschiedliche Modelle von Öffentlichkeit messen normativen Ansprüchen eine unterschiedliche Bedeutung bei. Das Diskursmodell von Habermas (1990 [1968]) ist stark normativ ausgerichtet und fordert neben der allgemeinen Zugänglichkeit das diskursive Aushandeln von Themen und Meinungen in einem ‚herrschaftsfreien Raum', der hierarchische Machtstrukturen und die Übervorteilung bestimmter gesellschaftlicher Gruppen und Akteure ausschließt. Dabei setzt er einen Konsens der beteiligten Kommunikationspartner voraus, der auf „dem eigentümlich zwanglosen Zwang des besseren, weil einleuchtenderen Arguments" (Habermas 1984: 116) beruht.

> „Die Öffentlichkeit lässt sich am ehesten als ein Netzwerk für die Kommunikation von Inhalten und Stellungnahmen, also von Meinungen beschreiben; dabei werden die Kommunikationsflüsse so gefiltert und synthetisiert, dass sie sich zu themenspezifisch gebündelten öffentlichen Meinungen verdichten." (Habermas 1992: 436)

Der machttheoretische Ansatz Foucaults geht hingegen davon aus, dass Herrschaftsfreiheit im öffentlichen Diskurs nicht erreicht werden kann, sondern dass durch den Diskurs selbst über dessen Regeln und Formationen Macht ausgeübt und Öffentlichkeit vorstrukturiert wird:

„Ich setzte voraus, dass in jeder Gesellschaft die Produktion des Diskurses zugleich kontrolliert, selektiert, organisiert und kanalisiert wird – und zwar durch gewisse Prozedure, deren Aufgabe es ist, die Kräfte und die Gefahren des Diskurses zu bändigen, sein unberechenbar Ereignishaftes zu bannen […]. Es hat den Anschein, dass die Verbote, Schranken, Schwellen und Grenzen die Aufgabe haben, das große Wuchern des Diskurses zumindest teilweise zu bändigen […] und seine Unordnung zu organisieren, so dass das Unkontrollierbarste vermieden wird." (Foucault 1977: 10 f. u. 33)

Auch das systemtheoretische Spiegelmodell orientiert sich nicht auf normative Forderungen, sondern sieht die wesentliche Funktion der Herstellung von Öffentlichkeit in der Selbstbeobachtung und Selbstbeschreibung von Gesellschaft mittels Veröffentlichung von Themen (Marcinkowski 1993:118; Gerhards 1994: 87). Dabei spiegelt die Öffentlichkeit sowohl die eigene Position eines Beobachters in der öffentlichen Meinung als auch die Position der Konkurrenten und der quertreibenden Bestrebungen sowie der „Möglichkeiten, die nicht für ihn, aber für andere attraktiv sein könnten" (Luhmann 1990: 181).

„(Politische) Öffentlichkeit besteht aus einer Vielzahl von Kommunikationsforen, deren Zugang prinzipiell offen und nicht an Mitgliedschaftsbedingungen gebunden ist und in denen sich individuelle und kollektive Akteure vor einem breiten Publikum zu politischen Themen äußern. Das Produkt der Kommunikationen in der Öffentlichkeit bezeichnet man als öffentliche Meinung, die man von den aggregierten Individualmeinungen der Bürger unterschieden kann." (Gerhards 2002: 694)

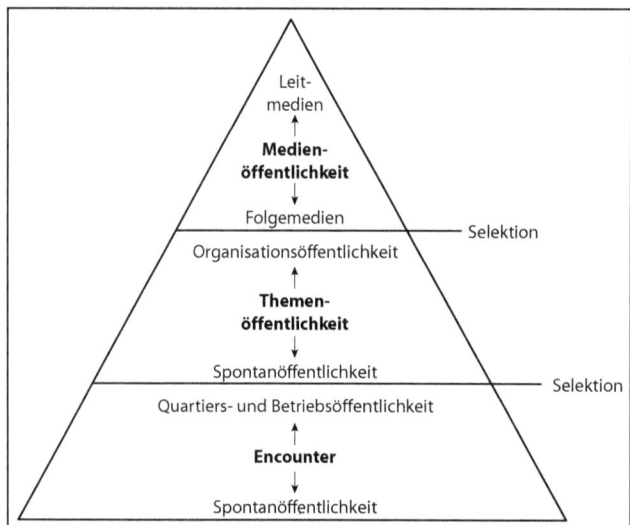

Abb. 2.14:   Ebenen der Öffentlichkeit. Quelle: Jarren/Donges (2006: 105).

a) Ebenen von Öffentlichkeit

Als sinnvolle Grundlage zur Beschreibung von Online-Öffentlichkeit erweist sich das Drei-Ebenen-Modell, weil es im Unterschied zu anderen Öffentlichkeitsmodellen das Publikum und sich spontan bildende Öffentlichkeiten einbezieht (Gerhards/Neidhardt 1990; Gerhards

2.4 Was ist Online-Öffentlichkeit?

1994). Beide Aspekte sind in Bezug auf Online-Öffentlichkeit von zentraler Bedeutung. Je nach Menge der Kommunikationsteilnehmer und Grad der strukturellen Verankerung lassen sich im Modell drei Ebenen unterscheiden

- Die sogenannte **Encounter-Öffentlichkeit** (*encounter* = begegnen/Begegnung) bildet die untere Ebene dieses Modells und betrifft das zufällige und flüchtige Zusammentreffen von Menschen auf Straßen, in Kneipen, am Arbeitsplatz oder in Verkehrsmitteln. Hier entsteht Öffentlichkeit in flüchtigen Interaktionen, die an einem bestimmten Ort zu einer bestimmten Zeit unter den dort Anwesenden stattfinden. Diese Interaktionen umfassen also nur wenige Teilnehmer und sind kaum strukturiert, d.h. die Rollen von Sprecher und Publikum sind nicht festgelegt und können entsprechend wechseln. Eine Vermittlerrolle, wie sie im Rahmen der Massenkommunikation notwendig ist, wird nicht gebraucht. Diese Form einer ‚kleinen' Öffentlichkeit ist sehr offen, kann aber weder eine Verarbeitung von Themen noch die Synthetisierung von Meinungen leisten, da ihr Struktur und Kontinuität fehlen. Die einzelnen Kommunikations-Episoden sind untereinander nicht vernetzt, „sodass zwischen ihnen kein Kommunikationsfluss stattfindet, der synergetische Effekte der Meinungsbildung auslösen könnte" (Gerhards/Neidhardt 1990: 21).
- Die zweite Ebene bildet die **Themen-** oder auch **Versammlungs-Öffentlichkeit**. Auch die Interaktionen auf dieser Ebene sind nicht dauerhaft stabil, sondern orts- und zeitgebunden. Sie erfordern also die Anwesenheit der Beteiligten. Jedoch sind die kommunikativen Abläufe hier thematisch eher zentriert und klarer strukturiert als im Rahmen der *Encounter*-Öffentlichkeit. Versammlungen oder auch Demonstrationen werden in der Regel zu bestimmten Themen durchgeführt und es haben sich unterschiedliche Rollen herausgebildet, die die Abläufe dieser Veranstaltungen arbeitsteilig strukturieren (Redner, Organisatoren, Moderatoren, Publikum bzw. Teilnehmer). Allerdings sind die Rollen nicht fest zugeordnet, sondern können wechseln. Ebenso können die entsprechenden Interaktionen sowohl spontan entstehen als auch einen hohen Vorbereitungs- und Organisationsgrad aufweisen.
- Die am weitesten funktional ausdifferenzierte und strukturierte Form von öffentlicher Kommunikation vollzieht sich auf der dritten Ebene, der **Medienöffentlichkeit.** Diese setzt eine technische Infrastruktur voraus, ist auf dauerhafte Prozesse angelegt und hinsichtlich der Produktion von Medieninhalten auf professionelle und institutionell eingebundene Kommunikatoren ausgerichtet. „Die Herstellung von medialer Öffentlichkeit obliegt in Organisationen eingebetteten spezialisierten Berufen, vor allem den Journalisten" (Gerhards/Neidhardt 1993: 66). Das Publikum wird größer und abstrakter und ist raumzeitlich vom Produktionsprozess abgeschnitten. Es rezipiert gleichsam von der Galerie aus, was die Kommunikatoren für die Arena produziert haben und von dort aus verbreiten. Die Arena-Galerie-Metapher legt eigentlich eine passive Rolle des Publikums im Prozess der Medienöffentlichkeit nahe. Jedoch darf das Zusammenspiel beider nicht unterschätzt werden: Der Erfolg der Arenenakteure wird letztlich vom Publikum auf der Galerie bestimmt (Gerhards/Neidhardt 1993: 32). Das heißt, wenn es den Arenenakteuren nicht gelingt, die Aufmerksamkeit des Publikums auf der Galerie zu erlangen, bleiben ihre Bemühungen folgenlos. Insofern sind sie in ihrem Tun vom Publikum abhängig, denn „während die durch die journalistischen Routinen strukturierte massenmediale Arena Themen und Informationen der gesellschaftlichen Kommunikation bereit stellt, werden in den kleinen Öffentlichkeiten auf der Galerie Bewertungen und Interpretationen vorgenommen. Dabei kommt den sozialen Netzwerken der Nutzer eine wichtige Rolle zu" (Katzenbach 2008: 59).

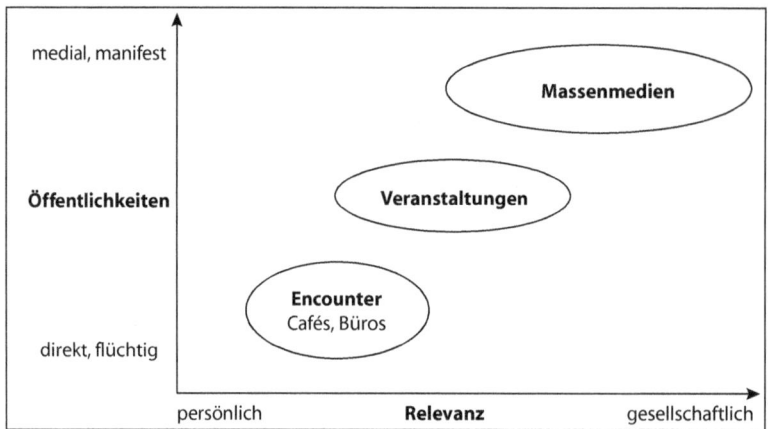

Abb. 2.15: Ebenen der Öffentlichkeit. Quelle: nach Katzenbach (2008: 108).

Die Anzahl der kommunikativ verarbeiteten Themen nimmt vom unteren Bereich der *Encounter*-Öffentlichkeit bis zum oberen Bereich der Medienöffentlichkeit kontinuierlich ab, denn zwischen den einzelnen Ebenen der Öffentlichkeit befinden sich Selektionsstufen, die von der Vielzahl der Themen auf der Encounter-Ebene nur einen Bruchteil auf die Ebene der Themen- und Versammlungs-Öffentlichkeit und davon wiederum nur einen Teil auf die Ebene der Medienöffentlichkeit gelangen lassen (Jarren/Donges 2006: 104). Da die *Encounter*-Öffentlichkeit nur eine sehr flüchtige Form von Öffentlichkeit bildet, der Struktur und Kontinuität fehlen und bei der die einzelnen Kommunikationsepisoden kaum miteinander vernetzt sind, kann hier keine kontinuierliche Themenverarbeitung oder Meinungsbildung stattfinden.

b) Interpersonale Anschlusskommunikation

Im oben erläuterten Ebenen-Modell von Öffentlichkeit ist die Rolle interpersonaler Kommunikation als Anschlusskommunikation im Prozess der Massenkommunikation bereits angesprochen worden. Schon in den 1940er Jahren hatten Lazarsfeld und Kollegen in einer Untersuchung zum Wahlverhalten der Bürger festgestellt, dass massenmediale Inhalte keine direkten Auswirkungen auf individuelle Wahlentscheidungen hatten, sondern „daß Menschen in ihren politischen Entscheidungen mehr durch Kontakte von Mensch zu Mensch beeinflusst werden – wie etwa durch Familienmitglieder, Bekannte oder Nachbarn sowie durch Arbeitskollegen – als unmittelbar durch die Massenmedien" (Lazarsfeld/Menzel 1964: 120).

Damit wurde die Frage relevant, welche Rolle der interpersonalen Kommunikation im Prozess der Massenkommunikation zukommt. Es stellte sich heraus, dass Massenmedien einen Großteil der Bevölkerung nicht direkt erreichen, sondern zunächst (auf einer ersten Stufe) nur Meinungsführer (*opinion leaders*), die überdurchschnittlich intensiv soziale Kontakte pflegen, überdurchschnittlich kommunikativ sind, überdurchschnittlich intensiv Medien konsumieren, in der sozialen Hierarchie als Experten für das betreffende Thema gelten und ein überdurchschnittlich ausgeprägtes subjektives Interesse an diesem Thema haben. Die Vorstellung war, dass diese Meinungsführer dann (auf einer zweiten Stufe) die weniger aktiven Rezipienten erreichen und die Informationen aus den Massenmedien an sie weitergeben. Die soziologisch orientierte Wirkungsforschung ging in den 1950er Jahren davon aus, dass der massenmediale Kommunikationsprozess in zwei Stufen abläuft (two-step-flow-Konzept,

Katz 1957). Spätere Studien relativierten diesen Ansatz und nahmen eine analytische Differenzierung zwischen Informationsfluss und Meinungsbildung vor. So konnte gezeigt werden, dass Rezipienten durch Massenmedien direkt (ohne Zwischenschaltung von *opinion leaders*) erreicht werden können, wenn es um die Verbreitung von Informationen geht. Die Herausbildung von Meinungen oder eine Beeinflussung (Persuasion) von Anschauungen und Handeln lassen sich jedoch nicht direkt auf den Einfluss von Massenmedien zurückführen (Renckstorf 1977). So konnte die Diffusionsforschung empirisch nachweisen, dass in Frage kommende Zielgruppen über Massenmedien direkt (*one-step*) erreicht werden können, wenn erste Informationen über neue Ideen und Verfahrensweisen verbreitet werden (Schenk 1987). Wenn allerdings Einstellungs- und Verhaltensänderungen im Fokus stehen, sind eher interpersonale Kommunikationen erfolgreich. Massenmedien eignen sich vor allem zur Wissensvermittlung, Aufmerksamkeitssteuerung und Verstärkung von bestehenden Einstellungen und Meinungen. Zur Änderung von bestehenden Einstellungen, Meinungen und Verhaltensdispositionen reichen Massenmedien allein jedoch nicht aus. Dafür ist interpersonale Anschlusskommunikation erforderlich (Rogers 1973). Das bestätigen auch Befunde aus den 1990er Jahren zur Rolle sozialer Netzwerke für die Gewichtung von Themen und die politische Meinungsbildung (Schenk 1995). Hier ist interpersonale Kommunikation wichtiger als Kommunikation über Massenmedien. „Während die massenmedialen Quellen Aufmerksamkeit und Interesse für Ideen, Themen und Innovationen wecken, tragen persönliche Quellen und Gruppenkommunikation zur Beurteilung und Einstellungsbildung bei." (Schenk 1989: 410). Interpersonale Anschlusskommunikation ist also ein wichtiger Bestandteil massenmedialer Kommunikationsprozesse und leistet die Aneignung und Verarbeitung von Themen sowie das Herausbilden von Meinungen.

2.4.2   Online-Öffentlichkeit

Die Erkenntnisse des vorherigen Kapitels zum Ebenen-Modell von Öffentlichkeit und zur Relevanz von interpersonaler Anschlusskommunikation geben wesentliche Anstöße für die Behandlung der Frage, worin die Spezifik von Online-Öffentlichkeit liegt. Nach Schmidt (2009) sind hier aus kommunikationssoziologischer Perspektive im Wesentlichen zwei Aspekte hervorzuheben: zum einen die Erweiterung professionell hergestellter Öffentlichkeiten (Journalismus und politische Kommunikation) und zum anderen die Herausbildung persönlicher Öffentlichkeiten, die durch ihre Mediatisierung im Internet und ihr Vernetzungspotenzial eine große Reichweite und damit eine stark erweiterte überindividuelle Bedeutung erlangen. In seiner Analyse zu Weblog-Öffentlichkeiten kommt Katzenbach (2008) zu ganz ähnlichen Ergebnissen, indem er die Herausbildung einfacher und komplexer Weblog-Öffentlichkeiten beschreibt. Ganz wesentlich ist hier der potenziell niedrigschwellige Zugang zu Kommunikations-, Interaktions- und Publikationsformaten, der eine Vernetzung der Laienkommunikation (Neuberger 2009a: 39 f.) ermöglicht. Dadurch kann es zum Austausch von Meinungen, Informationen, Erfahrungen und Empfehlungen sowie zum kooperativen Erstellen von Inhalten ebenso kommen wie zum interaktiven Informationsmanagement (Erstellung von Verschlagwortungssystemen (*folksonomies*) oder Bookmark-Sammlungen (*social bookmarking*). Außerdem wird die Online-Öffentlichkeit durch technische Relevanzsetzungen der Suchmaschinen strukturiert, die Informations-Selektionsprozesse wesentlich steuern. So hat der *PageRank*-Algorithmus der Suchmaschine Google einen großen Einfluss darauf, welche Informationen verbreitet werden und welche nicht (Lehmann/Schetsche 2005; Machill/Beiler/Zenker 2007; Meier 2008a). Google listet die Ergebnisse von Suchanfragen nach der Verlinkungszahl und stellt die Rangfolge der Seiten so dar, dass die meistverlinkten zuerst angezeigt werden. Die anhand der Verlinkungen gemessene quantitative Präsenz im Netz kann dabei auch wirtschaftliche Auswirkungen haben, wenn beispielsweise ein kommerzieller Anbieter seine Bannerwerbung auf einer Fülle von weiteren Online-Auftritten etablieren konnte und auf diese Weise in der Rangliste bei Google weit oben steht (siehe dazu die Internetwerbung von T-Online). Andererseits können durch eben diese Mechanismen auch nicht-kommerzielle Anbieter wie z. B. Wikipedia durch eine hohe kommunikative Aktivität und Verlinkungsrate bei Google vordere Plätze erreichen.

a) Integration der Öffentlichkeits-Ebenen

Aus der Perspektive der Publizistik und Journalismusforschung wurde lange Zeit die traditionelle Formel „Öffentlichkeit = Massenkommunikation = publizistische Bedeutung" vertreten. Daraus resultiert ein „blinder Fleck der Kommunikationswissenschaft" (Neuberger 2009a: 83), der den Blick für die Rolle neuer Formate und kommunikativer Praktiken im Internet verstellte und deren adäquate Behandlung behindert hat. Dieser ‚blinde Fleck' rückt jedoch immer mehr in den Fokus, und es mehren sich Studien, welche die neuen sozialen sowie technischen Bedingungen für Öffentlichkeit ernst nehmen, ohne in unkritischen Enthusiasmus hinsichtlich der Potenziale des Internet zu verfallen.

Mit Bezug auf professionell hergestellte Öffentlichkeiten weicht die dichotome Gegenüberstellung von klassischem Journalismus ‚von oben' einerseits und Journalismus ‚von unten' (grassroots journalism, Gillmor 2004) sowie partizipativen Publikationsformen im Netz andererseits mehr und mehr der Erkenntnis, dass beide spezifische Charakteristika aufweisen, die sich eher ergänzen, als sich gegenseitig auszuschließen und zu verdrängen. Neuberger unterstreicht deshalb die Relevanz der Dreiecksbeziehung zwischen Profession, Partizipation und Technik und verweist darauf, dass professionelle (klassisch journalistische) und partizipatorische (Web 2.0-)Praktiken in der Internet-Öffentlichkeit weniger in einem Konkurrenz- und Verdrängungs-, sondern vielmehr in einem komplementären und integrativen Verhältnis stehen. Damit einher geht die Erkenntnis, dass nicht nur Massenkommunikation vermittelte Kommunikation ist, sondern dass in wachsendem Maße auch im Internet spezifische Vermittlungsleistungen erforderlich sind (Neuberger 2009a: 54 ff.). Diese müssen jedoch nicht mehr nur von professionellen, redaktionell organisierten Vermittlern erbracht werden, sondern beruhen oft auf partizipativer (*folksonomies, social bookmarking,* Rankings auf sozialen Netzwerkplattformen) oder schlicht technischer Vermittlung (*PageRank* bei Google). Vor allem aber herrscht

> „auf der Einbahnstraße [...] nun auch Gegenverkehr: Die Anschlusskommunikation des Publikums der Massenmedien kann öffentlich verbreitet und zurück an den Journalismus adressiert werden. Das Massenpublikum kann über das Internet auch gemeinsame Maßnahmen gegen Anbieter (Proteste, Boykotts, Petitionen etc.) koordinieren. Nicht nur im Wirtschaftssystem, sondern auch im Öffentlichkeitssystem lässt sich deshalb auch ein Zuwachs an ‚Consumer power' beobachten." (Neuberger 2009a: 40)

Die „einfachen" (Katzenbach 2008) und „persönlichen" (Schmidt 2009) Öffentlichkeiten müssen also ernst genommen werden und machen gleichsam eine dritte Dimension von Öffentlichkeit auf, indem sie Öffentlichkeit ‚nach unten' ausweiten (Neuberger 2009a: 41). Während klassische Massenkommunikation auf professionelle Vermittlung großer Öffentlichkeiten für eine Vielzahl von Rezipienten angelegt ist, leistet das Internet eine Integration kleiner und großer Öffentlichkeiten. Kleine Öffentlichkeiten können auch mit der Metapher des *Long Tail*

2.4 Was ist Online-Öffentlichkeit?

beschrieben werden. *Long Tail („langer Schwanz"* des Internet) beschreibt ursprünglich einen Bereich des Internethandels und meint Internet-Märkte, die nicht nur die Bedürfnisse des Massenkonsums bedienen, sondern durch das Anbieten einer großen Zahl an eigentlichen Nischenprodukten dennoch einen Gewinn erwirtschaften können. Übertragen auf Kommunikations- bzw. Informationsangebote im Internet sind damit Dienste gemeint, die ein Massenpublikum weder anstreben noch erreichen, sondern gezielt spezifische und kleinere Nutzergruppen ansprechen (z. B. themenspezifische Weblogs oder persönliche Weblog-Tagebücher).

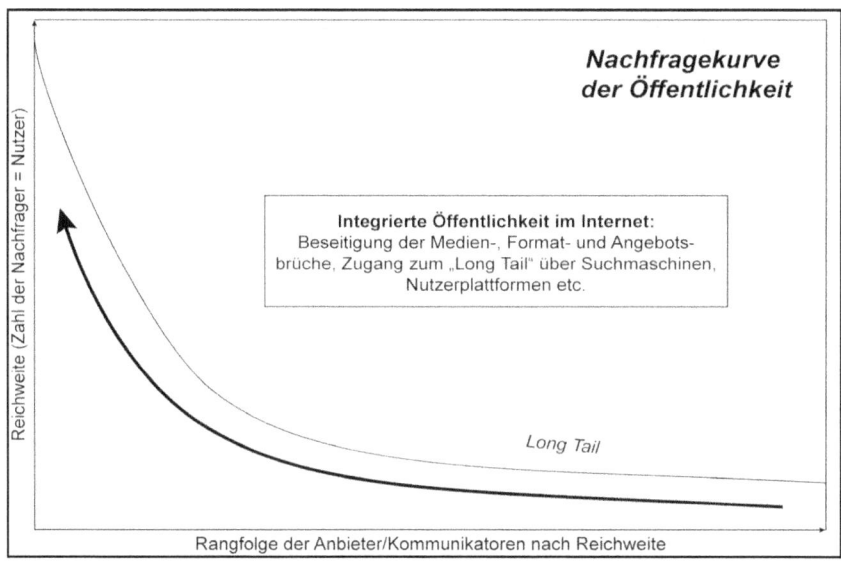

Abb. 2.16: *Integrierte Öffentlichkeit im Internet. Quelle: Neuberger (2009a: 45).*

Das Relationsgeflecht, das in den vernetzten öffentlichen Kommunikationsräumen die Aufmerksamkeit der Nutzer lenkt, ist also nicht gleichmäßig verteilt, sondern durch eine Clusterstruktur gekennzeichnet. Gut erforscht ist inzwischen die Struktur der Blogosphäre, die beschrieben wird als „selectively interconnected, with dense clusters in parts, and blogs minimally connected in local neighborhoods, or free-floating individually, constituting the majority" (Herring et al. 2005: 10). Das heißt, dass eine relativ geringe Anzahl sehr erfolgreicher Blogs eine Mehrheit von Aufmerksamkeit im Sinne von Verlinkungen auf sich zieht, während die überwiegende Mehrzahl von Blogs weniger bis kaum verlinkt ist bzw. frequentiert wird.

Der Netzwerk-Forschung folgend wird dieses Phänomen **Power-Law-Verteilung** genannt (Barabási 2003, Watts 2003). Das heißt, neben schwach verlinkten Knoten im System stehen stark verlinkte und die am stärksten verlinkten Knoten haben die größte Chance, weitere Verlinkungen auf sich zu ziehen. Auch das ist in der Blogosphäre gut zu beobachten, wo *focal points*, also sehr stark verlinkte und deshalb in der Blogosphäre ebenso wie für Massenmedien gut sichtbare Weblogs, immer mehr Aufmerksamkeit auf sich ziehen und zur Orientierung dienen. Diese Blogs mit quasi massenmedialer Reichweite werden auch als *A-List-Blogs* oder *A-Blogs* bezeichnet und stehen der großen Mehrheit von Blogs gegenüber, die sich mit relativ wenigen Verlinkungen im *Long Tail* befinden (Zerfaß/Welker/Schmidt 2008). Diese Aufmerksamkeits-Verteilung des *Power Law* lässt sich in den meisten Berei-

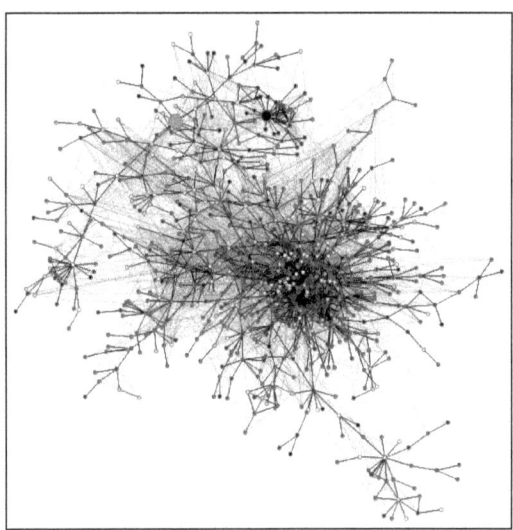

Abb. 2.17: Verlinkungsstruktur der Blogosphäre.
Quelle: datamining.typepad.com/data_mining/2006/07/interactive_map.html. Aufgerufen am 16.03.2010.

chen des Social Web finden, z. B. hinsichtlich der Abonnenten beim Microblogging-Dienst Twitter, hinsichtlich von Editier-Aktivitäten bei Wikipedia oder der Zugriffe auf Videos bei YouTube.

Mit Blick auf diese dritte Dimension von Öffentlichkeit muss auch die These in Zweifel gezogen werden, das Internet führe durch seine nutzergruppenspezifischen Angebote zu einer Fragmentierung von Öffentlichkeit, weil der durch Massenmedien gewährleistete Fokus auf gesellschaftlich relevante Themen verloren gehe. Stattdessen beruht die Annahme einer Fragmentierung „wenigstens zum Teil auf einer Art optischer Täuschung" (Neuberger 2009a: 43). Das heißt, das Internet macht kleinere themenspezifische Öffentlichkeiten sichtbar, die es vorher schon gegeben hat. Diese mussten jedoch vor dem Internetzeitalter auf Medien geringerer Reichweite (Flugblatt, Plakat, Flyer, Fan-Magazin) oder auf Versammlungs-Öffentlichkeiten zurückgreifen.

> „Der Eindruck des Zerfalls der Öffentlichkeit entsteht fälschlich dann, wenn die Angebots- und Nutzungsvielfalt der dezentralen Internet-Kommunikation lediglich mit der zentralen Massenkommunikation verglichen wird, die sich wegen der Knappheit ihrer Vermittlungskapazität auf reichweitenstarke, massenkompatible Angebote konzentrieren muss. Im Internet können Medien-, Format- und Angebotsbrüche gekittet werden, die bisher die Weiterverbreitung von Informationen behindert haben." (Neuberger 2009a: 44)

Diese neuen Öffentlichkeitsformen sind wesentlich sichtbarer und anschlussfähiger als vergleichbare Offline-Kommunikationsräume, so dass eine Vernetzung von kleinen Öffentlichkeiten zu größeren Kommunikationszusammenhängen möglich wird (Katzenbach 2008: 117). Insofern kann viel eher davon gesprochen werden, dass das Internet die unterschiedlichen Ebenen von Öffentlichkeit integriert, vernetzt und durchlässig macht und Flüchtigkeit und Instabilität wie auch Ortsgebundenheit der unteren Öffentlichkeits-Ebenen ausgleicht.

Damit sollen die Hierarchien und Strukturen der Aufmerksamkeitslenkung, die sich auch in den verschmelzenden Öffentlichkeiten herausbilden, nicht geleugnet werden. Sie lassen Muster von Zentrum und Peripherie entstehen und relativieren auf diese Weise das partizipatorische und basisdemokratische Ideal, das mit Web-2.0-Anwendungen oft verbunden wird. Zwar können eigene Gedanken oder Themen in der Netz-Öffentlichkeit ohne institutionelle Zugangsbeschränkungen publiziert werden, jedoch stellt sich die Aufmerksamkeit des Netz-Publikums nicht von selbst ein, sondern muss erst errungen werden. Die Reichweite einer persönlichen Öffentlichkeit oder einer spezialisierten Community bzw. Plattform ist für viele Themen vollkommen ausreichend und auch angestrebt. „Doch damit Themen wirklich als gesellschaftsweit bekannt vorausgesetzt werden können, ist nach wie vor die Fokussierungsleistung von Massenmedien nötig." (Schmidt 2009: 144)

b) Erweiterung professionell hergestellter Öffentlichkeit

Bereits weiter oben wurde darauf hingewiesen, dass die Entstehung von Online-Öffentlichkeit sowohl das Feld des professionellen Journalismus als auch das der politischen Kommunikation beeinflusst (Kap. 5). Dabei geht es weniger um Konkurrenz und Verdrängung, sondern um Ergänzung und Erweiterung bestehender Öffentlichkeitssysteme. Es ist ein Übergang zu beobachten vom Monopol professioneller Journalisten bei der Auswahl, Aufbereitung und Weiterverbreitung von Informationen hin zu einer Situation, in welcher neue Akteure auftreten, das Spektrum an Öffentlichkeiten erweitert ist und somit die Auswahl aus dem Publizierten selbst zur Aufgabe wird (Schmidt 2009: 143). Dieser Prozess ist von Bruns (2005) als Übergang vom *Gatekeeper*- zum *Gatewatcher*-Paradigma bezeichnet worden (siehe auch Neuberger/Quandt 2010). Als *Gatekeeping* wurde in der klassischen Kommunikationswissenschaft der Prozess der Informationsfilterung in der Massenkommunikation bezeichnet, der durch eine Schlüsselposition von Journalisten und Redakteuren gekennzeichnet ist, weil sie – vergleichbar mit Schleusenwärtern – für die Nachrichtenauswahl, -strukturierung und -präsentation eine entscheidende Rolle spielen. Sie kontrollieren gleichsam die Tore, durch die Inhalte über Medien an die Öffentlichkeit gelangen. Dies ist zunächst einmal eine sinnvolle Funktion, die unter bestimmten Gesichtspunkten Wichtiges von Unwichtigem trennt, für Rezipienten Relevanzstrukturen schafft und sie bei der Konstruktion von Sinn unterstützt. Selbst im Internet bleibt *Gatekeeping* ein nützliches Konzept, um aus dem Überangebot an Inhalten die jeweils relevanten finden und auswählen zu können – allerdings kann diese Funktion nicht mehr nur von professionellen Medienmachern geleistet werden. Deshalb schlägt (Bruns 2008) vor, im Internet besser von *Gatewatching* zu sprechen. Damit ist gemeint, dass die

> „Ausgangstore von externen Nachrichten- und anderen Quellen mit der Absicht (beobachtet werden), wichtiges Material zu identifizieren, sobald es verfügbar ist. In der Praxis wird solches Gatewatching meist im Rahmen kollaborativer Nachrichten-Websites möglich gemacht, die es Nutzern erlauben, Berichte über (neues) und Links zu neuem Material im Web einzusenden. Die von Nutzern eingesandten Berichte werden dann mehr oder weniger kritisch von einer Gruppe von Redakteuren oder der weiteren Nutzergemeinschaft ausgewertet, oder sie werden ohne weitere Auswertung direkt auf der Website veröffentlicht." (Bruns 2008: 8)

So sind im Netz neben partizipativen Formen der Bereitstellung und Publikation von Informationen (Formen des *Personal Publishing* wie z. B. Weblogs) auch technisch unterstützte Formen der Selektion und Aggregation von Informationen entstanden (z. B. Google News):

Technisch unterstützte Formen der Selektion und Aggregation von Informationen wie Google News oder Social-News-Plattformen (z. B. digg.com) dienen nicht der Produktion von Inhalten, sondern filtern aus fremden Quellen gewonnene Inhalte nach bestimmten Relevanz-Kriterien und bringen sie in Rangfolgen. **Google News** bündelt aktuelle Nachrichten aus einer Vielzahl von Online-Kommunikationsformaten und macht ältere Informationen durchsuchbar. Die Meldungen werden nicht redaktionell bearbeitet, sondern lediglich gesammelt, automatisch zu thematischen Bereichen zusammengefasst und in einer ebenfalls technisch erzeugten Reihenfolge verfügbar gemacht. Problematisch ist hierbei nicht nur die Wahrung des Urheberrechts, sondern auch der intransparente Selektionsprozess. Während die thematische Selektion über technische Algorithmen läuft, werden die zu beobachtenden Quellen von Google-Mitarbeitern ausgewählt, so dass subjektive Einflüsse nicht ausgeschlossen sind. Auch werden weder Listen der Quellen noch die Selektionskriterien öffentlich gemacht (Machill/Beiler/Zenker 2007). Darüber hinaus stammen die meisten auf Google gelisteten Meldungen aus wenigen, großen Medien und Nachrichtenagenturen, wodurch eine inhaltliche und strukturelle Vielfalt nicht immer gegeben ist (Machill/Lewandowski/ Karzauninkat 2005: 152).

Abb. 2.18:   Google News. Quelle: news.google.de. Aufgerufen am 03.03.2010.

Social-News-Plattformen wie z. B. digg.com binden ihre Nutzer in die Auswahl und Systematisierung von Nachrichten ein. Nutzer können die Aufmerksamkeit anderer Nutzer auf bestimmte Nachrichten lenken, indem sie diese verlinken, bewerten oder in ihrem sozialen Netzwerk anderen Nutzern direkt empfehlen. In letzterem Falle werden Funktionen des Informationsmanagements mit Funktionen des Beziehungsmanagements verbunden, denn Nutzer profitieren gegenseitig von den Ergebnissen der Informationssuche und -auswahl anderer Nutzer (und damit von deren Informations-Filter-Leistung), so dass auch von sozialen Filtern gesprochen werden kann (Lerman/Laurie 2006).

Neben diesen technisch unterstützten Formen der Selektion und Aggregation von Inhalten haben **partizipative Formen der Bereitstellung und Publikation** von Informationen (*Personal Publishing*) großen Einfluss auf bestehende Öffentlichkeiten. Die breite Durchsetzung solcher neuer Publikationsformen und -praktiken zeigt sich u.a. daran, dass sie zunehmend in massenmediale Angebote integriert werden (z. B. Weblogs in Online-Angeboten großer Zeitungen bzw. Sender). Darüber hinaus werden sie von Medienprofis selbst als neue Publikationsformate oder als Recherchequelle genutzt. Und das nicht nur im Falle von aktuellen Ereignissen oder Katastrophen, wo die ersten Augenzeugenberichte, -fotos und -videos in

2.4 Was ist Online-Öffentlichkeit?

Abb. 2.19: Social-News-Plattform digg.com. Quelle: digg.com/world_business. Aufgerufen am 03.03.2010.

Weblogs oder bei Twitter auftauchen, von dort in die Massenmedien gelangen und weiter verbreitet werden. Auch für die alltägliche journalistische Recherche und Publikation werden die neuen Publikations- und Interaktionspraktiken sowie Quellen aus dem Netz inzwischen in hohem Maße genutzt. Neuberger, Nuernbergk und Rischke (2009) berichten aus einer Befragung von Redaktionsleitern, dass mehr als die Hälfte der Redaktionen über Web 2.0-Anwendungen (Weblogs, Videoblogs oder Podcasts) verfügt. „Bisher sind es vor allem die Redakteure selbst, die bloggen oder podcasten. Sie können darüber in einen engeren Kontakt mit ihrem Publikum treten, das oftmals auch kommentieren kann" (Neuberger/Nuernbergk/ Rischke 2009: 182). Allerdings ist der Einfluss des Publikums in der Regel durch Vorgaben der Redaktionen beschränkt, d.h. eigene Fotos der Nutzer können zwar in der Hälfte der untersuchten Medienangebote veröffentlicht, Beiträge zu selbst gewählten Themen jedoch lediglich in einem Viertel der Fälle verfasst werden. Die „Beteiligung (der Nutzer) am redaktionellen Produktionsprozess und ihre Möglichkeiten, eigenständig zu publizieren, sind stark beschränkt" (Neuberger/Nuernbergk/Rischke 2009: 182).

Für die journalistische Recherche werden von fast allen befragten Redaktionen Wikipedia und Google bei der Suche nach Hintergrundinformationen genutzt. Weblogs dienen vor allem Internetredaktionen (drei Viertel der Befragten) als „Inspirationsquelle für das Auffinden von Themenideen" (Neuberger/Nuernbergk/Rischke 2009: 183). Ca. 40 Prozent der befragten Nachrichtenredaktionen übernehmen aus Weblogs eher Fakten zu aktuellen Ereignissen, während die befragten Internetredaktionen dort „relativ oft nach Argumenten zu Streitfragen und Resonanz auf die eigene Berichterstattung" suchen (Neuberger/Nuernbergk/Rischke 2009: 183).

Diese hohe Aufmerksamkeit, die Journalisten nutzergenerierten Inhalten im Web entgegenbringen, korrespondiert mit dem Befund, dass andererseits Weblog-Autoren und Nutzer von Social-News-Plattformen journalistisch gesetzten Themen mit großer Aufmerksamkeit folgen. So rangieren selbst für Weblogs, die untereinander sehr stark verlinkt sind und sich gegenseitig stark beobachten, dennoch massenmediale Netz-Angebote wie Spiegel, Heise, Welt, Zeit, Süddeutsche, FAZ, Stern usw. bei den meistverlinkten Quellen ganz vorn. Daran lässt sich erkennen, wie stark Weblogs an den massenmedialen Diskurs anschließen und gleichsam einen Resonanzraum für Anschlusskommunikation bieten (Lorenz-Meyer 2005: 47), indem sie massenmedial auf die Agenda gesetzte Themen weiterverarbeiten. Ähnliches

Suchziele in Weblogs bei Redaktionsmitgliedern aus Nachrichten- und Internetredaktionen[1] Anbieterbefragungen 2006 und 2007, Angaben in %						
	in Nachrichten-redaktionen (2006)			in Internet-redaktionen (2007)		
Was suchen die Mitglieder Ihrer Redaktion in Weblogs?	häufig	selten	nie	häufig	selten	nie
Themenideen (n=33/n=87)	42,4	48,5	9,1	34,5	47,1	18,4
Fakten über ein aktuelles Ereignis (n=29/n=81)	31,0	24,1	44,8	14,8	56,8	28,4
Beobachtung von Weblogs als Phänomen (n=32/n=85)	28,1	46,9	25,0	45,9	37,6	16,5
Berichte von Augenzeugen, die zitiert werden können (n=33/n=83)	18,2	66,7	15,2	14,5	47,0	38,6
Hintergrundwissen zu einem Thema (n=34/n=84)	17,6	47,1	35,3	23,8	52,4	23,8
Kritik an Unternehmen, Parteien etc., die aufgegriffen werden kann (n=32/n=86)	15,6	43,8	40,6	19,8	50,0	30,2
Pro- und Contra-Argumente zu einer Streitfrage (n=35/n=87)	14,3	54,3	31,4	32,2	54,0	13,8
Resonanz auf die eigene Berichterstattung (n=29/n=81)	13,8	44,8	41,4	32,1	40,7	27,2
Insiderberichte, die zitiert werden können (n=31/n=84)	12,9	51,6	35,5	15,5	50,0	34,5
Meinungsverteilung zu einer Streitfrage (n=31/n=87)	12,9	32,3	54,8	37,9	35,6	26,4

1) Einbezogen waren nur jene Anbieter, die Weblogs für ihre Arbeit lesen/nutzen. Die Antwort „kann ich nicht sagen" wurde in der Auswertung nicht berücksichtigt.

Abb. 2.20: Suchziele in Weblogs. Quelle: Neuberger/Nuernbergk/Rischke (2009: 184).

Verbesserung der journalistischen Arbeit durch Suchmaschinen Befragungen von Nachrichtenredaktionen 2006, Angaben in %			
Suchmaschinen haben...	trifft in hohem Maße zu	trifft etwas zu	trifft gar nicht zu
den Zugang zu ausländischen Quellen erleichtert (n=88)	79,5	20,5	0,0
das Auffinden von Quellen beschleunigt (n=88)	78,4	19,3	2,3
das Auffinden von Quellen zu Randthemen erleichtert (n=40)	72,2	25,6	2,2
das Erschließen unbekannter Quellen vereinfacht, die keine aufwändige Pressearbeit betreiben (können) (n=88)	63,6	27,3	9,1
das Überprüfen von Pressemitteilungen vereinfacht (n=89)	29,2	44,9	25,8
das Überprüfen von Agenturmeldungen vereinfacht (n=88)	26,1	47,7	26,1

Die Antwort „kann ich nicht sagen" wurde in der Auswertung nicht berücksichtigt.

Abb. 2.21: Verbesserung der journalistischen Arbeit durch Suchmaschinen. Quelle: Neuberger/Nuernbergk/Rischke (2009: 185).

ist für Social-News-Plattformen zu beobachten: Der jeweils größte Anteil der Beiträge, die auf der Startseite einer Plattformen gelistet und daher am höchsten gerankt sind, stammt aus massenmedialen Quellen.

„Zwar lässt sich nicht abstreiten, dass die besonders häufig bewerteten Beiträge ein anderes thematisches Spektrum abbilden, als beispielsweise die Meldungen, die in den Jahresrückblicken einer Zeitung oder eines Fernsehsenders aufgenommen würden. Doch gerade darin liegt die Stärke der Social-News-Plattformen: Sie machen Relevanzstrukturen der Nutzer sichtbar – und zeigen auch, wo sich diese möglicherweise von denen anderer Gatekeeper unterscheiden." (Schmidt 2009: 135)

Diese von Willis und Bowman bereits 2003 beschriebene gegenseitige Beobachtung journalistischer und nicht-journalistischer Akteure und deren wechselseitige Verwertung von Inhalten legen eher ein Aufeinander-Aufbauen als ein gegenseitiges Verdrängen nahe, das auch als „news source cycle" (Messner/Distaso 2008: 1) bezeichnet wird. Damit ist das Hin-und-her-Fließen von Informationen zwischen verschiedenen Öffentlichkeiten recht gut beschrieben: Z. B. wird über ein Ereignis wie die Notwasserung eines Flugzeugs auf dem Hudson-River zuerst über Twitter berichtet und erste Augenzeugenfotos und -Videos werden übers Netz verbreitet. Journalistische Angebote greifen diese Informationen auf, recherchieren nach, verarbeiten sie weiter, bereiten sie auf und publizieren sie. „Diese journalistischen Berichte wiederum werden in der Blogosphäre verlinkt oder auf Social-News- und soziale Netzwerk-Plattformen bewertet und kommentiert" (Schmidt 2009: 143).

c) Persönliche Öffentlichkeiten

Neben dieser Erweiterung professionell hergestellter Öffentlichkeiten erlangt im Internet die mediale Konstruktion persönlicher Öffentlichkeiten wachsende Bedeutung. Das Internet erleichtert es, Inhalte persönlicher Natur mit anderen zu teilen und wirksame Imagearbeit in eigener Sache zu betreiben. Hier geht es also nicht in erster Linie um den Anschluss an Themen und Prozesse von gesellschaftlicher Relevanz, sondern um Öffentlichkeit im Sinne von öffentlich sichtbarem und zugänglichem Identitäts- und Beziehungsmanagement sowie um das Veröffentlichen selbst erstellter Medienprodukte (Texte, Bilder, Videos, Musik usw.). Einem in der Regel eher kleineren Publikum werden eigene Interessen, Meinungen, Erlebnisse oder Medienprodukte präsentiert und gegebenenfalls zur Diskussion gestellt. Typische Formate, um die sich im Web 2.0 persönliche Öffentlichkeiten bilden, sind soziale Netzwerk-Plattformen, Blogs und Microblogging-Dienste wie Twitter. Die persönliche Homepage kann in dieser Hinsicht als Vorläufer gelten, denn sie wurde noch bis Mitte der 2000er Jahre als das typische Format der Selbstdarstellung im Netz beschrieben (Misoch 2004 u. Kap. 4). Persönliche Öffentlichkeiten werden definiert als

> „Geflecht von online zugänglichen kommunikativen Äußerungen zu Themen von überwiegend persönlicher Relevanz [...], mit deren Hilfe Nutzer Aspekte ihres Selbst ausdrücken und sich ihrer Position innerhalb sozialer Netzwerke vergewissern" (Schmidt 2009: 105).

Diese kommunikativen Äußerungen können sowohl im Modus interpersonaler oder gruppenbezogener Kommunikation stattfinden (z. B. im quasi-dialogischen Austausch über YouTube-Videos oder Blog-Einträge) als auch mit der sozialen Praxis des Publizierens verbunden sein, wenn Informationen mit einem – wenn auch kleinen – Publikum geteilt werden. Schmidt (2009: 107 f.) weist darauf hin, dass persönliche Öffentlichkeiten eine Sonderform online-basierter, vernetzter Öffentlichkeit darstellen und in ihrer Architektur durch vier Merkmale gekennzeichnet sind:

1. sind sie **persistent**, denn die im Internet veröffentlichten Informationen sind nicht flüchtig, sondern dauerhaft gespeichert.
2. sind sie **duplizierbar**, denn die digital gespeicherten Informationen können kopiert und z. B. über *RSS-Feeds* in andere Kontexte übertragen oder durch *Remixing* sowie *Mash-ups* auch weiterverwendet und mit anderen Inhalten kombiniert werden. Diese Praxis kann jedoch auch problematische Züge annehmen, wenn z. B. Fotos oder persönliche Daten aus Profilen zum *Cybermobbing* oder *Cyberbullying* missbraucht werden (z. B. „Die dümmsten Gesichter von StudiVZ").
3. sind sie **skalierbar**, denn die Reichweite ist prinzipiell nicht eingeschränkt, auch wenn typischerweise eher kleinere Nutzerkreise angesprochen werden, die sich häufig sogar persönlich kennen. Gerade ein Beitrag auf einer so hoch frequentierten Plattform wie YouTube kann eine große Zahl von Zugriffen und Verlinkungen erlangen, wenn auch die meisten YouTube-Videos eher im *Long Tail* (siehe oben) enden.
4. sind sie **durchsuchbar**, denn sie sind über Suchmaschinen auffindbar. So wird es möglich, persönliche Identitäten gezielt zu recherchieren und aus unterschiedlichen Daten-

quellen zusammenzufügen. Dies ist inzwischen eine gängige Praxis von Personalabteilungen, kann im Falle von *Cyber-Stalking* auch in missbräuchliche Praktiken ausarten.

Persönliche Öffentlichkeiten lassen sich hinsichtlich der **Größe** und **Zusammensetzung des Publikums** unterscheiden (Schmidt 2009: 110). Während Veröffentlichungen auf Multimedia-Plattformen wie YouTube oder Flickr typischerweise möglichst viele Nutzer erreichen sollen, wenden sich Aktivitäten des Identitäts- und Beziehungsmanagements auf Netzwerkplattformen eher an einen überschaubareren Kreis. Bestehende Kontakte werden gepflegt oder neue aufgebaut. Der Umfang der Netzwerke, der in der Anzahl der angegebenen Kontakte bemessen werden kann, gibt Aufschluss über die eher begrenzte Reichweite persönlicher Öffentlichkeiten. Ende 2008 gaben in Deutschland junge Nutzer von Netzwerkplattformen an, auf der von ihnen am meisten besuchten Plattform ca. 130 Freunde bzw. Kontakte zu haben, bei der Altersgruppe der 15–17-Jährigen waren es sogar 150 (Hasebrink/Rohde 2009). Bei Microblogging-Diensten wie Twitter kann die Reichweite über die Zahl der Follower ermittelt werden, also über die Anzahl der Nutzer, die einem Twitter-Autor „folgen", indem sie seine Einträge abonniert haben und regelmäßig lesen. 2009 lag die durchschnittliche Zahl der *Follower* bei 85 (Huberman/Romero/Wu 2009), wobei die Zahl der *Follower* von Prominenten natürlich deutlich darüber liegt (z. B. folgten dem Twitter-Account von Barack Obama im Januar 2010 ca. drei Millionen. User und täglich werden es mehr: im Juni 2011 bereits acht Millionen). Auch in zeitlicher, räumlicher und sozialer Hinsicht können unterschiedliche Facetten persönlicher Öffentlichkeiten festgestellt werden (Schmidt 2009: 111). So können **in zeitlicher Hinsicht** kommunikative Äußerungen mehr oder weniger stabil bzw. dynamisch sein. Profil-Angaben auf sozialen Netzwerkplattformen, die eher die Funktion eines Adressbuchs oder Verzeichnisses erfüllen, sind eher stabil, wohingegen Blog- oder Twitter-Einträge eher flüchtig und dynamisch sind.

Da die Recherche persönlicher Öffentlichkeiten ab einer gewissen Größe ad hoc nicht mehr praktikabel ist, bietet sich technische Unterstützung an. So kann ein *RSS Reader* abonniert werden, der automatisch über die Aktualisierung von Webangeboten informiert. Für Netzwerkplattformen oder Twitter geschieht dies automatisch, denn hier werden Aktualisierungen oder Statusmeldungen der eigenen bestätigten Kontakte direkt innerhalb des eigenen Angebots gebündelt („*news feed*" bei Facebook, „Buschfunk" bei StudiVZ oder „Neues aus dem Netzwerk" bei XING). Neben dieser zeitlichen Dimension, die die Stabilität bzw. Dynamik kommunikativer Äußerungen im Netz beschreibt, kann eine **räumliche Strukturierung** festgestellt werden: Persönliche Öffentlichkeiten können auf unterschiedliche ‚Orte' im Netz verteilt sein. So werden die Möglichkeiten der unterschiedlichen Formate optimal ausgenutzt, indem z. B. Fotos auf Flickr, Videos auf YouTube, Musikdateien auf MySpace oder Kurzinformationen über Twitter veröffentlicht werden. Auch **in sozialer Hinsicht** können persönliche Öffentlichkeiten unterschiedlich strukturiert sein. So gebrauchen die Nutzer die technischen Anwendungen zum Austausch mit Familienmitgliedern und nahen Freunden, aber auch mit Arbeitskollegen, entfernten Bekannten oder völlig Unbekannten.

Zusammenfassung
Wenn man Online-Öffentlichkeit erklären will, dann sind folgenden Aspekte wichtig: die Integration der Öffentlichkeitsebenen, die Erweiterung professionell hergestellter Öffentlichkeit und die Ausbreitung persönlicher Öffentlichkeiten. Hinsichtlich der Integrationsfunktion von Online-Öffentlichkeit kann festgestellt werden, dass die These einer Frag-

mentierung der Öffentlichkeit durch Internetnutzung nur plausibel erscheint, wenn massenmediale Kommunikation als Vergleichsgröße herangezogen wird. Es kann jedoch davon ausgegangen werden, dass das Internet die unterschiedlichen Ebenen von Öffentlichkeit zunehmend integriert, vernetzt und durchlässig macht und dass die integrative Kraft der Netzstruktur einer Fragmentierung entgegenwirkt. In diesem Zusammenhang kann auch eine Erweiterung professionell hergestellter Öffentlichkeit beobachtet werden, denn die Bereitstellung von Medieninhalten ist nicht mehr an professionelle Kommunikatoren und Medieninstitutionen gebunden. Partizipative Informations- und Publikationsformen sowie technisch unterstützte Formen der Informationsselektion und -aggregation tragen dazu bei, dass Nutzer ihre eigenen Relevanzstrukturen sowie Handlungs- und Mediennutzungsnormen gemeinschaftlich entwickeln und medial setzen können. Dazu gehört auch, dass Themen von überwiegend persönlicher Relevanz öffentlich kommuniziert sowie Identitäts- und Beziehungsmanagement öffentlich sichtbar und zugänglich werden. So kommt es zur medialen Konstruktion persönlicher Öffentlichkeiten, die ein Massenpublikum in der Regel zwar weder erreichen noch anstreben, für den Kommunikationsraum Internet jedoch eine wesentliche Rolle spielen.

✚ Zum Wiederholen, Weiterdenken ...

1. Beobachten Sie eine Woche lang Ihr kommunikatives Verhalten und das Ihrer Kommunikationspartner in Face-to-face- sowie in Online-Situationen. Welche Unterschiede und Gemeinsamkeiten fallen Ihnen auf?
2. Recherchieren Sie anhand der ARD/ZDF-Online-Studien der vergangenen drei Jahre Veränderungen im Mediennutzungsverhalten unterschiedlicher sozialer Gruppen (http://www.ard-zdf-onlinestudie.de/).
3. Warum ist der Begriff Web 2.0 aus kommunikationswissenschaftlicher Perspektive problematisch?
4. Erläutern Sie das Drei-Ebenen-Modell von Öffentlichkeit und wenden Sie es auf Online-Öffentlichkeit an.
5. Setzen Sie sich mit der These auseinander, das Internet führe durch seine nutzergruppenspezifischen Angebote zu einer Fragmentierung von Öffentlichkeit, weil der durch Massenmedien gewährleistete Fokus auf gesellschaftlich relevante Themen verloren gehe.
6. Erläutern Sie die Begriffe *Power Law, A-List* und *Long Tail*.
7. Verfolgen Sie eine Zeit lang die News auf Google News, YouTube, einer Social-News-Plattform und in einem News Blog und vergleichen Sie die Angebote hinsichtlich der zitierten Quellen, der Themenwahl und der Themenaufbereitung.

📖 ... und Weiterlesen

Beck, Klaus (2006): Computervermittelte Kommunikation im Internet. München/Wien: Oldenbourg.

Eine ausführliche und detailreiche Darstellung von Grundbegriffen, spezifischen Kommunikationsformen und übergreifenden Fragestellungen computervermittelter Kommunikation im Internet.

Bruns, Karin/Ramón Reichert (Hg.) (2007): Neue Medien. Texte zur digitalen Kultur und Kommunikation. Bielefeld: Transcript.

Dieser Band versammelt, ins Deutsche übersetzt, zentrale Grundlagentexte der Auseinandersetzung mit digitaler Kultur und Kommunikation. Dabei beginnen die Herausgeber ihre Auswahl mit Aufsätzen zur Fotografie und künstlichen Intelligenz, um daran anschließend u.a. auf die Themen Virtualität, Simulation und Hypertext zu fokussieren.

Burkart, Roland (2002): Kommunikationswissenschaft. Wien/Köln/Weimar: Böhlau UTB.
Burkhart gibt eine umfassende Einführung in kommunikationswissenschaftliche Fragestellungen und geht dabei sowohl auf interpersonale als auch auf öffentliche Kommunikation ein.

Consalvo, Mia/Charles Ess (Hg.) (2011): The Handbook of Internet Studies. London: Wiley-Blackwell.
Ein aktueller Übersichtsband, der in 22 einzelnen Aufsätzen die Bandbreite interdisziplinärer theoretischer Perspektiven und empirischer Studien zum Internet und damit verbundener individueller und sozialer Prozesse absteckt.

Höflich, Joachim R./Julian Gebhardt (Hg.) (2005): Mobile Kommunikation. Perspektiven und Forschungsfelder. Berlin: Peter Lang.
Wer sich über das an dieser Stelle nur knapp diskutierte Forschungsfeld zu mobiler Kommunikation informieren will, wird in diesem Sammelband fündig.

Levinson, Paul (2009): New New Media. New York: Penguin.
Einen Überblick über die jüngsten Anwendungen des Web – Blogs, YouTube, Wikipedia, Digg, Facebook, Twitter, Second Life und Podcasts – liefert Levinson in knapper Form.

Lievrouw, Leah A./Sonia Livingstone (Hg.) (2009): New Media. 4 Bände. London: Sage. und Lievrouw, Leah A./Sonia Livingstone (Hg.) (2006): Handbook of New Media. London: Sage.
Diese vier Bände liefern in ihrer Auswahl älterer und aktueller Aufsätze eine breite Übersicht über das Feld digitaler Medien und computervermittelter Kommunikation. Band eins versammelt Texte zur Geschichte neuer Medien, der zweite Band hat die Technologien und technischen Geräte im Blick, der dritte behandelt die Themen Identität, Interaktion und Kultur, während der vierte die gesellschaftlichen Auswirkungen neuer Medien bearbeitet. Einen knapperen Überblick verschafft das Handbuch.

Mansell, Robin/Chrisanthi Avgerou/Danny Quah/Roger Silverstone (Hg.) (2007): The Oxford Handbook of Information and Communication Technologies. Oxford: Oxford University Press.
Das Handbuch behandelt die englischsprachige Forschung zu den Auswirkungen neuer Informations- und Kommunikationstechnologien auf Wissensmanagement, Organisationskommunikation, Governance und Demokratie, politische Bewegungen, soziale Gemeinschaften und kulturelle Entwicklungen.

Park, David W./Nicholas W. Jankowski/Steve Jones (Hg.) (2011): The Long History of New Media. Technology, Historiography, and Contextualizing Newness. New York: Peter Lang.
Wer mehr über die Geschichte neuer Medien erfahren will, erhält hier einen Überblick.

Schmidt, Jan (2009): Das neue Netz. Merkmale, Praktiken und Folgen des Web 2.0. Konstanz: UVK.
Schmidt beschreibt aktuelle Entwicklungen hinsichtlich der Anwendungen und sozialen Praktiken im Social Web aus einer kommunikationssoziologischen Perspektive.

Schweiger, Wolfgang/Klaus Beck (Hg.) (2010): Handbuch Online-Kommunikation. Wiesbaden: VS.

Das Handbuch fasst den aktuellen Forschungsstand zu den wesentliche Feldern der Online-Kommunikation zusammen, die im Überblick dargestellt und diskutiert werden. Texte zu Grundlagen und Strukturen sowie Anwendungsfeldern und Funktionen der Online-Kommunikation sind ebenso vertreten wie zusammenfassende Darstellungen zur Nutzung und Wirkung von Online-Medien.

3 Online-Kommunikation als multimodales Zeichenhandeln

3.1 Semiotik und Online-Medien
3.2 Bedeutungsvermittlung und Zeichenhandeln
3.3 Sprachlichkeit und Bildlichkeit in der Online-Kommunikation
3.4 Multimodalität und online-kommunikatives Zeichenhandeln

Das Kapitel führt als zentrale Begriffe **Multimodalität** und **Zeichenhandeln** ein. Der erste umfasst das Zusammenwirken unterschiedlicher Zeichensysteme wie Sprache und Bild in der (online-)kommunikativen Praxis. Der zweite lässt Online-Kommunikation als eine auf Innovationen und Konventionen basierende, intentionale Verwendung von digitalen Zeichen begreifen. Diese Aspekte verteilen sich auf die Abschnitte wie folgt:

- Abschnitt 3.1 schafft ein Verständnis dafür, dass (medienvermittelte) Kommunikation mittels Zeichen als bedeutungstragenden Phänomenen realisiert wird. Online-Medien stellen dafür ein Höchstmaß an unterschiedlichen Zeichennutzungsmöglichkeiten zur Verfügung. Die Semiotik als ‚Lehre von den Zeichen' liefert das nötige Analyseinstrumentarium, um dieser Komplexität zeichenhafter Kommunikation gerecht zu werden.
- In Abschnitt 3.2 werden die zeichentheoretischen Grundlagen thematisiert, auf die das Verständnis von Kommunikation als Zeichenhandeln aufbaut. Dabei werden die Bestandteile eines Zeichens, bestehend aus Ausdrucks- und Inhaltsebene, sowie seine Verweisfunktion, Bedeutungsstiftung und Verwendungsweise in kommunikativen Handlungsprozessen dargestellt.
- Abschnitt 3.3 fokussiert die jeweiligen kommunikativen Funktionen und Verwendungsweisen, die mit den Zeichensystemen Sprache und Bild in der Online-Kommunikation realisiert werden können. Dabei wird sich hier zunächst auf die schriftsprachliche Kommunikation und das statische Bild beschränkt, da diese die dominanten Zeichenmodalitäten im Netz darstellen.
- In Abschnitt 3.4 werden die bedeutungsstiftenden Korrespondenzen zwischen Sprache und Bild konzeptionell sowie anhand von Beispielen dargestellt. Dabei wird deutlich, dass die so erzeugte Multimodalität mehr ist als die Summe der Einzelbedeutungen von Zeichen.

3.1 Semiotik und Online-Medien

Die aktuelle Medien- und Kommunikationswissenschaft entwickelt zunehmend auch eine **semiotische Perspektive** auf die Medieninhalte und ihre Rezeption (Beck 2007: 22). Damit treten die unterschiedlichen Zeichen und Zeichenprozesse in den Fokus, die für die Realisierung der Medieninhalte verwendet wurden und deren Verständnis organisieren.

Das Online-Medium (siehe Kap. 2) ermöglicht in seiner maximalen Konvergenz unterschiedlicher medialer Kommunikationsformen (z. B. Chats, *Podcasts*, Netzwerkplattformen, Online-Magazine) auch einen maximal variantenreichen Einsatz unterschiedlicher **Zeichensysteme**. Es lässt Produktion, Rezeption und Interaktion anhand von gesprochener und geschriebener Sprache, statischen und bewegten Bildern, Form- und Farbgebung im Layout und Design sowie die Gestaltung von Verlinkungen und die Interaktivitätsoptionen ganzer Online-Auftritte als kommunikativ eingesetzte digitale Zeichen und deren Verwendungsmöglichkeiten verstehen. Die in diesem Text vorzustellende semiotische Perspektive auf die kommunikative Praxis im Netz wird demgemäß der Komplexität von Online-Kommunikation am ehesten gerecht. Sie stellt Begriffe zur Verfügung, welche die Spezifik der onlinemedialen Kommunikationsformen, der zur Anwendung kommenden Zeichensysteme und -typen sowie deren multimodale Korrespondenzen in den Blick treten lassen. Damit steht ein Analyseinstrumentarium zur Verfügung, das die Komplexität online-medialer Kommunikation angemessen verstehen lässt.

Eine semiotische Perspektive begründet sich zudem wissenschaftshistorisch. So hat sich die Medien- und Kommunikationswissenschaft mittlerweile von dem in den 1990er Jahren noch sehr schillernd verhandelten Begriff **Multimedia** (Beck 2006: 32) zunehmend verabschiedet. Der Grund für diese Neuausrichtung liegt darin begründet, dass Multimedia als eine wenig spezifizierte Kombination unterschiedlicher Medien und Zeichentypen verwendet wurde. Das Wort des Jahres 1995 ist somit in der Rückschau eher als ein Ausdruck damaliger Fortschritts- und Technikeuphorie anzusehen als ein geeignetes Instrument wissenschaftlicher Beschreibung. Die semiotische Perspektive ermöglicht jedoch eine stärkere Differenzierung kommunikativer Prozesse im Netz.

Im vorigen Kapitel wurde eine Unterscheidung zwischen Medien als technischen Apparaturen sowie **medialen Zeichenträgern** (z. B. Handydisplay, Monitore, Papier etc.), medialen Kommunikationsformen sowie den damit zeichenhaft materialisierten **Medieninhalten** vorgenommen. Im **Medienprodukt** setzen sich Kommunikationsform und der auf Zeichen basierende Medieninhalt zusammen. Der Inhalt wird im Ausgabemedium bzw. durch den medialen Zeichenträger rezipierbar. Mit dieser Unterteilung lassen sich zum einen die Präsentationsweisen der unterschiedlichen medialen Zeichenträger oder Ausgabemedien bestimmen. Zum anderen treten die kommunikativen Besonderheiten der einzelnen Zeichen bzw. Zeichensysteme ins Blickfeld, die für die Umsetzung der Inhalte verwendet werden. Dieser Fokus lässt z. B. die kommunikativen Unterschiede herausarbeiten, die eine Online-Nachricht aufweist, wenn sie nur sprachlich über ein Ereignis berichtet oder mit dokumentierenden bzw. veranschaulichenden Fotos kombiniert ist. Diese bedeutungsstiftende Korrespondenz unterschiedlicher Zeichensysteme wird als multikodiert oder multimodal verstanden.

> (Online-)Medienprodukte setzen sich aus zeichenhaften Inhalten und ihrer spezifischen Verwendung in bestimmten **Kommunikationsformen** (z. B. Online-Magazinen, Chats, Foren) zusammen. Die Zeichen als bedeutungstragende Mittel der Kommunikation werden erst durch ihre Präsentation in einem Ausgabemedium wahrnehmbar. So ist ein fotografisches Zeichen nur auf Fotopapier oder in digitaler Form mit Hilfe von Displays rezipierbar. (Online-)Medien materialisieren, speichern und transportieren digitale Zeichen.

Die Spezifik des Mediums bedingt, welche Zeichen für die Inhaltsproduktion und -rezeption verwendet werden können. So kann ein MP3-Player ohne Video-Display nur auditiv wahrnehmbare Zeichen präsentieren. Ein Player mit Display vermag auch visuell wahrnehmbare Bewegtbilder, also gesamte Videoclips, darzustellen. Mit dem Online-Medium liegt demgegenüber ein Instrument vor, das die mediale Präsentation von Bewegtbildern, statischem Bild, Schrift, gesprochener Sprache, Musik, Geräuschen und weiteren grafischer Zeichen darstellbar und damit rezipierbar macht. Zwar bleibt die haptische (Tastsinn ansprechende), olfaktorische (Riechsinn ansprechende) und gustatorische (Geschmackssinn ansprechende) Zeichenhaftigkeit weiterhin nicht online-medial realisierbar, jedoch sind auch in diesen Bereichen noch Veränderungen zu erwarten. Anzeichen dafür sind im Computerspielbereich zu finden. Hier kommen zunehmend Konsolen zum Einsatz, die auch die bisher weniger bedienten Sinne in die Mensch-Maschine-Kommunikation integrieren. So gibt es Joysticks, die für das virtuelle Tennisspiel die Form eines Schlägers aufweisen oder für die Musiksimulation die Form einer Gitarre (Wii-Konsolen).

3.2 Bedeutungsvermittlung und Zeichenhandeln

3.2.1 Zeichen als Bedeutungsträger

Die aktuelle Semiotik als Lehre von den Zeichen behandelt in einem sehr weiten Zeichenbegriff alle Phänomene als Zeichen, denen unter Hinzuziehung kultureller Kodes bzw. Konventionen Bedeutung zugeschrieben werden kann.

In dieser Vorstellung sind zeichen- und erkenntnistheoretische Konzepte und Diskussionen, die bis ins 19. Jahrhundert zurückreichen, impliziert. Sie wurden zum einen angeregt durch den Gründer der modernen Semiotik, den amerikanischen Philosophen und Naturwissenschaftler Charles Sanders Peirce, und den Begründer der strukturalistischen Semiologie, den schweizer Sprachwissenschaftler und Sozialpsychologen Ferdinand de Saussure.

Fasst man die Modelle beider Zeichentheoretiker zusammen, so lässt sich eine semiotische Triade entwickeln, die sich aus der Zeichenausdrucksebene (Signifikant), der Zeicheninhaltsebene bzw. Zeichenbedeutung (Signifikat) und dem Gegenstand, auf den man mit dem Zeichen Bezug nimmt (Referent), zusammensetzt. Der Rezipient eines Zeichens generiert anhand des wahrnehmbaren Zeichenausdrucks (Signifikant) einen Zeicheninhalt bzw. eine -bedeutung (Signifikat), die auf einen Gegenstand (Referent) verweist. Das Zeichen, als vom Rezipienten hergestellte Einheit von Signifikant und Signifikat, steht für etwas Anderes und hat demnach Repräsentations- und/oder Verweisfunktion. Als Beispiel lässt sich hierfür die Zeichenfunktion des Wortes „Netz" anführen. In geschriebener oder gesprochener Form lässt es als wahrnehmbarer Signifikant die Bedeutung (Signifikat) ‚Geflecht aus Fäden und Schnüren' assoziieren. Es referierte bzw. verwies ursprünglich auf ein Instrument des Fischfangs. Kommunikatoren können sich mittels Zeichen über materielle (z. B. Fische), aber auch immaterielle Gegenstände (z. B. Meerjungfrauen) verständigen, ohne dass diese Gegenstände am Ort der Kommunikation ebenfalls präsent sein müssten. Diese Repräsentations- und Verweisfunktion von Zeichen ist insbesondere für die Medienkommunikation relevant, da diese in der Regel distanzüberwindend stattfindet. Die Verweisfunktion der Zeichen ermöglicht es, mit Hilfe z. B. von Bild- und Sprachzeichen in Zeitungs-, Fernsehformaten und **Online-Magazinen** einem dispersen Publikum Geschehnisse im Iran, Irak, Afghanistan,

Haiti etc. nahe zu bringen. Zeichen sind als medial realisierte Bedeutungsträger somit die Instrumente der Informations- bzw. Botschaftsvermittlung zwischen Welt, Produzent und Rezipient.

Zeichen wurden in der Semiotik sowie der Kommunikationswissenschaft hinsichtlich der Art ihrer Bezugnahme auf Objekte in drei **Zeichenklassen** als Ikon, Index und Symbol klassifiziert. Demnach ist ein **ikonisches Zeichen** durch eine graduelle Wahrnehmungsähnlichkeit mit dem von ihm bezeichneten Gegenstand charakterisiert (Sachs-Hombach 2003). Als einschlägigste Beispiele sind hierfür Fotografien zu nennen. So wird der Inhalt einer Fotografie von einem Baum ähnlich wahrgenommen wie der Baum selbst. Aber auch der Gesang eines realen Vogels spricht auf ähnliche Weise das menschliche Gehör an wie die Wiedergabe eines Vogelgesangs auf einem medialen Tonträger. Ikonischen Zeichen werden durch ihre Wahrnehmungsnähe bzw. strukturelle Ähnlichkeit mit den Objekten, die sie bezeichnen, veranschaulichende und emotionsanregende Funktionen zugesprochen. So liegt es nahe, dass vor allem die Medienkommunikation sich ikonischer Zeichen bedient, um Geschehnisse, Informationen etc. sinnenorientiert näher zu bringen. Fernsehnachrichten zeigen Bilder von Schauplätzen und beteiligten Personen, Radio-Sendungen liefern O-Töne, um akustische Eindrücke von den berichteten Geschehnissen und betroffenen Personen sowie Experten zu erzeugen. Ikonische Zeichen verweisen auf die gegenständliche Welt, indem sie diese mittels Medien visuell und akustisch simulieren lassen.

Index-Zeichen sind demgegenüber als (natürliche) Anzeichen direkt vom bezeichneten Objekt verursacht. So kann Rauch als Auswirkung eines Feuers auch als Zeichen für dieses gedeutet werden. Ein Arzt erstellt seine Diagnose anhand von Symptomen, denen er ebenfalls ‚Indexikalität' zuschreibt, indem er sie als Komponenten bzw. Folgen der zu ermittelnden Krankheit annimmt. Diese Motiviertheit des Index-Zeichens ist in der Medienkommunikation auch hinsichtlich Fotografie und Film relevant. So erreichen Bilder in einer onlinemedialen Fotogalerie oder einer Fernsehreportage deshalb ihre dokumentarische Funktion, weil ihnen gemeinhin eine unmittelbare Verbindung mit den abgebildeten Gegenständen unterstellt wird. Diese Verbindung wird hergestellt durch die Lichtstreuung des fotografierten Objektes, die auf den analogen Film trifft und dort chemische Prozesse oder elektronische Stromflüsse und Kodierungen zur digitalen Bilderstellung anregt. Somit wird an das Bild die Erwartung herangetragen, nur das zu zeigen, was auch unmittelbar vor dem Objektiv platziert war, und erlangt dadurch hohe Evidenz (Barthes 1989). In der Online-Kommunikation sind neben Fotografien vor allem Menüführungen mittels Index-Zeichen realisiert. So wechselt der Cursor bei Linküberfahrten seine Form. Für gewöhnlich wird aus einem Pfeil eine Hand. Diese ikonische Formänderung (Pfeil zu Hand) ist durch den Quellcode der entsprechenden Website oder Software unmittelbar motiviert und zeigt so indexikalisch die Existenz einer Verlinkung an.

Die meisten sprachlichen Zeichen lassen sich als **Symbol-Zeichen** verstehen. Das Wort „Netz" bezeichnet traditionell, wie oben bereits erwähnt, ein aus Fäden und Schnüren zu Maschen verflochtenes Instrument für den Fischfang. Es steht jedoch weder in einer wahrnehmungsähnlichen noch in einer ursächlichen Beziehung zum Gegenstand Netz. Man spricht hierbei von einer arbiträren, also willkürlichen Beziehung zwischen dem Bezeichnenden und dem Bezeichneten. Produzent und Rezipient von Medienkommunikaten müssen somit bei der Nutzung von arbiträren Sprachzeichen über eine ähnliche Konvention verfügen, um sie im ähnlichen Sinne zu verstehen. Diese Bedeutungskonvention lässt sich demzufolge nicht aus dem Zeichen selbst ableiten, sondern muss mittels Sozialisation in einer Sprachgemeinschaft oder durch Fremdsprachenunterricht erlernt werden.

> Das **ikonische Zeichen** steht in einem strukturellen Ähnlichkeitsverhältnis zu seinem Referenzobjekt bzw. ist diesem wahrnehmungsnah. Beispiele: Fotografien, Bildmetaphern (wie Desktop-Anwendungen: Papierkorb, Ordner etc.), Zeichnungen, Diagramme
> Das **indexikalische Zeichen** ist Bestandteil seines Referenzobjektes bzw. ist von ihm unmittelbar motiviert oder verursacht. Beispiele: Anzeigen von Verlinkungen durch Cursorveränderung bei Linküberfahrt, erscheinende Unterstreichung eines Sprachzeichens, Aufklappen eines Dropdown-Menüs; Erscheinen einer angezeigten Webseite bei Mausklick
> Das **symbolische Zeichen** steht in einem arbiträren bzw. willkürlichen Verhältnis zu seinem Referenzobjekt. Es ist diesem unähnlich und nicht von ihm verursacht. Nur über erlernte Konventionen ist sein Gebrauch verstehbar. Beispiel: Sprachzeichen

3.2.2 Kommunikation und Zeichenhandeln

Während Zeichen als Phänomene dargestellt wurden, die je nach Typus Bedeutung vermitteln, so ist damit noch nicht deren konkreter Gebrauch in Kommunikationsprozessen beschrieben. Erst in ihrer kommunikativen Verwendung wird ihnen durch Akteure Bedeutung zugeschrieben. Sie dienen als Instrumente kommunikativer Handlung. Kommunikation ist somit akteursspezifisches Zeichenhandeln.

Diese Perspektive auf die Zeichenverwendung leitet sich von der **Sprechakttheorie** ab, die Kommunikation als sprachliches Handeln verstehen lässt. Es steht dabei außer Frage, dass die Handlung, einen Tisch zu bauen, und die Handlung, einen Tischler zu veranlassen, einen Tisch zu bauen, genuin unterschiedliche Handlungen darstellen. Erstere ist als gewollte handwerkliche Produktion mittels Werkzeug und Material zu fassen, zweite als eine kommunikative Aufforderung mittels Zeichen. Um kommunikative Handlungen dergestalt zu konkretisieren, ist es sinnvoll, mit den Grundbegriffen der Sprechakttheorie zu operieren. Diese wurde in den 1960er Jahren von John L. Austin (2002) begründet und von John R. Searle (1983) weitergeführt. Demnach vollzieht ein **lokutiver Äußerungsakt** mittels (sprachlicher) Zeichen inhaltlich einen **propositionalen** und einen **illokutionären Akt**. Der propositionale Akt nimmt Bezug auf bestimmte Gegenstände oder Objekte in der Welt sowie kulturell geprägte Konzepte. Er steht in enger Verbindung mit der repräsentierenden bzw. verweisenden Zeichenfunktion. Der illokutionäre Akt vollzieht die eigentliche kommunikative Handlung, indem durch die Äußerung eine Situationsveränderung angeregt wird. Eine Anregung wäre zum Beispiel in der Aufforderung angelegt: „Mach doch bitte das Fenster zu!". Obwohl gleiche Propositionen („Fenster schließen') im Satz: „Machst Du das Fenster zu?", vorliegen, so wird hiermit im Gegensatz zum vorherigen Beispielsatz keine Aufforderung vollzogen, sondern eine Frage, die der Adressat auch ohne großen kommunikativen Aufwand verneinen könnte. Weitere Illokutionen von Aussagen wären zum Beispiel Befehle, Rechtfertigungen, Erklärungen, Ermahnungen etc.

Besondere Illokutionen stellen die performativen Sprechakte dar. Diese regen eine Situationsveränderung nicht nur an, sondern stellen diese auch her. Als bekanntes Beispiel wäre hierfür der Satz des Standesbeamten „hiermit erkläre ich Euch zu Mann und Frau" zu nennen, der kraft seines Amtes mit dieser Formel aus unverheirateten Menschen verheiratete macht.

Auch mittels Bildern beispielsweise in **Online-Werbebannern** sind kommunikative Handlungen realisierbar, wenn diese sprachlich ausreichend kontextualisiert sind. So kann diesen neben einer Proposition, die den Inhalt eines Bildes umfasst (z. B. ein Mann, der sich rasiert und gleichzeitig von einer Frau geküsst wird) auch illokutionärer Gehalt zugeschrieben werden. Im erwähnten Beispiel wäre dies unter Hinzunahme der sprachlichen Darstellung eines *Claims* und/oder Slogans und eines Markennamens sicherlich eine werbende Handlung. Sie würde prototypisch die Nutzung des dargestellten Rasierers nahelegen, da dies die Attraktivität des Mannes so weit steigere, dass Frauen sich eines Dranges nach körperlicher Nähe nicht erwehren könnten. Bilder können demnach ausreichend kontextualisiert über die ihnen eigene Wahrnehmungsnähe warnen, zeigen, werben, schocken, aber auch Mitleid oder Abneigung stiften.

Austin (2002) hat ferner die **Perlokution** als weiteren Sprechakt thematisiert. Die Perlokution stellt den ‚Effekt' der kommunikativen Handlung dar. Bezogen auf das vorliegende Beispiel ist hiermit die Reaktion des Rezipienten fokussiert. Macht er das Fenster zu, weil er die Aufforderung verstanden und angenommen hat, oder zeigt er keine Anstalten, der Aufforderung Folge zu leisten? In der reziproken Kommunikation, wie sie im Online-Medium z. B. in Foren stattfindet, werden diese Handlungswirkungen in den ‚Reaktionen' auf Äußerungen in der Folgekommunikation deutlich.

Die Sprechakttheorie bringt jedoch auch Probleme mit sich. Zwar lässt sie kommunikative Handlungen als Zeichenhandlungen differenziert beschreiben, allerdings werden diese zumeist von den Handlungskontexten und den kommunikativ Handelnden isoliert betrachtet. Kommunikatives Handeln ist jedoch als Verhalten von Akteuren zu begreifen, die hierdurch ihre sozialen Rollen organisieren. Um diese noch deutlicher hervortreten lassen zu können, muss ein weiterer soziologischer Ansatze hinzu genommen werden, nämlich der des ‚symbolischen Interaktionismus' (Kap. 2.1.2).

Die Beschreibung von Online-Kommunikation als Zeichenhandeln beruht auf handlungstheoretischen, sprachtheoretischen und symboltheoretischen Grundlagen. Während die Handlungstheorie und der symbolische Interaktionismus den Fokus auf die Organisation von sozialen Rollen von Individuen und Gruppen mittels sozialer Handlungen richten (Kap. 2.1.2), verbindet die Sprechakttheorie den Handlungsaspekt mit der kommunikativen Funktion von Sprache. Damit stellen Zeichenhandlungen intentionale kommunikative Praktiken mittels Symbolen und Zeichen dar, die die Beziehung zwischen Kommunikator und Rezipient one-way oder reziprok online-medienvermittelt organisieren.

3.2.3 Konventionalisierte Bedeutungsstiftung mittels Zeichen

Die Zeichentheorie unterscheidet **Konventionalisierungsarten** in der Bedeutungsstiftung von Zeichen. Dem liegt die Frage zugrunde, inwiefern im **Zeichenprozess** den Zeichenausdrücken (Signifikanten) bestimmte Inhalte bzw. Bedeutungen (Signifikate) zugeordnet werden. Zur Beantwortung dieser Frage haben sich drei Perspektiven entwickelt, die jeweils einen Aspekt der Bedeutungsstiftung beleuchten. In der kommunikativen Praxis greifen diese drei Bedeutungsebenen jedoch ineinander. Ihre hier vorgeführte Trennung wurde somit nur zur Veranschaulichung vorgenommen.

3.2 Bedeutungsvermittlung und Zeichenhandeln

Die Perspektive auf die **Semantik** von Zeichen fokussiert eine regelhafte Zuordnung der Signifikanten zu ihren Signifikaten. Sie geht davon aus, dass es allgemeine Bedeutungsstrukturen von Zeichen gibt, die zwar den konkreten Sprachgebrauch prägen, die jedoch erst in der Abstrahierung deutlich zu Tage treten (Glück 1993: 541). Die Semantik betrachtet somit den ‚Bedeutungskern' (Denotation) von Zeichen und stellt die Existenz eines festen Kodes in der Verbindung zwischen Signifikant und Signifikat fest. Dieser Kode kann sich jedoch durch die Etablierung eines abweichenden sprachlichen Gebrauchs wandeln (Diachronizität). In dem bereits herangezogenen Beispiel wäre somit die Semantik des Wortes „Netz" so weit kodiert, dass es unabhängig vom Weltwissen des einzelnen Sprechenden eine Geflechtstruktur assoziieren lässt. Diachron hat das Wort seine Bedeutung dergestalt ergänzt, als es durch die technikgeschichtliche Entwicklung zunächst metaphorisch, mittlerweile jedoch etabliert, auch als Synonym für das Internet gebraucht wird. Semantische Kodes bilden somit überindividuell geltende Muster oder Regeln, nach denen sich der einzelne Rezipient von (Medien-)Kommunikaten richten kann, um diese in ihrer allgemeinen Bedeutung zu verstehen.

Die **Pragmatik** nimmt die konkrete Zeichenverwendung in den Blick (Glück 1993: 482). Sie geht davon aus, dass Zeichen weniger über einzelne, isoliert zu betrachtende Bedeutungen verfügen, sondern dass sie erst in der konkreten kommunikativen Handlung ihre Bedeutungen stiften. Zwar geschieht dies nicht unabhängig von ihrer Semantik, jedoch ist beispielsweise eine Satzbedeutung nicht als Summe der einzelnen Zeichensemantiken zu verstehen. In einem Satz wie „Ich schaue mal im Netz nach.", erlangt die Wortgruppe „im Netz" eher den Sinn einer Ortsangabe und einer medialen Informationsquelle. In dem Satz „Er warf das Netz aus." bezeichnet das Wort „Netz" jedoch bereits das Instrument des Fischfangs. Dass dasselbe Wort trotz dieser vorgeführten unterschiedlichen Bedeutungsmöglichkeiten (Homonymie) dennoch verstanden wird, liegt zum einen daran, dass beide Bedeutungen auch in seiner regelhaften Semantik angelegt sind (siehe den Eintrag „Netz" im Duden – Universalwörterbuch 2007: 1204). Vor allem jedoch wurden durch Sozialisierung in einer Kommunikationsgemeinschaft oder durch Fremdsprachenunterricht die Verwendungsweisen des Wortes „Netz" erlernt. Produzent und Rezipient legen für das Verständnis des Zeichens somit eine gelernte Verwendungskonvention zugrunde, um das Wort in ähnlichem Sinne zu verstehen. Solche Verwendungskonventionen sind jedoch flexibler oder veränderlicher als Semantiken, da Gebrauchsweisen von bestimmten Zeichen nicht nur innerhalb einer Sprachgemeinschaft gewechselt werden können, sondern schon in kleineren Communities oder Peergroups. So ist das Wort „Netz" auch als Name für eine Musikgruppe denkbar. Diese Bedeutung wäre für mögliche Fans dieser Gruppe wenig problematisch. Für Personen, die diese Gruppe jedoch nicht kennen, wäre eine solche Verwendung zunächst unverständlich.

Die Vorstellung einer **interaktiven Bedeutungskonstruktion** mittels Zeichen ist eine Erweiterung des pragmatischen Ansatzes in zweierlei Hinsicht. Erstens flexibilisieren sich die Verwendungsweisen von Zeichen noch stärker. Damit jedoch Verständigung weiterhin möglich ist, wird zweitens ein reziprokes oder interaktives Verhältnis zwischen Kommunikatoren und Rezipienten angenommen, in dem die situativ-aktualisierte Bedeutung durch Folgekommunikation implizit und/oder explizit situativ konventionalisiert wird. Das letztgenannte Beispiel verdeutlicht auch diese dritte Perspektive. Die Benennung einer Musikgruppe mit dem Wort „Netz" stellt zunächst eine jenseits der Konvention bestehende Verwendungsweise dar. Zwar mögen die Erfinder des Bandnamens wortspielerisch sogar gewisse Bezüge zum Online-Medium oder zum Instrument des Fischfangs herstellen, allerdings sind diese für Nichteingeweihte kaum nachvollziehbar. Erreicht die Band eine gewisse Popularität, stiftet sie Anschlusskommunikation in Form von Konzerten, CD- oder Merchandising-Verkäufen, was zu Fanverhalten führen kann. Auf diese Weise würde interaktiv eine neue Bedeutung des Wortes „Netz" (z. B. Bandnamen oder Kürzel wie *Stones*, *Kiss* etc.) konstruiert und etabliert. Solche interaktiven Konstruktionsprozesse sind zudem auch situativ möglich. So kann ein Face-to-face-Gespräch oder eine Chat- bzw. eine Forumsdiskussion im Netz innerhalb einer reziproken oder interaktiven Kommunikation neue Bedeutungen von Zeichen herstellen und etablieren. Die zunehmende Flexibilisierung der Zeichenverwendung unter konstruktivistischer Perspektive macht somit sensibel für die Neuschöpfung von Zeichenausdrücken und Zeichenbedeutungen. Gerade in der Online-Kommunikation erscheint diese innovative Dynamik besonders groß zu sein. Sie ist vergleichbar mit jugendsprachlichen Phänomenen, die ebenfalls Etablierungen unkonventionellen Sprachgebrauchs in bestimmten Peergroups darstellen.

Zusammenfassung
Die Nutzung semiotischer Unterscheidungen lässt die auf Zeichen basierende Online-Kommunikation differenzierter betrachten. Unter Zeichen sind alle Phänomene zu begreifen, denen in kommunikativen Prozessen Bedeutung zugeschrieben wird. Zeichen werden in ihren unterschiedlichen Bezügen auf Referenzobjekte in ikonische, indexikalische und symbolische Zeichen unterteilt. Die Bedeutungszuschreibungen der Zeichen richten sich nach semantischen und pragmatischen Regeln bzw. Konventionen oder werden innerhalb bestimmter Kommunikationsgemeinschaften interaktiv hergestellt. Während das Wissen um Bedeutungskonventionen das Verständnis beim Rezipienten von One-Way-Kommunikaten z. B. bei der Lektüre von journalistischen Sprachtexten oder der Betrachtung von Fotos in Online-Magazinen leitet, so kann die Interaktivität des Online-Mediums in Communities, Online-Diskussionen etc. eine Flexibilisierung und Neuherstellung von Zeichenformen und -bedeutungen unterstützen.

3.3 Sprachlichkeit und Bildlichkeit in der Online-Kommunikation

3.3.1 Kodalität

Wurden die Zeichen bisher als einheitliche Kommunikationsmittel behandelt, so gibt es in ihrer Konstitution und ihrer Verwendung jedoch strukturelle und funktionale Unterschiede. Man spricht hierbei von verschiedenen Kodierungen oder Kodalitäten. Beispielsweise sind die Sprach- und die Bildzeichen unterschiedlich kodiert. Offensichtlich wird dies, wenn man die kommunikative Funktion eines Bildes mit der eines Wortes in einem Kommunikat wie einer Webseite vergleicht.

Auf der Startseite der Technischen Universität Chemnitz (Abb. 3.1) erkennt man beispielsweise die Ankündigung einer Autorenlesung samt Termin und Ort. Der Autor wird zur näheren Spezifizierung seiner bisherigen Leistung als „ZEIT-Campus-Literaturpreisträger" vorgestellt. Damit sollen seine Attraktivität und die Besonderheit der Veranstaltung herausgestrichen werden. Des Weiteren klärt der Meldungskasten den Leser auf, welcher Rubrik die Meldung zugeordnet ist sowie unter welchem Titel die Veranstaltung stattfinden wird. Da der Rubrikname „Kultur" eine Meta-Information darstellt und nicht zum eigentlichen Inhalt der Ankündigung gehört, wurde er mit oranger Typografie abgegrenzt (Beispiel jedoch druckbedingt mono-

3.3 Sprachlichkeit und Bildlichkeit in der Online-Kommunikation

Abb. 3.1: Ausschnitte aus der Startseite der TU Chemnitz. Quelle: http://www.tu-chemnitz.de/index.html. Aufgerufen am 17.01.2010.

chrom). Durch grüne Schrift und Fettung der Worte „Menschen, Bücher und Dämonen", wodurch der Titel der Meldung markiert ist, findet ebenfalls eine Abgrenzung zum schwarz gehaltenen Ankündigungstext statt. Diesem Textteil ist ein Porträt eines jungen Mannes hinter einem Mikro zugeordnet, hinter dem halb verdeckt das Logo der Wochenzeitung DIE ZEIT in zweifacher Ausführung zu erkennen ist. Während das Logo sprachlich eine Verknüpfung zum Ankündigungstext stiftet, legt die nahe Platzierung des Bildes neben dem Text layouttechnisch eine Verbindung zwischen Text und Bild nahe. Das Bild bringt somit das Gesicht des angekündigten Autoren zur Anschauung, der, so lässt das Mikro und der abgesenkte Blick vermuten, ebenfalls während einer Lesung fotografiert wurde. Damit deutet das Bild bereits einen visuellen Eindruck an, den der Leser in ähnlicher Form bei Besuch der angekündigten Lesung erfahren wird. Außerdem liefert das ZEIT-Logo einen Quasi-Beleg für die in der Ankündigung behauptete Prämierung des Autors mit dem ZEIT-Campus-Literaturpreis. Der Text bietet gegenüber dem Bild die genauen Daten, wo und wann der Leser die Veranstaltung besuchen kann und den Autorennamen.

Das Beispiel verdeutlicht, inwiefern die unterschiedlich kodierten Zeichensysteme Sprache und Bild verschiedentlich Bedeutung stiften und kommunikativ funktionieren. Die Kriterien für eine solche Bestimmung unterschiedlicher Zeichen- oder Kodesysteme entstammen wie die oben dargestellte Semantik eher einer abstrakten Perspektive auf Zeichen. Sie ermöglicht es jedoch, ‚Ordnungen zu schaffen', um die Fülle der im Netz genutzten Zeichenformen systematisch erfassen zu können.

Damit bestimmte Zeichenphänomene zu einem System zusammengefasst werden können, werden einheitliche Kodierungen hinsichtlich der Bildung der Zeichen (**Morphologie**), der Bedeutungsgenerierung (**Semantik/Pragmatik**) und deren Verknüpfung (**Syntax**) vorausgesetzt. Man erkennt, dass für diese Bestimmung von Zeichensystemen das Zeichensystem der Sprache als maßgebend verwendet wurde. So sind die Kodierungen bzw. Regeln der Wortbildung und der Syntax in detaillierten Grammatiken dargestellt worden.

Auch das Zeichensystem der Musik hat aufgrund westlicher Kulturentwicklungen ein Notationssystem ausgebildet, das eine hohe Systematisierung hinsichtlich Zeichenbildung und Zeichenverknüpfung erlangen konnte. Jedoch kann diese strenge Kodifizierung auf der semantischen Ebene kaum aufrechterhalten werden. Zwar mögen Lautstärke und Tempus sowie Genre- oder Gattungs-Konventionen (z. B. Kirchenmusik in Abgrenzung zu HipHop) gewisse inhaltliche Assoziationstendenzen anregen. Konkrete Bedeutungen der musikalischen Zeichen sind jedoch überindividuell nur schwerlich festzuschreiben.

Noch problematischer erscheint die Einteilung in Morphologie, Syntax, Semantik und Pragmatik für die Bestimmung bildlicher Zeichensysteme zu sein. Bilder setzen sich nicht aus einem Inventar von begrenzten Einzelzeichen systematisch zusammen. Sie verfügen nicht über die Linearität eines sprachlichen Textes, sondern präsentieren ihre Komponenten simultan und gestalthaft. Auch wenn für die bildlichen Zeichen ähnliche Versuche grammatischer Festschreibungen wie für die Sprache unternommen wurden (Doelker 1997), so hat sich doch in der Bildwissenschaft gemeinhin die Charakterisierung von Goodman (1997) durchgesetzt. Bilder werden demnach nicht nur hinsichtlich ihrer visuellen Wahrnehmungsnähe, bezogen auf die Dinge, die sie bezeichnen, bestimmt (Sachs-Hombach 2003). In Anlehnung an Goodman bilden sie ein Zeichensystem, das sich durch eine hohe syntaktische Dichte und Fülle auszeichnet. Oliver Scholz (2004: 110) erklärt diese Charakterisierung wie folgt:

> „Ein Symbolsystem hat desto mehr syntaktische Fülle, je mehr Züge des Zeichenträgers symbolische Funktionen *[im Sinne von Verweisfunktion; die Autoren]* besitzen. [...] Bei einer Linie in einem Bild, etwa einem Landschaftsgemälde, können [...] alle Nuancen der Farbe, der Dichte und Textur, des Kontrastes zum Hintergrund usw. konstitutiv sein. Wenn jeder – oder fast jeder – Unterschied in puncto Farbe, Form, Textur etc. einen Unterschied für die Zeichenbewandtnis macht oder machen kann, dann spricht vieles dafür, die fraglichen Gebilde zu den Bildern zu rechnen."

Gerade diese Bedeutungsdichte macht Bilder allerdings in pragmatischer Hinsicht wenig konkret. Sie lassen nur das erkennen, was der Betrachter schon weiß. Ein Mann auf einem Bild ist als solcher nur durch das Weltwissen des Betrachters auszumachen. Ob es sich bei diesem Mann um Herrn Meier oder Herrn Müller handelt, kann nur der Betrachter entscheiden, der die abgebildete reale Person kennt. Trotz dieser unkonkreten Verweis- und Kommunikationsfunktion wird zur Charakterisierung von Bildern jedoch immer noch oft der alltagstheoretische Satz „Bilder sagen mehr als tausend Worte" gebraucht. Bilder gelten weiterhin als „Schnellschüsse ins Gehirn" (Kroeber-Riehl 1993: 53) und finden im Online-Medium sowie im Print und erst recht im Kino und Fernsehen essentielle Verwendung. Der Grund dafür ist, dass Bilder, wie oben gezeigt, fast nie alleine verwendet werden. Sie werden sogar in bilddominanten Räumen wie Museen meist mit Wandtafeln kombiniert oder sind zumindest unter einem Ausstellungstitel sinnhaft zusammengetragen. Ist das Bild durch einen Sprachtext einordbar, kann es seine ganz spezielle Wirkmächtigkeit entfalten. Bild und Sprache haben somit als unterschiedliche Zeichensysteme auch unterschiedliche Funktionen, die sich in Kombination zu einem ganzheitlichen Kommunikat ergänzend zusammenfügen lassen. Die unterschiedlichen Kodierungen sprachlicher und bildlicher Zeichensysteme lassen sich wie in Tabelle 3.1 gegenüberstellen.

Sprache und Bild werden demnach unterschiedlich verstanden und stiften auf verschiedene Weise Bedeutung. Während ein Sprachtext sich aus erkennbaren Einzelzeichen zusammensetzt, die linear rezipiert werden und durch ihre Sinnenferne eine rationale Verarbeitung erfordern, wird ein Bild meist emotionsgestützt in seiner simultanen Gestalthaftigkeit erfasst. Es spricht den visuellen Sinn so ähnlich an wie Gegenstände der außermedialen Welt und unterliegt so ähnlicher kognitiver Verarbeitung. Sprache ermöglicht eine erklärende und differenzierte Darstellung von Dingen und abstrakten Sachverhalten. Bilder zeigen optische Eigenschaften und Proportionen sowie Positionierungen auf Flächen und zweidimensional verkürzt in Räumen. Sprache ermöglicht die Darstellung von Meinungen und Haltungen sowie die Entwicklung rationaler Argumentationsketten. Bilder bringen auf spezifische Weise Phänomene zur Anschauung. Hierbei wirken Perspektive und Ausschnitt ebenfalls

3.3 Sprachlichkeit und Bildlichkeit in der Online-Kommunikation

Tab. 3.1: Kodierungskriterien für die Zeichensysteme Sprache und Bild. Quelle: eigene Darstellung angelehnt an Stöckl (2011: 48).

	Bild	**Sprache**
Semiotik (Zeichensystem)	Wahrnehmungsnah, gestalthaft, flächig konfiguriert, syntaktisch dicht	Wahrnehmungsfern/arbiträr, linear angeordnete Einzelzeichen, syntaktische Abfolge
Perzeption/Kognition (Verstehen)	Simultane/ganzheitliche/schnelle Wahrnehmung, direkt emotionsverbunden, wirkungsstark	Lineare/langsame Wahrnehmung, abstrakte Form, daher weniger direkt emotionsverbunden und wirkungsstark
Semantik (Bedeutungspotenzial)	Bedeutungsüberschuss (semantisch dicht), daher vage/mehrdeutig/unkonkret: Man erkennt nur, was man schon weiß.	Bedeutungen sind definiert (semantisch dünn), tendenzielle semantische Bestimmtheit: über Sprache erfährt man Unbekanntes.
Pragmatik (Verwendung/kommunikative Funktionalität)	Detailliertes Anzeigen von Objekt-Aussehen, Positionierungen im Raum, vorwiegend Appelle und Handlungsanweisungen	Handlungen im Raum-Zeit-Kontinuum verorten, logische Bezüge stiften, fast alle Sprechhandlungen sind zu realisieren: Befehlen, Bitten, Informieren etc.

bedeutungsstiftend, allerdings auf mehrdeutige und kontextabhängige Weise. Gleiches gilt für Bilder in pragmatischer Hinsicht. Sie können durch ihre emotionale Wirkung eindringlich und appellierend wirken, brauchen dafür jedoch eine sprachliche Konkretisierung. Über Sprache lassen sich fast alle kommunikativen Akte wie Befehlen, Verführen, Schmeicheln durchführen. Es bedarf jedoch eines erheblich höheren kommunikativen Aufwands, um in gleicher Weise emotionalisierend zu wirken wie ein Bild.

Inwiefern Sprachlichkeit und Bildlichkeit in der Online-Kommunikation zum Einsatz kommen, wird im Anschluss anhand von Beispielen näher dargestellt.

a) Sprachgebrauch im Netz statt ‚Netzsprache'

Durch die bisher noch vermehrt sprachlich realisierte Kontaktaufnahme und -pflege im Netz hat sich vor allem in der Frühphase der Internetkommunikation eine große Zahl an neuen Zeichenformen etablieren können. Grund dafür war der Wegfall paraverbaler Zeichenformen wie Mimik und Gestik. Man konnte dem Kommunikationspartner über das Online-Medium nur mittels der durch die Tastatur zur Verfügung stehenden Zeichen Sympathie, Ironie etc. anzeigen. Im Ergebnis führte dies zu den mittlerweile klassisch anzusehenden ‚Ikonisierungen' durch Smileys oder Indexikalisierungen durch abkürzende Akronyme wie „lol" für „laughing out loud" (Kennzeichnung größter Heiterkeit). Die hohe Anzahl dieser Zeichenneuschöpfungen hat die Linguistik und die Kommunikationswissenschaft dazu veranlasst, von einer eigenen „Netzsprache" (Döring 2003: 182 ff.), **„Netspeak"** (Crystal 2001: 17) oder „Websprache" (Siever/Schlobinski/Runkehl 2005) auszugehen.

Vor allem Crystal (2001) geht in diesem Zusammenhang davon aus, dass die Besonderheiten online-medialer Sprache bereits eine solche Etablierung erfahren haben, dass man von einer eigenen Sprachvarietät ausgehen kann. Laut Döring (2003) zeigen sich diese Besonderheiten z. B. in der Missachtung von Rechtschreibregeln, im häufigen Gebrauch von Anglizismen,

Kurzformen, technischen Fachbegriffen und umgangssprachlichen Wendungen. Hinzu tritt ein ‚ikonisierender Gebrauch' von Schriftzeichen, die zu Smileys oder anderen bildlichen Phänomenen geformt werden, um para- und nonverbale Kommunikation (Intonation, Mimik und Gestik) auch mit schriftsprachlichen Ausdrucksmöglichkeiten zu realisieren. Kombiniert werden diese vor allem im Plauderchat mit aus dem Comic-Bereich entstammenden Sound- und Actionwörtern wie „zisch", „hihi", „brrr" oder Akronymen wie „lol" (Laughing Out Loud), „HDL" (Hab Dich lieb) sowie Laustärke anzeigenden Markierungen wie Großschreibung oder Buchstabendopplungen: „HURRAA!!!".

Für Crystal (2001: 5) hat die anhaltende Kommunikation im Netz Auswirkungen auf das sprachliche Verhalten des Einzelnen und die Sprache im Gesamt. Sie verursache sprachliche Varietäten, also ‚Dialekte', ähnlich wie sie in regionalen Sprachgemeinschaften in Form von Spielarten des Plattdeutschen oder des Schwäbischen zu finden sind. Damit verbunden sind Praktiken von Identitätskonstruktion und Vergemeinschaftungen, die durch den individuellen und kollektiven Sprachgebrauch gegenseitig angezeigt und bestärkt werden. Man zeigt sich nach Meinung Crystals so als Bewohner (‚**digital citizen**') des ‚global village'. Gekennzeichnet sei *Netspeak* unter anderem durch expressive Ausdrücke auf der lexikalischen Ebene sowie syntaktische (auf Satzbau bezogene) und phonetisch-phonologische (lautliche) Merkmale der gesprochenen Sprache, obwohl es sich hierbei hauptsächlich um schriftsprachliche Kommunikation handle. Beispielhaft lässt sich dies an Großschreibungen oder ‚comicsprachlichen' Sound- und Actionwörtern festmachen, die schriftsprachlich geräuschliche und situative Kontexte sowie Emotionslagen der Kommunikatoren zum Ausdruck bringen. Würden diese Komponenten in Form standardsprachlicher Schriftlichkeit mitgeteilt, so erfordere dies einen erheblich höheren kommunikativen Aufwand. Unter *Netspeak* versteht Crystal somit ein eigenes System von grammatischen, lexikalischen und phonetischen Elementen, so dass er von einer Sprachvarietät ausgeht, die in ihrer Handhabe ähnlich wie ein Dialekt zu lernen ist.

Die Entwicklung solcher semiotischer Innovationen ist vor allem in der synchronen Kommunikation des Chats oder ICQ entstanden, da sie zum einen erlauben, sich ausdruckseffizient der Zeitlichkeit eines Face-to-face-Gespräches anzunähern, und zum anderen den Wegfall der non- und paraverbalen Komponenten kompensieren helfen. Im Chat tritt jedoch noch die besondere Abfolge der Gesprächsanteile hinzu. Diese werden ebenfalls nicht wie im Face-to-face-Gespräch nur durch die anwesenden Gesprächspartner ausgehandelt, sondern richten sich nach dem Zeitpunkt der Versendung des Kommunikats vom Produzenten und der serverseitigen Chronologisierung dieser Kommunikate. So kann es zu recht eigenwilligen Kommunikationsverläufen kommen, in denen die jeweiligen Bezugnahmen auf vorherige Kommunikate erheblich verzögert im Chatprotokoll aufgeführt sind (Beißwenger 2007). Im **Plauderchat** kann es darüber hinaus zum Eintritt ständig neuer Kommunikatoren kommen, so dass entsprechende Bezugnahmen der Kommunikationspartner noch schwieriger zu organisieren sind. Einen Eindruck von solchen sprachlichen Kommunikationspraktiken liefert folgendes **Chat-Protokoll**:

Beispiel: Chat-Protokoll

A: [zu B] hallöle ^^

B: 7me und wünscht nen schönen rest Sonntag ^^

C: Einen wunderschönen guten

D: Hallo

3.3 Sprachlichkeit und Bildlichkeit in der Online-Kommunikation

> A: [zu B] ^^
> E: [zu F] wir mitn auto in nen gurkenlaster fährt is schon nen bissel kmiscvh
> G: [zu H] na du ;)
> C: Tag an alle
> F: [zu E] ich lass mich aber nicht einsperren
> B: [zu A] hallöchen A
> I: [zu J] gehen wir in den raum daily/x?
> <K mal etwas länger weg ist… mail schreiben …lool>
> L: [zu F] kotz kotz kübel ohhhhhhhh doch
> A: [zu B] wie geht es dir?
> M: [zu D] hi
>
> *Quelle: Siever et al. (2005), http://www.mediensprache.net/de/websprache/chat/example.*
> *Aufgerufen am 14.03.2010.*

Baron (2008: 28) bindet das sprachliche Verhalten im Netz stärker an soziale Kontexte an. Auf Herring (1996) aufbauend, beschreibt sie sprachliche Kommunikation im Netz als *Computer-Mediated Communication (CMC)* unter linguistischer, gesellschaftlicher und trans(medien)kultureller sowie mediengeschichtlicher Perspektive. Sie kommt so zu erheblich differenzierteren Aussagen als Crystal. Sie beschreibt Sprache im Netz als eine technikgestützte und -geprägte soziokulturell hervorgebrachte soziale Praxis. Sprachgebrauch im Netz ist somit in seiner Ausprägung eng mit den technischen Entwicklungen verbunden, die immer spezifischere Möglichkeiten des interpersonalen und kollektiven Austausches zur Verfügung stellen. Technik und Kommunikation sind im dialektischen Zusammenhang zu denken und wirken in ihrer Nutzung diachron und medienkulturstiftend, wobei wir erst am Anfang einer digitalen Kultur zu stehen scheinen:

> „However, as with the erosion of our sense of place while communicating there is one thing of which we can be sure: Contemporary language technologies are poised to redefine our longstanding notions of what it means to communicate with another person." (Baron 2008: 226)

Das vermehrte Aufkommen der beschriebenen semiotischen Besonderheiten im Netz als eine eigene Sprache zu verstehen, ist demnach problematisch. In der pragmatischen Linguistik hat sich gegen diese Auffassung deshalb eine Gegenargumentation entwickelt. Sie geht davon aus, dass die Etablierung von sprachlichen Variationen nicht eine neue Sprache begründen muss, sondern bloß weitere kommunikative Praktiken in das bereits bestehende sprachliche Handeln von Menschen einfügt. Solche neuen kommunikativen Praktiken werden nur dann relevant und in das eigene Zeichenrepertoire aufgenommen, wenn man sich in einer Sprachgemeinschaft befindet, die diese Praktiken pflegt und weiterentwickelt. Kommunikative Erfolge bilden hier die Richtschnur für die Etablierung neuer Ausdrucksmöglichkeiten. Gelingt es einem Mitglied der Gemeinschaft oder der Peergroup, implizit bestehende gemeinschaftlich getragene Konventionen spielerisch so zu verändern, dass es weiterhin in der Gemeinschaft verstanden wird, so ist ihm eine gewisse Aufmerksamkeit und damit kommunikativer Erfolg gewiss. Ein neues Sprachspiel kann daraufhin etabliert werden, indem es ebenfalls von den anderen Mitgliedern gebraucht wird, die sich dadurch ähnliche kommunikative Erfolge erhoffen. Das sprachliche Handeln im Netz ist also durch die medialen Bedingungen und die kommunikativen Ziele ihrer Nutzer geprägt und bedient sich nicht einer eigenen Sprache.

Zur Erklärung dieser Sichtweise hat sich der Verweis auf den Ansatz der **konzeptionellen Mündlichkeit** von Koch und Oesterreicher (1994) etabliert. Dieser stellt der konzeptionellen Mündlichkeit die konzeptionelle Schriftlichkeit gegenüber (Siever/Schlobinski/Runkehl 2005). Idealtypische Merkmale konzeptioneller Mündlichkeit sind:

- dialogische Merkmale
- freier Sprecherwechsel
- persönliche und örtliche Nähe der Gesprächspartner
- freie Themenwahl
- Face-to-face- und nicht-öffentliche Kommunikation
- Situationsbeschränktheit, Synchronizität, Spontanität

Demnach kann in der schriftsprachlichen Kommunikation im Netz durch die Übernahme non- und paraverbaler Ausdrucksformen sowie durch die syntaktische und semantische Annäherung an die gesprochene Sprache ebenfalls Nähe zum Kommunikationspartner inszeniert werden. Dürscheid (2005) weist ferner darauf hin, dass bei zunehmender Synchronizität der Kommunikation auch das Auftreten konzeptioneller Mündlichkeit steigt, was sich im zunehmenden Gebrauch von Gesprächspartikeln, Satzabbrüchen u.Ä. zeigen kann. Auch sie lehnt „allgemeine Beobachtungen zur Sprache im Internet" (Dürscheid 2005: 13) ab und plädiert für eine verstärkte gesprächs- und textanalytische Untersuchung verschiedener Kommunikationspraktiken, um neue medienadäquate Beschreibungsinstrumentarien zu entwickeln.

> Der Sprachgebrauch im Netz ist eine netzkulturelle Praxis interaktiv vernetzter Kommunikationsgemeinschaften. Er unterliegt keinen eigenen grammatischen und semantischen Regeln, sondern wird situativ gemäß kommunikativen Zielen und Erfolgsorientierungen ausgerichtet. Demnach kann er einen variantenreichen, verspielten Umgang mit dem schriftsprachlichen Zeichenmaterial aufweisen oder weiterhin streng an standardsprachlichen Richtlinien orientiert sein. Er ist in der individuellen Sprachhandlung als Ergebnis kommunikativer Kalkulation des Kommunikators zu verstehen, der Aufmerksamkeit, Attraktivität und Verständlichkeit beim Adressaten verursachen will.

b) Bilder im Netz

Anhand der oben vorgestellten semiotischen Bestimmung der bildlichen Kodierungen lassen sich in Abgrenzung zur sprachlichen Kommunikation auch ‚Typen der Bildverwendung in der Online-Kommunikation' entwickeln (Meier 2008a: 140 ff.). Diese richten sich nach möglichen Klassen dargestellter Objekte, Motive bzw. Gegenstände, die mit den Bildern gezeigt werden, sowie nach den dafür gängigen Gestaltungspraktiken. Um Motivklassen und Gestaltungspraktiken erfassen zu können, sind folgende Leitfragen hilfreich.

Leitfragen zur Klassifizierung und Analyse von Bildern:

1. Was ist zu sehen?
2. Warum wurde das vorliegende Motiv gewählt?
3. Welchem Motiv-Genre lässt sich das Bild zuordnen (z. B. Pressefotografie, Info-Grafik, Porträt, Landschaft, Architektur, Röntgenbild etc.)?

4. Wie sind die Bildkomponenten geformt, proportioniert und auf der Fläche verteilt?
5. Welche Beziehungen zwischen den Bildkomponenten lassen sich anhand der Komposition konstruieren?
6. Wie wird das Motiv hinsichtlich Perspektive und Ausschnitt in Szene gesetzt und welche Wirkungen ergeben sich daraus?
7. Welche kommunikativen Funktionen bzw. Fokussierungen ergeben sich aus dem Vordergrund-Hintergrund-Arrangement, der Schärfeverteilung, den Größenverhältnissen, der Lichtführung und Farbgebung?
8. Welchem Zweck dient das Foto (Dokumentation, Exemplifizierung, Werbung, Emotionalisierung, Illustration etc.)?
9. Welche möglichen digitalen Nachbearbeitungen im Abgleich zum kommunikativen Zweck des Bildes lassen sich erkennen/vermuten?
10. Wie erscheint seine Anmutung/Machart (professionell, künstlerisch, laienhaft), und woran ist dies festzumachen?
11. Wie ist das Bild layouttechnisch mit dem sprachlichen Kontext und dem Gesamtauftritt in Beziehung gesetzt?

Bilder erlangen in den konkreten Medienprodukten bestimmte Funktionen. Diese haben sich im Zuge kommunikativer Praxis auch im Netz konventionalisiert. So lassen sich prototypische Bildfunktionen im Netz spezifizieren.

Bilder sind kommunikativen Zielen untergeordnet und dienen zur Lösung kommunikativer Aufgaben. Sie werden zur Weltdarstellung eingesetzt. So können Bilder als Abbildung eines konkreten Gegenstandes eingesetzt sein, als Visualisierung eines Ereignisses oder als Repräsentation eines allgemeinen Sachverhalts, Zustandes, einer Einstellung, Position etc. Sie dienen als Schmuck, zur Idealisierung, Schockierung und Emotionalisierung und lassen sich metaphorisch (z. B. Abbild der Göttin Justitia als Sinnbild der Gerechtigkeit) oder als Beweis für die Existenz des Abgebildeten einsetzen (Nessi, Bigfoot etc). So wird fotografischen Bildern eine ursächliche Verbundenheit zwischen Motiv und Bild unterstellt, wodurch man annimmt, dass das, was auf dem Bild zu sehen ist, sich auch zur Zeit der Bildproduktion als realer Gegenstand vor der Kamera befunden hat. Hieraus bezieht das Foto seine dokumentarische Kraft.

Online-Kommunikation umfasst ausschließlich digitale Bildlichkeit, so dass unterschiedliche Auflösungen und medienbedingte Variationen in der Farb- und Formatwiedergabe normal sind. Diese Flexibilität hat auch Auswirkungen auf die Rezipierbakeit und damit auf die aktualisierten kommunikativen Gehalte und Wirkungen. Außerdem können verschiedene Plugins oder bestimmte Übertragungsbandbreiten zur Ansicht nötig werden, die in den einzelnen Endgeräten zu unterschiedlichen Ergebnissen führen. **Digitale Bildlichkeit** bedeutet postproduktive Bearbeitbarkeit bis auf die Pixelebene, die ebenfalls kommunikativ zum Einsatz kommt. Ob ein Bild als relativ unmanipulierte Fotografie oder als erkennbares Ergebnis von stilisierender Nachbearbeitung erscheint, beeinflusst die Vertrauenswürdigkeit des Bildinhalts. So erscheinen dokumentarische Fotos auch im Online-Bereich gestalterisch schlichter als Werbebilder, die die Gegenstände eher in idealisierter Form zeigen. Animierte Trickfilmbilder transportieren relativ schnell technische Konstruiertheit und erhalten so auch kommunikativ artifiziellen bzw. verspielten Charakter.

Neben der visuellen Kommunikation dienen bildliche Phänomene im Web häufig als Signifikanten für Werkzeuge der Mensch-Maschine-Kommunikation. Diese Funktion lenkt den Blick auf Bedeutungskomponenten des Bildes, die nicht ikonisch zu deuten sind, sondern instrumentale Funktionen anzeigen wie die mögliche Navigation durch das Online-Angebot mittels Buttons, Sitemaps und Suchfeldern.

Es werden im Netz wie auch offline Bilder eingesetzt, die die Sichtbarkeit vom Referenten erst herstellen, indem sie etwas zeigen, was in der außermedialen Welt eigentlich nicht zu sehen ist. Insbesondere medizinische Bilder wie Röntgen-, Ultraschall- oder mikroskopische und auch historische Bilder wären hier zu nennen.

Im Netz kommen ebenso wie im Offline-Bereich kommunikativ bestimmte Gestaltungstechniken wie Formatwahl, Proportionen, Perspektive und Ausschnitt zum Einsatz, die das Bildmotiv hervorheben bzw. zurücktreten lassen. Sie setzen so den Betrachter in eine bestimmte (z. B. distanzierte oder intime) Beziehung zum dargestellten Objekt. Vordergrund-Hintergrund-Arrangement, Schärfeverteilung, Proportionierungen, Lichtführung und Farbgebung realisieren kommunikative Fokussierungen bestimmter Bildteile. Mögliche Linien und Strukturen organisieren Blickverläufe und Aufmerksamkeiten des Betrachters und deuten potenzielle Relationen bzw. Hierarchien bestimmter Bildkomponenten zueinander an. Diese werden durch layouttechnische Positionierungen des Bildes kommunikativ zum Kontext der Webseite gesetzt, so dass eine eigene multimodale Korrespondenz mit den nachbarlich positionierten sprachlichen Zeichen entsteht. Identifikationsgrafiken mit Titeln und Logos sowie Infografiken zur maßstabsgerechten Darstellung von quantitativen Größen- und Mengenrelationen bilden weitere kommunikativ eingesetzte Bildlichkeit in der Online-Kommunikation.

3.3.2 Modalität

Sprache und Bilder lassen sich nicht nur hinsichtlich ihrer Kodierung bzw. Kodalität unterscheiden, sondern lassen sich auch hinsichtlich ihrer Sinnesmodalitäten bestimmen. Während Bilder genuin visuelle, also nur optisch wahrnehmbare Artefakte sind, können sprachliche Zeichen in Form von gesprochener Sprache über akustische Modalität verfügen. In Form von Schrift werden sie jedoch ebenfalls visuell wahrgenommen. Geräusche und Musik gelten als weitere Modalitäten und sprechen ebenfalls den akustischen Sinn an.

Für die Medienkommunikation ist diese Unterscheidung sehr relevant. Während Medien wie Radio und Telefon nur akustisch wahrnehmbare Zeichen übertragen können, lassen Kino und Fernsehen akustische wie visuelle Zeichen rezipieren. Die Printmedien wie Zeitschriften, Zeitungen und Bücher bleiben wiederum auf die visuelle Sinnesansprache reduziert.

Im Zuge jüngster Medienentwicklung haben sich jedoch Konvergenzformen herausgebildet, die die modulare Rezipierbarkeit der genannten Medien erweitert haben. So lassen sich Handys zunehmend auch für visuelle Zeichenerstellung (als SMS-Schreibgerät, Fotoapparat, Videokamera), Zeichendarstellungen (auf integrierten Displays) und für die Übertragung (in Form von MMS) verwenden. Das Internet ist in seiner Rezipierbarkeit ebenfalls ‚multimodal'. Auch hiermit lassen sich Filme, Fotos, Sprachtexte sowie Bewegtbilder, gesprochene Sprache und Sound produzieren, archivieren, transportieren und rezipieren.

Während bisher Modalität auf die Wahrnehmungspraktiken und Kodalität für die Verfasstheit von Zeichensystemen angewendet wurde, sei hier das Verständnis von **Modalität aus Perspektive der Sozialsemiotik** aufgeführt. Dies ist nötig, da in den folgenden Kapiteln die Begriffe Modalität und Multimodalität ebenfalls vornehmlich im sozialsemiotischen Sinne gebraucht werden. Der Grund dafür ist, dass innerhalb der wissenschaftlichen Debatte um Multimodalität die sozialsemiotische Konzeptualisierung mit den Arbeiten von Kress und van Leeuwen (1996; 2001; Leeuwen 2005; Kress 2010) mittlerweile eine dominante Stellung erreicht hat. Das bedeutet jedoch nicht, dass die hier bereits behandelte sinnenbezogene Modalität keine weitere Verwendung findet. Denn diese Definition ist innerhalb der Medien- und Kommunikationswissenschaft sowie Medienpsychologie eher anzutreffen als die sozialsemiotische Ausrichtung.

Der Begriff der Modalität im sozialsemiotischen Verständnis operiert auf der gleichen Ebene wie die Zeichensysteme, ist jedoch durch einen konsequent pragmatischen Ansatz gekennzeichnet. So wird zwischen Zeichenressourcen und -modalität je nach Konventionalisierungsgrad im Gebrauch unterschieden. Das heißt, dass Zeichenressourcen das Material sind, aus dem die Zeichen produziert werden. Gesprochene Sprache setzt sich aus akustischen Ressourcen zusammen. Visuell wahrnehmbare Bilder, aber auch Web- und Zeitungsseiten werden mit Ressourcen wie Farbe, Form, Fläche sowie Linien gestaltet. Zu Modalitäten werden diese Ressourcen bzw. ihr Zusammenspiel dann, wenn sich deren Verwendung innerhalb einer Kommunikationsgemeinschaft soweit konventionalisiert hat, dass deren Bedeutungszuschreibungen musterhaft vollzogen werden können. So ist Farbe hauptsächlich als Ressource zu verstehen, die wenig konventionalisiert Assoziationen hervorrufen kann. Im Straßenverkehr kommt ihr jedoch eine stärkere Konventionalität zu. Hier gilt Rot z. B. als Warnfarbe und Blau als Hinweisfarbe. Wird auf der Website von Coca-Cola vermehrt Rot verwendet und auf den Seiten des Autovermieters Sixt eher Orange und Dunkelgrau, so lässt sich diese Farbwahl konkret als Bestandteil eines Corporate Designs der Marken bestimmen, das eine *Corporate Identity* kommunizieren soll. Der Farbeinsatz ist in professionellen Webangeboten und Layoutformatierungen durch etablierte Designpraktiken hinsichtlich farblicher Kontrastierung, der Berücksichtigung von Komplementärfarblichkeit sowie Farbharmonien ebenfalls stark konventionalisiert.

Die Stärke bestehender Konventionalisierungen hängt jedoch von den jeweiligen Kommunikationsgemeinschaften ab und wird nicht regelhaft festgelegt. So mag eine einfarbige große Fläche von einer Kunstkennerschaft durchaus als Bild angesehen werden. Bei Personen, die jenseits des ästhetischen Diskurses dieser Kunstkennerschaft stehen, mag diese Zuschreibung jedoch weniger Akzeptanz finden. Auch unter sozialsemiotischer Perspektive gilt die Sprache als am stärksten konventionalisierte Modalität. Menschen, die außerhalb einer bestimmten Sprachgemeinschaft stehen, diese somit nicht per Fremdsprachenunterricht erlernen konnten, können den wahrnehmbaren fremdsprachlichen schriftlichen Ressourcen keine Bedeutung zuschreiben – für sie bleiben die fremden Buchstaben (nur) Punkte und Striche.

> Zeichenbedeutungen werden zwar erst in der konkreten Kommunikation hergestellt, allerdings existieren nach sozialsemiotischer Auffassung funktionale Strukturen von Zeichen, die innerhalb einer Kommunikationsgemeinschaft musterhaft bestimmte Bedeutungspotenziale nahelegen, nach denen sich die Nutzer als Kommunikatoren und Rezipienten richten.

3.4 Multimodalität und online-kommunikatives Zeichenhandeln

Um die unterschiedlichen Funktionen verschieden kodierter Zeichensysteme bzw. **Modalitäten** innerhalb kommunikativer Prozesse bewusst zu machen, war zunächst deren getrennte Darstellung nötig. Die kommunikative Praxis vollzieht sich jedoch nicht monomodal, sondern multimodal bzw. multikodal. Face-to-face-Kommunikation weist beispielsweise neben der gesprochenen Sprache immer auch **nonverbale Phänomene** wie Mimiken, Gestiken oder **parasprachliche Phänomene** wie Intonation, Stimmfarbe etc. auf, die von den Kommunikatoren bedeutungsstiftend und damit zeichenhaft behandelt werden können. Hinzu treten stilistische Merkmale wie Kleidung, Körperhaltung oder Physiognomie, die je nach kommunikativem Anlass und subjektiven Einstellungen der Kommunikatoren bedeutsam sein und damit die Kommunikation ebenfalls beeinflussen können.

In der Medienkommunikation verfügen in der Regel filmische Kommunikate über die gleichen Modalitäten wie das Face-to-face-Gespräch, wobei weitere wie Geräusche und Musik sowie kommunikativ inszenierte Kameraperspektiven und -führung, Bildmontagen, Schnitttechniken und geschriebene Sprache hinzukommen können. Allerdings weisen auch vermeintlich monomodale Kommunikate wie ein Romantext mehr Zeichenmodalitäten als nur die Sprache auf. Hier wären das Buchstaben- oder Schriftdesign (Mikrotypografie) und die layouttechnische Gestaltung der Fläche (Makrotypografie) zu nennen. Dieser Bereich umfasst den kommunikativen Einsatz von Form, Freiflächen und Linien zur Strukturierung und Orientierung der Lesepraxis. Typografische Modalitäten sind durch Konventionalisierungen der Drucktechnik, Nutzerfreundlichkeit und Image-Kommunikation geprägt. Mit dem Begriff der Multimodalität ist somit eine Eigenschaft beschrieben, die jeder Art von Kommunikation, also auch der Online-Kommunikation, zu eigen ist. Hartmut Stöckel (2011: 45) definiert den Begriff der Multimodalität im sozialsemiotischen Sinne wie folgt:

> „Er [*der Begriff; die Autoren*] bezeichnet Texte und kommunikative Handlungen, die mehrere verschiedene Zeichensysteme (Sprache, Bild, Ton) beinhalten. Die Produktion und das rezeptive Verstehen solcher semiotischer Gesamttexte erfordern daher auch die Integration der verschiedenen Zeichenressourcen zu einem syntaktischen, semantischen und funktionalen Ganzen."

Multimodale Online-Kommunikation ist zumeist eine semantische Verkoppelung von Sprache und Bild. Die Relevanz und ‚Aufgabenverteilung' richtet sich nach layouttechnisch zugewiesenen Beziehungen zwischen diesen Zeichensystemen. Eine Bildunterschrift ist beispielsweise der Bildinformation untergeordnet, während ein unbetiteltes Bild als Dekoration oder Eyecatcher dienen kann, um die Aufmerksamkeit auf die begleitenden Texte zu lenken. Letzteres ist bei der aufgeführten **Startseite** der TU Chemnitz der Fall (Abb. 3.2). Hier stellt das größte Bild einen mit Studierenden besetzten Hörsaal vermutlich während einer Vorlesung dar. Der daneben positionierte Text nimmt nicht explizit auf das bildlich Dargestellte Bezug. Es handelt sich um einen allgemeinen Image-Text, der mit dem Namen des derzeitigen Rektors der Universität versehen ist. Der Text stellt Studienmöglichkeiten und das Selbstverständnis der Hochschule vor. Das Bild zeigt somit einen konkreten Bestandteil aus der studentischen Praxis, die in ihren fachlichen Ausrichtungsmöglichkeiten sehr allgemein im Text beschrieben wird. Durch die Platzierung des Bildes links neben dem Text und seine als dunkleres Element vom weißen Hintergrund der Seite vollzogene Kontrastierung wird es

3.4 Multimodalität und online-kommunikatives Zeichenhandeln

Abb. 3.2:   Startseite des Online-Auftritts der Technischen Universität Chemnitz. Quelle: eigene Darstellung.

als Eyecatcher eher die Aufmerksamkeit binden als der Text. Dieser wird nach der ersten Bildrezeption vermutlich als mögliche nähere Erklärung des Bildinhalts hinzugezogen. Die hier realisierte semantische Verkopplung ist eine metonymische Bezugnahme. Die **Metonymie** besteht in der beispielhaften Darstellung eines im Text angesprochenen allgemeinen Sachverhaltes. Das Bild zeigt eine Hörsaalsituation als *pars pro toto* für das im Text Angesprochene. Es belegt mit der Innenansicht eines modernen Hörsaals die im Text vorgenommene Behauptung, dass es sich bei der TU Chemnitz um einen „modernen Campus" handle. Gleichzeitig dient es als Einstieg zur „virtuellen Reise", zu der im Text eingeladen wird. Die gezeigte Fülle des Hörsaals suggeriert eine hohe Attraktivität des Studiums in Chemnitz, was der Text durch die Nennung interdisziplinärer Wahlmöglichkeiten und bestehender Vernetzung mit der Industrie zu erklären versucht.

Weitere mögliche semantische Verkopplungen zeigen sich im darunter positionierten **Banner** zur Ankündigung eines Winterkonzertes der TU Bigband. Dieser ist eine onlinespezifische Kombination von Visitenkarte, Werbeanzeige und Verlinkung. Das links abgebildete Notenblatt zeigt metonymisch ein wichtiges Utensil des Konzertes und metaphorisch kann es für das ganze Konzert stehen. Die sprachliche Bezeichnung „Konzert" parallelisiert die in der Ecke rechts-unten bildlich erkennbaren Musikerinnen, während diese gleichzeitig das Wort visualisieren. Ein ergänzendes bzw. komplementäres Verhältnis zum Bild wird mit der Orts- und Raumangabe des Konzertes hergestellt. Neben bedeutungsstiftenden Korrespondenzen zwischen Sprache und Bild bestehen in dem vorliegenden Beispiel auch semantische Verkopplungen zwischen Sprache, Farbe, Linie, Fläche und Form. So kennzeichnen die Pfeile links neben den Wörtern wie „Schüler und Bewerber" oder „Studierende" Verlinkungen. Deren Positionierungen am linken Rand deuten layouttechnisch ihre Funktion als Bestandteile eines Navigationsmenüs an. Die weißen Dreiecke, die hinter „Einrichtungen" oder „Fakultäten" aufgeführt sind, verweisen auf die Existenz des jeweiligen Dropdown-Menüs. Dieses lässt sich jedoch erst durch das Aufklappen bei Cursorüberfahrt bestätigen. Das Beispiel zeigt viele verschiedene Arten multimodaler Zeichenhaftigkeit, die die Medienrezeption des Nutzers bestimmen.

Neben der Multimodalität stehen dem Online-Akteur auch multimediale Mittel zur Verfügung. Unter **Multimedialität** wird hier in Abgrenzung zum wenig wissenschaftlichen Begriff Multimedia (siehe oben) die Möglichkeit verstanden, nicht nur verschiedene Zeichenmodalitäten (z. B. Bild, Sprache) zu Gesamtkommunikaten zu integrieren, sondern diese auch über wahrnehmbare Medienkombinationen z. B. in Form von integrierten Video- und/oder Audiofiles, Bildergalerien oder Animationen rezipierbar zu machen.

Mit den verschiedenen integrierten medialen Zeichenmodalitäten und -trägern sind ganz eigene Inszenierungstechniken verbunden, die zu spezifischen semantischen Verknüpfungen und Bedeutungskonstruktionen führen. So kann beispielsweise eine Bildergalerie, die Fotos einer Demonstration zeigt, in Kombination mit einem Bericht eine starke Nähe zum Geschehen hervorrufen, da durch die Bildfolge eine gewisse Chronologie und simulierte Augenzeugenschaft dem Rezipienten nahe gelegt werden. Obwohl in der Kommunikationswissenschaft die Funktion der Zeichen für so dominant gehalten wird, dass „Kommunikationsprozesse als Zeichenprozesse" verstanden werden (Beck 2007: 24) und in der Medienwissenschaft die Zeichenfunktion als „eine Grundvoraussetzung von Kommunikation" (Hickethier 2003: 60) angesehen wird, steht die Beschäftigung mit Multimodalität zur Beschreibung kommunikativer Praxis erst am Anfang. In der Semiotik und jüngst auch in der Medienlinguistik existiert jedoch bereits eine intensive Diskussion über die bedeutungsstiftende Korrespondenz unterschiedlicher Zeichensysteme (Diekmannshenke/Klemm/Stöckl 2011), die als multimodale Zeichenprozesse in den kommunikativen Handlungen verstanden werden.

Zur weiteren Explikation einer multimodalen Zeichenkorrespondenz hat sich in der Medienlinguistik der Ansatz der **Transkriptivität** etabliert. Er fokussiert das bedeutungskonstruierende Zusammenwirken unterschiedlicher Zeichentypen wie Sprache und Bild. Jäger (2002: 28) sieht darin ein Prinzip verwirklicht, das Bedeutung erst „durch die intermedialen Kopplungen verschiedener Symbolsysteme generiert". Er wendet sich damit explizit gegen die Vorstellung, dass die Zeichen bestimmte Dinge in der Welt repräsentieren oder denotieren. Vielmehr geht er davon aus, dass erst die Kopplung unterschiedlicher Zeichen bzw. Zeichensysteme sie jeweils lesbar machen. Holly (2005: 345 f.) erklärt dieses Prinzip wie folgt:

> „Bedeutungen entstehen also nicht durch amodale Repräsentationen einer amodalen Realwelt, sondern sie sind Ergebnisse verschiedener ‚Transkriptions'-Verfahren der Paraphrase, Explikation, Erläuterung, Kommentierung oder Übersetzung, die entweder ‚intramedial' im selben Modus und Zeichensystem und ‚intermedial' in einem anderen Symbol- oder Darstellungssystem Bedeutungen erschließen oder hervorbringen und damit ‚lesbar' machen [...]."

Transkriptionsverfahren sind demnach dynamische Prozesse, die der Zeichenproduzent bzw. -rezipient ausführt. Sie bestehen aus einem Wechselspiel zwischen Prätexten, Skripten und Transkripten, wobei die Skripte als Überschreibungen bzw. Übersetzungen zu verstehen sind, die von den Prätexten (z. B. Sprache- oder Bildzeichen) als Transkripte im Verstehensprozess abgeleitet werden. Somit lässt sich das Bedeutungspotenzial eines multimodalen Online-Kommunikats nicht als die Summe seiner Einzelbestandteile wie Sprachtexte, Bilder, Grafiken, Navigationssymbole verstehen, denn diese wirken im Akt des produktiven bzw. rezeptiven Zeichenhandelns bedeutungsbeeinflussend aufeinander ein. Sie werden hierbei nicht unbedingt linear bearbeitet, sondern je nach Bedingungen des Produktionstools, des Informationsbedürfnisses und der Produzenten-/Lesehaltung selektiv berücksichtigt und aufeinander bezogen.

Multimodale Online-Texte sind zudem meist *geclustert* und hypertextuell über mehrere velinkte Webseiten organisiert. Sie bestehen weniger aus langen Fließtexten, sondern sind in kleinere Textbausteine aufgeteilt, die häufig Zwischenüberschriften aufweisen und durch Gliederungslisten aufgelockert sind. Bilder, Infografiken und -kästen sowie Navigationsmöglichkeiten brechen ebenfalls die Linearität des Textflusses auf und bieten dem Betrachter gesonderte Informationseinheiten. Das hat zur Folge, dass die Rezeption des Online-Angebots zumeist nicht linear von oben nach unten und chronologisch gemäß der Webseitenanordnung geschieht, sondern dass mit ‚flüchtigem Blick gescannt' und je nach Rezeptionsinteressen und Aufmerksamkeitsstiftung entschieden wird, welche multimodalen Text-Bausteine intensiver, welche weniger oder gar nicht rezipiert werden.

Webdesign als Praxis zur Gestaltung von Zeichen und deren Verteilung auf der Fläche sowie deren hypertextuelle Verknüpfung ist ebenso als multimodales Zeichenhandeln zu verstehen wie die Erstellung von bildlichen und sprachlichen Inhalten.

Zusammenfassung
Multimodalität setzt voraus, dass erstens (medien-)kommunikative Prozesse immer mittels mehrerer Zeichenmodalitäten bzw. -systeme realisiert werden und dass diese zweitens immer in korrespondierender Ergänzung zueinander stehen. Die Spezifika der einzelnen Zeichensysteme bringen zwar die ihnen jeweils eigenen kommunikativen Möglichkeiten der Bedeutungsstiftung ein. Durch das Zusammenwirken dieser unterschiedlichen Zeichensysteme im konkreten Kommunikations- oder Rezeptionsprozess werden jedoch Bedeutungen hergestellt, die sich nicht additiv aus den Einzelbedeutungen ableiten lassen. Vielmehr erschließen sich die Bedeutungen durch zirkuläre Überschreibungsprozesse. Zeichen werden nicht in ihren Einzelbedeutungen rezipiert, sondern im Produktions- und Leseprozess miteinander in Abhängigkeit technischer Bedingungen und jeweiliger Informationsbedürfnisse selektiv in Beziehung gesetzt und dadurch lesbar gemacht. Produktion und Rezeption von Online-Kommunikaten stellen so ein selektierendes und zumeist non-linear realisiertes, multimodales Zeichenhandeln dar.

+ Zum Wiederholen, Weiterdenken ...
1. Geben Sie eine semiotische Kurzdefinition: Was ist ein Zeichen und wozu dient es in der Online-Kommunikation?
2. Besuchen Sie den Internetauftritt Ihrer Bildungseinrichtung und ordnen Sie die dort verwendeten Zeichen hinsichtlich ihres dominanten Objektbezuges ein: Welche lassen sich eher als Ikon-, Index- oder Symbolzeichen bestimmen? Erklären Sie ihre Zuordnungen.
3. Erläutern Sie die Begriffe Modalität und Kodalität aus sozialsemiotischer und medienpsychologischer Perspektive.
4. Geben Sie funktionale Unterschiede zwischen Sprache und Bild hinsichtlich perzeptiver, semantischer und pragmatischer Kriterien an.
5. Besuchen Sie das heutige Aufmacherbild auf der Startseite von tagesschau.de (http://www.tagesschau.de). Beschreiben und analysieren Sie es anhand der Leitfragen im Abschnitt „Bilder im Netz" (Kap. 3.3).

6. Finden Sie jeweils ein Beispielbild im Netz für die im Abschnitt „Bilder im Netz" (Kap. 3.3) aufgeführten kommunikativen Funktionen von Bildern. Erklären Sie die Funktion auch mit Hilfe der sprachlichen Kontexte.
7. Recherchieren Sie Sprache-Bild-Kombinationen, deren semantische Verkopplung metonymisch, parallelisierend, metaphorisch oder komplementär ist. Bitte erklären Sie Ihre Zuordnung.

... und Weiterlesen

Baron, Naomi S. (2008): Always on: Language in an Online and Mobile World. Oxford: Oxford University Press.

Der Band bietet einen ausführlichen Überblick über linguistische Fragestellungen und Methoden in der Internetforschung. Dabei werden die sprachlichen Merkmale unterschiedlicher Kommunikationsformen wie Foren, Chats, Micro-Blogs in ihren Funktionen untersucht und dargestellt.

Bateman, John (2008): Multimodality and Genre: A Foundation for the Systematic Analysis of Multimodal Documents. New York: Palgrave Macmillan.

Dies ist eine neue Aufarbeitung der sozialsemiotischen Konzepte zur Multimodalität und ihrer analytischen Anwendung zur Untersuchung von multimodalen Texten in Print- und Online-Medien.

Crystal, David (2001): Language and the Internet. Cambridge: Cambridge University Press

In diesem Band stellt Crystal sprachliche Kommunikation im Internet als einen eigenen Soziolekt vor.

Diekmannshenke, Hajo/Michael Klemm/Hartmut Stöckl (Hg.) (2011): Bildlinguistik. Berlin: Erich Schmidt.

Der Sammelband gibt das gesamte Spektrum (medien-)linguistischer Arbeiten zur multimodalen Kommunikation in Deutschland wieder. Dabei werden sozialsemiotische, interaktionistische, transkriptive sowie prädikative Ansätze an konkreten Beispielen dargestellt.

Leeuwen, Theo van (2005): Introducing Social Semiotics. London/New York.: Routledge.

Dieser Band bietet eine mit zahlreichen Beispielen ausgestattete Einführung in die Sozialsemiotik. Es werden anschaulich die Grundbegriffe semiotische Ressourcen, semiotische Funktionen, Design/Stil, Modalität und Diskurs erklärt.

Kress, Gunter/Theo van Leeuwen (1996): Reading Images. The Grammar of Visual Design. London/New York: Routledge.

Der Band gilt mittlerweile als Standardwerk für die sozialsemiotische Bildanalyse und visuelle Kommunikation. Trotz des postulierten pragmatischen Ansatzes wird jedoch zuweilen ein sehr statischer Zeichenbegriff unterstellt.

Meier, Stefan (2008): Diskurs im Netz. Konzept und Methode für eine semiotische Diskursanalyse im World Wide Web. Köln: Halem.

In diesem Buch werden die aktuellen Bildtheorien und Bildanalysemethoden auf die medialen Bedingungen des Internet ausgerichtet. Auch die Entwicklung eines diskursanalytischen Instrumentariums für die multimodale Kommunikation im Netz wird beschrieben.

Sachs-Hombach, Klaus (2003): Das Bild als kommunikatives Medium. Elemente einer allgemeinen Bildwissenschaft als Medium. Köln: Halem.

Das Buch stellt auf begrifflicher Ebene dar, inwiefern Bilder als kommunikative Mittel einsetzbar sind. Dazu werden aktuelle Bildtheorien mit der Sprechakttheorie verbunden.

Siever, Thomas/Peter Schlobinski/Jens Runkehl (2006): Websprache.net. Sprache und Kommunikation im Internet. Berlin/New York: de Gruyter.

Der Band thematisiert den Sprachgebrauch, die kommunikativen Verhaltensweisen und die medienspezifischen Entwicklungen in den zentralen Bereichen der Sprache und Kommunikation im Internet.

Stöckl, Hartmut (2004): Die Sprache im Bild – Das Bild in der Sprache. Zur Verknüpfung von Sprache und Bild im massenmedialen Text. Berlin/New York: de Gruyter.

Der Band gibt einen sehr gut strukturierten Überblick über aktuelle Bildtheorien und Methoden der Bildanalyse. Im zweiten Teil finden sich Klassifizierungen von Sprache-und-Bild-Verknüpfungen. Hierbei wird auch auf Eigenarten der sprachlichen Bilder eingegangen.

4 Identität und soziale Beziehungen in der Online-Kommunikation

> 4.1 Identität(en) in der Online-Kommunikation
> 4.2 Soziale Beziehungen in der Online-Kommunikation
> 4.3 Theorien sozialer Prozesse in der Online-Kommunikation

Dieses Kapitel behandelt das Thema, wie in der Online-Kommunikation einerseits Identitäten geformt und dargestellt und andererseits soziale Beziehungen geknüpft und gepflegt werden.

- In Abschnitt 4.1 wird zunächst auf den Begriff der Identität eingegangen und daran anschließend die Rolle der Online-Kommunikation bei der Konstruktion und Präsentation von Identitäten erarbeitet.
- Die Gestaltung sozialer Beziehungen in und durch Online-Kommunikation in unterschiedlich weiten Personenkreisen, von der Zweierbeziehung bis zu großen Kollektiven, ist Thema des Abschnitts 4.2.
- Danach wird in Abschnitt 4.3 ein Überblick darüber gegeben, welche Theorien in den Kommunikationswissenschaften und der Sozialpsychologie entwickelt wurden, um die Prozesse des computervermittelten Austausches zwischen Individuen zu erklären.

4.1 Identität(en) in der Online-Kommunikation

Als **Identität** lassen sich alles Wissen und alle Erfahrungen verstehen, welche von einem Individuum auf sich selbst bezogen und von anderen zugewiesen werden. Personen verarbeiten diese Annahmen, Überzeugungen, Erwartungen und Deutungen. Sie ‚identifizieren' sich mit ihnen, und stellen in diesem Prozess Identität über sich selbst her. Grundlegend hierfür ist die menschliche Fähigkeit der Rollenübernahme, also der Möglichkeit, von der angenommenen Perspektive anderer Akteure aus (über sich selbst) zu denken (Mead [1934] 1968). Ein Individuum wird sich seines Selbst bewusst, indem es in der Lage ist, sich in andere zu versetzen, sich vorzustellen, welche eigenen Vorstellungen diese haben und sich gewissermaßen mit deren Augen zu sehen. In diesem Wechselverhältnis gründet sich Selbst-Bewusstsein. Über sich Identität herstellen heißt dann also, sich quasi selbst beim Denken und Handeln zu beobachten. Auf diese Weise formt sich Identität in dem Zusammenspiel zwischen von anderen zugewiesenen und individuell angeeigneten Einstellungen, Haltungen, Überzeugungen, Erwartungen und Deutungen (Berger/Luckmann 1969). Die Identifizierung durch andere erfolgt dabei wesentlich über Merkmale, Eigenschaften und Erwartungen, welche einer Person zugeschrieben werden, wobei Individuen keine bloßen Spiegel äußerer Erwartungen sind. Auch das spontane, unberechenbare Handeln macht eine Person aus.

Identität hat somit eine Innen- und eine Außenperspektive – man kann auch von Selbst- und Fremdbild sprechen. Diese beiden sind nicht unabhängig voneinander, sondern aufeinander bezogen: Um eine Identität auszubilden, ist ein Individuum auf die Außenwelt angewiesen. Seine Selbstinterpretation entlang von Attributen wie Größe, Name, Fähigkeiten und Eigenschaften entwickelt sich nur in Auseinandersetzung mit den Wahrnehmungen und Reaktionen des sozialen Umfelds. Auch können die Merkmale und Erwartungen, welche einem Kollektiv im Allgemeinen zugeschrieben werden, sowohl von dessen Angehörigen ('Ich als Student') als auch von Außenstehenden ('Du als Fahrradfahrerin') zur Selbst- bzw. Fremdbeschreibungen dienen. Im Aufbau ihrer Identität sind die Individuen nicht nur auf real wahrgenommene und zugeschriebene Aspekte beschränkt, sondern sie können auch auf mögliche, erhoffte und gezielt verfolgte Vorstellungen zurückgreifen ('So will ich sein'). Dabei liefern kulturell und historisch variable Lebensstile, Milieuzugehörigkeiten, Rollenmuster ('Lehrer'), Vorbilder ('Kurt Cobain') und Leitbilder ('Hausfrau und Mutter') **Identitätsressourcen**, über welche die Artikulation und Inszenierung von Identität erfolgt. Diese werden auch und gerade medial vermittelt (Winter/Thomas/Hepp 2003).

Die 'Arbeit an der Identität' ist nicht nur ein interner Vorgang, sondern schließt auch die Präsentation nach außen ein. Sieht man einmal von Situationen verminderter Selbstkontrolle ab, etwa in Extremsituationen oder bei bloßen Reflexreaktionen, dann ist jedes öffentliche Handeln mit **Selbstdarstellung** bzw. *performance* verbunden (Goffman [1959] 2003). In den meisten Fällen sind wir darum bemüht, einen günstigen Eindruck zu hinterlassen, und versuchen daher, anderen dementsprechend auf verschiedenen direkten oder indirekten Wegen mitzuteilen, wie wir uns sehen und gesehen werden möchten. Identität ist also wesentlich Teil einer Darstellung unter Nutzung eines Ausdrucksrepertoires, welches zum Teil bewusst inszeniert, zum Teil unbewusst verwendet wird. Dies können etwa Statussymbole, Kleidung oder bestimmte Gesten sein. Sie alle werden entsprechend sozialen Erwartungshaltungen, welche oft an bestimmte Rollen gebunden sind, genutzt. Identität ist nicht gegeben, sondern wird in Interaktion hergestellt. Man spricht in diesem Fall auch vom *impression management*, welches von verschiedenen Faktoren wie der wahrgenommenen Öffentlichkeit des Handelns, der Adressaten, der verfolgten Absichten und des sozialen Kontextes abhängt (Leary/Kowalski 1990).

Damit verbunden ist ein Identitätsverständnis, bei dem Identität nicht als konstant und einheitlich angesehen wird, sondern die Identität einer Person stattdessen aus multiplen **Teil-Identitäten** besteht, welche in alltäglicher Identitätsarbeit zu einem flexiblen und kontextabhängigen Patchwork verbunden werden (Keupp et al. 1999). Damit ist der älteren Idee (Erikson 1973) widersprochen, die Bildung von Identität sei mit dem Ende der Adoleszenz abgeschlossen. Vielmehr bringen wir unsere Identitäten stets, wenn nicht komplett, so doch zumindest in mancher Hinsicht neu hervor.

Wird der Begriff der Identität derart definiert, so ist zu fragen, was dann unter einer **Online-Identität** zu verstehen ist. Generell gesehen kann unter einer Online-Identität oder virtuellen Identität jegliche Form der konsistenten Selbstdarstellung einer Person durch Mittel der Online-Kommunikation verstanden werden. Dies kann etwa erfolgen durch die Wahl eines Nicknames als Pseudonym oder einer E-Mail-Adresse, das Ausfüllen eines Profils, die Nutzungspraktiken auf einer sozialen Netzwerkplattform, den Gebrauch eines Bildes, die Selbst-

4.1 Identität(en) in der Online-Kommunikation

beschreibung im Chat, die Gestaltung eines Charakters in einem Online-Spiel oder auch die Weigerung, gewisse Informationen wie Profilbilder oder Beziehungsstatus offenzulegen.

singleboy16mbln	Panther1987	x PuscheLchen <3	Schalkerbaer
zuckersüßesarah	EpanaBoy20	LiL Mrs x Sunshiine <3	SneakerPUNK =P
MiLchSchnitte & SchokoLade	hst0991	Strawberry + Starfruit <3	Idealistic
Kleine Superheldin	Lippenbekenntnisse	x Musiic-Freaki x	
FalconF	GrembranxPate	in over my head	mausii09
Men like me	mannsehrnett	Apfelkern xx	G-Star Styler 17 <3
SeetherRoxMy Sox	schnittchen05	J0hnybee	Peace My Trashbox
BennyBerlin1	crazy girl 95	Shiny Metagross	Meine Traumwelt
Freak Schadz	Die Trine007	miriammausi16	becci18w
be an angel81	bunnyjacki	XxHardCrowxX	NickMelly
sbwef	KingParis 89	Hannah Brightside	xx Rock <3
gangstabraut	nadinchen8	Saft+Wasser	Mrs Alice Mary Cullen
princess sally	Maggiemeisterklasse	weiblich wie blöd	catkatey

Abb. 4.1: Liste von Chat-Nicknames als Pseudonyme. Quelle: www.knuddels.de. Aufgerufen am 16.03.2010.

Neben diesen aktiv auswählbaren, nutzerdefinierten **Identitätsrequisiten** sind weiterhin die systemgenerierten und die mitnutzerproduzierten Informationen als Mittel zur Selbst- und Fremdbeschreibung zu nennen (Döring 2003: 342). Erstere werden von den technischen Anwendungen selbst produziert und können als Identitätshinweis verstanden werden. So registriert ein Chat-Kanal die Dauer des Einloggens sowie die Zahl und den Zeitpunkt von Beiträgen, ein E-Mail-Programm gibt Auskunft darüber, wann eine Nachricht verschickt wurde. Die Netzwerkplattform StudiVZ verzeichnet z. B., wann ein Profil zuletzt aktualisiert wurde. Zweitere umfassen alle Informationen, welche von anderen Akteuren über eine Person hinterlassen werden. Dies kann eine Käuferbewertung auf Ebay oder ein Kommentar zu einem Video auf YouTube sein (Walther et al. 2009).

> „Mit virtueller Identität (synonym: Online-Identität) ist eine dienst- und anwendungsspezifische, mehrfach in konsistenter und für andere Menschen wieder erkennbarer Weise verwendete, subjektiv relevante Präsentation einer Person im Netz gemeint." (Döring 2003: 341)

Es gilt also, dass Identitätsdarstellung und -gestaltung nur teilweise kontrolliert und strategisch ablaufen. Dies muss nicht nur daran liegen, dass man unbewusst Hinweise liefert oder keinen Einfluss darauf hat, welche Hinweise von anderen über einen selbst geliefert werden. Bereits die Vorgaben der Software, welche man zum Identitätsmanagement wählt, bestimmen einen ‚Rahmen' der Möglichkeiten zur Identitätsarbeit (Schmidt 2009: 71 ff.). So beschränkt zum Beispiel das Auswahlmenü auf sozialen Netzwerkplattformen die Wahl eines bestimmten beruflichen Status. Das heißt, man hat nur die Freiheit, zwischen bestimmten Kategorien zu wählen, nicht aber die Freiheit, selbst zu definieren, welche Arbeit man ausübt. Gleichzeitig verweist der Begriff des Managements darauf, dass die Nutzer aktiv darum bemüht sind, sich selbst entsprechend ihren Vorstellungen darzustellen, wie beim *impression management*. In StudiVZ zum Beispiel geschieht dies dadurch, dass die Nutzer Gruppen beitreten, um neben den standardisierten Informationen noch mehr Auskunft über persönliche Neigungen, Abneigungen und Einstellungen zu geben und von anderen zu erfahren (Schmidt 2009: 74 ff.).

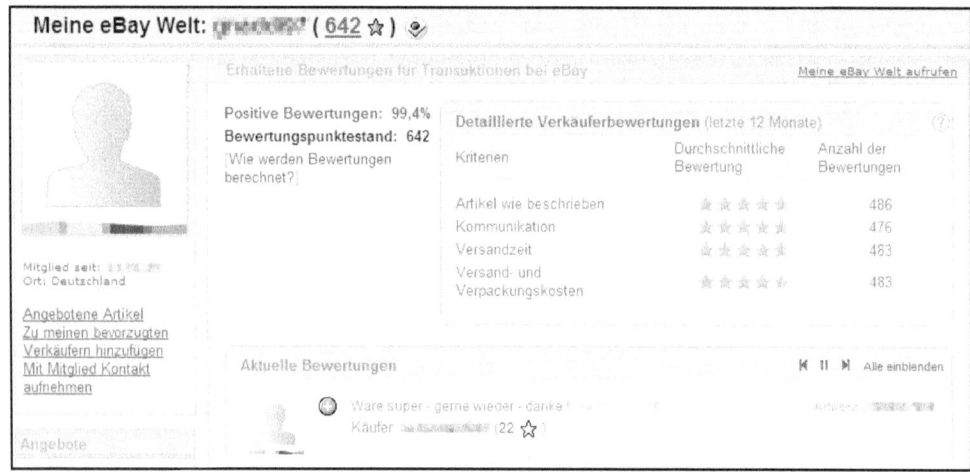

Abb. 4.2:   Ebay.com-Profil. Quelle: myworld.ebay.de. Aufgerufen am 06.08.2011.

Die Selbstdarstellung in der Online-Kommunikation ist sowohl für die Beschäftigung des Individuums mit anderen Akteuren als auch mit sich selbst von Bedeutung. Die erste Dimension der Beschäftigung mit anderen, d.h. die interpersonale Dimension, umfasst alle Aspekte zwischenmenschlichen Austausches, bei welchem wir durch Vermittlung unseres Selbstbildes Einfluss darauf nehmen wollen, wie unsere Interaktionspartner uns sehen und behandeln. Im Blick auf die zweite Dimension der Beschäftigung mit sich selbst, d.h. der intrapersonalen Dimension, kann die online produzierte Darstellung selbst Bestandteil der Identitätskonstruktion und -inszenierung sein. Dabei nutzt eine Person ihre öffentliche Selbstdarstellung als eine Ressource bei der Entwicklung selbstbezogenen Wissens. In diesem Sinn beeinflussen unsere Selbstdarstellungen nicht nur die Sicht anderer auf uns, sondern auch unsere Sicht auf uns selbst. Dieser Vorgang wird gelegentlich als *carry-over*-Effekt bezeichnet.

Schaut man in die Forschungsliteratur zu Online-Identitäten, zeigt sich ein bestimmendes Thema besonders in den frühen Arbeiten, die in den 1980er und beginnenden 1990er Jahren publiziert wurden. Zentrales Interesse kommt dort den Fragen hinsichtlich der Vervielfältigung und dem spielerischen Ausleben von Identitätsaspekten in der entkörperlichten Online-Kommunikation zu.

Ausgangspunkt der damaligen Studien war die Vorstellung, die Partner in der überwiegend textbasierten Online-Kommunikation seien anonym und nicht physisch präsent. Das heißt, dass sie einander nicht bekannt sind und ihre Identität zumindest visuell nicht feststellbar ist. Es wurde angenommen, dass daraus größere Freiheitsgrade zur Selbstdarstellung und Konstruktion des Körpers erwachsen, als sie realweltlich vorhanden sind. Die Individuen, so wurde angenommen, können online selbst bestimmen, welche Symbole sie zur Präsentation ihrer Identität nutzen, ohne an ihr sichtbares Äußeres gebunden zu sein (Funken 2005).

Die US-amerikanische Psychologin und Psychoanalytikerin Sherry Turkle (1998) beschrieb, wie das Spiel in einem MUD den Akteuren die Möglichkeit bot, ihre Identität zu explorieren. Als wichtige Bedingungen hierfür verstand sie die Anonymität bzw. Pseudonymität zwischen den Teilnehmern und ihre **Nicht-Identifizierbarkeit**. Dies bedeutet, dass den Personen untereinander ihre Identitäten, also Name, Aussehen, Fähigkeiten und Ähnliches, zunächst

4.1 Identität(en) in der Online-Kommunikation

nicht bekannt und ohne realweltlichen Eindruck auch nicht ohne Weiteres feststellbar sind. Turkle interpretiert den Umstand, dass fehlende soziale Hinweisreize, welche Aufschluss über die Identität einer Person geben könnten, als Befreiung. Sie ermögliche es den Individuen, andere, erwünschte oder bisher unterdrückte, Selbstaspekte zu thematisieren und auszuleben. Das MUD wird so gesehen zum exemplarischen *identity lab* bzw. **Identitätsworkshop**, in welchem traditionelle Kategorien zur Bestimmung der Identität wie Geschlecht oder Herkunft hinterfragt und neu entworfen werden können (Donath 1998; Amichai-Hamburger 2005).

Aber auch abseits solcher Spekulationen wird das online mögliche Spiel mit Identitäten oft zuerst mit den Praktiken des **Geschlechterwechsels** (*gender switching/gender swapping*) verbunden. Jedoch zeigen nur wenige Studien, dass die Online-Kommunikation zum Zweck der Erkundung gegengeschlechtlicher Selbst-Aspekte intensiv genutzt wird. Zwar weisen manche frühe Studien zu Chat-Kanälen und Newsforen Fälle von Geschlechterwechsel nach, doch können neuere Arbeiten diese Form der Selbstdarstellung nur sporadisch feststellen (Reid 1996). Eine Befragung von 600 Teenagern in den Niederlanden ergab zum Beispiel, dass zwar die Hälfte von ihnen mit der Darstellung ihrer Identität im Chat oder Instant Messaging experimentiere, doch nur knapp ein Zehntel bereits einmal eine andere Geschlechtsangabe gemacht hat. Die am häufigsten genannte Art des Identitätsspiels war dagegen die Veränderung des angegebenen Alters: Knapp die Hälfte der Jugendlichen machte sich in der Online-Kommunikation älter, als sie entsprechend ihrem Geburtsdatum waren (Valkenburg/Schouten/Peter 2005).

Nimmt man an, dass Identität nicht gegeben ist, sondern interaktiv hergestellt und inszeniert wird, dann verliert auch die Trennung in zwei biologisch feste Geschlechter (männlich vs. weiblich) ihre Natürlichkeit. Unter dem Stichwort *doing gender* wird stattdessen die Darstellung und Zuweisung von Geschlecht als interaktive Leistung und Ergebnis sozialen Handelns verstanden. Individuen stellen demnach Geschlecht her, statt es einfach zu haben und zu tauschen. Ist dies korrekt, dann ist das Experimentieren mit Geschlechterdarstellung in der Online-Kommunikation mehr als die Wahl zwischen männlich und weiblich. So zeigen entsprechende Studien, dass die Teilnehmer an der Online-Kommunikation ihr Geschlecht und das Geschlecht anderer nicht nur aufgrund der entsprechenden Angabe im Nutzerprofil bestimmen (Funken 2004; Wischermann 2004; Döring 2009). Selbstdarstellung und Fremdeinschätzung beruhen darüber hinaus zum Beispiel auch auf der Spielweise in Online-Games (Williams et al. 2009), der Nutzung und Bewertung von Kommunikationsstilen z. B. eines aggressiven Sprachgebrauchs oder der Benutzung von Emoticons (Huffaker/Calvert 2005; Herring/Paollilo 2006), der selektiven Hinwendung zu Nachrichtenangeboten (Knobloch-Westerwick/Alter 2007), körperlichen Beschreibungen oder der Wahl des Nicknames (Bechar-Israeli 1995).

Zudem ist Identitätsarbeit nicht auf die Präsentation des Geschlechtes beschränkt. Wie bereits Goffmans Konzept der *performance* verdeutlicht sowie im Anschluss daran die *gender* und *queer studies* nachdrücklich gezeigt haben, ist jede Identitätskategorie keine gegebene, gleichsam natürliche und unveränderliche Eigenschaft von Personen, sondern sie wird in sozialen Interaktionen stets inszeniert und ausgehandelt (Gauntlett 2008).

Neben den Potenzialen zur Inszenierung geschlechtlicher Identitäten wurde die Online-Kommunikation anfangs auch hinsichtlich des Umgangs mit marginalisierten bzw. stigmatisierten Identitätsaspekten untersucht. So verglichen McKenna und Bargh (1998) vier Newsgroups, in denen für die US-amerikanische Gesellschaft problematische Themen wie sexuelle Orien-

Abb. 4.3:   Fan-Site in MySpace. Quelle: www.myspace.com/463912986. Aufgerufen am 06.08.2011.

tierungen (z. B. Homosexualität) und der Konsum von Drogen thematisiert wurden, mit vier Newsgroups zu weniger kritischen Themen wie der Fernsehserie Melrose Place. Die Studie ergab, dass die Mitglieder in den Newsgroups mit marginalisierten Themen zum einen signifikant mehr Nachrichten posteten und zum anderen die Antworten auf die Nachrichten positiver und zustimmender ausfielen als in der Vergleichsgruppe. Weiterhin führten sie eine Befragung unter den Mitgliedern der marginalisierten Newsgroups durch (N = 152), in welcher sie von den Nutzern wissen wollten, inwiefern ihre Teilnahme an den Diskussionen Auswirkungen auf ihre Identitätsarbeit habe. Ihre Ergebnisse formulierten McKenna und Bargh (1998) im **De-Marginalisierungsmodell**. Es besagt, dass in den Newsgroups die Selbstexpression der Nutzer erleichtert werde, weil sie anonym bleiben könnten und die thematische Orientierung einen Weg biete, Gleichgesinnte zu finden. Die dortige Kommunikation werde von den Akteuren gerade nicht als Gelegenheit verstanden, Identität zu maskieren, sondern als Möglichkeit gesehen, für sie zentrale, doch problematische Identitätsaspekte zum Ausdruck zu bringen und hierzu Bestätigung und Akzeptanz zu finden.

An diese Einsichten schließen Arbeiten an, welche nicht auf die Darstellung potenzieller oder bewusst auf Täuschung angelegter Selbstversionen eingehen, sondern Online-Kommunikation als Gelegenheit verstehen, in welcher die Nutzer ihre ‚wahre' **Identität** entwerfen können (McKenna/Green/Gleason 2002). Als ‚wahre' Identität werden dabei die Qualitäten und Aspekte bezeichnet, von denen eine Person meint, sie aufgrund verschiedener Zwänge und

Beschränkungen nicht in der alltäglichen Interaktion zum Ausdruck bringen zu können – oder wie Horváth seine Hauptperson Ada im Stück „Zur schönen Aussicht" sagen lässt: „Ich bin nämlich eigentlich ganz anders. Nur komme ich so selten dazu." Die fehlenden Hinweisreize und der Kontrollgewinn über die selbstproduzierten Aussagen in der Online-Kommunikation eröffnen dagegen, so die These, die Möglichkeit, sich selbst im Netz besser zu präsentieren. Geht man indessen davon aus, dass jegliche Selbstdarstellung immer die Auswahl bestimmter Aspekte bedeutet, dann kann auch die darstellbare ‚wahre' Identität nicht der eigentliche Kern einer Person sein, sondern ist selbst wiederum eine von potenziell vielen Selbstversionen, nur eben die, welche so verstanden wird, als sei sie wahrer bzw. wahrhaftiger als andere.

Sowohl Turkles (1998) Arbeit zum Identitätswechsel in MUDs als auch neuere Studien zum Verhalten Jugendlicher im Chat oder Instant Messaging (Valkenburg/Schouten/Peter 2005), dass bewusst zur Täuschung inszenierte Formen des Identitätsspiels demnach häufig experimentell und vorübergehend sind. Nur gelegentlich werden Fälle bekannt, in denen bewusst und über längere Zeit eine fiktive Identität bzw. fake identity konstruiert und aufrechterhalten wird.

> **Beispiel: Das Fake-Profil Lonelygirl15**
> Aufsehen erregte der Fall von „Lonelygirl15" auf der Videoplattform YouTube im Jahr 2006 (www.youtube.com/user/lonelygirl15. Aufgerufen am 06.08.2011). Dem Anschein nach berichtete dort eine Teenagerin namens ‚Bree' von ihren Erlebnissen und Gefühlen. Die von ihr eingestellten Videos waren sehr beliebt, einige wurden von mehr als zwei Millionen Nutzern gesehen. Doch stellte sich heraus, dass Bree eine Kunstfigur ist und von drei Filmemachern erfunden wurde. Diese Enthüllung provozierte zahlreiche kritische Kommentare des getäuschten Publikums. Inzwischen wird auf dem Account ganz offen der fiktionale Charakter der Figur betont.

Neben der Anonymität und Nicht-Identifizierbarkeit in der vornehmlich textbasierten Kommunikation untersuchen manche Arbeiten auch die Effekte von kontroversen oder schwer zu diskutierenden Themen (**Selbstoffenbarung** bzw. *self disclosure*). Die Einsicht, dass Fremden gegenüber gelegentlich mehr und manchmal intimere Informationen mitgeteilt werden als nahen Freunden oder der Familie, ist nicht erst seit der Nutzung von Online-Kommunikationsformen bekannt. Thibaut und Kelly (1959) nennen es das ‚Fremde-im-Zug-Phänomen'. Sie erklären es damit, dass wir in einer solchen Situation davon ausgehen, die jeweiligen Gesprächspartner nicht wiederzusehen und annehmen, sie hätten keinen Kontakt zu den sozialen Kreisen, in welchen wir für gewöhnlich verkehren. Unsere Selbstoffenbarung hat somit – glauben wir – keine Konsequenzen für unser Leben außerhalb dieser Situation. Eine solche Begründung scheint auch für Online-Kontakte gültig zu sein: Die angenommene Anonymität und Nicht-Identifizierbarkeit der räumlich isoliert kommunizierenden Akteure gehen einher mit fehlenden Hinweisreizen wie Aussehen oder Alter und sind einer Selbstoffenbarung förderlich (Joinson 2001; Bargh/McKenna 2004).

Einschränkend muss zu dieser Argumentation darauf hingewiesen werden, dass nicht jede Online-Kommunikation zwischen anonymen und nicht-identifizierbaren Interaktionspartnern verläuft. Es kann sogar behauptet werden, dass zumindest ein Großteil der interpersonalen Online-Kommunikation zwischen Personen stattfindet, welche sich persönlich kennen. In diesem Fall sind der freien Gestaltung der Selbstdarstellung Grenzen gesetzt. Wohl aber können Aspekte einer Teil-Identität betont werden, welche bislang im Blick auf Freunde, Familienmitglieder oder Bekannte nicht aktualisiert wurden. So können Mitarbeiter vielleicht auf der privaten Homepage die Hobbys ihres Chefs nachlesen oder Eltern die Freizeitgestaltung ihrer Kinder im SchülerVZ erkunden (ungeachtet der Frage, ob sie es auch sollten). Statt von reinen Online- und Offline-Identitäten, die nicht in Kontakt miteinander stehen, ist daher eher von **Hybrid-Identitäten** zu sprechen (Döring 2003: 345). Um über sich selbst Identität herzustellen und die anderer festzustellen, nutzen Individuen die ihnen zur Verfügung stehenden Ressourcen und Signale, online wie offline. Beispielsweise mögen wir uns bereits ein Bild von einer Person mittels seines Weblogs gemacht haben, doch ist dieses durch einen Face-to-face-Kontakt veränderbar. Die Auflösung einer strikten Trennung in zwei Sphären des Online- und Offline-Bereiches wird unten nochmals aufgenommen.

Weiterhin ist festzuhalten, dass der Eindruck, die Internetnutzer würden stets mit viel Aufwand versuchen, ihre Identität völlig neu zu erfinden oder mit einer falschen Identität andere zu täuschen, nicht zutreffend ist (Parks/Roberts 1998). Auch wird die Online-Kommunikation, entgegen Sherry Turkles Annahme, von den meisten Nutzern nicht in erster Linie als Labor und Testfeld zur Exploration bisher randständiger Identitätsaspekte betrachtet. Gerade wenn die Individuen sich in der Online-Kommunikation besonders engagieren, sei es durch eine hohe Aktivität in einem Forum oder die zeitaufwendige Gestaltung eines Profils auf einer Netzwerkplattform, dann ist eine von der realweltlichen Identitätsdarstellung vollkommen abgekoppelte online-mediale Inszenierung selten (Joinson 2003), zumal manche Kommunikationsformen wie etwa die E-Mail oder der Instant Messenger darauf ausgerichtet sind, Botschaften zwischen namentlich oder persönlich Bekannten auszutauschen.

Allgemein kann also festgestellt werden: Jede für die Online-Selbstdarstellung gewählte Anwendung stellt bestimmte Ressourcen zur Verfügung. Das heißt, je nach Kommunikationsform steht eine individuelle Kombination nutzbarer Kodalitäten (Text, Bild, Ton), kommunikativer Settings (one-to-one, one-to-many etc.) oder Verlinkungsmöglichkeiten zur Verfügung, die bei der Identitätsarbeit genutzt werden können (Kap. 3.3.1).

Die klassische Kommunikationsform im Internet zur Selbstdarstellung ist die **private Homepage** (Döring 2001). Sie dient in den meisten Fällen der Inszenierung von Teilen einer Persönlichkeit. In diesem Sinn kann sie nach Erving Goffman (1959) als eine Art ‚Theateraufführung' im Netz verstanden werden, bei welcher die Nutzer bemüht sind, einem Publikum ein bestimmtes Selbstbild zu vermitteln. Diese Darstellung ist in aller Regel kontrolliert und selektiv, d.h. bestimmte Aspekte werden bewusst aktiviert. So ist es denkbar, dass ein Versicherungsvertreter auf seiner Homepage seine fachliche Kompetenz betont oder ein Musiker mit Liedtexten und Musikbeispielen seine künstlerische Kreativität zur Schau stellt. Eine Forscherin kann ihre berufliche Identität, verbunden mit Qualifikationen, Fähigkeiten, Projekten und Publikationen, in einem persönlichen Weblog präsentieren. Eine andere Nutzerin (oder auch dieselbe) kann ihre Teil-Identität als Fan einer Musikgruppe in ihrem My-Space-Profil zum Ausdruck bringen (Renner et al. 2005). Zwar ist es denkbar, dass die Gestaltung einer privaten Homepage auch zum Zweck der Täuschung mit einer *fake identity* geschieht, doch sind die Nutzer in den meisten Fällen gerade darum bemüht, über eine Reihe von Elementen (Fotos, Lebensläufen, Arbeitsproben, Links etc.) ein möglichst authentisches, überprüfbares Bild ihrer (Teil-)Identität zu gestalten. Oft ist es im Interesse der Akteure, dass die von ihnen online gelieferte Selbstbeschreibung mit ihrer Offline-Person verbunden wird.

Daher versuchen sie, beide in Korrespondenz miteinander zu bringen. Ihre Selbstdarstellung geschieht also nicht isoliert, sondern im Kontext ihrer Beziehungen – online und offline (Misoch 2004).

Die Kommunikationsformen bieten nicht nur unterschiedliche technisch bedingte Möglichkeiten zur Selbstdarstellung, sondern in ihnen sind auch verschiedene **Authentizitätsnormen** gültig (Baym 2006). Während in fiktionalen Online-Spielen oder im Second Life die freie Gestaltung eines theatralischen Charakters bzw. Avatars möglich oder gefordert ist, unterliegt der Betreiber eines Ebay-Shops strikteren Regeln in seiner Darstellung. Letzterer kann zwar bei der Auktion noch mit einem Pseudonym auftreten, doch muss er spätestens beim Kauf seinem Kunden eine überprüfbare Anschrift und Kontodaten mitteilen, weil anderenfalls das für eine Transaktion notwendige Maß an Vertrauen fehlen könnte.

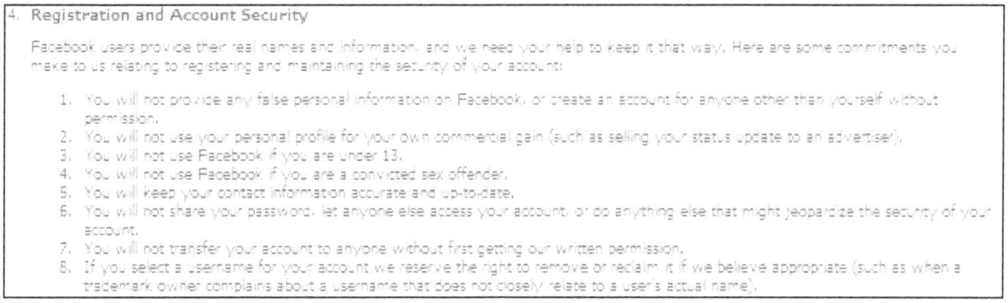
4. Registration and Account Security

Facebook users provide their real names and information, and we need your help to keep it that way. Here are some commitments you make to us relating to registering and maintaining the security of your account:

1. You will not provide any false personal information on Facebook, or create an account for anyone other than yourself without permission.
2. You will not use your personal profile for your own commercial gain (such as selling your status update to an advertiser).
3. You will not use Facebook if you are under 13.
4. You will not use Facebook if you are a convicted sex offender.
5. You will keep your contact information accurate and up-to-date.
6. You will not share your password, let anyone else access your account, or do anything else that might jeopardize the security of your account.
7. You will not transfer your account to anyone without first getting our written permission.
8. If you select a username for your account we reserve the right to remove or reclaim it if we believe appropriate (such as when a trademark owner complains about a username that does not closely relate to a user's actual name).

Abb. 4.4: Authentizitätsnormen der sozialen Netzwerkplattform Facebook.
Quelle: www.facebook.com/note.php.note_id=10150162305100301. Aufgerufen am 06.08.2011.

Mit Online-Spielen und monetären Online-Transaktionen sind hier nur zwei Beispiele an den beiden äußeren Enden eines Spektrums von fiktionalen und authentischen Präsentationsmöglichkeiten genannt. An einem Ende sind die Bezüge zwischen der Identitätsarbeit außerhalb und innerhalb des Netzes nicht oder nur sehr schwach vorhanden, während es am anderen Ende darauf ankommt, dass die online präsentierte Identität zumindest in gewissen Punkten mit der realweltlichen übereinstimmt. Solche Erwartungen hinsichtlich des Identitätsspiels und Verhältnisses von Online- und Offline-Identität sind nicht nur zwischen Spiel und Kommerz verschieden. Sie können bereits zwischen zwei Chat-Räumen oder zwei Netzwerkplattformen variieren. In manchen Angeboten wie etwa in Netzwerkplattformen ist die Preisgabe persönlicher Informationen verpflichtend, um an ihren Funktionen teilzuhaben. Während das Lurken in Newsgroups eine mögliche und unter Umständen sinnvolle Tätigkeit ist, bedingt das Betreiben eines Blogs die Veröffentlichung von Einträgen. Die online-mediale Selbstpräsentation geschieht also stets in Bezug auf eine Öffentlichkeit und in spezifischen technischen Konfigurationen (Schmidt 2009: 82).

Zusammenfassung

In diesem Anschnitt wurde Online-Identität als jegliche Form konsistenter Selbstdarstellung in der computervermittelten Kommunikation im Internet definiert. Um über sich selbst Identität herzustellen, bestimmte Teilidentitäten zu inszenieren und andere Akteure im Netz zu identifizieren, stehen in Kommunikationsformen einerseits verschieden vorhandene und wahrgenommene Optionen und Ressourcen zur Verfügung. Andererseits sind die systemgenerierten und mitnutzerproduzierten Identitätsmarker nicht völlig kontrollierbar. In diesem Sinn ermöglichen und beschränken die sozialen und technischen Bedingungen die Inszenierungs- und Identifizierungsweisen in der Online-Kommunikation. Ferner findet die Inszenierung und Wahrnehmung von Identität in unterschiedlich anonymen Konstellationen und unter variierenden Authentizitätsnormen statt.

4.2 Soziale Beziehungen in der Online-Kommunikation

In diesem Abschnitt soll der Blick von der Identität hin zu sozialen Beziehungen zwischen mehreren Personen erweitert werden. Zu erläutern sind die Bedingungen der Online-Kommunikation für die Etablierung und Pflege von Zweier-, Gruppen- sowie Gemeinschaftsbeziehungen und solchen in sozialen Netzwerken.

4.2.1 Freundschafts- und Liebesbeziehungen

Freundschaft und Liebe sind zwei Formen sozialer Beziehungen, welche allgemein definierbar sind als „aufeinander gegenseitig eingestelltes und dadurch orientiertes Sichverhalten", wie es der Soziologe Max Weber (Weber [1922] 2005: 13) formuliert hat. Freundschaften bauen für gewöhnlich auf Sympathie, Vertrauen und Wertschätzung der Beteiligten auf. Sie werden, ebenfalls für gewöhnlich, freiwillig geschlossen und werden als stärkere Beziehungen wahrgenommen als Bekanntschaften oder Kundenrelationen. Liebesbeziehungen sind, generell gesprochen, enge soziale Beziehungen, welche über die Freundschaft in den Punkten einer stärkeren Intimität, Leidenschaft und Verbindlichkeit hinausgehen (Sternberg 1986). Während Freundschaften sowohl zwischen zwei, aber auch zwischen mehreren Individuen geschlossen werden können, werden Liebesbeziehungen für gewöhnlich als dyadische Beziehungen zwischen zwei Personen aufgefasst. Gemeinsam ist beiden, dass ihre Entwicklung im Zeitverlauf in vier prototypische Phasen eingeteilt werden kann (Döring 2003):

1. Die **Aufbauphase**, in der sich Personen hinsichtlich bestimmter Aspekte (äußeres Erscheinungsbild, Interessen, Humor, Status etc.) als attraktiv wahrnehmen und versuchen, Kontakt aufzubauen. Positive Emotionen begleiten die Schritte des gegenseitigen Kennenlernens, in denen die Partner Informationen über den anderen sammeln und von sich selbst preisgeben.
2. Die **Bestandsphase**, an deren Anfang die Partner ihre Beziehung definieren (‚Wir sind Freunde', ‚Wir wollen nur Freunde sein', ‚Wir sind ein Paar' etc.). In dieser Zeit bildet das gesammelte Wissen übereinander die Basis für Vertrauen und Sicherheit. Die Beziehung kann formell (z. B. Hochzeit) und informell (z. B. Einbezug in bestehende Freundeskreise des jeweils anderen) abgesichert werden.
3. Die **Krisenphase**, in der die Partner in Konflikte geraten. Diese Krisen können durch externe Ereignisse (Arbeitslosigkeit, Krankheit etc.) und interne Gründe der Beziehung (Auseinanderleben z. B. als Folge unterschiedlicher persönlicher Entwicklung) ausgelöst werden.
4. Die **Auflösungsphase**, welche eintritt, sollte es in der Krisenphase nicht gelungen sein, die Konflikte zu lösen. In diesem Fall wird die Beziehung für gewöhnlich beendet. Diese

4.2 Soziale Beziehungen in der Online-Kommunikation

Phase kann schleichend ablaufen, es können aber auch einschneidende Wendepunkte auftauchen (z. B. in Form von ‚Schlussmachen').

Was die Entwicklung neuer Beziehungen mittels Online-Kommunikation angeht, so lassen sich Formen der gezielten Beziehungssuche von Formen beiläufigen Beziehungsaufbaus unterscheiden. Dabei muss aber betont werden, dass schon vor der Verbreitung des Internet Freundschafts-, aber auch Liebesbeziehungen nicht nur face-to-face zustande kamen. Ein Beispiel hierfür sind Liebesbriefe, welche seit Jahrhunderten zwischen entfernten Liebenden ausgetauscht werden. Dass die Vermittlung romantischer Botschaften mit einem sehr beschränkten Repertoire an Zeichen auskommen kann, lehrt uns exemplarisch der 1880 veröffentlichte Roman einer Beziehung per Morse-Code mit dem passenden Titel: *Wired Love: A Romance of Dots and Dashes* (Whitty 2007).

Beziehungssuche, -aufbau, -pflege und eventuell auch -auflösung im Internet umfasst alle diese Aspekte von Relationen, sei es im Blick auf geschäftliche Kontakte, partnerschaftliche Beziehungen, Freunde, Bekannte oder Verwandte (Schmidt 2009: 84 ff.). Auf der einen Seite wird das Beziehungsmanagement durch die online zur Verfügung stehenden Anwendungen ermöglicht. In dieser Hinsicht bieten sie verschiedene Optionen zur Darstellung und Sichtbarmachung von Verbindungen sowie zur Pflege der Beziehungen. Auf der anderen Seite bringt jede Anwendung auch gewisse Beschränkungen mit sich. So stehen zum Beispiel den Nutzern entsprechend den Kategorien zur Selbstdarstellung auch vorgegebene Begriffe zur Einteilung und Charakterisierung ihrer Beziehungen bereit. Auf sozialen Netzwerkplattformen können Kontakte unterschiedlich definiert werden, ohne dass diese Klassifizierungen der Komplexität und Dynamik sozialer Beziehungen vollständig gerecht werden können.

Tab. 4.1:   Beziehungsstatus auf Netzwerkplattformen. Quelle: nach Schmidt (2009: 82).

SchülerVZ	StudiVZ	Facebook	MySpace
Solo	Solo	Single	Single
In Arbeit	In Arbeit	In einer Beziehung	Vergeben
Für alles zu haben	Für alles zu haben	Verlobt	Verlobt
Verknallt	Verknallt	Verheiratet	Verheiratet
Romanze	Romanze	Es ist kompliziert	Geschieden
Frisch verliebt	Frisch verliebt	In einer offenen Beziehung	Swinger
Verliebt	Verliebt	Verwitwet	
Verlobt	Verlobt		
Verheiratet	Verheiratet		
Vergeben	Vergeben		
Gute Frage	Offene Beziehung		
Problem	Gute Frage		
Unglücklich verliebt	Problem		
Gerade getrennt	Unglücklich verliebt		
Endlich wieder frei	Gerade getrennt		
Schwer zu sagen	Endlich wieder frei		
Unklar	Geschieden		
Kein Interesse	Schwer zu sagen		
Bloß nicht	Unklar		

Zur **gezielten Partnersuche** im Netz dienen spezialisierte **Kontaktbörsen** wie Elitepartner.de, Neu.de oder Friendscout24.de. Sie bieten Plattformen für Beziehungssuchende, auf welcher diese Angaben zu ihrer Person, ihren Vorlieben und Eigenschaften hinterlassen können. So ist es möglich, ein Profil anzulegen und dieses mit mehr oder weniger standardisierten Informationen zu füllen. Zu diesem Zweck eröffnen die Anwendungen zumeist die Option, sich selbst auf verschiedene Weise darzustellen, zum Beispiel durch Fotos, Menüs mit Attributen und freie Textfelder. Hier können die Akteure neue Selbstaspekte erkunden und bisher nicht aktivierte Identitäten inszenieren. Die online-basierte Partnersuche erweitert damit nicht nur den geografischen Radius der Anbahnung und Aufrechterhaltung von Beziehungen. Auf Grundlage der von den Suchenden verfügbar gemachten Nutzerdaten können unter anderem Vorauswahlen, etwa nach soziodemografischen Merkmalen wie Alter, Wohnort oder Einkommen, getroffen werden, ohne dass diese Informationen beim ersten Treffen erfragt werden müssen.

Für die meisten Suchenden ist ein realweltliches Treffen mit eventuellen Partnern erstrebenswert. Es zeigt sich, dass die Suchenden gezielt bestimmte Aspekte ihrer Identität auszudrücken versuchen (Whitty/Carr 2006). Die im Profil angegebenen Informationen können weiterhin für Suchabfragen und Vergleiche nach Übereinstimmungen genutzt werden. Weiterhin stehen den Nutzern in diesen Kontaktbörsen zumeist Möglichkeiten asynchroner und synchroner Kommunikation sowie der Verlinkung von Profilen zur Verfügung. Sie sind in gewissem Maße die Online-Fortsetzung von Kontaktanzeigen aus den Printmedien oder Single-Sendungen im Fernsehen bzw. im Radio.

Neben solchen Plattformen, bei welchen der erste Kontakt zumeist asynchron erfolgt, existieren synchrone Kontaktgelegenheiten, etwa im **Single-**, **Flirt-** oder **Erotik-Chat**. Hier liegt der Schwerpunkt nicht auf der Gestaltung eines abrufbaren Profils, sondern in der Kommunikation zwischen gleichzeitig im Chat anwesenden Personen. Zwar können diese gelegentlich einen Steckbrief mit ihren Angaben machen und ein entsprechend aussagekräftiges Pseudonym wählen, doch werden die relevanten Eigenschaften in der Konversation zumeist auch erfragt. So hat sich der Age/Sex/Location-Check zu Beginn eines Chat-Gesprächs vielfach eingebürgert. In einigen Chats scheinen jedoch gerade das Experimentieren mit Identitätsaspekten und die Anonymität der Teilnehmer den Reiz auszumachen (Mileham 2007).

Beispiel: Kontaktbörse

Mit dieser „Erfolgsgeschichte" wirbt die Kontaktbörse Elitepartner.de für ihre Dienste. Inwiefern es sich dabei um die getreue Wiedergabe einer geglückten Partnersuche handelt, bleibt offen.

Katharina und Manuel: Vertraut den Matchingpunkten

Obwohl wir uns beide nicht sicher, geschweige denn überzeugt waren bei dem Thema „Online-Partnervermittlung", meldeten wir uns bei ElitePartner an. Ich hatte im Grunde schon mit der Männerwelt" abgeschlossen und ging ganz entspannt und ohne große Erwartung an die Suche heran.

Der Gedanke war: „Verlieren kann ich nichts mehr, nur interessante Menschen kennen lernen." Nach gerade mal drei Tagen bekam ich eine Mail von Manuel. Er dachte sich: „Das Profil ist sehr interessant und die Matchingpunkte sind hoch, warum nicht anschreiben" Gesagt, getan und ich bekam eine Mail, auf die ich recht schnell antwortete.

Nach wenigen Tagen, einigen Mails und diversen – bis in die Nacht andauernden – ICQ-Chats, waren wir uns schnell einig, ein Treffen herbeizuführen. Ein erstes Date und der dabei entstehende Eindruck sollten darüber entscheiden, wie es weiter gehen würde. Spontan, wie wir beide sind, wurde unser erstes Date zwischen viele andere Termine gesetzt, da wir nun auch nicht länger warten wollten.

Und nun war die Stunde da. Geplant war ein Kaffeetrinken, jedoch kamen wir nicht dazu, da wir einfach immer weiter spazieren gingen und nur redeten. Die Stunde empfand ich als keine fünf Mi-

4.2 Soziale Beziehungen in der Online-Kommunikation

> nuten und mir war klar: „Ich MUSS ihn wieder sehen, denn es poltert im Bauch!" Meine Bedenken, dass es nur einseitig sein würde, nahm er mir sehr schnell. Denn am gleichen Tag telefonierten wir noch und machten ein zweites Date aus.
>
> Und es war passiert. Ja, es gibt Liebe auf den ersten Blick!
>
> Die berühmten Matchingpunkte von ElitePartner haben uns nicht enttäuscht. Wir fanden sehr schnell unheimlich viele Übereinstimmungen, ähnliche Rituale und Verhaltensmuster und eine fast komplett identische Lebenseinstellung. Natürlich gibt es auch Diskussionspunkte, aber da wir beide sehr gern reden und angeregt diskutieren, ist dies eher ein spannendes Unterfangen. Wir sind der Meinung, dass einfach alles passt.
>
> Es kamen Date Nummer zwei und drei. Stundenlange Gespräche am Telefon und täglich ausgiebige Mails. Wir fühlen uns wohl und sind zusammen sehr glücklich.
>
> Quelle: *www.elitepartner.de. (Ausschnitt). Aufgerufen am 15.08.2011.*

Von solchen explizit auf Kontakt- oder Partnersuche ausgelegten Angeboten unterscheidet sich der **beiläufige Beziehungsaufbau** darin, dass hierzu jede Kommunikationsform prinzipiell Möglichkeiten bereithält. Menschen kommunizieren in Foren oder machen über ihr Schreiben an einer Wiki-Seite Bekanntschaft, sie diskutieren in einer Newsgroup, bewerten das gleiche YouTube-Video oder kämpfen in einem Online-Rollenspiel. Jeder kommunikative Austausch enthält die Möglichkeit, dass Akteure einander attraktiv finden und somit der vielleicht zuerst flüchtige Kontakt den Grundstein zum Aufbau einer Beziehung legt.

Online-Kommunikation kann also in der Anfangsphase einer Beziehung einen positiven Einfluss ausüben. Entgegen der Sicht, dass Anonymität ein intensiveres Kennenlernen verunmöglicht, stehen die Studien zur Selbstoffenbarung, welche zeigen, dass in der computervermittelten Kommunikation die Akteure dazu tendieren, schneller und mehr von sich preiszugeben als im Face-to-face-Gespräch, was als Zeichen von Intimität interpretiert werden kann (Joinson 2001; McKenna/Green/Gleason 2002). Da die physische Erscheinung bei der Eindrucksbildung während des Erstkontaktes zwischen Personen, zumindest in der textbasierten Kommunikation, keine große Rolle spielt und die Akteure meinen, mehr Kontrolle über ihre Selbstdarstellung zu besitzen, scheint das Internet besonders für Menschen mit Kontaktschwierigkeiten geeignet zu sein, Bekanntschaften, Freundschaften oder auch romantische Beziehungen zu knüpfen. Die Online-Kommunikation hilft ihnen also, ihre Schwachpunkte zu kompensieren (**Kompensationshypothese** nach (McKenna/Bargh 2000). In einigen Studien zeigte sich sogar, dass Online-Beziehungen nicht nur schneller intim wurden als face-to-face angebahnte, sondern dass die Menschen dazu neigten, sich mehr zu mögen, wenn sie sich zuerst vermittels Online-Kommunikation kennenlernten – es muss also nicht zwangsläufig heißen: Aus den Augen, aus dem Sinn (Bargh/McKenna/Fitzsimons 2002).

Betrachtet man den insgesamten Sachverhalt aus psychologischer Perspektive, dann erscheinen aber Aufbau und die Pflege von Freundschafts- und Liebesbeziehungen vermittels Online-Kommunikation immer noch ein kritisches Unterfangen (Ben-Ze'ev 2005). Emotionen (positive und negative) sind als psychologische Prozesse vor allem auf die Personen gerichtet, welche uns räumlich nahe sind. Distanz dagegen wird für gewöhnlich mit einer abnehmenden emotionalen Intensität assoziiert (Ortony/Clore/Collins 1988). Dass dies nicht immer zutrifft, zeigt das (oft einseitige) Verhältnis von Fans zu ihrem Star.

Somit ist festzustellen, dass romantische Fernbeziehungen, welche nur auf dem Online-Kontakt basieren, ein „unfinished business" (Ben-Ze'ev 2005: 132) bleiben. Sie sind in gewisser Hinsicht stets unvollständig, da sie begrenzt sind auf bestimmte Aktivitäten zu bestimmten Zeitpunkten (Chat, Instant Messaging etc.). Das heißt, dass viele konventionelle Tätigkeiten und alltägliche Routinen nicht gemeinsam erledigt werden (Aufstehen, Essen zubereiten, Wohnung aufräumen etc.). Wollen die Partner die aufgebaute Beziehung fortsetzen und ihr Bestand verleihen, dann besteht oftmals der Wunsch, sie in eine Face-to-face-Beziehung zu transformieren. Denn Liebesgefühle, welche mit einer sehr positiven Bewertung der anderen Person einhergehen, schließen oft den Wunsch ein, dieser Person so nah wie möglich zu kommen. Wenn dies nicht der Fall ist, weil die Partner räumlich getrennt voneinander sind, dann beruhen Fernbeziehungen oft auf einer vorgestellten Nähe und auf der Erwartung, die Trennung in Zukunft aufzuheben, sich also nahe zu kommen. In dieser Hinsicht kann Online-Kommunikation nicht nur bei der Etablierung, sondern auch der Pflege von Beziehungen dazu beitragen, die räumliche Distanz zu überwinden, indem sie durch synchrone und asynchrone Kontaktmöglichkeiten den Aufbau gefühlter Nähe trotz geografischer Distanz ermöglicht.

Die hier zum Ausdruck kommende Erwartung, die Online-Kommunikation befördere die Initiierung und Aufrechterhaltung von Beziehungen, wurde auch in einer weiteren Hinsicht bestätigt. So zeigen Studien, dass eine zunehmende Internetnutzung mit mehr Kontakten zu räumlich nahen als auch entfernten Partnern verbunden ist (Kraut et al. 2002). Interessanterweise wurde festgestellt, dass mehr Kommunikation online auch mehr Face-to-face-Kommunikation bedeutet. Weiterhin zeigt sich, dass das Internet keine bestehenden Kontaktmöglichkeiten verdrängt. Vielmehr ergänzt es bereits vorhandene Formen des Austauschs und wird komplementär genutzt (Haythornthwaite 2005). Aus diesem Grund folgern Wellman und Kollegen (2003), dass das „Internet is not a self-contained world. Rather than operating at the expense of the 'real' face-to-face world, it is an extension, with people using all means of communication that is being integrated into the regular patterns of the social life." Gleichwohl ergaben die Untersuchungen auch, dass extrovertierte Nutzer, für die Persönlichkeitseigenschaften wie gesprächig, kontaktfreudig und energisch zutreffen, die Kommunikationsmöglichkeiten besser nutzen als introvertierte, welche meist als still, schüchtern und zurückgezogen beschrieben werden. Dieses Ergebnis der ‚**the-rich-get-richer**'-Theorie widerspricht somit der Kompensationshypothese. Diese widersprüchlichen Ergebnisse sind noch nicht abschließend geklärt (Kraut et al. 2002).

Geht man über die Beschäftigung mit online geknüpften und aufrechterhaltenen Freundschaften und Liebesbeziehungen hinaus, kann man nach dem Vorhandensein von **sozialer Unterstützung,** also dem Verfügbarmachen von praktischer Hilfe, Informationen und sozioemotionaler Unterstützung, insgesamt fragen. Die Feststellung, dass soziale Unterstützung nicht nur durch Offline-Kontakte, sondern auch online gesucht, gefunden und gegeben werden, bezweifelt man inzwischen nicht mehr. Vielmehr wird in den neueren Arbeiten der von Walther/Parks (2002: 545) aufgeworfenen Frage nachgegangen, warum das Internet hierzu ein effektives Medium sein soll.

Eine Antwort darauf, warum das Netz ein Ort für soziale Unterstützung sein kann, liegt, wie bereits erwähnt, in der Anonymität und räumlichen Trennung der Nutzer, welche Hilfe suchen und geben. Gerade heikle Themen lassen sich unter Umständen leichter zwischen persönlich Unbekannten besprechen, welche nicht zum Bekannten-, Freundes- und Familienkreis gehören. Weiterhin werden die Kontrollmöglichkeit über die Selbstdarstellung und Nachrichtenproduktion sowie der zeitlich unbeschränkte Zugang zu entsprechenden asynchronen Angeboten (z. B. thematischen Foren zu Kinderkrankheiten, zur Bewerbung für das

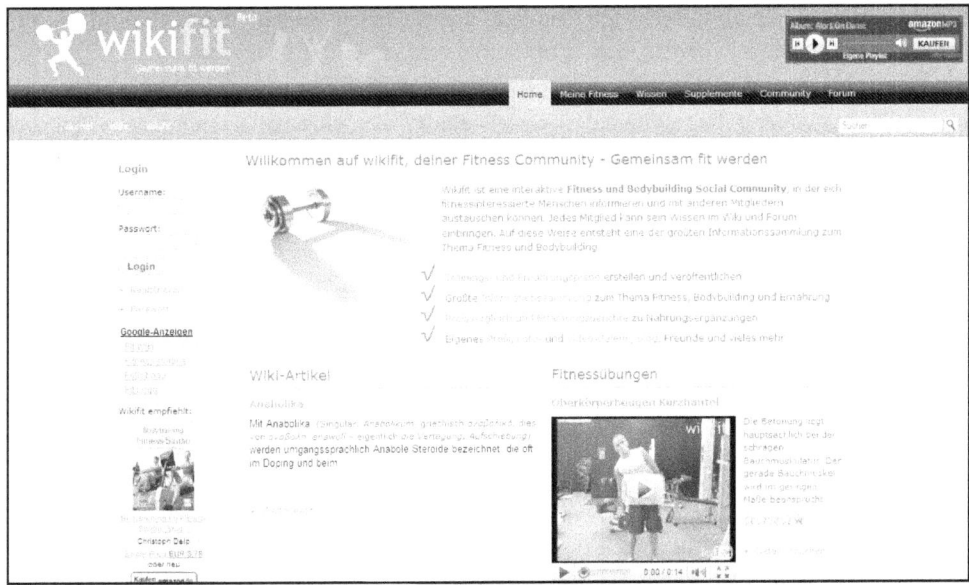

Abb. 4.5:   Soziale Unterstützung in einem Wiki für Fitnessbewusste. Quelle: wikifit.de. Aufgerufen am 06.08.2011.

Medizinstudium etc.) von Hilfesuchenden positiv eingeschätzt. Grundlegend dafür ist die durch die Online-Kommunikation ermöglichte Schaffung von speziell zugeschnittenen Kommunikationsangeboten, welche sichtbare, einfache und organisierte Gelegenheiten der Hilfe und Unterstützung schaffen (Sproull/Conley/Moon 2005). Sie sind sichtbar, weil sie für einen bestimmten Zweck entwickelte, such- und auffindbare virtuelle Orte darstellen, an denen relativ einfach, zeitlich unbestimmt und oft freiwillig Rat gesucht und gegeben werden kann. Populäre Angebote bieten den Nutzern weiterhin die Chance, viele Meinungen und Informationen bei unterschiedlichen Personen einzuholen und damit eine größere und für bestimmte Fragen kompetentere Gruppe anzufragen, als sie in ihrem näheren Umfeld persönlich Bekannter zur Verfügung stehen mag.

4.2.2 Gemeinschaften, Gruppen, Netzwerke

In der Soziologie gibt es eine Reihe von Begriffen, um soziale Beziehungen zu benennen. Drei der bekanntesten und im Rahmen der Online-Kommunikation immer wieder verwendeten sind die der Gemeinschaft, der Gruppe und des Netzwerks (Thiedeke 2004; Jäckel/Mai 2005; Willems 2008).

a) Online-Gemeinschaften

Die Idee, dass Individuen, welche per Computervermittlung miteinander interagieren und kommunizieren, eine Gemeinschaft bilden, findet sich schon in den 1960er Jahren und wurde durch das einflussreiche Buch, das Howard Rheingold 1993 unter dem Titel *The Virtual Community* veröffentlichte, populär gemacht. Darin beschreibt er seine Erfahrungen in einem lokalen Netz in Nordkalifornien, dem WELL (Whole Earth 'Lectronic Link), und erklärt: „Virtual communities are social aggregations that emerge from the Net when enough people carry on those public discussions long enough, with sufficient human feeling to form webs of personal relationships in cyberspace." (1993: 5).

Ferdinand Tönnies (2005) definierte den Begriff ‚**Gemeinschaft**' ausführlich für die Soziologie und kontrastierte ihn mit dem der ‚**Gesellschaft**'. Gemeinschaften sind für ihn natürlich entstandene, räumlich begrenzte soziale Gebilde, etwa eine Dorfgemeinschaft, in welcher die Menschen dauerhaft und ‚echt', wie Tönnies sagt, zusammenleben. Von diesem gewissermaßen ‚organischen' Verbundensein durch Verwandschaft oder Glaubenszugehörigkeit grenzt er das ‚mechanische' Zusammenwirken der Gesellschaft ab. Menschen sind somit in eine Gemeinschaft anders integriert als in eine Gesellschaft, in welcher die Bekanntschaft der Mitglieder flüchtig und der Zusammenhalt lose ist. Dagegen begrenzen die engen Beziehungen zwischen den Mitgliedern einer Gemeinschaft ihre Handlungsfreiheiten. Ein beliebiges Ein- und Austreten, wie es in Gesellschaften möglich ist, bleibt den Gemeinschaftsmitgliedern versagt. Wenn Menschen Gemeinschaften verlassen wollen, dann geht dies mit einem Bruch der Bindungen einher.

Nimmt man diese Definition als Hintergrund, so ist es fraglich, ob Gemeinschaften allein per Online-Kommunikation entstehen können. Zwar ist es nicht ausgeschlossen, dass intensive Beziehungen auch online beginnen und gepflegt werden, doch schließt Tönnies' enge Vorstellung die Existenz von reinen **Online-Communities** praktisch aus (Stegbauer 2001). Eine solche Feststellung muss aber nicht heißen, den Begriff als völlig unbrauchbar zu verabschieden. Zunächst kann man Tönnies' Konzept selbst kritisieren, welches die Idee der Gemeinschaft zum einen idealisiert, zum anderen einen künstlichen Gegensatz zwischen Gemeinschaft und Gesellschaft konstruiert (Haus 2003). Ein anderer von vielen Arbeiten zu Online-Gemeinschaften eingeschlagener Weg ist die Neu-Interpretation des Begriffes.

Schaut man auf die englischsprachige Forschung, so wird dort häufig von *online* bzw. *virtual communities* gesprochen, ohne auf Tönnies' Vorstellungen explizit Bezug zu nehmen (Smith/Kollock 1998; Preece/Maloney-Krichmar 2005). Daneben taucht der Begriff in vielen eher populärwissenschaftlichen Büchern und Business-Ratgebern auf, die Online-Communities als neue Geschäftsmodelle anpreisen (Hagel/Armstrong 1998).

Eine Öffnung des Begriffes schlagen zum Beispiel Wellman und Gulia (1999: 333) vor, wenn sie schreiben: „communities do not have to be solitary groups of densely-knit neighbors but could also exist as social networks of kin, friends, and workmates who do not necessarily live in the same neighborhoods." Ihnen zufolge können Gemeinschaften, auch wenn sie lokal getrennt sind, gemeinsame Beziehungen, Praktiken und Interessen ausbilden. In die gleiche Richtung weist Castells Bemerkung, wenn dieser erklärt:

> „Die Vorstellung von den ‚virtuellen Gemeinschaften' , wie sie von den Pionieren der sozialen Interaktion im Internet vorgetragen worden ist, hatte einen wesentlichen Vorzug: Sie machte auf das Entstehen neuer technologischer Ansatzpunkte für Soziabilität aufmerksam, die sich von früheren Formen sozialer Interaktion unterscheiden, aber ihnen nicht notwendig unterlegen sind. Aber sie hat auch zu einem Missverständnis geführt: Die Bezeichnung ‚Gemeinschaft' vermengte mit all ihren weitreichenden Konnotationen unterschiedliche Formen sozialer Beziehungen und rief eine ideologische Diskussion zwischen denjenigen hervor, die sich nach der alten, räumlich begrenzten Gemeinschaft sehnten, und jenen, die enthusiastisch für die auf freier Wahl beruhenden Gemeinschaften des Internet eintraten. [...] Der notwendige analytische Schritt zum Verständnis der neuen Formen sozialer Interaktion im Internet-Zeitalter

liegt vielleicht darin, auf einer Neudefinition von Gemeinschaft aufzubauen, in der ihre kulturelle Komponente mehr in den Hintergrund tritt, ihre Unterstützerrolle für Einzelpersonen und Familien betont und ihre soziale Existenz nicht mehr in Abhängigkeit von einer Art materieller Grundlage gesehen wird." (Castells 2005: 138 u. 140)

b) Online-Gruppen

Will man nicht von Online-Gemeinschaften sprechen, dann bietet sich als zweites der Begriff der **Gruppe** an (Thiedeke 2003). Beschrieben und definiert wurde diese Form sozialer Beziehung klassisch von George C. Homans (1972). Ein wichtiger Punkt seines Vorschlages war die Festlegung, dass Gruppen nicht beliebig viele Mitglieder haben können, um als Gruppen zu gelten. Stattdessen unterliegen sie einer Maximalgröße, weil anderenfalls die Interaktion zwischen den einzelnen Individuen nicht oder nur bedingt gewährleistet wäre. Diesen Aspekt unterstreicht etwa eine Definition der Gruppe als „ein soziales System, dessen Sinnzusammenhang unmittelbar durch diffuse Mitgliederbeziehungen sowie durch relative Dauerhaftigkeit bestimmt ist" (Neidhardt 1979: 642). Online-Gruppen müssten, um im soziologischen Sinn als solche zu gelten, einerseits Wege gefunden haben, um Mitgliedschaft und damit die Grenzen der Gruppe festzulegen. Andererseits sind sie durch ein Zusammenwirken ihrer Mitglieder geprägt, welches nach bestimmten, im jeweiligen Kontext gültigen, Regeln abläuft.

Der Gruppenbegriff im Hinblick auf Online-Kommunikation wird besonders im Rahmen der Untersuchungen von virtuellen Teams, professionellen Arbeitsgruppen und anderen eher kleinen sozialen Gebilden genutzt. Diese haben meist klare Grenzen und feste Teilnehmer (Hertel/Geister/Konradt 2005). Die Mitglieder in diesen betrieblichen Arbeitsgruppen stehen oft auch nicht nur per Online-Kommunikation in Kontakt, sondern sind eher als hybride Online- und Face-to-face-Gruppen zu beschreiben. Ein eigenes Forschungsgebiet befasst sich entsprechend mit der diesbezüglichen Nutzung von Software-Anwendung, sogenannter *groupware*, im Kontext von *computer supported cooperative/collaborative work* in zumeist organisationalen Arbeitsteams (Schwabe/Streik/Unland 2001).

Die nutzbaren Technologien können entsprechend ihrer Funktion für die Teams in vier Kategorien unterteilt werden (Brandon/Hollingshead 2007):

1. **Gruppenkommunikationssysteme** (asynchrone/synchrone Kommunikationsformen zum Austausch zwischen Mitgliedern)
2. **Datenbanken** zur Speicherung/Bereitstellung von Informationen
3. Mittel zur **Außenkommunikation** (Kontakt mit anderen Personen/Organisationen außerhalb der Gruppe)
4. **Gruppenentscheidungssysteme** (Anwendungen zur Unterstützung in Entscheidungsprozessen)

Gruppen sind nicht nur durch die Interaktion ihrer Mitglieder, also geteilte Praxis, definiert, sondern auch durch eine Gruppenidentität (Wir-Gefühl). Dieser Aspekt wird in der sozialpsychologischen SIDE-Theorie bei der Untersuchung der Verstärkung von personalen oder sozialen Identitäten wichtig (Kap. 4.3).

c) Soziale Netzwerke on- und offline

Wie im Einführungsteil dieses Buches festgestellt, ist das Internet ein Netzwerk (Kap. 2.2). Auch die Webseiten, welche per Hypertextlinks verbunden sind, bilden Netzwerke. Davon zu unterscheiden sind **soziale Netzwerke**, als welche die Ansammlung der geknüpften Verbindungen zwischen Personen bezeichnet werden können. In diesem Fall sind die Personen die Knoten des Netzwerkes, die Verbindungen zwischen ihnen die Kanten. Worauf diese Verbindungen beruhen, kann von Fall zu Fall verschieden festgelegt sein, z. B. auf der Dauer bzw. Anzahl kommunikativer Austausche oder monetärer Transaktionen. Abgesehen davon können die Beziehungen grundsätzlich, einer klassischen Arbeit von Granovetter (1973) folgend, in **schwache** und **starke Beziehungen** unterschieden werden (*weak ties* und *strong ties*). Kriterien, welche darüber entscheiden, wann eine Beziehung stark oder schwach ist, sind etwa

- die **Emotionaliät** und **Intimität** des Kontaktes,
- die **Grundlage** der Verbindung (z. B. Verwandtschaft, Elternschaft, Transaktion, Bekanntschaft),
- die **Intensität** (Häufigkeit, empfundene Wichtigkeit),
- **Multiplexität** (Zahl der gemeinsamen Verbindungen verschiedenen Inhalts, z. B. als Arbeitskollege, Mit-Kirchenvorstand, Hobbyanglerfreund, Nachbar),
- die **Dauer**,
- die **Stabilität** der Beziehung sowie
- die **Reziprozität**, das heißt die Frage, in welchem Maße es sich um eine wechsel- oder einseitige Beziehung handelt.

Starke Beziehungen sind demnach eher multiplex, auf Dauer angelegt, gegenseitig und intensiv, während schwache uniplex, leichter aufzulösen, mit weniger Verpflichtungen verbunden oder auch nicht-gegenseitig sind. Soziale Netzwerke können modellhaft zum Beispiel die sozialen Beziehungen einer Person (egozentrisches Netzwerk) oder die Verbindungen in bestimmten sozialen Kontexten (partielle Netzwerke) wie einem Sportclub oder Betrieb darstellen und untersuchen. Zu diesem Zweck wurde mit der Netzwerkanalyse ein eigenes Analyseinstrumentarium entwickelt (Wassermann/Faust 1994; Stegbauer/Bauer 2008).

Fasst man Netzwerke mit diesen zunächst abstrakten Begriffen, dann kann im Grunde jede Form sozialer Beziehung als Netzwerk verstanden werden. Auch Gruppen und Gemeinschaften sind Netzwerke in dem Sinn, dass zwischen ihren Mitgliedern Netzwerke von Beziehungen bestehen, welche auf ihre Größe (z. B. als Zahl der Knoten), Dichte (z. B. als Zahl der Kanten zwischen ihnen) oder Variabilität (Veränderung im Zeitverlauf) hin untersucht werden können. Abseits davon ist es möglich, Netzwerke inhaltlich enger zu definieren und sie damit in einen Gegensatz zu Gemeinschaften oder Gruppen zu bringen (Hepp et al. 2006).

Vorgetragen wurde eine solche alternative Sichtweise vom Soziologen Manuel Castells, welcher einen grundsätzlichen sozialen Wandel hin zu einer **Netzwerkgesellschaft** postuliert. Dabei kommt es ihm nicht nur auf die eben erläuterten sozialen Netzwerke an, sondern er definiert Netzwerke zunächst abstrakt als „set of interconnected nodes" (1996: 501), ohne festzulegen, was als Knoten fungiert. Somit ist er in der Lage, Vernetzungen in verschiedenen gesellschaftlichen Teilbereichen und auf unterschiedlichen Ebenen auszumachen: „Es sind Aktienmärkte und die unterstützenden fortgeschrittenen Dienstleistungszentren im Netzwerk der globalen Finanzströme. Es sind nationale Ministerräte und Europäische Kommissare in dem politischen Netzwerk, das die Europäische Union regiert. Es sind Koka- und Mohnfelder, Geheimlabors, geheime Landebahnen, Straßenbanden und Finanzinstitutionen"

4.2 Soziale Beziehungen in der Online-Kommunikation

(Castells 2001: 528). Folgt man seiner Argumentation, dann wird die zunehmende Vernetzung einer Gesellschaft durch die allgemeine Verfügbarkeit des Internet und digitaler Medien angeregt, da sie eine zeitunabhängige und ortsunabhängige Kommunikation und Interaktion ermöglichen.

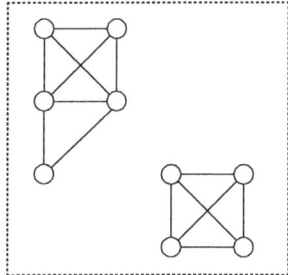 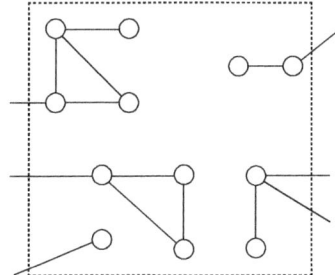

Abb. 4.6:   Beziehung im vernetzten Individualismus. Links eine schematische Darstellung zweier Netzwerke lokaler, eng miteinander verbundener Kollektive. Rechts die personenzentrierten, translokalen Verknüpfungen zwischen vernetzten Individuen. Quelle: Wellman et al. (2005: 162).

Gegen die Vorstellung einer Vorherrschaft des Netzwerks als Organisationsprinzip ist von verschiedener Seite Kritik geübt worden. Einen zentralen Einwand formuliert Tomlinson (1999), welcher zu bedenken gibt, dass die von Castells behauptete **Konnektivität** – also die technisch ermöglichte globale Nähe und die Entbettung sozialer Beziehungen über weite Entfernungen – sehr ungleich wirkt. Denn ein Teil der Weltbevölkerung nutzt die Medientechnologien aktiv und gehört zu den Gestaltern des wirtschaftlichen, finanziellen, politischen und kulturellen Wandels, ein anderer, ob aus geografischen, kulturellen, ökonomischen oder anderen Gründen, ist dem Wandel und seinen Konsequenzen mehr oder minder ausgeliefert.

Was die mit der Netzwerkgesellschaft verbundenen Veränderungen sozialer Beziehungen in westlichen Ländern angeht, so ist diese von Castells als ‚vernetzter Individualismus' (2005: 129) bezeichnet worden. Er greift hierbei auf eine Reihe von Netzwerkanalysen von Barry Wellman und Kollegen (Wellman/Haythornthwaite 2002; Haythornthwaite 2007) zurück, welche die alltägliche und allgegenwärtige Nutzung von Internet, Mobilkommunikation und anderen digitalen Medien untersuchten. **Vernetzter Individualismus** benennt dabei die Feststellung, dass die Ausbreitung des Internet dazu geführt hat, dass nicht mehr Plätze miteinander verbunden sind, welche mit dem Auto, dem Flugzeug, zu Fuß oder per Telefon erreichbar sind, sondern dass Menschen auch technikvermittelt direkt miteinander verbunden sind. Während man früher jemanden nur telefonisch erreichen konnte, wenn er in Rufweite eines fest installierten Telefons war, sind heute Personen auch mobil zu erreichen, und während die Post am Briefkasten abgeholt werden musste, kommt sie heute per iPhone in die Mailbox. Auf diese Weise entstehen personalisierte Netzwerke. Damit einher geht eine bestimmte Sicht auf menschliche Gemeinschaften, die nicht mehr als örtlich festgelegte soziale Gebilde verstanden werden. Stattdessen können Individuen ihre eigenen, sozusagen personalisierten Gemeinschaften aus Freunden, Familien und anderen engen und fernen Bekannten computervermittelt knüpfen und pflegen. Gemeinschaften sind nicht mehr unbedingt Gemeinschaften des Ortes, sondern werden auf der Grundlage von Beziehungen zwischen Individuen auch über große Entfernungen gebildet (Wellman et al. 2003).

Der gesellschaftliche Wandlungsprozess, welcher dieser Entwicklung zugrunde liegt und der laut Castells zur Netzwerkgesellschaft führt, wird als **Mediatisierung** bezeichnet (Krotz 2007).

„Die Geschichte der Menschheit kann [.] als Entwicklung gesehen werden, in deren Verlauf immer neue Kommunikationsmedien entwickelt wurden und die auf unterschiedliche Weise Verwendung fanden und finden. In der Konsequenz – weil Medien sich nicht substituieren und ablösen – sondern es zu Ausdifferenzierungsprozessen kommt – entwickelten sich immer mehr immer komplexere mediale Kommunikationsformen, und Kommunikation findet immer häufiger, länger, in immer mehr Lebensbereichen und bezogen auf immer mehr Themen in Bezug auf Medien statt. (Auch) dadurch verändern sich Alltag, Gesellschaft und Kultur. [...] Diese Entwicklung, die heute in der Durchsetzung der digitalisierten Kommunikation kulminiert, aber mit dem Internet längst nicht zu Ende ist, soll einschließlich ihrer sozialen und kulturellen Folgen als Prozess der Mediatisierung bezeichnet werden". (Krotz 2007: 37 f.)

Unter Mediatisierung ist also, grob gesagt, eine Transformation der Medienumgebung zu verstehen, in deren Verlauf die Medien immer mehr Funktionen für eine Gesellschaft und die darin stattfindenden vielfältigen Interaktionen übernehmen und dabei die Beziehungen zwischen einzelnen Personen (zum Beispiel in der Form des vernetzten Individualismus) und die gesamte Struktur des Zusammenlebens, der Gesellschaft und Kultur verändern.

Zusammenfassung
In diesem Teil wurden online-medienvermittelte soziale Beziehungen behandelt. Für den Aufbau und die Pflege von Freundschafts- und Liebesbeziehungen bietet das Internet einerseits Formen der Darstellung und Suche, wie etwa Kontaktbörsen und thematisch spezialisierte Chats, und andererseits die stete Gelegenheit des beiläufigen Beziehungsaufbaus. Entgegen der Annahme, dass enge soziale Kontakte räumlicher Nähe unbedingt bedürfen, ist festzustellen, dass die Online-Kommunikation nicht nur behauptete Nachteile wie Vereinzelung und wachsende Einsamkeit, sondern ebenso Vorteile bietet. So kann sie helfen, Kontaktschwierigkeiten zu kompensieren, in Beziehungen dient sie dem Austausch und bietet darüber hinaus unter Umständen Optionen, soziale Unterstützung zu suchen und zu gewähren.

Online-Gemeinschaft, Online-Gruppe und Netzwerk definieren als Begriffe verschiedene Arten von Kollektiven. Während der Begriff der ‚Gemeinschaft' besonders auf die Bildung enger persönlicher Beziehungen, geteilter Einstellungen und Praktiken verweist, wird der Ausdruck Online-Gruppe zumeist für kleine Kollektive genutzt. Das Konzept des sozialen Netzwerks wiederum hebt besonders auf die Verbindungen zwischen einzelnen Akteuren ab. Darüber hinaus wird es in einem erweiterten Zusammenhang zur Charakterisierung eines umfassenden Gesellschaftswandels hin zur mediatisierten Netzwerkgesellschaft gebraucht.

4.3 Theorien sozialer Prozesse in der Online-Kommunikation

In den ersten beiden Abschnitten dieses Kapitels wurde grundlegend danach gefragt, welche Funktion und welche Rolle Online-Kommunikation bei der Konstruktion und Darstellung von Identitäten einerseits und bei der Gestaltung sozialer Beziehungen andererseits einnimmt. In diesem Teil sollen eine Reihe sozialpsychologischer und kommunikationswissenschaftlicher Theorien diskutiert werden, welche alle versuchen, die Eigenheiten computervermittelter Interaktionen zu beschreiben und zu erklären.

Dazu ist zu wissen, dass die Einführung von Anwendungen zur computervermittelten Kommunikation in Unternehmen und Universitäten in den 1970er Jahren begann und in den darauf folgenden Jahren stetig zunahm. Heute sind E-Mail, Foren und Wikis aus vielen betrieblichen und öffentlichen Organisationen nicht mehr wegzudenken (Hiltz/Turoff 1993). Die in diesem Nutzungskontext formulierten Forschungsfragen und Annahmen bestimmen bis heute die theoretische und empirische Auseinandersetzung mit Online-Kommunikation und -Interaktion. So legte der Gebrauch in den organisationalen Arbeitsabläufen nahe, die Effekte computervermittelter Kommunikation auf die Teilnahme an Diskussionen, die Dauer von Gruppenentscheidungen und die Etablierung von Autorität im Vergleich zu Face-to-face-Kontakten zu studieren. Insgesamt lag der Fokus dieser Arbeiten auf einer Evaluation der Eigenschaften der jeweiligen Kommunikationsformen und ihrer Auswirkungen auf kommunikative Verständigung.

Die Theorien, welche im Laufe dieser Beschäftigung entwickelt wurden, können grob in drei Rubriken unterteilt werden. Die Klassifizierung erfolgt anhand zweier Kriterien: Wie sie zum einen das Verhältnis zwischen Hinweisreizen und Kontextinformationen (*cues*) sowie der technisch vermittelten Kommunikation erfassen und welche Vorstellung sie zum anderen von den Nutzern der Kommunikationsformen entwickeln (Walther/Parks 2002).

- Somit lassen sich erstens die *cues filtered out*-Ansätze definieren, welche davon ausgehen, die technische Vermittlung beschränke die Übermittlung verschiedener Kontextinformationen. Dies ergebe eine Entkontextualisierung der Kommunikationsteilnehmer.
- Davon können zweitens die *cues to choose by*-Ansätze getrennt werden, die besonders die Wahl eines Mediums bzw. einer Kommunikationsform in einer bestimmten Situation und im Blick auf einen Kommunikationsanlass untersuchen.
- Drittens lassen sich eine Reihe von *cues filtered in*-Ansätzen beschreiben, die auf verschiedene Weise analysieren, welche Strategien die Nutzer entwickeln, um möglicherweise fehlende Kontextinformationen zu kompensieren.

a) Cues filtered out-Ansätze

Ein grundlegendes Modell des sogenannten *cues filtered out*-Ansatzes (Culnan/Markus 1987) ist die bereits in den 1970er Jahren vorgestellte **Theorie sozialer Präsenz** (*social presence theory*; Short/Williams/Christie 1976). Zwar wurde sie ursprünglich im Zusammenhang einer Untersuchung von medienvermittelten Konferenzsituationen (per Telefon/Video) entwickelt, doch übten ihre Annahmen einen großen Einfluss auf die darauf folgende Erforschung computervermittelter Kommunikation aus. Die zwei zentralen Elemente der Theorie sind die Konzepte **soziale Präsenz** und **Bandbreite**. Unter sozialer Präsenz versteht sie die Anwesenheit anderer Kommunikationspartner, also ihre Involviertheit in einer bestimmten Situation. Diese ist abhängig von der Unmittelbarkeit und der Intimität des Kontaktes zwischen den Kommunizierenden. Die Bandbreite eines Kommunikationsmediums hingegen ist definiert als Zahl der Kanäle, über welche ein Medium bzw. eine Kommunikationsform verfügt. Die zentrale Annahme der Theorie ist, dass je weniger Kanäle zur Übertragung verbaler, non- und paraverbaler Zeichen in einer Kommunikationssituation zur Verfügung stehen, desto weniger sind sich die Teilnehmer der Anwesenheit, sprich Präsenz, der anderen Partner bewusst.

Unklar ist hierbei, ob die soziale Präsenz eine Eigenschaft des Mediums oder eine Wahrnehmung der Nutzer ist. Short und Kollegen (1976) erklären zwar, dass die soziale Präsenz durch die Eigenschaften des Mediums bestimmt wird. Geht man aber vom Aufbau ihrer Studie aus, dann hängt die Präsenz eines Mediums wesentlich von der Bewertung der Nutzer ab. Denn um soziale Präsenz zu messen, befragten sie die Studienteilnehmer in einer Erhebung bezüglich der von ihnen wahrgenommenen Anwesenheit der Kommunikationspartner in verschiedenen Medien. Daher liefert Walther (1992: 55) folglich eine Definition von sozialer Präsenz, welche die Medienperzeption besonders hervorhebt: „Social presence is the feeling that other actors are jointly involved in communicative interaction." So ist sie also keine bloße Kanaleigenschaft, sondern abhängig von den Einschätzungen der Nutzer.

Die Theorie sozialer Präsenz wurde in folgenden Arbeiten zur Analyse des Einflusses computervermittelter Kommunikation auf Gruppendiskussionen angewandt. Auf der einen Seite zeigte sich, dass die fehlenden Kontextinformationen unter Umständen förderlich für eine aufgabenorientierte Zusammenarbeit waren, auf der anderen Seite jedoch wurde auch antisoziales Verhalten, etwa aggressive Kommentare und verbale Pöbeleien, beobachtet, wie im Beispiel 4.3 zu lesen. Mit anderen Worten: Zwar war die Kommunikation aufgabenbezogener, jedoch kam die sozioemotionale Ebene zu kurz (Rice/Love 1987; Walther 1996).

Diese zwiespältige Bilanz greifen die **Hypothesen zur Herausfilterung sozialer Kontextreize** auf (*social context cues filtered out hypotheses*; Kiesler, Siegel et al. 1984). Im Kern geht es um die Behauptung, die fehlenden nonverbalen Informationen führten dazu, dass mögliche Statusunterschiede und räumliche Verhältnisse eingeebnet würden. Es finde, so behaupten die Filter-Hypothesen, eine Ent-Kontextualisierung statt, da die Hinweise zum persönlichen und sozialen Hintergrund (z. B. Alter, Aussehen, Status, Vermögen) fehlten (Suler 2004; Joinson 2006). Resultat dieser Egalisierung der Kommunikationssituation sei eine Disinhibition, d.h. eine Enthemmung, da soziale Beschränkungen und Kontrollen wegfallen würden. Als Enthemmungen interpretiert das Filter-Modell einerseits eine gesteigerte Freundlichkeit und Offenheit, wie sie als Selbst-Offenbarung beobachtet werden kann. Andererseits fallen darunter auch deviantes und antisoziales Verhalten. Am bekanntesten ist dabei das *flaming* geworden, welches im Modell als „remarks containing swearing, insults, name calling, and hostile comments" (Kiesler/Siegel/McGuire 1984: 1129) definiert wird.

> **Beispiel: YouTube-Kommentare**
> *Aggressive Kommentare auf YouTube zu einem Video, in dem gezeigt wurde, wie Vermummte illegal einen Zug der Berliner S-Bahn besprühen*
> irgendwie assi…
> streicht denen mal ihr Harz 4 …mal sehen wie lange die dann noch sprühen schade das wir eine so lasche Gesetzgebung haben … jeder der bei sowas erwischt wird sollte auch für die Reinigung aufkommen müssen und da die in die 1000er gehen, sollten die Leutchen einfach bis an ihr Lebensende

> die Schulden abstottern müssen ... ach und übrigens das hat nichts mit „Rebellion" zu tun sowas ist Vandalismus und sagt absolut gar nichts aus
>
> yo, du hast ja voll den durchblick junge! die reinigung eines zuges kostet ca. 300€ zudem ist vandalismus was anderes. hier wird nichts kaput gemacht sondern nur angemalt. ich bezweifle stark das alle writer harz IV empfänger sind! im bezug auf die gesetzgebung musst du dich bei der legislative auf bundesebene beschweren, falls du schon im BTag sitzt kannst du ja mal probieren ob du 5% der mitglieder zusammen bekommst um eine gesetzesänderung vorzuschlagen...
>
> ich bezweifle stark das alle writer harz IV empfänger sind!= - lol, das sind bestimmt alles Anwälte
>
> this is absolutly fucking shit!!! sooo borring, on shits are also still proud! i thing there all life from hartz 4!
>
> lets see ur whole cars u fuckin scummy piece of shit
>
> *Quelle: http://www.youtube.com/watch?v=NFuUs0VTFsU&feature=channel_video_title (Ausschnitt). Aufgerufen am 16.06.2011.*

Grundlegend ist festzuhalten, dass beide Modelle davon ausgehen, die technische Vermittlung bringe Restriktionen für den kommunikativen Austausch mit sich. Als Idealform gilt für sie eine Situation, bei der alle Akteure kopräsent zugegen sind. Prototypisch werden der Face-to-face-Kommunikation die Möglichkeit zum kontinuierlichen Feedback, die Bereitstellung mehrerer Wahrnehmungskanäle und die Spontaneität der Reaktion zugesprochen (Kap. 3.4). Face-to-face-Situationen sind so gesehen der Idealfall einer Multikanal-Kommunikation.

b) Cues to choose by-Ansätze

Die Idee, dass sich Kommunikationsmedien darin unterscheiden, welche Kanäle bedient werden, greifen auch die **Theorien der rationalen Medienwahl** auf. Doch geht es ihnen nicht so sehr um die Konsequenzen für die Kommunikationssituation, sondern vielmehr um die Passung eines Mediums zu einem Kommunikationsanlass, welche nach einer Kosten-Nutzen-Abwägung die Wahl bestimmt (Boos/Jonas 2008).

Die **Theorie medialer Reichhaltigkeit** (*media richness theory*; Daft/Lengel 1984) besagt, dass ein Medium umso effektiver dazu beiträgt, die Mehrdeutigkeiten in einer gegebenen Kommunikationssituation zu bewältigen, desto größer die von ihm gewährleistete Reichhaltigkeit der übertragbaren Informationen ist. Die Reduktion von Ambiguität ist notwendig, damit die Kommunikationsteilnehmer zu einer gemeinsamen Deutung einer Situation gelangen. Die Reichhaltigkeit eines Mediums hängt im Wesentlichen ab von

- der Schnelligkeit/Unmittelbarkeit, ein **Feedback** zu geben bzw. zu erhalten,
- der Vielfalt an übermittelbaren Hinweisreize, also der **Kapazität** des Mediums/einer Kommunikationsform zur Übertragung verschiedener Zeichenarten,
- dem Grad der **Personalisierbarkeit** einer Botschaft, also die Vermittlung sozioemotionaler Inhalte neben Sachinformationen, und
- der zulässigen **Sprachvarietäten** und der Fähigkeit eines Mediums, die sprachliche Natürlichkeit von gesprochener Sprache zu übertragen.

Ein Weg, den Grad medialer Reichhaltigkeit von Kommunikationsmedien zu messen, ist es, die Anwender hinsichtlich ihrer Bewertung verschiedener Kommunikationsmedien zu befragen. So erhoben Schmitz/Fulk (1991) die diesbezüglichen Angaben von Mitarbeitern eines

Forschungsinstituts (N = 511). Dazu mussten diese eine Liste an Medien auf einer 5-Punkt-Skala (1 = überhaupt nicht reichhaltig, 5 = äußerst reichhaltig) bewerten.

Tab. 4.2:   Mediale Reichhaltigkeit. Quelle: Schmitz/Fulk (1991).

Medium	Mediale Reichhaltigkeit (Mittelwerte)
Face-to-Face	4,4
Telefon	3,8
Handschriftlicher Text	3,6
E-Mail	3,5
Maschinengeschriebener Text	3,3
Numerischer Computerausdruck	2,5

Ein anderes Vorgehen verfolgen Clark/Brennan (1991), welche die Medien betreffs einer Liste von Eigenschaften in eine Hierarchie bringen, d.h. das Medium, welches die meisten Kriterien erfüllt, ist folglich das reichhaltigste.

Tab. 4.3:   Mediale Reichhaltigkeit. Quelle: Clark/Brennan (1991).

Medium	anwesend	sichtbar	hörbar	gleichzeitig	simultan	sequentiell	überarbeitbar	wiederverwendbar
Face-to-face	*	*	*	*	*	*		
Videokonferenz		*	*	*	*	*		
Telefon			*	*	*	*		
Telekonferenz			*			*		*
Anrufbeantworter			*					*
E-Mail							*	*
Brief							*	*

Die Theorie medialer Reichhaltigkeit beläst es nicht dabei festzustellen, dass sich Kommunikationsmedien in der Reichhaltigkeit der übertragenen Informationen unterscheiden. Sie nimmt darüber hinaus an, dass die Nutzer diese in eine Rangreihe bringen. An der Spitze einer solchen **Medienhierarchie** stehen vermittlungsreiche Medien mit maximaler Reichhaltigkeit (*rich media*), am unteren Ende finden sich vermittlungsarme mit geringer Reichhaltigkeit (*lean media*).

Die Theorie medialer Reichhaltigkeit behauptet nun, dass die Nutzer ihre Entscheidung, welches Medium sie zur Bewältigung einer Kommunikationsaufgabe wählen, auf Basis dieser Medienhierarchie fällen. Sie ist ein Vertreter rationaler Medienwahlmodelle, weil sie davon ausgeht, dass dieser Entscheidung für ein bestimmtes Medium bzw. eine Kommunikationsform eine **Kosten-Nutzen-Kalkulation** zugrunde liegt. Somit wird nicht immer das Medium mit der höchsten Reichhaltigkeit gebraucht, sondern stets dasjenige, welches dem angenommenen Grad an Mehrdeutigkeit und Unsicherheit in einer Situation entspricht, weil so ein unnötiger Mehraufwand vermieden werden würde. Zur **Effizienz** kommt die Frage der

4.3 Theorien sozialer Prozesse in der Online-Kommunikation

Effektivität hinzu. Konkret heißt dies, dass eine Benachrichtigung über faktische Informationen (z. B. Terminabsprachen) per E-Mail zweckmäßiger wäre als ein Face-to-face-Gespräch, bei welchem mögliche Ablenkungen und nonverbale Nebensächlichkeiten diese Aufgabe behindern könnten. Geht es dagegen nicht nur um sachlich-informative Aufgaben, sondern auch sozioemotionale, dann ist die E-Mail dem Modell nach nicht geeignet, sondern ein reichhaltigeres Medium sollte genutzt werden.

Tab. 4.4: *Passung von Ambiguität und medialer Reichhaltigkeit. Quelle: nach Fischer (2008 :50).*

		Ambiguität der Nachricht	
		hoch	gering
Media Richness	hoch	**Effektive Kommunikation** Reichhaltigkeit des Mediums entspricht der Komplexität der Nachricht	**Ineffektive Kommunikation** Reichhaltigkeit des Mediums führt zu Verwirrung
	gering	**Ineffektive Kommunikation** Mangelnde Variabilität des Cue-Systems kann Komplexität der Nachricht nicht fassen	**Effektive Kommunikation** Geringe Reichhaltigkeit des Mediums reicht für Nachricht aus und vermeidet Verwirrung

Eine Fortführung erfährt das Modell durch die **Media Synchronicity Theory** (Dennis/Valacich 1999). Synchronizität wird hierbei verstanden als das Potenzial eines Mediums, die parallele und gemeinsame Zusammenarbeit verschiedener Personen zu unterstützen. Wesentlich ist, dass das Modell den Prozess der Passung eines Mediums dynamisiert. Anders als die Theorie medialer Reichhaltigkeit geht es nicht davon aus, die Medienwahl erfolge auf der Basis einer im Vorfeld geschehenen rationalen Abschätzung der Komplexität einer Kommunikationsaufgabe und der Eigenschaften möglicher Medien. Stattdessen nimmt es an, diese Anpassung erfolge im Laufe des Kommunikationsprozesses. Die situative Angemessenheit hängt von den Prozessen der Informationsvermittlung (*conveyance*) und der Konvergenz der beteiligten Personen hin zu einem gemeinsamen Problemverständnis (*convergence*) ab. Grundlage der Entscheidung sind folgende Medienmerkmale:

- **Unmittelbarkeit** des Feedbacks (Ausmaß der Unterstützung wechselseitiger Kommunikation),
- **Symbolvarietät** (Anzahl der nutzbaren Kodalitäten),
- **Parallelität** (Ausmaß, wie viele Unterhaltungen gleichzeitig zwischen mehreren Teilnehmern geführt werden können, z. B. Einzelgespräch oder Konferenzschaltung bei Telefonen),
- **Überarbeitbarkeit** (Editierbarkeit/Optimierbarkeit der Botschaft) und
- **wiederholte Nutzbarkeit** (Verfügbarkeit der Botschaft für wiederholte Betrachtung und Weitergebrauch).

c) cues filtered in-Ansätze

Die in dieser Kategorie versammelten Modelle wurden in Abgrenzung zu den bisher behandelten Theorien entwickelt. Ein generelles Problem, welchem sie begegnen wollen, betrifft das methodische Vorgehen der meisten Arbeiten. Zur Überprüfung der angenommenen Restriktionen, Enthemmungen oder Wahlentscheidungen greifen beispielsweise die Untersuchungen zur rationalen Medienwahl entweder auf Arbeitsgruppen in Unternehmen und Verwaltungen oder auf kontrollierte Laborstudien zurück. Daran wurde kritisiert, dass die in solchen experimentellen Settings und Kurzzeitstudien zusammengestellten Gruppen nur wenige Ähnlichkeiten mit realen Beziehungen hätten, sondern künstlich konstruierte Situationen wären (Baym 2006). Als Gründe wurden genannt:

- Die Gruppen wurden meist unrealistisch klein gewählt (**Größe**),
- die Laborstudien fanden mit anonymen Teilnehmern statt und übersahen damit, dass real nicht davon ausgegangen werden kann, die Kommunikationspartner kennen sich nicht (Anonymität),
- für die Bearbeitung der zu lösenden Aufgabe in simulierten Gruppenarbeiten wurde zu wenig Zeit gegeben (**Dauer** im Schnitt 20 bis 45 Minuten) und
- die Studien wurden oft mit Probanden durchgeführt, welche keine oder kaum Erfahrungen mit computervermittelter Kommunikation hatten (**Medienerfahrung**).

Diese konzeptuellen und methodischen Beschränkungen fallen insofern ins Gewicht, als Feldstudien, welche die Dynamiken in realen Situationen beobachten wollten, viele der experimentell gewonnenen Ergebnisse nicht bestätigen konnten. Bereits in ihrer frühen Studie wiesen Hiltz und Turoff (1993) darauf hin, dass die Nutzer die fehlende Präsenz zu kompensieren versuchten, indem sie sich bemühten, besonders freundlich in ihren Nachrichten zu sein. Dies bedeutet, dass sie die fehlenden sozialen Hinweisreize in der textbasierten Online-Kommunikation durch andere zu ersetzen versuchten. Beispiele hierfür sind die Nutzung von ASCII Art (Abb. 4.9), Begrüßungen und die Verwendung informeller Sprache. Auch fanden andere Untersuchungen wenig Belege für die Annahme, die Computervermittlung beförderte besonders enthemmtes Verhalten, welches sich zum Beispiel in einer erhöhten Aggressivität der Beiträge niederschlage. Statt von Kanaleigenschaften, so argumentierten sie, hänge zum Beispiel das *flaming* vielmehr von der jeweiligen Kommunikationssituation ab (Walther (Walther/Anderson/Park 1994; O'Sullivan/Flanagin 2003). In Feldstudien konnte zudem die These, die Nutzer wählten Medien aufgrund einer Kosten-Nutzen-Abwägung ihrer Passungseigenschaften, nicht bestätigt werden (Fulk/Schmitz/Steinfeld 1990; Schmitz/Fulk 1991; Dennis/Valacich 1999).

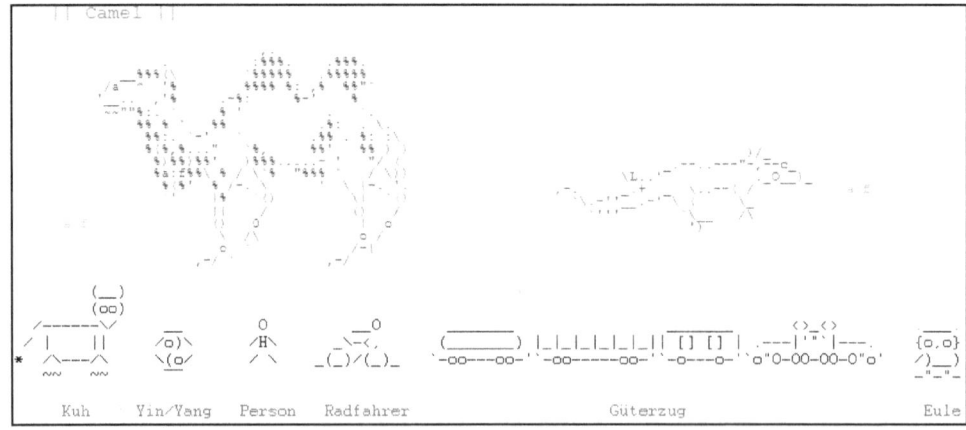

Abb. 4.7: ASCII Art. Quellen: de.wikipedia.org/wiki/ASCII-Art, www.ascii-art.de. Aufgerufen am 06.08.2011.

Als Antwort auf die Probleme und Beschränkungen der *cues filtered out*- und *cues to choose by*-Ansätze formulierte Walther (1992) die **Theorie der sozialen Informationsverarbeitung** (*social information processing theory*). Er verwirft darin die Vorstellung, das Fehlen nonverbaler Hinweisreize würde die Fähigkeit der Kommunizierenden, individuelle Nachrichten zu versenden, immer beschränken. Stattdessen nimmt er an, dass Online-Kommunikation weder von vornherein defizitär sein muss, noch dass der Austausch distanziert, ohne Emotionen und im schlimmsten Fall aggressiv ist.

Walther geht davon aus, dass zwischen Online-Kommunikation und Face-to-face-Kommunikation kein Unterschied darin besteht, dass die Partner in beiden Situationen erstens Unsicherheiten und Mehrdeutigkeiten reduzieren wollen, zweitens sich darstellen und einen Eindruck von ihrem Gegenüber gewinnen wollen und drittens ebenfalls unter beiden Umständen beabsichtigen, Übereinstimmung und eine positive Beziehung zu entwickeln. Im Gegensatz zu den Theorien rationaler Medienwahl betont er, dass die wesentliche Funktion kommunikativen Austauschs nicht nur in der Übermittlung von Sachinformationen liegt, sondern darin, soziale Beziehungen aufzubauen. In dieser Annahme – Kommunikation umfasst Inhalts- und Beziehungsaspekte – stimmt er mit klassischen Kommunikationstheorien überein (Watzlawick/Beavin/Jackson [1967] 2011).

> "[C]ommunicators in CMC, like other communicators, are driven to develop social relationships. In order for them to do so, previously unfamiliar users must become acquainted with others by forming simple impressions of others through textually conveyed information. On the basis of these impressions, they test their assumptions about others over time through knowledge-generating strategies, the results of which accumulate in refined interpersonal epistomologies. As such knowledge develops, communicators use more personal messages in CMC." (Walther 1992: 72 f.)

Schließlich widerspricht er der in den bisherigen Ansätzen implizit angenommenen oder explizit ausgedrückten Überzeugung, dass die jeweiligen Bedingungen eines Mediums unweigerlich zur Verarmung der Kommunikation führen. Gegen diese Sicht, welche aus den Gegebenheiten der technischen Vermittlungsweise soziale Folgen ableitet, formuliert er das Argument, dass die Kommunizierenden auf kreative Weise mit den jeweils ihnen zur Verfügung stehenden Mitteln umgehen und somit mögliche Restriktionen kompensieren. Nicht quasi-objektive Medieneigenschaften, sondern ihre **aktive** Aneignung und Nutzung stehen im Mittelpunkt der Theorie sozialer Informationsverarbeitung.

Fehlende sozioemotionale Nähe gründet sich für die Theorie sozialer Informationsverarbeitung in den experimentellen Laborsettings und nicht in den Eigenschaften der Kommunikationsformen. Dagegen steht ihre Behauptung, dass bei einem längerfristigen Austausch die Online-Kommunikation ebenso reich an sozialer Präsenz und Emotionalität sein kann wie die face-to-face (Walther/Burgoon 1992; Walther/Anderson/Park 1994).

Am Beispiel der als besonders arm an sozialen Hinweisreizen angesehenen textbasierten Kommunikation in Foren, Newsgroups oder Mailinglisten zeigt Walther, dass Akteuren in diesen beschränkten Kommunikationssituationen zwei Strategien zur Herstellung und Absicherung effektiver Verständigung und zum Beziehungsaufbau zur Verfügung stehen: Zum einen können sie größeres Gewicht auf die vorhandenen Optionen legen, zum anderen können sie Alternativen entwickeln, um sich selbst darzustellen, andere wahrzunehmen und die in einer Situation notwendigen und beabsichtigten Botschaften zu übermitteln.

Zu ersterer Strategie zählt er zum Beispiel den zeitlichen Aspekt von Kommunikation. So kann ein E-Mail-Sender nicht nur den Inhalt einer Nachricht gestalten, sondern hat auch Einfluss auf den Zeitpunkt des Absendens und den Abstand zwischen zwei Nachrichten (Walther/Tidwell 1995). Ebenfalls zu dieser Strategie der Nutzung vorhandener Potenziale rechnet Walther die bereits erwähnte erhöhte **Selbstoffenbarung,** welche eine intensivere und intimere Kommunikation fördere (Tidwell/Walther 2002). Beiden Optionen ist gemeinsam, dass die Teilnehmer gewillt sind, sich kommunikativ zu verständigen und daher Signale bewusst aussenden, welche über ihre Identität und kommunikativen Absichten Aufschluss geben sollen. Zur zweiten Strategie zählt er die im vorangegangenen Kapitel erarbeiteten Möglichkeiten des Sprachgebrauchs im Netz, die eventuell fehlenden non- und paraverbalen Hinweisreize zu substituieren (Kap. 3.3).

Dass Online-Kommunikation nicht ebenso, sondern sogar emotionaler und intimer als der Face-to-face-Kontakt sein kann, ist die These des auch von Walther (1996) vorgestellten Konzeptes der **hyperpersonalen Kommunikation.** Zur Begründung dieser, im Hinblick auf die bisherigen Modelle, provokanten Idee nimmt er eine Reihe von Effekten auf vier Ebenen: Sender, Empfänger, Kanal und Feedback an.

- **Sender** und **Empfänger**: Die visuelle Anonymität in textbasierter Online-Kommunikation resultiere in einer **Idealisierung** des Kommunikationspartners. Walther nimmt an, durch fehlende Kontextreize sich ergebende Informationslücken im Bild des anderen würden entweder durch stereotype Verallgemeinerungen (*over-generalization*) oder positive, überbewertete und also idealisierte Inhalte (*over-attribution*) aufgefüllt. Hinzu komme, dass der Sender die ihm zur Verfügung stehenden Mittel nutze, um ein möglichst günstiges Bild seiner Identität darzustellen. Den Akt der Selbstdarstellung versteht Walther mit Goffman ([1959] 2003) als *performance*, bei welcher besonders sozial erwünschte Eigenschaften präsentiert werden.
- **Kanal**: Die Online-Kommunikation führe zu einem Kontrollgewinn bei der Erzeugung von Botschaften, da der Inhalt, die Form und der Zeitpunkt der Nachricht vor dem Aussenden (auch mehrfach) überprüft werden können.
- **Feedback**: Darunter versteht Walther einen Rückkopplungsmechanismus zwischen idealisierter Vorstellung und realem Kommunikationshandeln: Die übertriebenen Erwartungen des Senders und seine selektive Selbstdarstellungen können beim Empfänger dafür sorgen, dass dieser bemüht ist, das ihm mitgeteilte idealisierte Bild seinerseits durch entsprechende Aktionen zu rechtfertigen. Daher wird er so handeln, wie es von ihm erwartet wird. Der Sender wiederum wird in seiner übermäßig positiven Vorstellung von seinem Gegenüber bestätigt und antwortet mit positiven Botschaften.

Einen zweiter Ansatz, welcher grundsätzlich Kritik an der Idee übt, technisch vermittelte Kommunikation gehe stets mit Beschränkungen einher, ist Höflichs **Modell der interpersonalen Medienwahl** (1996; 2003). Es versteht Kommunikation als soziale Interaktion, das heißt als aufeinander bezogene, intentionale Handlungen zwischen mindestens zwei Akteuren mit dem Ziel der Verständigung (Kap. 2.1). Mit ihren kommunikativen Akten beziehen sich die Akteure einer Situation aufeinander. Sie nutzen die wahrgenommenen Erwartungen, Einstellungen und Handlungsweisen als Grundlage eigenen Handelns.

Aus dieser Perspektive ist die Medienwahl kein einmaliges Ergebnis individueller Kosten-Nutzen-Abwägung, sondern Teil der wechselseitigen Interaktion. Weder kontextfreie objektive noch rein subjektiv bestimmte Medieneigenschaften können vorausgesetzt werden. Beide werden relativiert durch die Einbeziehung der **sozialen Situation der Mediennutzung**, welche stets in Bezugnahme auf andere erfolgt und somit von **Kommunikationsregeln** abhängig ist.

> **Beispiel: Verhaltensregeln auf der Netzwerkplattform StudiVZ.**
>
> Eigentlich eine Selbstverständlichkeit, aber man muss es immer wieder sagen: Eine respektvolle Ausdrucksweise und ein höflicher Umgang miteinander gehören zu den Grundlagen in unserem Netzwerk. Dementsprechend ist es nicht gestattet, andere Menschen negativ hervorzuheben, zu mobben oder lächerlich zu machen.
>
> Kein wiederholtes Zusenden von Nachrichten oder Gruscheln, wenn die Empfängerin oder der Empfänger mitgeteilt hat, dass dies nicht erwünscht ist. Ebenso ist Massengruscheln bei einer Person untersagt, wenn diese dazu kein Einverständnis gegeben hat.
>
> Wenn auf der Profilseite ein Profilbild hochgeladen wird, muss der Nutzer darauf erkennbar sein.
>
> Rassistische, gewalttätige, politisch extremistische, sexistische, diskriminierende oder sonst anstößige Veröffentlichungen, sowie solche, die andere Personen, Volksgruppen oder religiöse Bekenntnisse beleidigen, verleumden, bedrohen oder verbal herabsetzen, sind nicht gestattet.
>
> *Quelle: http://www.studivz.net/l/rules (Ausschnitt). Aufgerufen am 06.08.2011.*

Hinsichtlich der Online-Kommunikation unterteilt Höflich (1996) die relevanten Regeln in die der adäquaten Medienwahl und die prozeduralen Regeln des Mediengebrauchs. Beide zusammen gewährleisten, dass Kommunikation zwischen einzelnen Personen per Computervermittlung möglich ist. Es entwickeln sich auf der einen Seite geteilte Routinen und Erwartungen bezüglich der Nutzung gewisser Medien und Kommunikationsformen zu bestimmten Zwecken und in bestimmten Situationen. Auf der anderen Seite formen sich Regeln bezüglich der formalen und inhaltlichen Ausgestaltung der Kommunikation. Als Beispiele für diese zweite Dimension nennt Höflich (1996) die Herausbildung eines netzspezifischen Sprachgebrauchs (Kap. 3.3.1).

„Interpersonale mediatisierte Kommunikation ist schon deshalb möglich, weil die Kommunikationspartner gelernt haben, medienadäquat zu kommunizieren. Das heißt zum einen, daß sich die Nutzer im Zeitablauf gewisse Kenntnisse und Fertigkeiten im Umgang mit der Technik (i.S. einer technischen Kompetenz) angeeignet und eine entsprechende Routine erworben haben. Vor dem Hintergrund, daß soziales wie kommunikatives Handeln Regeln unterliegt und daß die Nutzung von Kommunikationstechnologien wie von Technik überhaupt als Teil sozialen Handelns zu verstehen ist, bedeutet „medienadäquat kommunizieren" zu können zum anderen, daß man die zur sozialen (und nicht nur technischen) Handhabung von Technik erforderlichen Regeln (i.S. einer technikbezogenen kommunikativen Kompetenz), kennt bzw. anzuwenden gelernt hat." (Höflich 1996: 83).

Beiden Modellen – Walthers Theorie sozialer Informationsverarbeitung als auch Höflichs Theorie der interpersonalen Medienwahl – ist gemeinsam, dass sie den Schluss ablehnen, Online-Kommunikation wäre grundsätzlich beschränkt, interaktionsschwach und mit störenden Einflüssen verbunden. Stattdessen plädieren sie für eine Beachtung der aktiven Aneignung von Medien im Kommunikationsprozess und wenden sich damit gegen eine deterministische Interpretation, welche aus dem technischen ‚Rahmen' unvermittelt soziale Folgen ableiten will (Amichai-Hamburger/McKenna 2006).

Einen besonderen Status als genuin sozialpsychologische Theorie der sozialen Prozesse in der Online-Kommunikation nimmt das Modell der **Social Identity and De-Individuation Effects (SIDE)** ein (Spears/Lea/Lee 1990). Im Kern besagt der Ansatz, dass in Gruppen die Anonymität der Teilnehmer, also das Fehlen von Kontexthinweisen und räumliche Isolation, unter Umständen nicht zu antisozialem Verhalten führen muss, sondern im Gegenteil eine verstärkte Orientierung an Normen der Gruppe mit sich bringt.

Eine Basis des SIDE-Modells sind die Arbeiten zur **Deindividuation**. Sie gehen zurück auf Gustave Le Bons Studien zur Psychologie der Masse ([1895] 1982), welche besagen, dass in Menschenmassen der Einzelne als Individuum nicht mehr identifizierbar sei. Deindividuation bezeichnet daher den Verlust der personalen Identität – ein Zustand, welcher etwa dazu führe, dass aggressives Verhalten gefördert werde. Dieser Schluss stützt sich wiederum auf Studien, in denen sich zeigte, dass anonym handelnde Personen eine verstärkte Aggressivität an den Tag legten (Zimbardo 1969). Der zweite Baustein des Modells ist die bereits zu Beginn des Kapitels erläuterte Einsicht, dass jedes Individuum über personale und soziale Identitäten verfügt. Wichtig für das SIDE-Modell ist dabei die Feststellung, dass die Anteile persönlicher und sozialer Identität auf einem Kontinuum angeordnet werden können. Je nachdem in welchem Kontext eine Person agiert, sind eher Anteile der personalen oder der sozialen Identitäten salient, also aktiviert. Die soziale Identität wird dadurch definiert, mit welcher positiv bewerteten Gruppe man sich identifiziert (*ingroup*), aber auch dadurch, gegenüber welcher man sich abzugrenzen versucht (*outgroup*). Aufbauend auf diesem Konzept der *social identity theory* (Tajfel/Turner 1986) argumentiert die *self-categorization theory* als weitere Grundlage des SIDE-Modells (Turner et al. 1987), dass Individuen sich selbst und ihre Interaktionspartner auf verschiedenen Ebenen kategorisieren („Mann', ‚Fußballspieler', ‚Amateur', ‚Torwart', ‚schlechter Torwart' etc.).

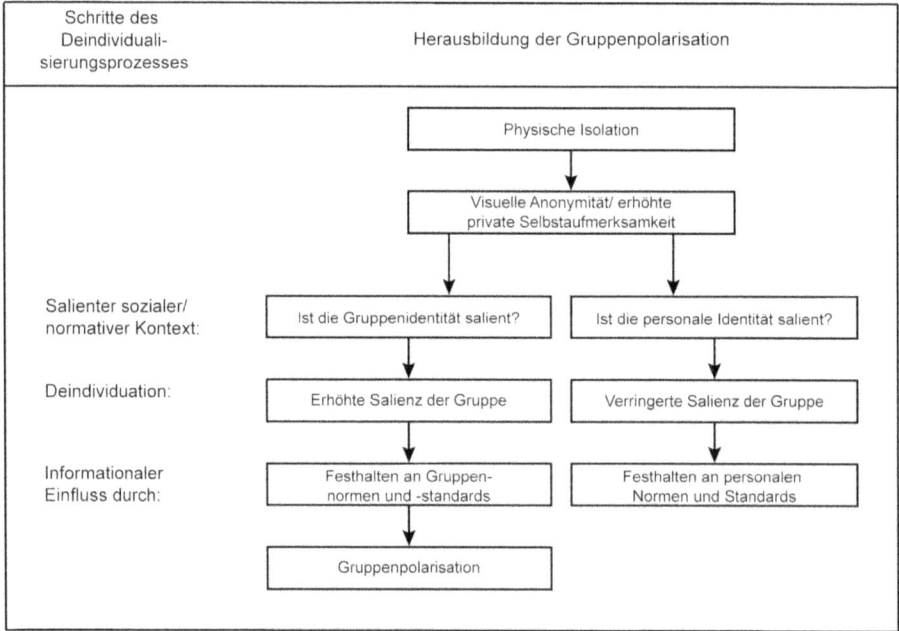

Abb. 4.8:   *Der SIDE-Ansatz. Quelle: nach Köhler (2003: 46).*

Im SIDE-Ansatz werden diese Ideen in den Bereich der Online-Kommunikation übertragen. Es wird davon ausgegangen, dass die Deindividuationsbedingungen Anonymität und räumliche Isolation dazu führen, dass die private Selbstaufmerksamkeit erhöht wird und die im jeweiligen Fall situativ bedeutsame Identität – personal oder sozial – verstärkt und handlungsbestimmend werde. Agiert eine Person also in einer Gruppe und ist dabei die soziale Identität als Gruppenmitglied salient, dann verstärkt der Umstand, dass die Mitglieder nicht individuell identifizierbar sind, diese Identifikation – kurz: *cues about us, not you or me* (Walther/Parks 2002: 539). Da die individuellen Besonderheiten eines jeden Einzelnen nicht erkennbar sind, wird die Gruppe als homogen wahrgenommen. Wenn dies für jeden Akteur gilt, führt die Anpassung eines jeden an die Regeln und Standards der *ingroup* zur weiteren Stereotypisierung der Gruppenmitglieder, was es für Außenstehende wiederum erschwert, individuelle Unterschiede zwischen ihnen festzustellen. Genau andersherum stellt sich der Fall dar, wenn die personale Identität salient ist. Hier verhindert die Anonymität anderer Personen, dass mögliche Ähnlichkeiten festgestellt werden können und auf diese Weise soziale Identitäten salient werden könnten. In der Folge kommt es zur erhöhten Selbstaufmerksamkeit und einer Orientierung an eigenen Einstellungen und Normen.

Zusammenfassung

Tab. 4.5: Die wichtigsten Theorien sozialer Prozesse in der Online-Kommunikation. Quelle: eigene Darstellung.

Kommunikationsmodell	Wichtige Autoren	Zentrale Ideen
Cues filtered out-Ansätze		
Theorie sozialer Präsenz/*social presence theory*	Short/Williams/Christie (1976)	Medien unterscheiden sich hinsichtlich ihrer objektiven/subjektiven wahrgenommenen Eigenschaften zur Vermittlung persönlicher Nähe und Lebendigkeit.
Hypothesen zur Herausfilterung sozialer Hinweisreize/*social cues filtered out hypotheses*	Kiesler/Siegel/McGuire (1984), Sproull/Kiesler (1986), Kiesler/Sproull (1986) und (1991)	Anonymität der Kommunikationspartner begünstigt enthemmtes Verhalten in positiver (Selbstoffenbarung, Egalität, Intimität) und negativer (*flaming*) Hinsicht.
Cues to choose by-Ansätze		
Theorie medialer Reichhaltigkeit/*media richness theory*	Daft/Lengel (1984), Treviño/Daft/Lengel (1987)	Medien werden im Blick auf ihre unterschiedlichen Möglichkeiten, reichhaltige Informationen zur Überwindung von Unsicherheiten und Mehrdeutigkeiten in eine Hierarchie gebracht und nach einem Kosten-Nutzen-Kalkül gewählt.
Theorie medialer Synchronizität/*media synchronicity theory*	Dennis/Valacich (1999)	Die situative Angemessenheit eines Mediums bestimmt sich durch seine Eignung zur Vermittlung von Informationen und Entwicklung eines gemeinsamen Problemverständnisses.
Cues filtered in-Ansätze		
Theorie der sozialen Informationsverarbeitung/*social information processing theory*	Walther (1992)	Kommunikationspartner kompensieren mögliche mediale Restriktionen durch strategische Ausnutzung situativ vorhandener Mittel.

Hyperpersonale Kommunikation/*hyperpersonal communication*	Walther (1996)	Visuelle Anonymität führt zur Idealisierung der Kommunikationspartner. In einem Rückkopplungsmechanismus führt das positive Fremdbild zur Darstellung sozial erwünschter Eigenschaften und beim Kommunikationspartner zu einer ebensolchen Antwortreaktion.
Modell der interpersonalen Medienwahl	Höflich (1996; 2003)	Technisch vermittelte Kommunikation geschieht stets in einer sozialen Situation unter Berücksichtigung von Regeln der adäquaten Medienwahl und proceduralen Regeln des Mediengebrauchs.
Modell der *social identity and deindividuation effects* (SIDE)	Spears/Lea/Lee (1990), Spears/Lea (1994), Reicher/Spears/Postmes (1998), Postmes/Spears/Lea (2000)	Anonymität verstärkt saliente personale oder saliente soziale Identität, was zu erhöhter Selbstaufmerksamkeit oder erhöhtem Gruppenzusammenhalt führt.

Schaut man zurück auf die Theorien sozialer Prozesse in der Online-Kommunikation, so fällt auf, dass sie fast alle mit Bezug auf textbasierte Online-Kommunikation entwickelt wurden. Die Diskussion, ob sich Anonymität und Nicht-Identifizierbarkeit positiv oder negativ auf das zwischenmenschliche Miteinander auswirken oder ob die fehlende Bekanntschaft Potenziale zur Selbsterkundung bereithält, kann nur geführt werden, wenn ganz grundsätzlich davon ausgegangen wird, dass die Kommunikationspartner sich nicht kennen, nicht identifizierbar sind und die Kommunikation nur textvermittelt stattfindet.

Dieser Annahme widerspricht jedoch der gewandelte Charakter des Webs. Die Bezeichnung Social Web verweist gerade darauf, dass die dazugehörigen Anwendungen wie Wikis, soziale Netzwerkplattformen und Instant Messaging auf die multimodale Interaktion und Kommunikation zwischen Akteuren sowie deren Selbstdarstellung und nicht auf anonym erfolgende Beziehungspflege ausgerichtet sind (Stegbauer/Jäckel 2007 u. Kap. 2.3). Fraglich wird also, inwiefern die erläuterten Theorien noch anwendbar sind und helfen, den im Moment zu beobachtenden Umgang mit diesen Angeboten der Online-Kommunikation und -Interaktion zu erklären.

+ Zum Wiederholen, Weiterdenken ...

1. Welche drei Arten von Informationen können von Nutzern bei der Selbstdarstellung und der Identifizierung anderer Akteure genutzt werden? Finden Sie Beispiele für jede Art.
2. In ihrer Studie fragten Walther/Slovacek/Tidwell (2001): *Is a picture worth a thousand words?* Sie untersuchten den Zusammenhang zwischen Attraktivität, Interaktionsdauer und visueller Information. Bei der Studie wurden zwei Faktoren manipuliert: vorherige Interaktion (keine Vorgeschichte und ein Semester Bekanntschaft) und visuelle Information (einem Teil jeder dieser beiden Gruppen wurden Bilder ihrer Interaktionspartner gezeigt, dem anderen nicht). Welches Ergebnis im Blick auf die angenommene Attraktivität des Gegenüber sollte sich zeigen (und hat sich gezeigt), wenn damit die These hyperpersonaler Kommunikation gestützt werden sollte?
3. Vergleichen Sie den 1995 im *Journal of Communication* veröffentlichten Artikel von (Newhagen/Rafaeli 1995) und die zehn Jahre später erschienene zweite Version von Walther/Gay/Hancock (2005), welche die gleichen Themen bezüglich der Online-Kommuni-

kation mit einem Jahrzehnt Unterschied behandeln. Was lernen Sie über die jüngere Geschichte dieses Forschungszweiges?
4. Überlegen Sie, welche nutzerdefinierten, systemgenerierten und mitnutzerproduzierten Informationen eine Netzwerkplattform wie StudiVZ bei der Beziehungspflege zur Verfügung stellt.
5. Welche Argumente aus den verschiedenen Theorien der sozialen Prozesse in der Online-Kommunikation könnte man anführen, um für oder gegen die Existenz von Online-Gemeinschaften zu argumentieren?
6. Welche Kriterien kennen Sie zur Bestimmung der Stärke einer sozialen Beziehung?

... und Weiterlesen

Bell, David/Barbara M. Kennedy (Hg.) (2000): The Cybercultures Reader. London/New York: Routledge. und Bell, David (2001): An Introduction to Cybercultures. London/New York: Routledge.

Der Reader versammelt die wichtigsten englischsprachigen Beiträge zu den Debatten, die in 1990er Jahren hinsichtlich Gender, Körperlichkeit, Community und Identität im Netz geführt wurden. Das korrespondierende Einführungsbuch liefert den theoretischen Hintergrund.

Döring, Nicola (2003): Sozialpsychologie des Internet. Die Bedeutung des Internet für Kommunikationsprozesse, Identitäten, soziale Beziehungen und Gruppen. 2. Auflage. Göttingen et al.: Hogrefe.

Dieses Buch versammelt aus (sozial)psychologischer Sicht einen umfassenden Überblick über die Themen Online-Identität und die Theorien computervermittelter Kommunikation. Der Fokus sind Kommunikationsformen im Internet und Web.

Hiltz, Starr Roxanne/Murray Turoff (1978): The Network Nation. Human Communication via Computer. Cambridge/London: The MIT Press.

Ein trotz seines Alters immer noch interessantes und für die Frage, auf welche Weise die Computervermittlung die Zusammenarbeit zwischen Personen behindert oder befördert, grundlegendes Buch.

Joinson, Adam/Katelyn McKenna/Tom Postmes/Ulf-Dietrich Reips (Hg.) (2007): The Oxford Handbook of Internet Psychology. Oxford: Oxford University Press.

Ein Handbuch, welches die englischsprachige Forschung in den Feldern Interaktion und Interaktivität, Online-Gruppen und -Communities, Online-Identität sowie methodische Aspekte psychologischer Online-Forschung behandelt.

Renner, Karl-Heinz/Astrid Schütz/Franz Machilek (Hg.) (2005): Internet und Persönlichkeit. Differentiell-psychologische Aspekte der Internetnutzung. Göttingen et al.: Hogrefe.

Dieser Sammelband vereint Beiträge der psychologischen Forschung zu Fragen, wie die Persönlichkeit und die Internetnutzung zusammenhängen. Besondere Schwerpunkte des Buches sind die Auswirkung von Persönlichkeitsmerkmalen auf die Nutzung bestimmter Kommunikationsformen, Untersuchungen zur Selbstdarstellung im Internet, Formen funktionaler und dysfunktionaler Internetnutzung (z. B. Internet-Sucht) und die Auswahl von Personen über das Internet (z. B. als E-Recruiting).

Rheingold, Howard (1993): The Virtual Community. Homesteading on the electronic Frontier. New York: Addison-Wesley (deutsch: Virtuelle Gemeinschaft. Soziale Beziehungen im Zeitalter des Computers. Reinbeck bei Hamburg: Rowohlt, 1995).
Immer noch ein Standardwerk für die Diskussion über Online-Communities (und eine unterhaltsame Lektüre obendrein).

Turkle, Sherry (1995): Life on the Screen: Identity in the Age of the Internet. New York: Simon & Schuster (deutsch: Leben im Netz: Identität in Zeiten des Internet. Reinbek bei Hamburg: Rowohlt, 1998).
Obwohl viele der hier zu findenden Annahmen inzwischen relativiert wurden, eine lesenswerte Studie aus der Zeit, als Online-Kommunikation vornehmlich textbasiert ablief.

5 Politik in der Online-Kommunikation

> **5.1** Politische Kommunikation im Netz
> **5.2** Online-Polity: Formen der Regulierung
> **5.3** Online-Politics: Kommunikation politischer Akteure
> **5.4** Online-Policy: Politikfeldbezogene Kommunikation
> **5.5** Politische Online-Kultur: Politische Vernetzung

Das Kapitel geht ganz allgemein der Frage nach, inwiefern soziales Handeln im Netz politisch ist. Es beleuchtet Online-Kommunikation, die zu kollektiv verbindlichen Entscheidungsprozessen beiträgt und welchen Regulierungsformen sie unterworfen ist. Im Besonderen werden soziale Handlungen von politischen Akteuren und deren Resonanz betrachtet, die auf der einen Seite *top-down* auf die politische Öffentlichkeit einwirken und zum anderen *bottom-up* politische Willens- und Entscheidungsprozesse zu beeinflussen versuchen. Diese Handlungen werden zunächst als politische Online-Kommunikation gefasst, wobei zum Ende des Kapitels eine nötige Öffnung zu (sub-)kulturell motivierter Kommunikation mit politischer Ausrichtung vorgenommen wird.

- Abschnitt 5.1 liefert Einblicke in ein politikwissenschaftlich geprägtes Begriffsfeld der politischen Kommunikation und rekonstruiert einige demokratietheoretische Diskussionslinien über mögliche deliberative und partizipatorische Potenziale des Internet.
- Der Abschnitt 5.2 stellt unter dem Label Online-*Polity*-Instanzen der staatlichen und nicht-staatlichen Regulierung von Online-Kommunikation vor. Diese werden in ihrer historischen Entwicklung und hinsichtlich ihrer Zielsetzungen beschrieben. Dabei ist zu bedenken, dass sie durch die unterschiedlichen nationalen Gesetzgebungen und onlinespezifischen Dynamiken nur als Einflussfaktoren bei der Herstellung von Gleichförmigkeit wirken können. Man bezeichnet diese Regulierungsinstitutionen auch als Governance-Akteure.
- Abschnitt 5.3 stellt unter dem Stichwort Online-*Politics* kommunikative Praktiken von politischen Akteuren vor. Dabei richtet sich der Blick ausschnitthaft auf Top-down- und Bottom-up-Kommunikationswege von individuellen und kollektiven Akteuren aus dem Bereich der politischen Institutionen sowie Nichtregierungsorganisationen und sozialen Bewegungen. Dies wird abschließend anhand von Wahlkampfkommunikation weiter verdeutlicht.
- Der Abschnitt 5.4 fokussiert mit dem Stichwort Online-*Policy* die inhaltliche Dimension politischer Praktiken im Netz. Hier stehen programmatische Zielrichtungen und Gesellschaftsvorstellungen im Zentrum, die sich (online-kommunikativ) zunehmend über lokale und punktuelle Themen sowie über lockere Netzwerke und individuelle Akteure äußern.

- Abschnitt 5.5 ordnet die unter 5.4 beschriebene Tendenz zu einer themenorientierten politischen Online-Kommunikation in einen größeren kulturellen Rahmen ein. Mit Bezug auf die (Cyber-)Cultural Studies wird diese Tendenz als kulturelle Praxis beschrieben, die sich ästhetischer Formen vermeintlicher Subpolitik bzw. -kultur bedient, um auf die Markierung und Veränderung gesellschaftlicher Zustände hinzuwirken.

5.1   Politische Kommunikation im Netz

Eine Auseinandersetzung über politische Kommunikation mittels ‚neuer' vernetzter Kommunikationstechnologien besteht seit den 1970er Jahren. Hierbei ging und geht es beständig um die Suche nach neuen Formen direktdemokratischer Bürgerbeteiligung. Noch vor der Zeit des Internet wurde dies für das Kabelfernsehen, Videotext, Telefonie etc. mit dem Konzept der **teledemocracy** diskutiert. Im Zuge der 80er Jahre traten vermehrt die digitalen Kommunikationsnetzwerke in den Blick. Hauptmotivation war zunächst, neue technikbasierte Abstimmungsverfahren zu entwickeln und sich dabei produktiv auf traditionelle Formen basisdemokratischer Bürgerabstimmungen (*town meetings*) in den USA zu beziehen. Die Benennung **cyberdemocracy** hat ihren Ursprung eher in subkulturellen Diskursen der amerikanischen Westküste. Sie entstammt einer „technisch-ökonomischen Elite Silicon Valleys" (Lindner 2007: 76) und bezeichnet eine schöpferische Zerstörung bestehender Politik- und Ökonomiesysteme zugunsten einer neuen radikaldemokratischen digitalen Gesellschafts- und Wirtschaftsordnung. Geprägt ist diese Auffassung von einer Skepsis gegenüber Zentralismus und jeder Form von staatlicher Regulierung (Lindner 2007: 76). Eine **Electronic democratization** oder **E-Demokratie** (Bieber/Leggewie 2003) ist weniger plebizitär geprägt als die ersten beiden Entwürfe. Sie schließt unmittelbar an vermeintliche Missstände einer repräsentativen Demokratie an, ohne diese verändern oder gar abschaffen zu wollen. Ein solches Konzept zielt auf eine Verbesserung des Informationsflusses zwischen Regierenden und Regierten ab, um politische Entscheidungen und Bürgermeinungen für beide Seiten transparenter zu gestalten. Dies soll unter anderem durch öffentliche Debatten und durch leichtere Zugänge zu behördlichen und kommunalen Institutionen im Netz gestützt werden. Außerdem erhofft man sich hierdurch eine bessere Vernetzung und Wahrnehmbarkeit zivilgesellschaftlicher Organisationen und Impulse (Hagen 1997).

Inwiefern sich diese demokratietheoretischen Ansätze in der aktuellen politischen Praxis und Kommunikation im Netz zeigen oder doch eher als Zukunftsvisionen zu bewerten sind, wird das vorliegende Kapitel behandeln.

a) Demokratiepotenziale des Internet

Die Funktion des Internet bei der politischen Willens- und Entscheidungsbildung wurde von den Disziplinen der Politik-, Medien- und Kommunikationswissenschaft lange Zeit in zwei sehr unterschiedlich ausgerichteten Bewertungshorizonten eingeordnet (Friedland 1996; Donges/Jarren 1999; Jarren/Donges 2006). Enthusiastische Positionen schrieben und schreiben dem Internet starke plebizitäre und gemäßigt-positive neue deliberative Demokratiepotenziale zu (siehe Kap. 2.4). Dadurch könne eine höhere Partizipation und eine Stärkung des politischen Systems erreicht werden. Skeptische Positionen sahen und sehen im Internet Glaub- und Wahrhaftigkeitsdefizite. Dies führen sie auf eine ungefilterte Informationsflut zurück, die Relevantes von Nichtrelevantem zu unterscheiden verhindere, sowie auf soziale und geografische Barrieren (*digital divide*), die durch begrenztes Zeitbudget und durch ungleiche Zugänglichkeit sowie Handhabungskompetenz verursacht sind. Daraus folgen strukturelle Ungleichheiten hinsichtlich Informationsstand und Einflussmöglichkeiten.

Während die positiven Positionen mehr oder weniger auf einem diskursethischen Standpunkt Habermasianischer Prägung basieren, lassen sich die skeptischeren Ausrichtungen eher systemtheoretischen Theoriemodellen zuordnen. Erstere sehen mit Hilfe der Online-Kommunikation eine Rückkehr direkter Einflussmöglichkeiten der Bürger auf politische Entscheidungsprozesse verwirklicht, die Habermas (1990 [1968]) in der (klassischen) massenmedialen Öffentlichkeit durch refeudalisierte, massenmedial inszenierte und manipulierende Praktiken zunehmend zurückgedrängt sieht. Letztere initiieren die Überzeugung, dass mit der Dezentralität des Internet die wichtige Funktion der Massenmedien behindert sei, nämlich als Spiegel der Gesellschaft zu dienen. Medien könnten damit keine Transparenz über bestehende Machtverhältnisse und Entscheidungsprozesse schaffen und nicht mehr als vierte Macht im Staat Kontrolle über die Politik ausüben.

Aktuell wird diese dichotome Gegenüberstellung immer weniger vertreten. Vielmehr haben sich Beschreibungen durchgesetzt, die das Internet und die klassischen Offline-Medien als komplexen Medienverbund verstehen. Mediennutzer nehmen gemäß ihrer Rezeptionspräferenzen an parallelen und unterschiedlichen Praktiken der politischen Meinungs- und Willensbildung teil. Weiterhin bietet dabei die klassische Fernsehnachricht oder die überregionale Tageszeitung eine Orientierung über die relevante Themenlage bzw. das öffentliche Meinungsspektrum. Bürgerinitiativen, der Leserbrief und die Petition bieten weiterhin Möglichkeiten der Partizipation. Allerdings verlagern sich diese ursprünglich offline vollführten politischen Handlungen bei online-mediensozialisierten (jungen) Bürgern aus praktisch-funktionalen Gründen zusehends ins Netz. Eine Besonderheit dabei ist, dass Politik und (Alltags-)Kultur stärker aufeinander bezogen wird, als es in der internetlosen Zeit der Fall war. Politische Partizipation ist vermehrt themenorientiert als von grundsätzlichen Gesellschaftsvorstellungen geprägt. Waren vor zwanzig bis dreißig Jahren politische Ausrichtungen noch stärker klassen- bzw. milieu- und damit parteienbezogen motiviert, so führen heute Individualisierungs- und Globalisierungsprozesse zu spontaneren und flexibleren politischen Meinungsbildungen und Netzwerken. Dies zeigt sich zum einen in dem stetigen Anstieg von Wechsel- und Nichtwählern sowie an dem steigenden Einfluss parteienunabhängiger themenorientierter Deliberationspraktiken (z. B. Widerstand gegen die Atomwirtschaft oder gegen kostenintensive öffentliche Bauvorhaben wie Stuttgart 21). Solche Praktiken traten ursprünglich stärker in Staaten des Mehrheitswahlrechts wie den USA auf, da Bürger hiermit einer differenzierteren Positionierung Ausdruck verleihen können, als es ein Zweiparteiensystem repräsentieren kann. Durch ein Mehrparteiensystem, wie es in der Bundesrepublik besteht, ist zwar ein differenzierteres Meinungsbild abgebildet, allerdings scheint es wegen fortschreitender Individualisierungsprozesse und der damit verbundenen zunehmend komplexeren Interessenlagen ebenfalls nicht angemessen Schritt halten zu können. Dies lässt sich kausal nicht zwingend mit einer empirisch steigenden Wahlabstinenz in Verbindung bringen, jedoch wird hypothetisch von einer solchen ausgegangen.

b) Formen politischer Online-Kommunikation

Trotz häufig beklagter Unschärfe des Begriffs politische Kommunikation (Sarcinelli 2005: 20) lässt sich politische Online-Kommunikation sowohl als ‚klassische Form' einer parteien- bzw. programmorientierten Kommunikation als auch als online-medienkulturell geprägte neue Form verstehen, die eher themen- und kampagnenorientiert realisiert wird. Jarren und Donges (2006) definieren politische Kommunikation allgemein zunächst wie folgt:

> „Politische Kommunikation ist der zentrale Mechanismus bei der Formulierung, Aggregation, Herstellung und Durchsetzung kollektiv bindender Entscheidungen. Insofern ist politische Kommunikation nicht nur Mittel der Politik. Sie ist selbst auch Politik." (Jarren/Donges 2006)

Politik ist somit aus einer ersten Perspektive als soziale Konstruktion zu verstehen, die wesentlich durch Kommunikation hergestellt wird und auf kollektive Verbindlichkeit ausgerichtet ist. Dadurch lassen sich die **gouvernmentalen Aspekte** behandeln, wodurch man an die klassische Vorstellung von Politik als ‚Staatskunst' oder ‚als Lehre von den Staatszwecken' anschließt. Aktuell wird in der Sozialwissenschaft jedoch weniger von Herrschaft und staatlicher Regierung gesprochen als von diskursiv hergestellten Formen des Führens. Diese implizieren kein dichotomes Herrschaftsverhältnis zwischen Regierung und Volk. Vielmehr veranschlagen sie ein komplexes Machtgeflecht zwischen unterschiedlichen Institutionen, Regimen, Akteuren, Bürgern, Migranten etc., das durch systembasierte Innovations-, Sanktions- und Entscheidungsprozesse gekennzeichnet und diskursiv (z. B. durch Schulbildung, Rechtsprechung) und nichtdiskursiv (z. B. durch Überwachungskameras, Haft) hergestellt und exekutiert wird. In der Literatur wird im Anschluss an Foucaults (2005) Machttheorie ein solches Verständnis von Regierung als **Führung der Führung** bezeichnet (Bröckling/Krasmann/Lemke 2000; Oels 2005). Dabei gilt Macht als produktiver Wirkzusammenhang, der Subjekte als politische Akteure in bestimmten Diskursfeldern sichtbar macht. Regierungen herrschen mittels Gesetzen, Behörden und Polizei nicht über ein bestehendes Volk oder den einzelnen Bürger, sondern diese werden erst durch realisierte Machtwirkungen produziert. Kern dieser Machtwirkungen sind Disziplinierungen und soziale Kontrolle, die neben der Justiz auch von der Medizin bzw. der Psychologie und dem Bildungssystem ausgeübt werden. Erstes bestimmt Legalität und Illegalität, zweites Gesundheit und Krankheit und drittes Klugheit und geringe Begabung. Regieren ist somit eine Machtausübung, die Führungen und Disziplinierungen lenkt und die nicht auf Regierungen beschränkt ist, sondern Akteure aller gesellschaftlichen Teilbereiche wie Familien, Vereine, Parteien, Krankenhäuser, Schulen, Gerichte, Unternehmen, Behörden etc. zu Regierenden und Regierten zugleich macht. So sind auch Regierungen in den aktuellen ‚Präsentationsdemokratien' Prinzipien medialer Verwertbarkeit unterworfen (Korte/Fröhlich 2004).

Die zweite Perspektive auf Politik thematisiert partizipatorische bzw. emanzipatorische Praktiken und Prozesse der Teilhabe an politischer Willensbildung, der Demokratisierung sowie das politische Handeln von Akteuren. Dabei treten Parteien, Politiker etc. sowie Nichtregierungsorganisationen (oder *non-governmental organizations* (*NGOs*)) wie zum Beispiel *Greenpeace* und themenorientierte Gruppen und Aktivisten in den Blick.

Eine Verbindung dieser beiden Perspektiven wird aktuell mit dem Begriff der **Governance** verfolgt, der Regulierungsformen der Führung und der Partizipation zu umfassen beansprucht und im Abschnitt Polity für die Online-Kommunikation näher spezifiziert wird.

Politische Kommunikation wird auf der Mikro-, Meso- und Makro-Ebene von Gesellschaft realisiert (siehe Kap. 2.1.2, Abb. 2.1) und erfährt als Online-Kommunikation eine besondere Ausprägung. Auf der Mikro-Ebene zeigen sich die sozialen Handlungen von Individuen, die ihre (politischen) Einstellungen, Werthaltungen, Ziele, Gesellschaftsvorstellungen etc. zum

Ausdruck bringen. Dies kann online in Kommunikationsformen wie Foren, Chats, Weblogs, persönlichen Homepages und Plattformen geschehen.

Auf der Meso-Ebene artikulieren sich Organisationen und Institutionen sowie kollektive und korporative Akteure. Diese sind meist auf Dauer angelegt und verfügen häufig über eine Programmatik, Satzung oder andere Formen manifester Handlungsmaximen und Zielsetzungen. Sie sind durch Arbeitsteilung gekennzeichnet, so dass repräsentierende Sprecher in der Öffentlichkeit auftreten oder Kommissionen und Delegierte Amtsträger wählen und Positionen und Stellungnahmen ausarbeiten. Online können letzte in Kommunikationsformen wie Webpages, Blogs bzw. Online-Auftritten der Organisationen sowie als mehrfachadressierte Kommunikate auf Plattformen (z. B. Wahlwerbung bei YouTube) zugänglich gemacht werden. Auch online-kommunikativ organisierte und themenorientierte Demonstrationsformen wie die kollektive Blockierung bestimmter Websites oder offline zusammentretende Demonstrationen sowie Flashmobs lassen sich als politische Praktiken der Meso-Ebene verstehen. Allerdings sind diese weder institutionell oder programmatisch verortet noch auf Dauer angelegt (Domke 2007).

Auf der Makro-Ebene werden gesamtgesellschaftliche Diskurse mit politischen Inhalten veranschlagt, die im Online-Bereich nur sehr schwer festzumachen sind. Es handelt sich um öffentliche Themen wie Atomausstieg, Erderwärmung etc. Am ehesten werden diese ausschnitthaft und unter journalistischer Perspektive in Online-Dependancen der klassischen Massenmedien wie spiegel-online oder tagesschau.de thematisiert. Algorithmisch selektiert und organisiert zeigen sie sich in Suchmaschinen wie Google(-News). *RSS-Feeds*, die abonnierte Zusendungen bestimmter Online-Publikationen darstellen, schaffen eine userzentrierte Aufbereitung von Themen der Makro-Ebene.

> Politische Online-Kommunikation lässt kaum scharfe Grenzziehungen zwischen Mikro-, Meso- und Makro-Ebene zu. Vielmehr kann politisches Handeln gleichzeitig auf allen Ebenen wirksam sein. So beteiligen sich PR-Abteilungen von Organisationen nicht selten in Foren oder (Micro-)Blogs auf der Mikro-Ebene oder individuelle Aktivisten können durch Netzwerkkommunikation so starke Nachhaltigkeit erreichen, dass politische Entscheidungen auf der Makro-Ebene entsprechend beeinflusst werden.

Aus diesem Grund wird im Folgenden politische Kommunikation im Netz nicht als Herausbildung öffentlicher Meinungen auf der Makro-Ebene betrachtet, sondern als Praxisformen der Emanzipation, Partizipation und Regulierung, die auf allen kommunikativen Ebenen des Netzes zu finden sind (siehe zur medialen Schichtstruktur des Internet Beck 2006: 18). In der Politikwissenschaft hat sich zur Erfassung dieser Praxisformen die Untergliederung in **Polity**, **Politics** und **Policy** durchgesetzt, die zur Spezifizierung von politischer Online-Kommunikation ebenfalls geeignet ist. Der Kasten zeigt jeweilige Minimaldefinitionen, wie sie Jarren und Donges (2006: 23) vorschlagen:

> „Polity
> bezeichnet die **formale Dimension** oder den Rahmen von Politik. Politik wird hier als Institution- und Normengefüge aufgefasst. Im Zentrum steht die Frage, wie Normen, Institutionen und Strukturen die Politik gestalten. Für die politische Kommunikation besonders relevant sind die Normen, die

sich auf die Kommunikationsverfassung einer Gesellschaft beziehen (also Meinungs-, Rede-, und Medienfreiheit).

Politics

meint die **verfahrensmäßige Dimension** oder den politischen Prozess. Diese Dimension stellt den Charakter von Politik als Konfliktaustragung in den Vordergrund, zielt also v.a. auf die Frage, wie einzelne Akteure wie Parteien, Interessengruppen etc. politische Interessen und Ziele durchsetzen. Bei der Analyse werden vor allem Machtverhältnisse, Akteurskonstellationen und Konflikte betrachtet. Für die politische Kommunikation ist relevant zu fragen, wie es bspw. um die kommunikative Kompetenz unterschiedlicher Akteure bestellt ist und ob es Unterschiede bspw. Hinsichtlich der Möglichkeiten eines Medienzugangs gibt.

Policy

schließlich bezeichnet die **inhaltliche Dimension** von Politik, die Verarbeitung gesellschaftlicher Probleme und fokussiert die Art und Weise, wie Probleme in konkreten Politkfeldern angegangen werden. So gibt es viele Probleme, die innerhalb einer Gesellschaft existieren – aber nicht alle bedürfen der politischen Bearbeitung; einige werden als „privat" angesehen und dementsprechend auch nicht politisch (also bspw. durch Rechtssetzung)."

Im Online-Bereich gestalten sich die drei Politik-Dimensionen in besonderer Weise. Grenzziehungen zwischen den einzelnen sind nicht deutlich herzustellen, sondern sie bilden zahlreiche Schnittmengen. Auch die angedeuteten Gleichsetzungen von politisch und öffentlich sowie privat und nicht-politisch lassen sich für die Online-Kommunikation nicht in dem Maße aufrechterhalten. Dennoch liefern die aufgeführten Politik-Dimensionen die nötigen Kriterien, um politische Kommunikation im Netz genauer bestimmen zu können.

Zusammenfassung

Die politische Kommunikation im Netz ist seit Anbeginn mit kontroversen Positionen über ihre Demokratie- und Partizipationspotenziale begleitet. Eine deliberativ ausgerichtete Perspektive sieht darin zahlreiche neue Möglichkeiten direkter Teilhaber der Bürger an der politischen Willensbildung, die sich in Formen der *E-Democracy* wie elektronische Abstimmungen, netzgestützte Diskussionen mit Politikern etc. verwirklichen lässt. Skeptische Positionen sehen in der dezentralen, ungefilterten Netzkommunikation eine Einschränkung der gesellschaftstiftenden Funktion professioneller Selektion, Aufbereitung und Publikation durch die Massenmedien und der damit verbundenen Kontrolle der Politik und Regierungen.

Politische Online-Kommunikation bewegt sich zumeist zwischen diesen Extrempositionen, schließt an die massenmediale Kommunikation an und fügt dieser usergeneriert Modifikationen und neue Impulse hinzu. Um diesen komplexen Dynamiken systematisch zu begegnen, bietet es sich an, die politikwissenschaftliche Dimensionierung von Politik in Polity, Politics und Policy auch auf die politische Online-Kommunikation anzuwenden. Dies erlaubt es, die spezifische Praxis der Information, Regulierung und Mobilisierung durch politische Akteure im Netz vergleichend herauszuarbeiten.

5.2 Online-Polity: Formen der Regulierung

Die Perspektive auf Polity im Netz fokussiert die formalen Rahmungen und Normengefüge, die zur Regulierung des sozialen Handels im Internet wirksam sind. Hier gilt: „Das Internet ist prinzipiell kein rechtsfreier Raum, denn es gilt der Grundsatz, dass das, was offline illegal ist, auch online illegal ist." (Donges/Puppis 2010: 81)

So einfach dies zunächst erscheint, so kompliziert ist jedoch die politische bzw. rechtsstaatliche Umsetzung dieses Grundsatzes. Politische Online-Kommunikation ist als Teil sozialen Handelns im Netz durch ein fundamentales Strukturproblem gekennzeichnet. Sie kann zum einen global geführt werden, zum anderen wird sie jedoch von nationalstaatlichen politischen Institutionen reguliert. Dieses Dilemma zeigt sich insbesondere in dem Vorgehen gegen kriminell-pornografische oder verfassungswidrige Inhalte bzw. Anbieter. Provider können beispielsweise von deutschen Behörden aufgrund der nationalen Gesetzeslage gezwungen werden, neonazistische Websites zu sperren. Wandern diese Online-Präsenzen jedoch zu ausländischen Internet-Dienstleistern ab, die einer liberaleren Rechtsprechung in diesem Bereich unterliegen (z. B. in den USA), so können entsprechende Seiten weiterhin auch von Deutschland aus abgerufen werden. Die Online-Welt vereint durch ihre grenzüberschreitenden politischen Praktiken zahlreiche unterschiedliche Rechtsauffassungen, Moralvorstellungen, Normen- und Wertesysteme, soziokulturelle Prägungen etc. Regulierungen, die diese hohe Inkongruenz nachhaltig und ebenfalls grenzüberschreitend erfassen, erfordern ein hohes Engagement an transnationalen Kooperationen und eine Einbeziehung verschiedener Akteure. Online-Dependancen klassischer Massenmedien, Politiker, Parteien, NGOs, einzelne Aktivisten, Justiz und Verwaltung sowie Bürgerinitiativen und andere Interessengruppen sind im Netz politisch aktiv und bilden hier eine anders organisierte Form politischer Öffentlichkeit, als es in der Offline-Welt möglich ist. So ist eine verbindliche Regulierung politischer Praktiken nur möglich, „wenn ökonomische, politische, und gesellschaftliche Akteure auf nationaler und internationaler Ebene zusammenarbeiten" (Kleinwächter 2006: 221; Donges/Puppis 2010: 81).

Diese Regulierungen sind einer institutionsorientierten politischen Kommunikation über das Netz zuzuordnen, die Rahmenbedingungen für das individuelle, soziale und kollektive Handeln im Internet stiftet. In der Literatur hat sich für dieses Praxisfeld der Begriff Internet-Governance (Castells 2005) etabliert.

> Governance kann definiert werden als „Gesamtheit aller nebeneinander bestehender Formen der kollektiven Regelung gesellschaftlicher Sachverhalte: von der institutionalisierten zivilgesellschaftlichen Selbstregulierung über verschiedene Formen des Zusammenwirkens staatlicher und privater Akteure bis hin zu hoheitlichem Handeln staatlicher Akteure." (Mayntz 2010: 66)

Ziele einer Governance im Internet sind nach Donges/Puppis (2010: 94 ff.) zusammengefasst:

- Aufbau und die Unterhaltung der technischen Infrastruktur und funktionierenden Netzarchitektur gegen monopolistische Trägerschaften und für eine uneingeschränkte Datenübertragung
- Gewährleistung von Software-, Code- und Protokoll-Standardisierungen als kompatibilitätsstiftende Internet-Kernressourcen (z. B. HTTP, IP)

- Schutz gegen monopolistische Tendenzen in der Inhaltsproduktion durch Regulierung von publizierenden Organisationen öffentlichen Rechts und privaten Anbietern von Informationen und Nachrichten samt deren Finanzierungen
- Schutz des Eigentums und des Wettbewerbsrechts mittels Etablierung von Rahmenbedingungen für den elektronischen Handel (E-Commerce)
- Beschränkung bzw. Bekämpfung von Datenkriminalität sowie unerwünschten (Spams), illegalen, jugendgefährdenden, pornografischen, rassistischen, gewalttätigen sowie die Menschenrechte verletzenden Inhalten
- Wahrung ethischer Richtlinien für Journalisten sowie des Datenschutzes und der Persönlichkeitsrechte im Netz
- Transparenz von Suchmaschinen hinsichtlich ihrer Ratingorganisation und werbebedingten Positionierungen von Suchergebnissen

Governance des Internet sind somit staatliche sowie nichtstaatliche Regulierungsformen zum Schutz des Einzelnen und zur Wahrung des Allgemeinwohls im Internet. Ursprünge einer Internet Governance bilden das Management der Internet-Kernressourcen wie das Domain Name System (DNS), die IP-Adressen, Internetprotokolle (z. B. HTTP, TCP) und Root-Server zur Standardisierung und Sicherung der kommunikationstechnologischen Infrastruktur des Netzes (Donges/Puppis 2010: 84). Zentrale nichtstaatliche Governance-Akteure in diesem Bereich waren und sind das World Wide Web Konsortium (W3C) oder die Internet Corporation for Assigned Names and Numbers (ICANN), die zunächst als selbstregulierende Initiativen von Webentwicklern und -nutzern ins Leben gerufen wurden.

Staatliche Regulierungsformen werden auf globaler Ebene durch internationale Gremien wie die International Telecommunication Union (ITU), die World Trade Organization (WTO) oder die UNESCO realisiert. Auf transnationaler Ebene geschieht dies z. B. durch den Europarat und auf nationaler Ebene durch (Innen-)Ministerien und staatliche Regulierungsbehörden. Diese wenden sich vor allem gegen Verletzungen der Menschenrechte, online-gestützter Kriminalität und ökonomischer Wettbewerbsverzerrung und treten für die Förderung von Bildungsinitiativen ein.

Die Governance besteht außerdem aus non-profit- sowie privatwirtschaftlichen Initiativen der Selbstregulierung und in Kooperation mit staatlichen Institutionen der Co-Regulierung. Für Deutschland ist als prominente Institution die Freiwillige Selbstkontrolle Multimedia-Dienstleister (FSM) zu nennen. Sie ist nach dem Vorbild der Freiwilligen Selbstkontrolle Fernsehen (FSF) organisiert und arbeitet als Kontrollinstanz für die inhaltliche Publikationspraxis privater Internet-Unternehmen. Mitglieder sind AOL, die Deutsche Telekom, Google, MSN, T-Online u.a. Die FSM ist von der staatlichen Kommission für Jugendmedienschutz (KJM) anerkannt. Dadurch hat sie rechtliche und inhaltliche Legitimität und gilt somit als co-regulierendes Gremium. Sie folgt einem Kodex, der die Zugänglichkeit illegaler, rassistischer und jugendgefährdender Inhalte untersagt, und unterhält eine Beschwerdestelle, in der Hinweise auf Verstöße bearbeitet werden. Missachtungen des Kodex' kann die Freiwillige Selbstkontrolle mit Rügen ahnden, die der Adressat einen Monat lang über sein Webangebot publizieren muss. Sie darf zudem Geldstrafen verhängen (Donges/Puppis 2010: 92).

Folgende Tabelle zeigt eine Übersicht von Internet-Governance-Institutionen auf internationaler und deutscher Ebene.

Tab. 5.1:   *Akteure der Internet Governance. Quelle: Donges/Puppis (2010: 92).*

	Selbst-/Co-Regulierung	(Inter-)Staatliche Regulierung
Globale Ebene	Internet Corporation for Assigned Names and Numbers (ICANN) Internet Governance Forum (IGF) Family Online-Safety Institute (FOSI) International Association of Internet Hotlines (INHOPE) Internet Society (ISOC) Internet Engineering Task Force (IETF) World Wide Web Consortium (W3C)	International Telecommunication Union (ITU) World Intellectual Property Organization (WIPO) World Trade Organization (WTO) United Nations Educational, Scientific and Cultural Organization (UNESCO)
Europäische Ebene	European Association of European Internet Services Providers Associations (EuroISPA)	Europäische Union (EU) Europarat
Nationale Ebene	Nationale Vereinigungen der Internet Service Provider (ISPAs) Presse- und Medienräte Hotlines Freiwillige Selbstkontrolle Multimedia (FSM)	Ministerien Regulierungsbehörden

Zusammenfassung

Online-Polity fokussiert Governance-Praktiken im Internet. Mit dieser Perspektive werden Formen kollektiver Regulierung netzspezifischen sozialen Handelns untersucht. Dabei treten staatliche Institutionen ebenso in den Blick wie privatwirtschaftliche und zivilgesellschaftliche Formen der Selbst- sowie Praktiken staatlicher und privater Co-Regulierungen. Ziel dieser Regulierungshandlungen sind die Wahrung der allgemeinen Zugänglichkeit des Netzes, seine inhaltliche Pluralität, technische Funktionalität und Abwehr seiner kriminellen Nutzung.

5.3 Online-Politics: Kommunikation politischer Akteure

Die Politics-Dimension beinhaltet den Verlauf politischer Prozesse mit Blick auf die jeweils beteiligten Akteure, deren Wert- und Zielvorstellungen sowie deren Einflusspotenzial. Dabei ist der politische Prozess als öffentliches Handeln und kommunikatives (Ver-)handeln über als lösungsbedürftig angesehene Problemfelder einer Gesellschaft zu verstehen (Jarren/Donges 2006: 201). Er gilt als eine permanent anhaltende Diskussion, an der individuelle Politiker und Aktivisten sowie kollektive Akteure (wie z. B. Institutionen oder soziale Zusammenschlüsse, Parteien, Verbände, Bürger- und Expertengruppen) beteiligt sind. Journalisten als Berichterstatter und Kommentatoren sind ebenfalls Teil dieser Prozesse.

> „Der Begriff des **(politischen** bzw. gesellschaftlichen **Akteurs** bezeichnet dabei jene Personen (individuelle Akteure) oder Gruppen (kollektive Akteure), die bestimmte Handlungsziele und Interessen verfolgen, über Handlungsressourcen und normative Orientierungen verfügen, die Fähigkeit besitzen, strategisch zu handeln, die sich sowohl selbst als Akteur verstehen als auch von anderen als solcher anerkannt werden." (Jarren/Donges 2006: 119)

In demokratischen Systemen ist die Entscheidungsgewalt einzelner Akteure oder Gruppen in der Regel eingeschränkt. Sie sollte durch komplexe prinzipiell öffentliche Prozesse, an denen weitere Akteure ganz oder phasenweise beteiligt sind, zusammengesetzt sein. Ein Beispiel für solche offenen Verhandlungs- und Entscheidungspraktiken bilden die durch die Tarifautonomie geschützten Lohn- bzw. Tarifverhandlungen. Diese werden in der Regel ohne Regierungsbeteiligung von Verbänden der Arbeitgeber und Arbeitnehmer geführt und sind damit Elemente des intermediären Systems einer demokratischen Gesellschaft. Unter **intermediärem System** lässt sich ein politischer Interaktions- und Kommunikationsraum verstehen, der unterschiedliche Interessen zusammenbringt und über den sich Austausch, Vermittlung sowie Entscheidungsfindung organisieren lassen. Es ist somit als ein differenziertes, heterogenes, flexibles und multifunktionales Handlungsfeld wesenhafter Bestandteil aller politischen Prozesse.

In ähnlicher Weise wird auch das Internet als ein virtueller Raum dezentraler Kommunikation und Interaktion verstanden. Es kann potenziell als mediale Infrastruktur des intermediären Systems par excellence gelten, das sich auf der Mikro-Ebene aus „politischen Websites" zusammensetzt. Solche Angebote lassen sich allgemein nach Schweitzer (2010: 48) wie folgt definieren:

> „Demnach gehören zu den politischen Websites jene Gruppen an zusammenhängenden HTML-Dokumenten und der mit ihnen verbundenen Dateien, die unter einer einheitlichen Webadresse gespeichert sind, sich inhaltlich mit Akteuren, Prozessen, und Strukturen des politischen Systems auseinandersetzen und von Angehörigen desselben verantwortet werden. Dies umfasst sowohl die Internetauftritte des politisch-administrativen als auch des politisch-intermediären Bereichs."

a) Top-down- und Bottom-up-Kommunikation politischer Akteure

Die Online-Präsenz von politischen Akteuren kann grundsätzlich als ein Mittel politischer (Online-)PR bzw. Öffentlichkeitsarbeit bezeichnet werden. Demgemäß lassen sich auch die für eine Unternehmens-PR entwickelten Konzepte der Top-down- und Bottom-up-Kommunikation auf den hier zu behandelnden politischen Kommunikationsbereich anwenden.

Top-down und **bottom-up** versteht man im Kontext von Unternehmens- und Organisationsmanagement als Richtungen von Entscheidungs- und Kommunikationsprozessen. So vollzieht eine institutionelle Organisationsführung top-down konkrete Regulierungsentscheidungen, die sie gegenüber ihrer Basis kommuniziert und exekutiert. Als bottom-up werden Vorgänge bezeichnet, die aufgrund von kommunikativen Impulsen aus der Basis Führungsentscheidungen beeinflussen (Zerfaß 2010: 313). Bottom-up-Kommunikation über das Online-Medium wurde von den etablierten politischen Parteien bereits sehr früh eingesetzt. Sie gilt als mediale Unterstützung eines innerparteilichen Reform- und Demokratisierungsfortschritts. Allerdings blieb es gemeinhin bei solchen Visionen, so dass auch die parteiinterne Kommunikation online meist top-down organisiert ist (Emmer/Bräuer 2010: 319). Bereits Zerfaß (2010) plädiert im Sinne einer nachhaltigen strategischen Unternehmens- und Organisationsplanung jedoch, beide Kommunikationsrichtungen zu integrieren. Mathes und Czaplicki (1993: 153–166) haben diese Prozesse hinsichtlich des Agenda-Settings untersucht und ebenfalls herausgefunden, dass nicht nur Meinungsführerschaften top-down für die Relevanz von Themen sorgen, sondern dass diese auch ausgehend von lokalen Impulsen bottom-up breit wirksam werden können. Durch die besondere Agenda-Situation im Netz ist

Online-Kommunikation seit jeher durch diese zwei Kommunikationsrichtungen geprägt. So werden vor allem Top-down-Themen aus der klassischen massenmedialen Berichterstattung übernommen. Eine egalitäre Bottom-up-Struktur (Beck 2006: 210) stellt das partizipatorische Potenzial des Netzes dar, das durch die neuen Social-Web-Anwendungen weiter gewachsen ist.

Die Online-PR politischer Akteure sieht sich ebenfalls diesen beiden Kommunikationsrichtungen gegenübergestellt. Hier dienen der Top-down-Kommunikation vor allem Websites (und/oder Weblogs), die die politischen Institutionen wie Parlamente, Regierungsstellen, Parteien, Politiker sowie Gewerkschaften, Nichtregierungsorganisationen und nachhaltiger ausgerichtete Bürgerinitiativen zur Kommunikation ihrer Positionen, Handlungen und Entscheidungen nutzen. Die Grenzen zwischen Top-down- und Bottom-up-Kommunikation sind in der politischen Kommunikation häufig fließend, denn auch die Website einer Bürgerinitiative kann als Bottom-up-Kommunikation betrachtet werden, um verantwortliche Regierungsstellen über die Positionen betroffener Bürger zu informieren. Top-down kann sie als Informationsorgan dienen, um Mitglieder und Außenstehende über den Stand ihrer Positionen und Aktionen in Kenntnis zu setzen sowie zur Solidarisierung und aktiven Mitarbeit aufzurufen. In jedem Fall lässt sich feststellen, dass Online-Kommunikation den Spielraum von zivilgesellschaftlichen Organisationen und Initiativen erheblich ausweitet. So mussten sie sich in einer internetlosen Zeit zumeist auf die situative Veranstaltungskommunikation der Meso-Ebene beschränken, die mit Hilfe massenmedialer Berichterstattung überregional Wahrnehmbarkeit erhalten konnte. Direkte übersituative Kommunikation war nur mit kostspieligen eigenen Printerzeugnissen und aufwendigen Vertriebssystemen möglich. Dies machte einen mitgliederstarken und gut organisierten Verbund nötig. Mit der Online-Kommunikation sind somit besondere öffentlichkeitsstiftende Faktoren verbunden, die im Kapitel 2.4.2 u. a. anhand des Konzeptes des *Long Tail* genauer erklärt werden und die auch für die Wahrnehmbarkeit von zivilgesellschaftlichen Akteuren bestimmend sind (Donk et al. 2004; Russel 2005).

Ein weiterer Effekt online-kommunikativer Aktivitäten politischer Akteure ist ihre gegenseitige Bezugnahme. Informationen des politischen Gegners sind leichter und schneller zugänglich. Sie sind durch ihre PR-spezifische Kommunikation in Form von Pressemitteilungen, Video-Botschaften, Parteienblogs oder repräsentativen Interviews als offizielle Stellungnahmen zu behandeln und können entsprechende Erwiderungen hervorrufen. Dies hat eine Dynamisierung von öffentlichen Auseinandersetzungen zur Folge, die auch andere mediale Kanäle mit einschließen kann. Beispielhaft lässt sich diese Entwicklung anhand von aktuellen Debatten oder Wahlkämpfen zeigen. TV-Duelle von Kandidaten gehen nicht selten auch auf Online-Dokumente der politischen Kontrahenten ein. Massenmediale Berichterstattung und/oder Politiksendungen nutzen eigene oder fremde interaktive Online-Angebote, um Politiker mit Meinungen des politischen Gegners oder der Bürger zu konfrontieren. Einschlägig gilt für diesen Bereich der sogenannte Politiker-Chat. Die folgende Abbildung zeigt den Beginn eines Chat-Protokolls mit der SPD-Vizevorsitzenden Andrea Nahles. Während im Offline-Bereich Formate wie das sogenannte Hörertelefon ebenfalls eine interpersonale Kommunikation zwischen Bürgern und Politikern ermöglichte, liefert das vorliegende Protokoll darüber hinaus eine situationsübergreifende Dokumentation der Politikerinnenreaktionen.

Abb. 5.1: Protokoll des Politikerchat mit der SPD-Vizevorsitzenden Andrea Nahles. Quelle: tagesschau.de. Aufgerufen am 04.03.2009.

Beispiel: Der Rücktritt von Bundespräsident Horst Köhler

Die hier dargestellte Bottom-up-Kommunikation und Speicherfunktion des Internet kann auch auf die politische Machtsituation im Offline-Bereich sehr nachhaltig einwirken. So hatte der ehemalige Bundespräsident Horst Köhler nach seinem Besuch deutscher Soldaten in Afghanistan dem Radiosender Deutschlandfunk am 22. Mai 2010 ein umstrittenes Interview gegeben. Darin stellte er sinngemäß fest, dass Deutschland seine Interessen im Zweifelsfall auch militärisch wahren müsse. Das Interview verursachte scharfe öffentliche Kritik, die u. a. zu dem überraschenden Rücktritt Köhlers im Juni 2010 geführt hatte. Bemerkenswerterweise wurde die Diskussion nicht direkt nach dem Sendetermin angestoßen, sondern erst, als der Blog BEIM WORT GENOMMEN (http://beim-wort-genommen.de/) die entsprechende Passage thematisierte. Daraufhin stellte der Deutschlandfunk eine gekürzte schriftliche Version des Interviews auf seine Homepage (http://www.dradio.de/dkultur/sendungen/interview/1188780/) und spiegel-online machte die genannte Passage in einem Artikel zum Hauptthema (Fischer/Medick 2010: Köhler entfacht neue Kriegsdebatte. In: spiegel-online: http://www.spiegel.de/politik/deutschland/ 0,1518,696982,00.html, abgerufen am 01.12.2010, siehe zur Rekonstruktion der Debatte: Hanfeld, M. (2010). Ist er von einem Blogger gestürzt worden? In: FAZ-online: http://www.faz.net. Aufgerufen am 01.12.201.)

Eine solche online-medial gestützte Dynamisierung von politischer Kommunikation hat auch eine Professionalisierung der politischen Akteure im Umgang mit diesem Medium zur Folge. So unterhalten zwar fast alle politischen Akteure interaktive Bottom-up-Kommunikationskanäle in Form von Foren oder Gästebüchern auf ihren Websites. Diese sind jedoch durch strenge Moderation kontrolliert, um Feedback in seiner öffentlichen Sichtbarkeit nicht imageschädigend wirksam werden zu lassen. Auch in externen Bottom-up-Portalen wie in sozialen Netzwerken zeigen sich viele politische Akteure präsent, allerdings wird auch hier die öffentliche Wahrnehmbarkeit von Rückkanälen stark eingeschränkt. Ein Beispiel dafür ist die wöchentliche Videobotschaft der Bundeskanzlerin Angela Merkel über das Videoportal YouTube, das mit deaktivierter Kommentierungsfunktion veröffentlicht wird.

Zwar attestiert Römmele (2003: 9) politischen Parteien eine stärkere Berücksichtigung interaktiver Bottom-up-Kommunikation, wenn diese programmatisch eher partizipatorisch oder problemorientiert ausgerichtet sind. Glaubwürdiger erscheint jedoch die Einschätzung von Jackson und Lilleker (2004), die online-kommunikative Aktivitäten von Politikern im Kontext einer allgemeinen Mediatisierung von Politik sehen. Diese hat zur Folge, dass politische Akteure ihre Kommunikation strategisch auf die verwendeten Medien abstimmen, um imagefördernde Botschaften zielgruppenwirksam positionieren zu können. Eine solche kommunikative Praxis umfasst die Berücksichtigung von online-spezifischen Bottom-up-Möglichkeiten nur insoweit, als sie der eigenen Botschaft nicht entgegenlaufen können. Die Mediatisierung der Politik ist somit der Grund fortschreitender Professionalisierung politischer Kommunikation durch die Akteure.

Ein derartig strategischer Umgang mit Online-Kommunikation wurde den politischen Parteien noch zu Beginn des letzten Jahrzehnts nicht zugeschrieben (Dowe/Wetzel/Wagner 2002: 19). Auch aktuell scheinen die einzelnen Parteien und Politiker auf den unterschiedlichen institutionellen und regionalen Ebenen noch unterschiedlicher Meinung gegenüber dem Gewinn und den Grenzen von Bottom-up-Möglichkeiten des Netzes zu sein (siehe Emmer/Bräuer 2010: 321). Über dessen Top-down-Qualitäten scheint eher Einigkeit zu herrschen, was sich im kontinuierlichen Ausbau der Webpräsenzen zeigt. Dies wurde auch von zahlreichen inhaltsanalytischen Studien (siehe Schweitzer 2010) hinsichtlich Usability-Kriterien wie inhaltlicher Vielfalt und Lesbarkeit der Texte, Einsatz von Visualisierungen wie auch multimedialen Anwendungen und der Gestaltung der Navigationsarchitektur nachgewiesen. Unsicherheiten und Uneinheitlichkeit lassen sich eher inhaltlich in der Art und Weise, wie einzelne Politiker sich persönlich im Netz präsentieren (wollen), feststellen. Hier wurden ganz unterschiedliche Erwartungen und Praktiken von (Über-)Regional- und Lokalpolitikern gegenüber Top-down- und Bottom-up-Funktionen des Internet ermittelt (Faas 2003; Druckmann/Kifer/Parkin 2007; Wolling/Seifert/Emmer 2010).

Seit einigen Jahren nehmen zudem Weblogs von Politikern einen immer größeren Stellenwert ein. Sie können als online-kommunikative Umsetzung einer allgemeinen Tendenz zur Personalisierung von Politik gelten, die vor allem im Wahlkampf eine gezielte Anwendung findet (siehe Coenen 2005: 321; Emmer/Bräuer 2010; Katzenbach 2010). Über den Blog kann der politische Akteur den Eindruck vermitteln, er wende sich direkt an den Bürger. Dabei artikuliert er sich weniger förmlich, berichtet von persönlichen Erlebnissen und zeigt sich von seiner ‚menschlichen Seite'. Gleiches wird auch mit der Einrichtung von synchronen Politiker-Chats verfolgt. Waren diese ursprünglich noch als weitere Möglichkeit einer deliberativ ausgerichteten Bottom-up-Kommunikation gedacht, so hat sich ihre kurze Dauer als wenig nachhaltig, sondern eher als punktuell unterhaltend herausgestellt (Bieber/Leggewie 2003). Bei Weblogs handelt es sich allerdings um dauerhaft verfügbare Online-Kommunikation mit möglichen Feedback-Optionen. In der Praxis werden diese jedoch von den Politikern oder Mitarbeitern ebenfalls eingeschränkt behandelt, so dass der Blog primär als One-Way-Kommunikationsform zur Pflege eines volksnahen und modern-technikaffinen Images (Schmidt 2006) dient.

> **Beispiel: Microbloggings vom Vizevorsitzenden der SPD-Bundestagsfraktion Hubertus Heil**
>
> *@Ralf_Stegner* Richtig Ralf, toller Film, toller JFK! Nur das wir beiden Kabell sehen macht mich nachdenklich:-)*2:18 PM Nov 10th* via *Twitter for iPhone als Antwort auf Ralf_Stegner*
>
> Mir tut der bisherige BMF-Sprecher jedenfalls leid - und der Nachfolger auch. *7:16 AM Nov 9th* via *Twitter for iPhone*
>
> Ist Schäubles Verhalten gegenüber seinem Sprecher eigentlich „bürgerlich" oder doch eher feudalgutsherrlich? *7:02 AM Nov 9th* via *Twitter for iPhone*
>
> *@rudiganer* Ruecksichtlose Eitelkeit. *1:15 PM Aug 28th* via *Twitter for iPhone als Antwort auf rudiganer*
>
> Sarrazins Mist finde ich tatsaechlich unertraeglich. Das ist weder sozial noch demokratisch. *12:53 PM Aug 28th* via *Twitter for iPhone*
>
> Rein ins Hotel, raus aus dem Hotel: Ruettgers in der politischen Drehtuer... *12:47 AM Feb 1st* via web
>
> Fricke und Wulff pro Klientelgesetz bei Anne Will. Wie ist das nochmal mit dem Wachstum durch reduzierte Mwst. fuer Hotels? *1:10 PM Dec 13th, 2009* via web
>
> Hubertus Heil auf Twitter: *http://twitter.com/hubertus_heil. Aufgerufen am 12.11.2010.*

Da das Internet weiterhin als das Bottom-up-Medium par excellence gelten kann, konstituieren sich hier neben den etablierten politischen auch Akteure, die alternative Formen der politischen Willensbildung hervorbringen. Sie lassen sich schwerer mit Funktionen einer institutionell-repräsentativen Demokratie in Verbindung bringen, da sie weniger organisiert und programmatisch in Erscheinung treten. Man spricht klassischerweise von Akteuren der Zivilgesellschaft, die ebenfalls als Mitglieder des intermediären Systems gelten. In dieser Funktion bringen sie gesellschaftliche Interessen in die politische Diskussion ein, die von Parteien und Verbänden nicht berücksichtigt werden. Sie haben keinen direkten Einfluss auf politische Entscheidungsprozesse, sondern versuchen über öffentlichen Druck zu beeinflussen (Kißler 2007). Für diese kommunikative Praxis eignet sich das Internet aus den bereits genannten Gründen in hohem Maße (Emmer/Bräuer 2010: 322). Während einige zivilgesellschaftliche Akteure, die aus Protestkulturen hervorgegangen sind, bereits vor der Zeit des Internet zu institutionalisierten Organisationen wie *Greenpeace* oder *amnesty international* geworden sind, kann man sich aktuell eine (Neu-)Formierung politischer Kräfte jenseits des Internet kaum noch vorstellen.

> **Beispiel: Die Piratenpartei**
>
> Ein prominentes Beispiel für eine online-kommunikative Formierung eines politischen Akteurs, die sogar zur Parteigründung führte, ist die Entstehung der Piratenpartei. Diese hatte ihren Ausgang in Schweden als eine Filesharing-Gemeinschaft, welche sich 2006 als Piratpartiet konstituierte. Sie trat noch im selben Jahr zu den schwedischen Parlamentswahlen an. Die Piratenpartei Deutschland wurde am 10.09.2006 in Berlin gegründet und beteiligte sich erstmalig an den Hessischen Landtagswahlen 2008, bei denen sie einen Wahlerfolg von 0,3 Prozent verbuchen konnte. 2011 zog sie mit 8,9 % ins Berliner Abgeordnetenhaus ein. Inhaltlich ist die Partei vor allem auf Regulierungsformen des Internet fokussiert. So wendet sie sich gegen staatliche und wirtschaftliche Nutzungsbeschränkungen von Online-Inhalten. Urheberrechte, gesetzlicher Jugendschutz und Verfassungswidrigkeit werden hinter die Forderung nach einer freien Verwertung von online-publizierten

> Dokumenten und freier Meinungsäußerung gestellt. Außerdem gelten viele Praktiken des behördlichen Vorgehens gegen Datenkriminalität als überwachungsstaatliche Übergriffe.
> *Quelle: http://www.piratenpartei.de. Aufgerufen am 31.10. 2011 sowie Bartels (2009)*

b) Wahlkampf und Kampagnen

Politische Kommunikation der Funktionsträger eines demokratischen Systems verdichtet sich vor allem in Wahlkampfzeiten. Dies gilt auch für die Online-Kommunikation (Bieber 1999: 121). Aus diesem Grund bilden Wahlwerbung und Wahlkampagnen ein besonderes Forschungsfeld zur Untersuchung von *Politics*-Merkmalen. Es sind Praktiken öffentlicher Konfliktaustragungen, die durch besondere Stilisierung von Politikern sowie Polarisierung und Zuspitzungen der unterschiedlichen Positionen gekennzeichnet sind. Sie unterliegen persuasiven Strategien, um die Willens- und Meinungsbildung potenzieller Wähler im Sinne des jeweiligen Akteurs zu beeinflussen. Als Vermittler zwischen Akteur und Wähler dienen die Medien, die zum einen mittelbar über journalistische Berichterstattung eine Verbindung herstellen oder unmittelbar, indem die Akteure direkte Kommunikationskanäle wie Plakate, Informationsveranstaltungen oder das Online-Medium nutzen. Durch seine überregionale und nachhaltige Wahrnehmbarkeit haben sich im Internet besondere Wahlkampf-Praktiken entwickelt, die im folgenden Abschnitt als weitere Online-Politics-Kommunikation skizziert wird.

Vorreiter auf dem Gebiet des Wahlkamps im Netz sind die USA, so dass die Forschungserkenntnisse zum großen Teil auf entsprechenden Kampagnen in Nordamerika beruhen. Allerdings hat auch auf dem europäischen Kontinent die online-kommunikative Auseinandersetzung vor überregionalen Wahlen stark zugenommen. Ein nachgewiesener positiver Zusammenhang zwischen Internet-Nutzung und politischer Informiertheit (Emmer 2005; Drew/Weaver 2006) verweist auf den potenziellen Nutzen von Online-Kampagnen. Zudem bieten sich den Kommunikationsstrategen der Parteien und Politiker mit dem Web 2.0 neue Methoden eines **viralen Marketings** (Emmer/Bräuer 2010; Kap. 6). Interpersonale Kommunikation gilt dabei als aktuellere, zielgruppengerechtere und glaubwürdigere Informationsvermittlung gegenüber mehrfachadressierter Wahlwerbung über die Massenmedien. Eine solche Kampagnen-Praxis zielt auf den Aufbau und die Information von Sympathisanten-Netzwerken ab, die auch über eine geringere Parteienbindung für den erfolgreichen Wahlkampf eines Kandidaten nützlich sein können (Miesler 2009: 74). Hierbei spielen die persönlichen Kontakte bzw. Öffentlichkeiten (Kap. 2.4.2) der Netzwerkmitglieder eine große Rolle, die über Mailinglisten, Online-Plattformen und *social networks* mit Informationen im Sinne der Parteien versorgt oder zu eigenem Engagement mobilisiert werden können (Vaccari 2008). Beispiele für eine solche Kampagne zeigten sich im Präsidentschaftswahlkampf des Republikaners George W. Bush im Jahre 2004 (Nisbet/Kotcher 2009). Auf demokratischer Seite wurde im Vorwahlkampf 2007 die MySpace-Seite von Hillary Clinton zu einem auffälligen Wahlkampfinstrument so wie die Twitter- und YouTube-Aktivitäten von Barack Obama beim Ringen um die Präsidentschaft (siehe Abb. 5.2 und 5.3).

Für den Wahlkampf im Netz lässt sich jedoch eine ähnlich geringe bzw. sogar verminderte Nutzung von Bottom-up-Kommunikation vonseiten der Wahlkampfstrategen feststellen. Grund dafür mag ebenfalls das Risiko sein, das durch die schwere Kontrollierbarkeit solcher interaktiver Prozesse besteht (Nisbet/Kotcher 2009: 70). In problematischer Weise lassen sich diese interaktiven Dynamiken im umgekehrten Sinne sogar als ein ‚*Online-Negativ-*

 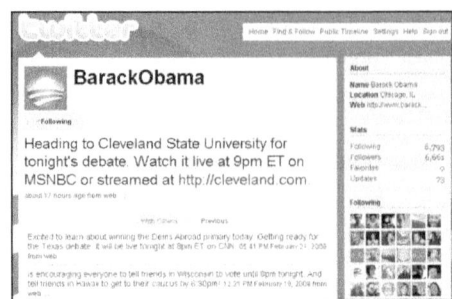

Abb. 5.2: MySpace-Seite von Hillary Clinton:
http://www.myspace.com/hillaryclinton.
Aufgerufen am 27.11.2010.

Abb. 5.3: Aus Blog PR BLOGGER:
http://klauseck.typepad.com/prblogger/
2008/02/obama-twitter.html.
Aufgerufen am 27.11.2010.

Campaigning' einsetzen, indem Falschmeldungen oder Gerüchte über den politischen Gegner in Umlauf gebracht werden (Nisbet/Kotcher 2009: 75). Da die ursprüngliche Quelle in solchen Fällen schwer zu ermitteln ist, sind Kampagnen dieser Art als wenig fair bis kriminell verleumderisch einzustufen.

Dominant bleibt nach wie vor die One-Way-Kampagne bzw. Top-down-Kommunikation, die auch über neuere Kommunikationsformen wie Politiker- oder Parteienblogs verfolgt wird und über eine hohe Innovativität verfügt (Schweitzer 2008). Hierbei wird die Möglichkeit, kommunikativ flexibel und schnell auf kurzfristige Ereignisse und Umfrageergebnisse reagieren zu können, genutzt (Domke 2007). Für diese Form der Online-Kommunikation muss für den deutschen Wahlkampf einschränkend erwähnt werden, dass das Fernsehen weiterhin das favorisierte Medium für die tagesaktuelle Information ist. (ARD/ZDF-Online-Studie 2011). Die politische Internetnutzung nimmt allerdings in der Gesamtheit gerade in jüngster Zeit stärker zu, wobei dies alters- bzw. generationsbedingt zu erklären ist (Perlmutter 2008). Dies zeigt sich ebenfalls bei den Wahlkampfstrategen. Hier favorisieren die jüngeren Kommunikatoren eher das Netz und die älteren die klassischen medialen Kanäle. Das Internet ist demnach (noch) nicht das dominante Medium zur politischen Information (Emmer et al. 2010).

Finanziell besser gestellte politische Parteien konzentrieren sich daher weiterhin auf die vergleichbar teure Rundfunk-, Plakat- und Anzeigenkommunikation, wobei sie auch im Netz im Vergleich zu finanzschwächeren Parteien die aufwendigeren Internetpräsenzen unterhalten. Letzte fokussieren ihre kommunikativen Aktivitäten wegen der kostengünstigeren Publikationsmöglichkeit jedoch vorwiegend auf das Netz (Gulati/Williams 2007).

Inhaltlich ist der Online-Wahlkampf eng an den Themen und Kampagnen orientiert, die auch im Offline-Bereich von den einzelnen Kandidaten dominant vertreten werden (Sulkin/Moriarty/ Hefner 2007). Das hat zur Folge, dass zu Wahlkampfzeiten die hauptsächliche politische Kommunikation der zur Wahl stehenden Parteien und Politiker weiterhin auf deren Websites stattfindet. Waren sie in der Frühphase des Internet neben den Online-Magazinen die ersten wahrnehmbaren Seiten politischen Inhalts, so sind sie heute zu multifunktionalen Plattformen geworden, die mittels unterschiedlicher Kommunikationsformen und multimedialer Angebote die Kampagnen der Kandidaten bündeln (Emmer/Bräuer 2010: 327). Hier finden sich neben den programmatischen Positionen der Parteien oder den persönlichen des Kandidaten crossmedial auch deren Offline-Aktivitäten in Form von downloadbaren Wahlplakaten, TV-Wahlspots sowie ‚Tourdaten' der Wahlkampftermine wieder. In den USA dienen sie vereinzelt auch zur Einwerbung von Kleinstspenden (Williams/Trammell 2005). Eine ähnliche Funktion ist in Deutschland jedoch nicht zu erwarten, da die Wahlkampffinanzierung gemäß dem Wahlerfolg der einzelnen Parteien staatlich rückerstattet wird (Emmer/Wolling 2009: 108). Allerdings ist auch auf fast allen deutschen Parteien-Websites die Möglichkeit gegeben, über Online-Anmeldungen Mitglied zu werden.

Seit dem Bundestagswahlkampf 2002 bietet zudem die Bundeszentrale für politische Bildung einen sogenannten Wahl-O-Mat an (Bundeszentrale für politische Bildung: http://www.bpb.de/methodik/XQJYR3.Aufgerufen am 01.12.2010). Dabei handelt es sich weniger um ein Informationsinstrument als vielmehr um online-gestützte Politikunterhaltung. Dieses Angebot erfährt großen Zuspruch. Die Nutzer werden durch ein Online-Formular nach ihren politischen Ansichten zu bestimmten Politikfeldern befragt. Das Ergebnis wird maschinengestützt mit den aufbereiteten Wahlprogrammen der Parteien verglichen, worauf dem Nutzer schließlich eine Wahlempfehlung ausgegeben wird. Diese Form politischer Kommunikation kann nicht als politisches Handeln im Netz verstanden werden, dennoch ist sie in der Lage, auf erheiternde Weise Internetnutzern zusätzliche Hinweise zur eigenen politischen Orientierung zu liefern.

Zusammenfassung
Die Dimension der Online-Politics perspektiviert das Internet als politischen Kommunikations- und Interaktionsraum. Sie zeigt ein differenziertes, heterogenes, flexibles und multifunktionales Handlungsfeld, das zunehmend Einfluss auf das politische Geschehen in einer Gesellschaft hat. Online-Politics beinhaltet alle politischen Prozesse, die in Form von informierender sowie interessen- und/oder kampagnenorientierter Kommunikation auf die politische Willensbildung der Internetnutzer einwirken sollen. Dies wird mittels Top-down- und Bottom-up-Praktiken realisiert, welche sich nicht auf bestimmte politische Akteure beschränken lassen. Institutionelle oder zivilgesellschaftliche Gruppierungen ebenso wie Politiker, Journalisten und Aktivisten auf der individuellen Ebene bedienen sich zumeist beider Kommunikationswege. Dabei nutzen sie die Bottom-up-Funktion, um Informationen zu sammeln, mit Internetnutzern in einen direkten Austausch zu treten sowie netzwerkdynamische Aktivisten-Mobilisierungen zu erreichen. Trotz des hohen demokratischen Potenzials, das durch Bottom-up-Funktionen zur Verfügung steht, ist vonseiten politischer Akteure weiterhin die Top-down-Kommunikationsrichtung vorherrschend. Gründe dafür sind strategische und ökonomische Abwägungen. Bottom-up-Kommunikation verursacht einen technischen und kommunikativen Mehraufwand der Akteure, da die Rückantworten zu sichten, zu selektieren und angemessen zu beantworten sind. Durch die Zunahme politischer Kommunikation über *social networks* ist jedoch eine weitere Steigerung der Bottom-up-Kommunikation im Bereich der Online-Politics zu erwarten.

5.4 Online-Policy: Politikfeldbezogene Kommunikation

a) Policy-Forschung

Die Perspektive auf die Online-Policy fokussiert die inhaltlich-weltanschauliche Dimension politischer Kommunikation im Netz. Ihre Untersuchung ist an die allgemeine Policy-Forschung angelehnt, die einzelne Politikfelder, deren Kernprobleme, Gestaltung sowie wertorientierte Lösungsperspektiven in den Blick nimmt (Jarren/Donges 2006: 24). Sie wurde ursprünglich als „vergleichende Staatstätigkeitsforschung" (Janning/Toens 2008: 7) für die Planung politischen Verwaltungshandelns entwickelt. Diese Staatsfixierung wurde jedoch zunehmend aufgebrochen, so dass Policy-Forschung sich nun stärker um politikfeldbezogene (wie umwelt- oder sozialpolitische) Haltungen in der Gesellschaft kümmert. Durch die verstärkt themen- bzw. akteurszentrierten statt konkret programmatisch geprägten Auseinandersetzungen bestehen zunehmend Schnittmengen mit dem Politics-Bereich. Die Policy-Forschung unterliegt daher einer „akteurstheoretischen Wende" (Rehder/Winter/Willems 2009: 9), indem sie davon ausgeht, dass die Konstituierung, Abgrenzung und Modifizierung von Politikfeldern Resultate der Kommunikation politischer Akteure sind. Durch die Thematisierung von Governance-Praktiken bestehen des Weiteren enge Anbindungen an den Polity-Bereich. So betrachtet die Policy-Forschung ebenfalls Führungspraktiken, die nicht mehr auf rein staatlichem Herrschaftshandeln beruhen, sondern durch die Verknüpfung mit Eigeninteressen der Geführten gekennzeichnet sind. Beispielhaft hierfür sind vereinzelte Anregungen für Umweltschutz und Nachhaltigkeit vonseiten der Wirtschaft aus Gründen eigener Zukunftsplanung und Imageverbesserung. Policy-Forschung untersucht auch den Informationsstand bestimmter Bevölkerungsgruppen nach einer staatlich oder nicht-staatlich initiierten Aufklärungskampagne. Sie nimmt somit Steuerungserfolge in den Blick, die Aufschluss über die Organisations- und Mobilisierungsmacht der Akteure geben. Gleichzeitig ermöglicht sie eine stärkere Metaperspektivierung politischer Konfliktfelder, die die kollektiven und individuellen Akteure und deren Diskurse in größere politische Gesellschaftsmodelle einordnen lässt. Sie verhilft zu einer gewissen Ordnung der komplexen und mittlerweile oft nur schwer zu ermittelnden inhaltlichen Grundorientierungen. Ferner lässt sie politikfeldbezogene Konstellationen der politischen Akteure ermitteln und so eine politische Topografie erstellen.

Während politische Akteure wie Parteien oder Regierungen weltanschauliche Perspektivierungen auf die Politikfelder in Form von Partei- und Wahlprogrammen bzw. Regierungserklärungen explizieren (müssen), bleiben diese bei den eher offenen Netzwerkstrukturen im Online-Bereich zumeist implizit. Häufig verursacht der geringe Organisationsgrad eine solche inhaltliche Heterogenität der Beteiligten, dass (nur) eine punktuelle und themenzentrierte Gesinnungsgenossenschaft hergestellt wird. Diese Implizitheit und Heterogenität politischer Weltanschauungen wird durch die Dezentralität und vermeintliche Anonymität des Internet noch unterstützt. Politische Vergemeinschaftungen jenseits fester institutioneller Akteure lassen sich so eher als kulturelle denn als konkret programmatische Übereinkünfte verstehen. Diese Sichtweise wird im nächsten Kapitel vertieft dargestellt. Politikfelder lassen sich in Bezug auf die Policy-Dimension wie folgt zusammenfassen:

„**Politikfelder** sind das Ergebnis von staatlichen Bemühungen um Problemlösung in einer ausdifferenzierten Gesellschaft. Problemmaterien, politische Entscheidungen und die Interessen und Aktivi-

5.4 Online-Policy: Politikfeldbezogene Kommunikation

> täten von problemrelevanten Akteuren (mit und ohne formalen Gestaltungs- bzw. Vertretungsauftrag) gruppieren sich zu **Policy-Konfigurationen** mit eigenen Regeln, Ressourcenströmen und Struktureigenschaften, die sich häufig klar von anderen Politikfeldern unterscheiden lassen" (Rehder/Winter/Willems 2009: 9).

Folgende große Politikfelder lassen sich für den Bereich der Policy-Kommunikation beispielhaft in nicht-hierarchischer Reihenfolge nennen (Bundeszentrale für politische Bildung: http://www.politische-bildung.de/politikfelder.html. Abgerufen am 27.01.2011):

- Außenpolitik
- Arbeit und Soziales
- Bildung/Wissenschaft/Forschung
- Familie/Senioren/Jugend/Frauen
- Gesundheit
- Innenpolitik
- Umwelt/Energie
- Wirtschaft/Finanzpolitik
- Rechtsextremismus

Diese Politikfelder schlüsseln sich in zahlreiche Unterkategorien auf. So lassen sich nach einer Einteilung der Bundeszentrale für politische Bildung unter „Umwelt und Energie" weitere Themenbereiche wie „Erneuerbare Energien", „Kernenergie", „Klimapolitik", „Nachhaltigkeit", „Umweltschutz" und „Verkehr" finden.

Folgend wird beispielhaft das Politikfeld „Umwelt und Energie" anhand verschiedener online-medialer Kommunikationsformen näher dargestellt. Dabei bekommen einzelne Akteurseinstellungen und deren Mobilisierungsverhalten auf der Makro-, Meso- und Mikro-Ebene besondere Beachtung.

b) Online-Policy auf der Makro-Ebene

Wie bereits für die anderen Dimensionen politischer Kommunikation beschrieben, ist im Online-Bereich auch bezogen auf den Policy-Bereich die Makro-Ebene der politischen Kommunikation nur indirekt zu ermitteln. Mögliche Spuren dieser Ebene lassen sich in der Berichterstattung der Online-Dependancen führender Massenmedien wie tagesschau.de oder spiegel-online ermitteln oder in algorithmisch zusammengestellten News-Angeboten wie Google-News, die aus ausgewählten Nachrichten-Portalen aktualitäts- und themenspezifisch Informationen zusammenstellen. Zum Zeitpunkt dieser Texterstellung hat die Eingabe „Gorleben" und „Endlager" in das Suchfeld von tagesschau.de unter anderem folgenden Teaser samt Video-Beitrag indexiert

> **Beispiel: Besuch des Bundesumweltministers Röttgen in Gorleben**
>
> *„Umweltminister in Gorleben*
>
> *Röttgens Besuch stößt auf Desinteresse*
>
> Bundesumweltminister Röttgen hat das mögliche Atommüll-Endlager in Gorleben besucht. Er wolle einen Dialog mit der Bevölkerung, kündigte der CDU-Politiker an. Doch Gegner des Atomlagers kritisierten den Besuch als Show-Veranstaltung und bezeichneten das Gesprächsangebot als unglaubwürdig."
>
> (www.tagesschau.de/inland/roettgengorleben100.html. Aufgerufen am 27.01.2011.)

> Der diesem Teaser beigefügte Videobeitrag, der auch in der Nachrichtensendung Tagesthemen am 02.12.2010 in der ARD gesendet wurde, zeigt verschiedene politische Akteure auf dem lokalen und translokalen Politikfeld. Bezogen auf die Policy-Dimension wird deutlich, dass der Vertreter der Bundesregierung die Schachtanlagen von Gorleben als mögliche Endlagerstätten weiterhin in Betracht zieht, dies jedoch wissenschaftlich begründet wissen will. Gleichzeitig wird er mit dem Vorsatz dargestellt, die Bevölkerung und die Lokalpolitik stärker in den Stand der Untersuchungen und in die Entscheidungsfindung einzubeziehen. Interviews mit ausgewählten Repräsentanten der lokalen Protestbewegungen sowie Stimmen auf einer von der CDU initiierten Pressekonferenz machen deutlich, dass die Gegner des bundespolitischen Vorgehens die Reise des Umweltministers nach Gorleben für eine PR-Veranstaltung halten. Sie weisen auf die gerade verabschiedete Gesetzesnovelle hin, die die Begrenzung der Restlaufzeiten der Atomkraftwerke aufhebt. Damit steht für die Gegner fest, dass die Regierung weiterhin wegen mangelnder Alternativen an Gorleben als Zwischen- oder Endlagerstätte für Atommüll festhält. Sie sprechen von einem „Scheindialog", den der Minister anböte.

Das Fallbeispiel verdeutlicht, inwiefern auch im Netz politikfeldbezogene Policy-Konstellationen der Makro-Ebene virulent sind. Es zeigen sich hier Bemühungen der Regierung, im Politikfeld „Energie und Umwelt" durch mehr Transparenz und Partizipationsangebote, die Bevölkerung und die Lokalpolitik im Wendland für sich zu gewinnen. Die Online-Auftritte der Protestbewegungen kommunizieren demgegenüber die Position der negativ Betroffenen und rufen zugleich als zivilgesellschaftliche Initiatoren und Organisatoren zum politischen Widerstand auf.

c) Online-Policy auf der Meso-Ebene

Befindet man sich auf der Website der *Bürgerinitiative Umweltschutz Lüchow-Dannenberg e.V.*, um ihre politische Einflussnahme weiter zu konkretisieren, steht man an der Schwelle zur Meso-Kommunikation (Domke 2007). Hier lässt sich ungefiltert die Haltung der Bürgerinitiative zum Besuch des Bundesministers in Form einer Pressemitteilung nachvollziehen (http://www.bi-luechow-dannenberg.de/chronologisch/pressemitteilungen/, aufgerufen am 21.01.2011). Sie deckt sich zum einen mit den Einschätzungen der Interviewten des beschriebenen Videobeitrags, dass es sich hierbei um eine PR-Veranstaltung der Bundesregierung gehandelt habe. Zum anderen wird deutlich, dass die Initiative Demonstrationen im Umfeld des Besuches bewusst vermieden hat, um dem Bundesminister eine Verweigerungshaltung gegenüber „seinem scheinheiligen Gesprächsangebot" zu kommunizieren. Hierdurch werden Strategiepraktiken der gesellschaftlichen Interessenvermittlung des Akteurs sowie seine (Nicht-) Mobilisierungsmacht deutlich.

Die Meso-Ebene der Policy-Dimension ist in diesem Fallbeispiel zudem eng mit der Makro- und Mikro-Ebene verbunden. Hier lässt sich zum Beispiel der Twitter-Account der erwähnten Bürgerinitiative in Gorleben aufführen, dessen jeweilige Tweeds mit Pressemitteilungen auf der Website verlinkt sind (siehe Abbildungen). Die Kommunikationsform des Microblogging ist zwar als **Pull-Medium** öffentlich zugänglich, Rezipienten müssen sich jedoch selbstständig dort Informationen abholen. Zum **Push-Medium** werden diese durch deren Abonnement, wodurch eine Teilöffentlichkeit bedient wird. Auch bei Twitter registrierte und bei der Bürgerinitiative als *Follower* angemeldete User vonseiten der Initiative werden so mit Informationen versorgt. In ähnlicher Weise verhält es sich mit der politischen Kommunikation über *social networks* wie Facebook. Auch hier müssen Facebook-

5.4 Online-Policy: Politikfeldbezogene Kommunikation 127

Abb. 5.4: BI Lüchow-Dannenberg auf Twitter: http://twitter.com/gorleben Aufgerufen am 28.01.2011.

Abb. 5.5: Anti-Atom-Treck auf Facebook: http://www.facebook.com/AntiAtomTreck. Aufgerufen am 28.01.2011.

Angehörige als *Friends* eines konkreten Facebook-Profils eingeschriebenen sein. Das vorliegende Beispiel zeigt die Seite des Facebook-Accounts Anti-Atom-Treck (siehe Abb. 5.5). Ob der Betreiber auch Mitglied der Bürgerinitiative ist, lässt sich nicht eindeutig bestimmen. Allerdings versorgt er seine eingetragenen Facebook-Kontakte ebenfalls mit Informationsmaterial über die Gorleben-Proteste und dient somit der Mobilisierung und Organisation der Politik der Bürgerinitiative auf der Meso-Ebene. Diese können offline wie online zudem zu weiteren meso-kommunikativen Veranstaltungen und Demonstrationen führen.

d) Online-Policy auf der Mikro-Ebene

Auf der Mikro-Ebene politischer Kommunikation im Netz lässt sich häufig eine sehr emotionalisierte werte- und moralorientierte Verhandlung von politischen Themen und Gesellschaftszuständen feststellen (Kaletka 2003), die nicht selten auch zu extremistischen Äußerungen führen kann (Kap. 4.3). Dies hat sich insbesondere in der Debatte um vermeintlich antisemitische Äußerungen von dem ehemaligen FDP-Vorsitzenden Jürgen Möllemann im Jahr 2002 gezeigt. Er hatte den damaligen israelischen Ministerpräsidenten Ariel Scharon als Beförderer deutschen Antisemitismus' und den Vizevorsitzenden des Zentralrats der Juden Michel Friedman als intolerant und gehässig bezeichnet. Daraufhin gab es Tausende antisemitische Zustimmungen und Sympathiebekundungen, zum Teil unter Nennung des vollständigen Namens in den Online-Foren der Partei- und Bundestagsfraktion der FDP, die zunächst „unzensiert" stehen gelassen wurden (Rensmann 2005: 479). Die FDP stand daraufhin bei vielen Kommentatoren in Gänze unter Antisemitismus-Verdacht.

> **Beispiel: Politische Kommentare auf der Mikro-Ebene**
>
> Bezogen auf das hier behandelte Politikfeld „Umwelt und Energie" lässt sich auf der interpersonalen Ebene im Bereich anonymer Kommunikation eine ähnlich emotionalisierte Debatte feststellen. Folgend sind einige Kommentare aufgeführt, die einem Video auf dem Portal YouTube angehängt sind. Das Video zeigt einen Fernsehbeitrag des NDR-Medienmagazins ZAPP vom 03.11.2010, der über die Medienarbeit der Bürgerinitiativen von Gorleben bezüglich eines bevorstehenden Castor-Transportes berichtet.

> „(...)
> - Allen Demonstranten den Strom abschalten und zur Kasse bitten!
> Hätten und würden sich die Demonstranten normal Verhalten, bräuchte die Polizei nicht zu solchen körperlichen Maßnahmen greifen.
> Ich bin der festen Überzeugung, dass die vielen Polizisten auch lieber daheim geblieben wären um ihre vielen Überstunden abzubummeln.
> Was denken die Demonstranten, woher der Strom her kommt?
> Allein vom Windrad und der Sonne?
> So viel Dummheit ist ja nicht mehr auszuhalten!
> (M0RiTz7 vor 2 Monaten)
> - sonen spasties als polizist würde ich die alle nieder knüppel atni atom wenn ich das schon höre omg ohne atomkraftwerke hättet ihr scheiß spasties gar kein strom also fresse halten
> (eaglegaming vor 2 Monaten)
> - Die ganzen Idioten, die meinen man sollte die „Hippies" einfach überfahren, haben mal wieder nicht kapiert, dass es hierbei nicht wirklich darum geht, den Castor aufzuhalten. Es geht um Protest gegenüber der Verlängerung der AKW Laufzeiten. Eine völlig legitime Sache wenn man sich vor Augen hält, dass der Steuerzahler und Wähler nach Strich und Faden verarscht wird. Aber solange ihr eure paar Kröten verdient und euch am Wochenende in der Disco betrinken könnt, interessiert sowas nicht.
> (Streif337 vor 2 Monaten)
> (...)"
>
> (Kommentare zu YouTube-Video: „Die PR der Gorleben-Proteste":
> Quelle: http://www.youtube.com/watch?v=e-iAJzI78h. Aufgerufen am 28.01.2011.)

Die Kommentardiskussion macht deutlich, dass die einzelnen Politikfelder in der konkreten interpersonalen Ebene der Online-Kommunikation zum Teil recht assoziativ verknüpft werden. Das konkrete Thema Castortransport, das zum Politikfeld „Umwelt und Energie" gehört, wird hier mit Bereichen der inneren Sicherheit und der Finanzpolitik in Beziehung gesetzt. Zudem zeigt sich hier die Motivation, politische Reizthemen zum Anlass zu nehmen, grundsätzliche Weltanschauungen zu Demokratie und Partizipation zu äußern.

e) Neues Politikfeld: Netzpolitik

Bereits in den vorigen Abschnitten wurden Aspekte der Regulierung des Internet sowie mit der Online-Kommunikation berührte Rechtsfragen der Datensicherung, der Meinungsfreiheit und des Persönlichkeitsrechts angesprochen. Spätestens mit der Einrichtung einer Enquetekommission durch den Deutschen Bundestag am 04.03.2010 mit dem Titel „Internet und digitale Gesellschaft" formiert sich dieser Themenbereich zu einem neuen Politikfeld. Zusammengesetzt aus themenspezialisierten Abgeordneten und externen Sachverständigen hat die Kommission die Aufgabe, Lösungsvorschläge zu den Projektgruppenthemen „Netzneutralität", „Urheberrecht", „Datenschutz" und „Medienkompetenz" zu erarbeiten (http://www.bundestag.de/internetenquete, aufgerufen am 01.02.2011). Am 19. Januar 2011 kam es zu einer gemeinsamen Videokonferenz der deutschen Enquetekommission mit dem inhaltlichen Pendant des französischen Parlamentes, dem Assemblée Nationale. Das Video ist weiterhin im Netz auf der Seite der deutschen Enquetekommission abrufbar. In der gemeinsamen Erklärung werden die Chancen und Risiken beschrieben, die das Netz aus Sicht der Kommissionen bietet und die als Eckpfeiler dieses neuen Politikfeldes zu verstehen sind. Sie sehen durch seine kommunikativen und vernetzenden Funktionen neue Entfaltungsmöglichkeiten für den Einzelnen, neue Chancen für die demokratische Weiterentwicklung des Gemeinwesens sowie für die wirtschaftliche Betätigung, Bildung, Kultur und Wissenschaft. Gefährdet sehen die Sachverständigen jedoch die Rechte des Einzelnen, insbesondere den Schutz der Privatsphäre und das Grundrecht auf den Schutz personenbezogener Daten. In diesem Spannungsfeld empfehlen sie den Regierungen, Regulierungsbehörden, Parlamenten und allen Bildungsinstitutionen in Europa, das Datenbewusstsein der User für sich und andere zu erhöhen. Außerdem raten sie dazu, die gesetzlichen Bestimmungen des Urheber- und Datenschutzrechts auf internationaler Ebene der neuen Technologie und kommunikativen Praxis anzupassen.

Das neue Politikfeld hat mit der Piratenpartei ebenfalls eine Parteigründung initiiert. Dies erinnert an die Entstehung der Partei der Grünen, die das Politikfeld „Umwelt und Energie" anregen konnten. Auch der Netzpolitik haben sich bereits alle etablierten Parteien zugewandt und eigene Positionen erarbeitet. Darüber hinaus widmen sich zahlreiche nichtparteiliche Organisationsformen diesem Themenbereich. An erster Stelle sei auf den Chaos Computer Club (CCC) verwiesen, der, fußend auf der Hackerethik des MIT-Forschers Steve Levy, Anfang der 1980er Jahre in Berlin gegründet wurde. Dieser gemeinnützige Verein äußert sich seitdem regelmäßig öffentlich zu Fragen der Netzneutralität, -sicherheit und Monopolwirtschaft im Software- und Serverbereich. Seine Autorität reicht so weit, dass ein Mitglied an der genannten Enquetekommission als externer Sachverständiger beteiligt ist. Folgende ethische Grundsätze bestimmen die Politik des CCC.

„Die ethischen Grundsätze des Hackens – Motivation und Grenzen:

1. Der Zugang zu Computern und allem, was einem zeigen kann, wie diese Welt funktioniert, sollte unbegrenzt und vollständig sein.

2. Alle Informationen müssen frei sein.

3. Mißtraue Autoritäten – fördere Dezentralisierung.

4. Beurteile einen Hacker nach dem, was er tut, und nicht nach üblichen Kriterien wie Aussehen, Alter, Herkunft, Spezies, Geschlecht oder gesellschaftliche Stellung.

5. Man kann mit einem Computer Kunst und Schönheit schaffen.

6. Computer können dein Leben zum Besseren verändern.

7. Mülle nicht in den Daten anderer Leute.

8. Öffentliche Daten nützen, private Daten schützen."

Quelle: Chaos Computer Club (CCC). Abrufbar unter: http: http://www.ccc.de/de/hackerethik. Aufgerufen am 25.01.2011.

Zusammenfassung
Online-Policy fokussiert die in Politikfeldern wie Außen-, Innen- und Umweltpolitik wirksamen Werteorientierungen, Interessenvertretungsstrategien, Gesellschaftsvorstellungen und Mobilisierungspotenziale im Netz. Sie rückt die in diesen Bereichen institutionell und zivilgesellschaftlich tätigen politischen Akteure auf der Meso-, Makro- und Mikroebene sowie deren Beziehungs- und Konfliktkonstellationen in den Blick.

Zu Regulierungsfragen im und um das Internet bildet sich zudem ein eigenes Politikfeld heraus: die Netzpolitik. Hierin behandeln politische Institutionen sowie zivilgesellschaftliche Akteure Fragen des Datenschutzes, der Persönlichkeits- und Urheberrechte, der Meinungsfreiheit sowie der Neutralität bzw. Zugänglichkeit des Netzes.

5.5 Politische Online-Kultur: Kommunikative Vernetzung

Politische Online-Kultur meint die online-kommunikative Verschränkung politischer, privater, öffentlicher, freizeitlicher, beruflicher sowie kultureller Bereiche hinsichtlich bestimmter Politikfelder. Online-Medien avancieren vor allem in der jüngeren Generation zum dominanten Instrument für das private wie berufliche Beziehungsmanagement (siehe Kap. 4). Unterstützt wird dies durch die soziokulturelle Entwicklung zu einer individualisierten, postindustriellen Lebenspraxis, die klassische Arbeitszeitstrukturen und Vergemeinschaftungen aufweicht, höhere Mobilität verursacht und zunehmend Arbeit und Freizeit zu verbinden beansprucht. Unterstützt wird diese Entwicklung durch die gesteigerte Bedeutung von Netzwerk-Plattformen wie Facebook und Sharing-Praktiken sowie kooperative Plattformen im Web 2.0. (Kap. 2.3.2). Kommunikatives Handeln im Online-Medium organisiert zunehmend auch das Offline-Leben, so dass die Grenze zwischen online-vermittelter und allgemeiner politischer Kommunikation an Relevanz verliert (Kap. 2.4). Hinzu tritt eine stärkere transmediale Verzahnung von klassischen Massen- und interaktiven Online-Medien, was im nachfolgenden Beispiel gezeigt wird. In politischer Hinsicht ist dafür die mediale Kommunikation um und über die Demokratisierungsprozesse in der arabischen Welt Anfang 2011 prototypisch. Die Organisation von Massenprotesten insbesondere gegen die ägyptische Regierung Mubaraks wurde nach Meinung vieler westlicher Medien zu einem großen Teil über Plattformen wie Twitter und Facebook organisiert (Focus-Online: Protest der Facebook-Generation: http://wap.focus.de/op/focus/de/ct/-X/artikel/digital-aegypten-594314/1523753/48903, stern.de: Mubarak kontert die Facebook-Revolution, http://www.stern.de/politik/ausland/massenproteste-in-aegypten-mubarak-kontert-die-facebook-revolution-1648104.html, faz.net: Der alte Lehrer, der Webaktivist und der Diplomat: http://www.faz.net/s/Rub87AD10DD0AE246EF840F23C9CBCBED2C/Doc~E349759E3791C45E0B416AE321925E82C~ATpl~Ecommon~Scontent.html, alle aufgerufen am 03.02.2011).

Einen Hinweis dafür liefert auch die zeitweilige Abschaltung der Mobilnetze seitens der damals noch im Amt befindlichen ägyptischen Regierung Mubaraks. Ferner dienten die Einträge auf Twitter und Facebook ebenso wie Fotos und Videos auf diversen Plattformen von individuellen Demonstranten den westlichen Massenmedien dazu, ihre Korrespondentenberichte mit Informationen, Eindrücken und Meinungen aus erster Hand zu ergänzen.

5.5 Politische Online-Kultur: Kommunikative Vernetzung

> **Beispiel: Zusammenarbeit von Journalisten und Online-Aktivisten.**
>
> Am 03.02.2011 berichtete die WDR-Journalistin Golineh Atai im Fernseh-Morgenmagazin der ARD über ihre Funde in der ägyptischen (Micro-)Blogger-Szene. Sie zeigte dabei Fotos und Videos von Verletzten in einer Moschee und von Molotow-Cocktail-Angriffen auf das ägyptische Nationalmuseum. Laut Atai wurden diese in der vorigen Nacht von beteiligten Regimegegnern ins Netz gestellt. Sie berief sich bei der inhaltlichen Erklärung des Bildmaterials ganz auf die Textbeiträge der Blogger. So seien die Verletzungen sowie die Angriffe auf das Nationalmuseum von zivilen Polizisten verübt worden, die für diesen Einsatz Gehaltszulagen bekommen hätten. Letztere Information bezog sie aus einem Blog, der ein Foto eines Dienstausweises zeigte und die Mitteilung enthielt, dass die Bloggerin selbst mit einem beteiligten Polizisten während des Angriffs gesprochen habe.
>
> In einem Interview, das Golineh Atai für wdr.de gegeben hat, wird eine ähnliche Zuschreibung über die Bedeutung neuer Kommunikationsformen im Netz im Austausch mit professionell-massenmedialer Berichterstattung deutlich:
>
> **WDR.de**: Wie verändert sich die Korrespondentenarbeit durch Online-Aktivtäten der Menschen auf Twitter, in Facebook oder Blogs?
>
> **Atai**: Gerade wenn der Kreis enger wird, wenn man für die einfachsten Drehs Genehmigungen braucht oder sogar auf der Polizeistation landet, ist es unglaublich wichtig, dass Korrespondenten mit Bürgermedien kooperieren. So kann das Bild komplettiert werden. Mittlerweile arbeiten internationale Strafgerichte mit den Bildern, die uns etwa im Iran Bürgermedien zugespielt haben. Ich habe in meiner Zeit als Korrespondentin im Irak sehr häufig mit informellen Medien zusammengearbeitet. Es war mitten im Irak-Bürgerkrieg, zu einer Zeit, als wirklich nichts mehr ging. Damals habe ich einen amerikanisch-irakischen Videoblog gefunden und begonnen, mit diesen Leuten zu arbeiten. Den Blog habe ich dann auch in Tagesschau-Beiträgen untergebracht.
>
> Quellen: wdr.de, Medienseite. Interview mit WDR-Redakteurin; Golineh Atai: http://www.wdr.de/themen/politik/international/aegypten/interview_110202.jhtml?rubrikenstyle=m edienmagazin. Beide aufgerufen am 03.08.2011.

Das Beispiel zeigt den potenziellen Einfluss von ganz unterschiedlich institutionalisierter Online-Kommunikation in die politische Willensbildung von Gesellschaften. Auch *social networks* wie XING, Facebook oder StudiVZ im deutschsprachigen Raum dienen vermehrt dazu, politische, private, berufliche sowie kulturelle Kontaktaufnahme und Beziehungspflege zu verschränken. Mit der weiteren Flexibilisierung dieser Kommunikation durch mobile internetfähige Endgeräte wie Smartphones oder Computer-Pads ist zudem eine weitere Integration von online- und offline-medialer Kommunikation im Sinne einer *convergence culture* (Jenkins 2006) zu erwarten. Politische Online-Kommunikation kann sich somit zunehmend in eine mediatisierte Alltagspraxis einfügen, die konstitutiv bereits auf Information, Partizipation und Einflussnahme ausgerichtet ist.

Mit Bezug auf die Cultural Studies wird in den Medien- und Kommunikationswissenschaften soziales Handeln im Netz zunehmend auch als Bestandteil medienkultureller Praxis im Kontext einer fortschreitenden Mediatisierung der Alltagswelt verstanden (Hartmann/Krotz 2010). Eine solche Sichtweise weitet den Bereich der politischen Online-Kommunikation aus, da klassischpolitikwissenschaftlich motivierte Konzepte die politische Praxis im Netz zuweilen nur ausschnitthaft beschreiben lassen. In vielfacher Form ist die politische Kommunikation im Netz medienkulturell geprägt und weitet mit Impulsen der Cultural Studies den kommunikationswissenschaftlichen Fokus in Anlehnung an (Hartmann/Krotz 2010: 235 f.) wie folgt aus:

- Umfassende Theorieorientierung, die mediale Texte als kulturelle und soziale Konstrukte verstehen und deren Struktur, Entwicklung und Beziehungen zur Außenwelt rekonstruieren lässt
- Anwendung verstehend-qualitativ angelegter Methodologien wie der Grounded Theory, Ethnografie oder Diskursanalyse neben klassisch quantitativen Verfahren, um ganzheitlich mediale Kommunikation in ihrer sozialen und kulturellen Bedeutung bezogen auf ihre jeweiligen Kontexte rekonstruieren zu können
- Fokussierung auf aneignungs- und medienbezogenes (Zeichen-)Handeln der Menschen vor dem Hintergrund ihrer sozialen Lagen und biografischen Gegebenheiten, kulturellen sowie räumlich-situativen Kontexten und sozialen Beziehungen.

Dabei steht nicht mehr allein die computervermittelte Kommunikation im Fokus, sondern es wird ebenso der Kontext allgemeiner Alltagspraktiken untersucht, in dem sie stattfindet. Sie dient dem einzelnen Menschen in seiner Teilhabe an Politik als kulturelle (Netzwerk-)Praxis, die im Rahmen der Cultural Studies als *Cybercultural Studies* oder *Cyberculture Studies* analysiert wird (Hartmann/Krotz 2010: 237 f.). Kultur lässt sich in diesem Zusammenhang allgemein als Formen von Lebensweisen und Bedeutungssystemen fassen, die es ermöglichen, lokale und translokale Vergemeinschaftungen über einheitliche Praktiken und Symbolgebräuche zu organisieren (Hepp 2011). Kultur liefert somit bestimmte symbolische Bezugssysteme bzw. Konventionen von Zeichenhandlungen, die als Konsensangebote dienen können und die durch ihre individuellen Aktualisierungen auch ständig modifiziert werden. Für die Cyberculture Studies umfassen diese kulturellen Praktiken auch das netzgestützte soziale Handeln, das Information, Bildung und Unterhaltung sowie soziale Vernetzung auf den Feldern Wirtschaft, Soziales, Wissenschaft und Politik im engen Zusammenhang miteinander sieht (Nayar 2010: 1). Bell und Kollegen definieren Cyberculture wie folgt:

> "(…) cyberculture represents a contested and evolving discourse. Its discussants include activists, politicians, computer geeks, social scientists, science fiction writers, digital artists, etc. all of whom are involved in the creation of new concepts and ideas." (Bell et al. 2004: 211)

Ein solch heterogenes Feld hat jedoch themenorientiert bündelnde Praktiken entwickelt, die als Cyberprotest-Kultur Artikulations- und Aktionsformen im Netz und außerhalb des Netzes realisieren. Diese werden durch online-spezifische Netzwerkeffekte getragen, die zunehmend an die Stelle von festen Organisationsstrukturen und Programmen treten (Donk et al. 2004: 3). Allerdings ist diese Protest-Kultur nicht hierarchiefrei. Vielmehr bilden sich Meinungsführerschaften aus, die jeweils über ein größeres soziales und/oder symbolisches Kapital verfügen als andere Mitglieder sozialer Netzwerke. Das soziale Kapital umfasst die Möglichkeiten eines einzelnen oder kollektiven Akteurs, die Formierung und Aktivierung größerer Gruppen und Aktionen zu initiieren, indem dieser über seine Verbindungen (Kanten) eine Vielzahl von Mitgliedern (im Netzwerk als Knoten wahrnehmbar) erreichen kann (siehe Kap. 4). Dies führt des Weiteren zu gesteigertem Ansehen und Einfluss sowie zu symbolischem Kapital, was weitere Gefolgschaften nach sich ziehen kann (Bourdieu 1992). Das Internet bietet für solche Netzwerkeffekte die ideale technische Infrastruktur (siehe Kap. 2.2). Gerade

5.5 Politische Online-Kultur: Kommunikative Vernetzung

in Staaten, deren Massenmedien einer stärkeren Regulierung ausgesetzt sind, oder in Kriegs- und Krisenzeiten scheint sich diese Aufmerksamkeit auf das Netz und auf online-kommunikative Meinungsführerschaft immer dominanter auszubilden (Löffelholz 2008).

Netzwerkbasierte Einflussmöglichkeiten und Meinungsführerschaften mittels Social-Web-Anwendungen lassen sich ebenfalls anhand der genannten ägyptischen Protestbewegung gegen den ägyptischen Präsident Mubarak prototypisch nachvollziehen. Hier erlangten Profile einzelner (Micro-)Blogger eine solch hohe Zahl an *Followers* (bei Twitter) und *Fans* (bei Facebook), dass Seiten als Organisations- und Koordinationsstellen für die Massenproteste auf der Straße dienen konnten.

Beispiel: Inhaltliche Verzahnung von On- und Offline-Medien

Der ägyptische Google-Manager Wael Ghonim war zunächst Mitinitiator der Facebook-Gruppe „Wir alle sind Khaled Said". Sie diente zur Erinnerung an den Blogger Khaled Said, der im Sommer 2010 vermeintlich von Polizisten zu Tode geprügelt wurde. Nach dem Sturz von Tunesiens Präsident Ben Ali machte Ghonim die Facebook-Seite zur Organisationszentrale für die Bewegung. Ab dem 25. Januar rief er dort offen zu Protesten in Ägypten auf, die am 11.02.2011 zum Rücktritt des ägyptischen Präsidenten Mubarak führten (Burkhardt 2011: http://www.heute.de/ZDFheute/inhalt/25/0,3672,8208537,00.html. Aufgerufen am 12.02.2011).

Die Seite generierte über 450.000 Fans, so dass sie den Status eines Leitmediums gewinnen und als Push-Medium für einen großen Teil interessierter User dienen konnte. Diese verbreiteten ihrerseits als Multiplikatoren über eigene Online- und Offline-Angebote die jeweiligen Informationen. Die Abbildung 5.6 zeigt einen weiteren Protestaufruf einer bekannten Video-Bloggerin, auf die in Deutschland unter anderem das Massenmedium Fernsehen aufmerksam gemacht hat. Rechts in Abbildung 5.7 ist die Twitterseite von Ghonim zu sehen.

Abb. 5.6: ZDF-Mediathek: http://www.zdf.de/ZDFmediathek/beitrag/video/1251340/Die-Woche-im-Web-vom-5.Februar-2011?setTime=8. Aufgerufen am 11.02.2011.

Abb. 5.7: Twitter-Seite von Ghonim: http://twitter.com/Ghonim. Aufgerufen am 12.02.2011.

Die Cybercultural Studies analysieren diese online-kommunikativen Beziehungen und Einflüsse anhand der Produkte und der ihnen zugrunde liegenden Kooperationsprozesse und sozialen Vernetzungen. Somit reicht es nicht, die Artefakte isoliert zu betrachten, sondern es müssen kommunikative Sphären ermittelt werden, die um bestimmte Politikfelder und soziale Netzwerke entstehen, damit kollektive Praktiken gefunden werden können (Foot 2010). Für empirische Analysen ist es daher wichtig, thematische Cluster von Produkten zu archivieren und sie mit einem Mix aus Inhaltsanalysen sowie ethnografischen Methoden und/oder diskursanalytisch (Fraas/Meier/Pentzold 2010) zu untersuchen (siehe Kap. 7). Dafür sind auf der Mikro-Ebene kurze Sequenzen politischer Kommunikation als Einzelfallbeispiele zu dokumentieren, um sie in der Zusammenschau zu größeren politischen Zusammenhängen unter Berücksichtigung transmedialer Bezugnahmen zu abstrahieren.

Zusammenfassung
Politische Online-Kultur fokussiert soziales (Zeichen-)Handeln im Netz in Bezug auf thematische Diskurse und Politikfelder. Dabei berücksichtigt sie die kommunikative Verschränkung privater, beruflicher und kultureller Domänen sowie die transmedialen Bezugnahmen. Ein besonderes Augenmerk ist auf die sozialen Vernetzungspraktiken gerichtet, wofür das Internet unter der Bedingung freier Zugänglichkeit eine ideale technische Infrastruktur bietet. Es macht politisches Handeln zur Informierung, Mobilisierung und Koordinierung jenseits institutioneller Organisationen möglich. Politische Online-Kultur ist jedoch nicht hierarchiefrei, sondern bildet netzwerkspezifische Meinungsführerschaften aus, die im Vergleich zu anderen Netzwerkteilnehmern oder zu eher rezeptiv teilnehmenden Usern über ein gesteigertes soziales und symbolisches Kapital verfügen.

✚ **Zum Wiederholen, Weiterdenken ...**
1. Rekonstruieren Sie verschiedene Entwürfe und Positionen zu den demokratischen Potenzialen des Internet.
2. Unterscheiden Sie die Begriffe *Polity*, *Politics* und *Policy* und erläutern Sie deren Anwendung auf die politische Online-Kommunikation.
3. Recherchieren Sie Ziele und Funktionen zentraler Institutionen einer Internet-Governance anhand ihrer jeweiligen Websites.
4. Diskutieren Sie Webauftritte von drei Politikern Ihrer Wahl hinsichtlich der umgesetzten Top-down- und Bottom-up-Kommunikation.
5. Recherchieren Sie ein einschlägiges Blog für ein aktuelles politisches Ereignis und rekonstruieren Sie Bezugnahmen auf andere Blogs und Massenmedien.

📖 **... und Weiterlesen**

Castells, Manuel (2005): Die Internet-Galaxie: Internet, Wirtschaft und Gesellschaft. Wiesbaden: VS.
Neben der Darstellung von Regulierungsinstitutionen des Internet gibt der Band Einblicke in kulturelle Online-Praktiken, zu denen auch die Kultur des Internet zu zählen ist.

Chadwick, Andrew/Philip N. Howard (Hg.) (2009). Routledge Handbook of Internet Politics. London/New York: Routledge.
Dieses Handbuch bietet einen umfassenden Überblick über das gesamte Spektrum politischer Kommunikation im Netz. Neben der Wahl-Werbung sind zahlreiche Formen einer nationalen und internationalen politischen Partizipations- und Protestkultur im Zuge des Web 2.0 dargestellt.

DeNardis, Laura (2009): Protocol Politics. The Globalization of Internet Governance. Cambridge/MA: The MIT Press
Der Band rekonstruiert die politischen Entwicklungen und Entscheidungen zur Erstellung einheitlicher Internet-Protokolle. Dabei geht er auf institutionelle Regulierungspraktiken ebenso ein wie auf die dahinterstehenden politischen, militärischen, ökonomischen und partizipatorischen Interessen und Auseinandersetzungen.

Rogg, Arne (Hg.) (2003): Wie das Internet die Politik verändert: Einsatzmöglichkeiten und Auswirkungen. Wiesbaden: Leske + Budrich.

Die Aufsatzsammlung versammelt Beiträge zu neuen Spielarten digitaler Demokratie auf lokaler, regionaler und internationaler Ebene. Außerdem beinhaltet sie militär- und machtpolitische Reflexionen zur Rolle des Internet.

Wolling, Jens/Markus Seifert/Martin Emmer (Hg.) (2010): Politik 2.0? Die Wirkung computervermittelter Kommunikation auf den politischen Prozess. Baden-Baden: Nomos.

Dieser Sammelband fasst aktuelle Forschung zur Politik im Internet zusammen. Dabei werden Ergebnisse einer Langzeitstudie zur politischen Willensbildung vorgestellt sowie Funktionen und Wirkungen von neuen Kommunikationsformen wie Blogs und ICQ und theoretische Reflexionen zum Öffentlichkeitswandel durch die politische Online-Kommunikation.

6 Ökonomie, Werbung und PR in der Online-Kommunikation

6.1 Internet-Ökonomie: Voraussetzungen und Merkmale
6.2 Unternehmen und Kunden in der Internet-Ökonomie
6.3 Werbung in der Online-Kommunikation
6.4 Online-PR

In diesem Kapitel werden die Bedingungen und Auswirkungen der Online-Kommunikation für ökonomische und insbesondere medienökonomische Zusammenhänge behandelt.

- Abschnitt 6.1 führt in die wichtigsten Begrifflichkeiten der Diskussion ein und definiert, was unter ‚Internet-Ökonomie' zu verstehen ist. Davon ausgehend erklärt er zentrale Voraussetzungen und Effekte der Internet-Ökonomie.
- Welche Effekte die Online-Kommunikation für die Geschäftsmodelle und Wertschöpfungsketten von Unternehmen hat, zeigt der Abschnitt 6.2. Zudem werden hier Veränderungen in der Beziehung zwischen Unternehmen und Kunden dargestellt.
- Danach behandelt Abschnitt 6.3 die Auswirkungen der Online-Kommunikation auf den Werbeprozess.
- Das Kapitel schließt mit dem Abschnitt 6.4 zu den Instrumenten und Strategien der Online-PR.

6.1 Internet-Ökonomie: Voraussetzungen und Merkmale

Um die Auswirkungen des Internet und der Online-Kommunikation auf die Herstellung, den Vertrieb und die Nutzung von Gütern greifbar zu machen, hat sich im Laufe der Zeit eine Reihe von konkurrierenden Begriffen etabliert. Zur Bezeichnung des Wirtschaftens unter den Bedingungen der Digitalisierung und der informationstechnischen Vernetzung prägten Zerdick und Kollegen (2001) den Begriff der **Internet-Ökonomie**, um damit die Gesamtheit der wirtschaftlichen Prozesse, Institutionen und Organisationen unter den Bedingungen der Online-Kommunikation zu benennen (Kap. 2.2.). Ökonomie selbst soll hier allgemein das Gesamt der Praktiken und Einrichtungen erfassen, die der Befriedigung von Bedürfnissen unter der Voraussetzung knapper Güter wie Ressourcen, Arbeit und Kapital dienen. Märkte sind ökonomische Orte, an denen Angebot und Nachfrage im Gütertausch zusammentreffen (Samuelson/Nordhaus 2007). Andere im Zusammenhang der Online-Ökonomie häufig gebrauchte Begrifflichkeiten sind zum Beispiel ‚E-Business', ‚E-

Commerce' bzw. ‚Electronic Commerce', ‚digitale Ökonomie' oder allgemein ‚new economy' (Leadbeater 1999; Latzer/Schmitz 2002). Dabei heben diese Schlagworte jeweils bestimmte Aspekte eines festgestellten oder behaupteten ökonomischen Wandels hervor: Während etwa ‚E-Commerce' auf online-mediale marktliche Transaktionen verweist, wird ‚E-Business' häufig dazu verwendet, den elektronischen Geschäftsverkehr allgemein zu bezeichnen (Altmeppen 2006; Friedrichsen/Mühl-Benninghaus/Schweiger 2007). ‚New economy' dagegen wurde besonders vor dem Ende der sogenannten ‚Dotcom-Blase' zwischen den Jahren 2000 und 2001 benutzt, als sich die überhöhten Gewinnerwartungen einiger Internet-Unternehmen nicht erfüllten und deren Aktienkurse daraufhin einbrachen (Cassidy 2002; Kühl 2003).

Unklar bleibt beim Konzept der Internet-Ökonomie, ob es besonders für einen Teilbereich der Wirtschaft zutrifft, der sich eventuell neu formierte und wesentlich transformierte, oder ob es einen Vorgang beschreibt, an dessen Ende alle Sektoren betroffen sein werden (Fritz 2004). Im Folgenden werden zuerst die Voraussetzungen der Internet-Ökonomie und daran anschließend charakteristische Effekte diskutiert.

6.1.1 Voraussetzungen der Internet-Ökonomie

Die Zugänglichkeit von kostengünstiger und leistungsfähiger Informationstechnik wie Computern und entsprechenden Telekommunikationsnetzwerken, verbunden mit sinkenden Eintrittsschwellen, Breitband-Technologie und mobilen Endgeräten, sind wichtige Voraussetzungen der Internet-Ökonomie und wurden bereits im Kapitel 2.2 eingeführt. Daher konzentriert sich dieser Abschnitt auf die Rolle von Informationen und die Eigenschaften digitaler Güter (Shapiro/Varian 1999).

a) Informationen und entmaterialisierte Produktionsprozesse

Dass Informationstechnologien, wie die Mikroelektronik, Hard- und Softwareentwicklung sowie die Telekommunikation, nachhaltig die Formen des Wirtschaftens beeinflussen, liegt zu einem wesentlichen Teil in der gestiegenen Wichtigkeit von Informationen in den Produktions-, Produkt- und Dienstleitungsstrukturen begründet. Informationen werden hier definiert als „data that have been organized and communicated" (Porat 1977: 2) und vor allem als Wirtschaftsgut gesehen. Ein wichtiger Aspekt dieser Entwicklung ist die unternehmensinterne und marktbezogene Koordination arbeitsteiliger Aktivitäten. Angesichts einer zunehmenden Ausdifferenzierung der ökonomischen Akteure, Schauplätze und Dynamiken steigen die **Transaktionskosten** der Informationssuche, ihrer Beschaffung, Planung, Abstimmung, Verhandlung und Kontrolle an (Picot/Neuburger 2006).

Hinzu kommt, dass ein wachsender Teil der erzeugten und gehandelten Produkte Informationen sind. Die ‚nachindustrielle Gesellschaft', so der US-amerikanische Soziologe Bell (1996), sei von der Ablösung der industriellen Produktion durch das Dienstleistungsgewerbe und der zentralen Stellung von Informationen markiert. Dementsprechend erklärt er: „War die Industriegesellschaft eine güterproduzierende, so ist die nachindustrielle Gesellschaft eine Informationsgesellschaft" (1996: 353). Aufbauend auf dieser Idee betont Castells (2001) enthusiastisch die Bedeutung von Informationen in dieser neuen dematerialisierten Produktionsform der **Informationsgesellschaft**, wobei besonders die Anwendung von Informationen zur Erzeugung neuer Informationen und zur Entwicklung weiterer Informationstechnologien die zentralen neue Komponenten seien (Webster 2006). Aus diesen beiden Gründen gehen Picot und Neuburger (2006:124) optimistisch davon aus, dass 70 bis 80 Prozent des Sozialprodukts hoch entwickelter Volkswirtschaften aus dem Umgang mit Informationen bestehen.

> „In der neuen informationellen Entwicklungsweise besteht die Quelle der Produktivität in der Technologie der Wissensproduktion, der Informationsverarbeitung und der symbolischen Kommunikation. Gewiss sind Wissen und Information in allen Entwicklungsweisen entscheidend wichtige Elemente, weil der Produktionsprozess immer auf einem gewissen Wissensniveau und auf der Verarbeitung von Informationen beruht. Das Besondere an der informationellen Entwicklungsweise aber ist die Einwirkung des Wissens auf das Wissen selbst als der Hauptquelle der Produktivität." (Castells 2001: 17 f.)

Die zunehmende informations- und kommunikationstechnische Durchdringung dieser Prozesse wiederum beeinflusst die Verlagerung der Erzeugung, Verarbeitung, des Transports und der Vermarktung von Informationsgütern in den Online-Bereich, was sich verschieden auf die Unternehmensorganisation, Investitionsstrategien und Wettbewerbssituationen auswirken kann (Zerdick et al. 2001: 222; Altmeppen 2006). Jedoch sind es weder die Informations- und Kommunikationstechnologie noch die Digitalisierungsprozesse allein, die ökonomische Veränderungen ursächlich auslösen. Gegen eine solche technikdeterministische Lesart betont beispielsweise Castells (2001: 5), dass technischer, ökonomischer und sozialer Wandel einander bedingen.

Paradigmatisch werden diese Prozesse an der konvergierenden Branche Telekommunikation, Informationstechnologie, Medien und Entertainment (Karmasin/Winter 2006) deutlich. Die TIME-Branche wird als Vorreiter und Testfeld für die Dynamiken der Internet-Ökonomie allgemein genommen, weil sie prinzipiell die gleichen Produktions- und Wertschöpfungsstrukturen aufweist, wie sie für die Internet-Ökonomie insgesamt behauptet werden. So sind die Generierung, Bearbeitung, Speicherung und Distribution von Informationen zentrale Aspekte des Wirtschaftens in traditionellen Medienunternehmen im Bereich Hörfunk, Fernsehen oder Presse (Altmeppen/Karmasin 2003; 2004; Kiefer 2005; Altmeppen, Klaus-Dieter/Karmasin, Matthias 2006; Altmeppen 2006; Dogruel/Katzenbach 2010).

b) Digitalisierung und digitale Güter

Die Digitalisierung ist eines der wichtigsten Definitionsmerkmale der neuen Informationstechnologien. Durch die Transformation von analog verfügbaren Informationen in binäre Codes wird die Trennung von Informationsverarbeitung, -speicherung, -übertragung und -widergabe aufhebbar. Das heißt, eine technische Generalisierung geht einher mit flexibilisierten Möglichkeiten der Informationserzeugung, -nutzung, -verbreitung und -vervielfältigung. Damit löst sich die Kopplung zwischen immateriellen Inhalten und ihren materiellen Trägern auf. Wo der Formatwechsel von analogen Informationen zumeist ressourcenintensiv und selten verlustfrei war, können digitale Informationen zwischen verschiedenen Trägern fast reibungslos wechseln und sie sind nicht mehr an materielle Informationsträger gebunden. Als die vier wesentlichen miteinander zusammenhängende Merkmale digitaler Informationsgüter identifiziert Quah (2003):

Ihre Nutzung ist, ökonomisch gesprochen, **nicht-rivalisierend**. Das heißt, eine Nutzung eines nicht-stofflichen Informationsguts geht nicht zu Kosten seiner weiteren parallelen oder versetzten Nutzungen. Informationen können nicht aufgebraucht werden. Damit teilen Informationsgüter im ökonomischen Sinn eine wesentliche Eigenschaft öffentlicher Güter (Samuelson 1954). Erst die Fixierung auf knappe physische Träger und die Etablierung sozialer, rechtlicher und technischer Sicherungsmechanismen, von denen das Urheberrecht der bekannteste ist, sichert die Marktfähigkeit von Informationen (Landes/Posner 2003). Hingegen ermöglicht es die Digitalisierung, dass Informationen ohne materielle und damit knappe Träger auskommen. Dies wiederum bringt neuerliche Probleme für ihre digitale Vermarktung mit sich, da die Unternehmen Gefahr laufen, die Kontrolle über die Diffusion ihrer Produkte zu verlieren (Litman 2000).

Ihre **Quantität** ist sehr schnell unbegrenzt erweiterbar. Anders als Informationen auf materiellen Trägern erlauben immaterielle digitale Träger die zügige und fast kostenneutrale Multiplizierung von Informationseinheiten. So können beim Filesharing Dateien zum Kopieren freigegeben und auf diesem Weg über Rechnernetzwerke verteilt werden.

Dadurch sind Informationen **enträumlicht**, weil sie nicht an bestimmte, materiell begrenzte und nur bedingt verfügbare Träger gebunden sind. Das Internet als grundlegende Infrastruktur dient zum Transport digitaler Daten, ohne dass dabei von Belang ist, welcher Art diese Daten sind, was ihre Funktionen sein können oder wie sie genutzt werden. Auch ist das Internet bislang noch ein neutraler Datenübermittler in der Hinsicht, dass es Datenpakete unverändert und gleichberechtigt überträgt.

Informationen sind **rekombinierbar.** Hier liegt zunächst die Einsicht zugrunde, dass Informationen in diskreten Einheiten verfügbar sind. Dies besagt, dass sie ab einem bestimmten Level nicht mehr teilbar sind, wenn sie noch nützlich sein sollen. Akteure konsumieren nicht Teile von Informationen, sondern jeweils komplette Einheiten. Während dieser Umstand gelegentlich nur ärgerlich ist, z. B. beim Fehlen von Buchseiten, kann er auch, etwa beim Fehlen von notwendigen Angaben in Bedienungsanleitungen, fatal sein. Diese diskreten Einheiten können wiederum miteinander in Verbindung gebracht werden, um neue Informationen zu generieren. Informationen sind nicht nur Output eines Produktionsprozesses, sondern als Ressourcen auch dessen Input: Jede Erkenntnis beruht auf vorherigen Einsichten und Informationsgüter entstehen kumulativ auf einer Basis zugänglicher Informationen. Fehlt der Zugriff auf Informationen vollständig oder wird er unnötig erschwert, dann stellt dies eine Gefahr für den Innovationsprozess dar. Aus diesem Grund begrenzt das Urheberrecht die Schutzdauer von Gütern. Das Urheberrecht gewährt demnach nicht nur das Recht an geistigen Schöpfungen, sondern trägt durch die Eröffnung von Nutzungsfreiheiten dem Reproduktionszusammenhang kreativer Werke Rechnung.

> **Beispiel: Die Tauschbörse Napster**
>
> Napster war eine der frühesten populären Filesharing-Plattformen, die das Potenzial digitaler Informationen ausschöpften. Napster wurde 1998 von dem damaligen Studenten Shawn Fanning programmiert und diente dem Austausch von MP3-Dateien direkt zwischen den einzelnen Nutzern. Das Besondere war, dass die Software den Rechner, auf dem sie installiert wurde, nach MP3-Dateien durchsuchte und ihren Austausch organisierte. Dieser Austausch erfolgte direkt zwischen den Rechnern (peer-to-peer) und umging somit auch jede Form regulatorischer oder kommerzieller Kontrolle. Zu Beginn des Jahres 2001 verband Napster etwa 80 Millionen Nutzer, davon waren 1,6 Millionen Nutzer zugleich online. Alleine im Januar 2001 betrug das Tauschvolumen rund zwei Milliarden Dateien.

> Trotz dieses Erfolgs wurde Napster im Sommer 2001 in seiner ursprünglichen Form abgeschaltet, nachdem Rechteverwerter der Musikindustrie wie die RIAA (Recording Industry Association of America) Napster verklagt hatten und der Medienkonzern Bertelsmann die Rechte an Napster erworben hatte. Zuvor versuchte man den Tauschhandel mittels der Installation von Filtersoftware zu unterbinden, die jedoch von den Nutzern stets umgangen wurden (Burkart/McCourt 2006).

Die Erzeugung von Medien- und Informationsprodukten ist eine **Unikatproduktion**: Ihre Herstellung ist mit hohen Fixkosten (*first copy costs*) verbunden, die unabhängig davon sind, in wie vielen Kopien sie vertrieben werden. Diesen Investitionen steht bei der Produktion eine vom Trägermedium abhängige hohe Fixkostendegression gegenüber. Die Kosten der Herstellung einer weiteren identischen Information laufen gegen Null – die *Buddenbrooks* werden nur einmal geschrieben, die Anfertigung einer identischen zweiten Buchversion würde nichts außer der Druckproduktion kosten (Shapiro/Varian 1999: 20 f.). Während diese Kosten im Printbereich noch eine relevante Größe sind (Zeitungsverlage wenden mehr als die Hälfte der Gesamtkosten für Druck und Vertrieb auf; Zerdick et al. 2001: 166), reduzieren sie sich in der digitalen und vernetzten Produktion und Distribution stark. Mehr noch als bei der Produktion materialer gedruckter Medien- und Informationsgüter ergeben sich für die Herstellung und Verbreitung digitaler Informationsgüter deshalb Größenvorteile, weil jede elektronische Kopie quasi kostenfrei zu erzeugen wäre (**Skaleneffekte** bzw. *economies of scale*).

Zudem sinken die Eintrittsschwellen für Produzenten von Informationsgütern, weil nicht nur die Verbreitung digitaler Informationen, sondern bereits ihre Produktion mit geringeren Kosten zu bewerkstelligen ist (Altmeppen 2006: 224; Dogruel/Katzenbach 2010: 110 f.). Während sich zum Beispiel Medienerzeugnisse erst als Massenprodukt jenseits von 100.000 Stück refinanzieren lassen, gelingt dies digital erstellten und vertriebenen Produkten unter Umständen bereits mit hundert Exemplaren (Feldmann/Zerdick 2003: 23). Sie müssen demnach nicht massentaugliche Ware sein, sondern können auch in den Nischenmärkten des *Long Tail* spezialisierte Abnehmer rentabel bedienen (Anderson 2006 u. Kap. 2.4.2).

> "For more than 150 years, new communication technologies have tended to concentrate and commercialize the production and exchange of information […] The Internet presents the possibility of a radical reversal of this long trend. It is the first modern communications medium that expands its reach by decentralizing the capital structure of production and distribution of information, culture, and knowledge." (Benkler 2006: 29 f.)

6.1.2 Dynamiken der Internet-Ökonomie

Während Skaleneffekte besonders für die Angebotsseite der Informationsproduktion relevant sind, führen Vernetzung und Digitalisierung auf der Nachfrageseite zu **Netz(werk)effekten** (Zerdick et al. 2001: 126 ff.; Picot/Neuburger 2006). Sie treten dann auf, wenn die Nutzer eines Guts bzw. die Anwender eines Dienstes von der Teilnahme weiterer Nutzer profitieren. Direkte Netzeffekte (bzw. direkte positive Netzwerk-Externalitäten) stellen sich ein, wenn dieser zusätzliche Nutzen unmittelbar entsteht, etwa beim Wachsen des Netzwerks von Faxgeräten oder Mobiltelefonen und der dadurch steigenden Verbindungen zu anderen Netzwerkteilnehmern. Hier ist das erste Gerät von nur bedingtem Nutzen, während jedes weitere angeschlossene Gerät den Wert und den Nutzen des Netzes erhöht. Indirekte Netzeffekte ergeben sich, wenn die steigende Nutzerzahl eines Geräts bzw. Dienstes dazu führt, dass komplementäre Produkte entwickelt werden, wie beispielsweise im Falle der Apps für das Apple iPhone oder für die Netzwerkplattform Facebook. Aufgrund der positiven Verstärkungseffekte – steigende Nachfrage an Netzwerkgütern resultiert in Kostenvorteilen für ihre Herstellung, die gestiegene Verbreitung macht die Gestaltung komplementärer Produkte attraktiver, was wiederum das eigentliche Produkt attraktiver macht und eine weitere steigende Nachfrage nach sich zieht – kann man bei den Netzeffekten auch von „demand-side economies of scale" sprechen, welche sich mit den „supply-side economies of scale" wechselseitig verstärken (Shapiro/Varian 1999: 179; Dogruel/Katzenbach 2010: 111 f.).

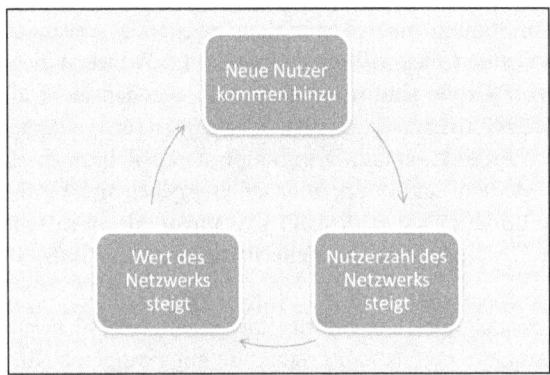

Abb. 6.1: *Der Kreislauf positiven Feedbacks. Quelle: Zerdick et al. (2001: 160).*

Gelingt es einem Unternehmen, eine entsprechend große, sogenannte **kritische Masse** an Nutzern zu gewinnen, ist es ihm unter Umständen möglich, eine Monopolstellung einzunehmen und dadurch Standards sowie Marktbedingungen auch für andere Unternehmen und Marktakteure zu setzen. Die Masse ist insofern ‚kritisch', als ab einem bestimmten Schwellenwert an Nutzern angenommen wird, dass die dabei einsetzenden sich wechselseitig verstärkenden Netzeffekte gleichsam eigendynamisch die Durchsetzung eines Guts bewirken. Damit gehen oftmals pfadabhängige **Lock-In-Effekte** einher, wenn der Wechsel von einem Dienst bzw. einer Anwendung, einem Ablauf oder Gut so hohe Wechselkosten verursacht, dass eine Situationsänderung unwirtschaftlich und nur mit hohem Aufwand zu erbringen wäre. Ein Beispiel im Online-Bereich ist das *portable document format* PDF von Adobe, welches zum Standard für elektronische Dokumente geworden ist, die unabhängig vom ursprünglichen Anwendungsprogramm originalgetreu angezeigt werden sollen.

Zusammenfassung
Der Begriff der Internet-Ökonomie bezeichnet allgemein die veränderten Bedingungen, Strukturen und Strategien eines Wirtschaftens im Kontext von allgemein verbreiteten Informationstechnologien und Telekommunikationsnetzwerken.
Wesentliche Voraussetzung für die Internet-Ökonomie sind digitale Informationen, deren Nutzung nicht-rivalisierend ist, deren Quantität zeitlich sehr schnell nahezu unbegrenzt erweitert werden kann, die nicht an räumlich fixe Träger gebunden sind und die zu anderen Informationsgütern rekombiniert werden können.

6.2 Unternehmen und Kunden in der Internet-Ökonomie

Die veränderten ‚Spielregeln' der Internet-Ökonomie haben Auswirkungen auf die Organisation von Firmen und beeinflussen das Verhältnis von Unternehmen und Kunden. Sie sind ein relevanter Faktor bei der Formierung neuer Konzerne und Geschäftszweige, wie es im Online-Bereich am Aufstieg (und gelegentlichen Niedergang) einer Vielzahl von Start-up-Firmen in den letzten 15 bis 20 Jahren zu beobachten ist. Zudem erfordern sie auch von traditionellen Unternehmen, zum einen ihre Ertrags- und Geschäftsmodelle und zum anderen ihre organisatorischen Strukturen zu überdenken.

6.2.1 Geschäfts- und Ertragsmodelle

Ein **Geschäftsmodell** dient dazu, das betriebliche Leistungssystem eines Unternehmens zu charakterisieren. An ihm kann gezeigt werden, welche externen Ressourcen in ein Unternehmen eingehen und wie diese in Produkte bzw. Dienstleistungen umgesetzt werden (Wirtz 2006: 67). Welche Änderungen sich in der Internet-Ökonomie für Geschäftsmodelle ergeben können, lässt sich an der klassischen **Wertschöpfungskette** zeigen, in der alle relevanten leistungserbringenden Teilprozesse gegliedert erfasst sind. Für das Wirtschaften mit Informationsgütern umfasst sie in ihren Grundstufen

- die Beschaffung der Inhalte/Informationen,
- die Produktion/Aggregation der Inhalte/Informationen,
- die Bündelung der (Informations)produkte,
- die technische Produktion und
- die Distribution.

Durch die Vernetzung und Digitalisierung kann die Wertschöpfungskette unter Umständen hinsichtlich der Qualität der Leistungen, des Leistungsumfangs und der Schnelligkeit der Leistungserbringung effizienter und effektiver gestaltet werden (Dogruel/Katzenbach 2010: 114).

Eine wichtige mögliche Veränderung der Wertschöpfungskette betrifft die Auslagerung bzw. Eingliederung einzelner Stufen, was insbesondere die Beschaffung von Inhalten und die Distribution betrifft. Als **Disintermediation** bezeichnet man dabei die Ausschaltung von Zwischenvermittlern zwischen Unternehmen und Kunden (Dogruel/Katzenbach 2011: 115). Das Unternehmen nutzt dabei die digitale Verfügbarkeit seiner Produkte und den über das Internet möglichen direkten Kontakt zum Kunden, um klassische Akteure der **Intermediation** wie Groß- und Einzelhändler zu umgehen. Das Internet wird so zum neuen Distributions- und Vermarktungskanal. Für die Unternehmen bringt dies die Vorteile einer engeren und unvermittelteren Kundenbeziehung und eines direkteren Feedback zu den angebotenen Produkten. Zugleich bilden sich neue Intermediäre heraus, die sich darauf spezialisiert haben, Produkte und Dienstleistungen entsprechend vorhandener Angebots- und Nachfragemuster zusammenzustellen. Auf die Disintermediation folgt die **Reintermediation** (von Walther 2007).

Der Sektor, an dem die Dynamiken der Dis- und Reintermediation besonders häufig demonstriert werden, ist die Musikbranche (Tuomola 2004; Dolata 2008). Hier führte die Restruktu-

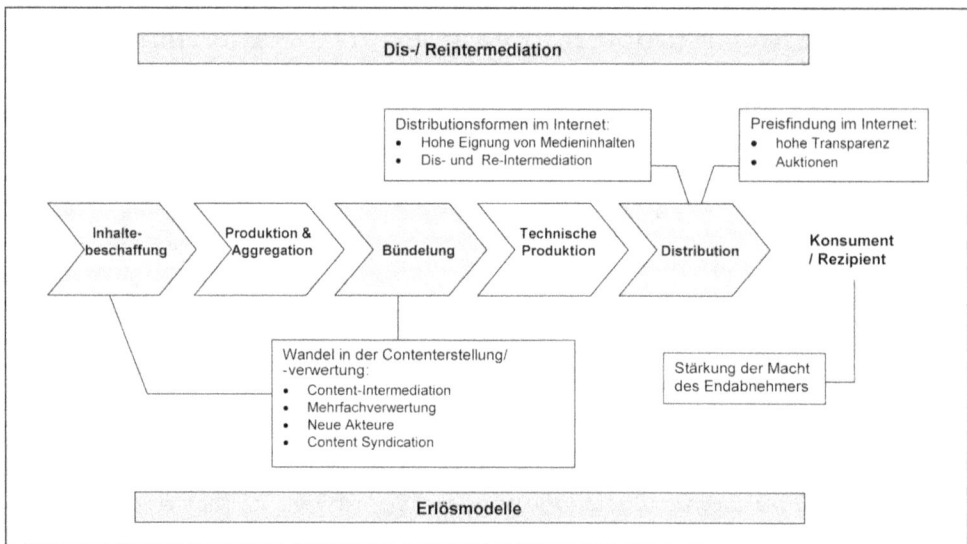

Abb. 6.2: *Veränderungen in der Wertschöpfungskette in der Internet-Ökonomie.*
Quelle: Dogruel/Katzenbach (2010: 115).

rierung infolge der aufkommenden Peer-to-peer-Tauschbörsen wie Napster zuerst zu einer Änderung der Distributionsstrategie, durch die Zwischenhändler völlig ausgeschaltet werden sollten. Komplementär zu dieser Strategie, die nicht den gewünschten Erfolg zeigte, formierten sich neue Intermediäre, wie zum Beispiel der iTunes Store von Apple oder Musicload.de, die abseits der klassischen Musikindustrie (oder nur zum Teil mit ihr verbunden) als *gatekeeper* die Distribution übernehmen.

Zusätzlich kann im Hinblick auf die Distribution und Vermarktung die Unterscheidung eingeführt werden, ob es sich um direkte oder indirekte Internet-Märkte handelt (Meisner 2006: 19 f.). Bei vollständig digitalisierten und dadurch von materiellen Trägern entkoppelten Gütern kann in **direkten Internet-Märkten** der gesamte Handelsprozess des Anbietens, also Suche, Auswahl, Kaufabwicklung und Distribution online abgewickelt werden, wie bei digitalisierten Musikstücken, die über den iTunes-Store angeboten, aufgefunden, erworben, heruntergeladen und über entsprechende Geräte abgespielt werden können. **Indirekte Internet-Märkte** dagegen bestehen im online-organisierten Handel physischer Güter, wie sie etwa den überwiegenden Teil der getätigten Transaktionen auf Amazon, Dawanda oder auf Ebay ausmachen.

Als **Ertragsmodelle** zur Bestimmung und Durchsetzung monetärer Gegenleistungen der Käufer für angebotene Güter und Dienstleitungen lassen sich für das Wirtschaften im Internet zwei grundlegende und kombinierbare Optionen der Generierung von Erlösen definieren (Meisner 2006; Dogruel/Katzenbach 2010: 119)

- **Direkte Erlöse** durch den Vertrieb von Gütern und Dienstleitungen, die entweder digital verfügbar oder an physische Träger gebunden sind, sowie durch Gebühren, wie sie etwa bei Abonnements oder Mitgliedsbeiträgen fällig werden und
- **indirekte Erlöse** aus Werbung, Sponsoring, Merchandising, Provisionen (z. B. für die Weiterleitung von Kunden oder die Bereitstellung von Plattformen für Transaktionen) und der Auswertung von Nutzerdaten (Datamining).

Gegen die Möglichkeit einer direkten Monetarisierung von Leistungen steht im Internet die im Vergleich zu physischen Gütern verringerte Zahlungsbereitschaft für digitale Güter (Krüger/Leibold 2006: 315). Manche Unternehmen versuchen diese Tendenz auszunutzen, indem sie ihre Produkte zunächst unentgeltlich anbieten, um auf diesem Wege zügig den Markt zu penetrieren und eine kritische Masse aufzubauen: **follow the free** als Strategie. Darauf aufbauend könnte ein direktes Ertragsmodell Erlöse dadurch erzielen, dass in einem zweiten Schritt Nutzungsgebühren, Updates oder komplementäre Leistungen käuflich angeboten werden (Picot/Neuburger 2006: 131). Ein Beispiel sind zeitlich beschränkte Testversionen von Softwareprogrammen, Premium-Bereiche von sozialen Netzwerkplattformen wie auf XING oder Bezahldienste von Online-Zeitschriften. Bei solchen Online-Zeitschriften ist in diesem Fall ein Teil der tagesaktuellen Nachrichten kostenlos, erweiterte Funktionen wie das vollständige Nachrichtenangebot oder das Archiv sind jedoch bezahlpflichtig.

Damit einher gehen weitere Optionen der **Preisgestaltung** und **Preisdifferenzierung** (Wirtz 2006). Ein wichtiger einzurechnender Faktor für die Preisfindung von Anbietern sind die neu entstandenen Intermediäre, welche die ihnen zugänglichen Informationen an Preisdaten nutzen und aufbereiten. So finden sich neben allgemeinen Portalen wie Billiger.de oder Preisvergleich.de auch spezialisierte, wie z. B. Expedia.de zum Vergleich von Urlaubsreisen. Die dadurch transparenten Preise erlauben den Anbietern nur eine mäßige Abschöpfung der Zahlungsbereitschaft, auch weil andere Anbieter des ähnlichen oder gleichen Produkts meist nur ein paar Klicks entfernt liegen (Dogruel/Katzenbach 2010: 119).

Neben dem Vergleich von Preisinformationen eröffnen viele Plattformen zudem die Möglichkeit, individuelle Feedbacks zu Produkten, Dienstleistungen oder Anbietern zu publizieren und zu allgemeinen Kundenmeinungen zu aggregieren. So besteht etwa auf Amazon die Option, Kritiken zu Büchern oder Musiktiteln abzugeben. Im Blick auf die Preistransparenz reagieren Unternehmen entweder durch Rückgriff auf andere Mechanismen der Preisbildung wie Auktionen oder durch eine differenzierte Preisgestaltung. Diese erlaubt eine kundenspezifische Anpassung von Angeboten und Preisen, die sich nach verschiedenen Kriterien (Qualität der Leistung, der Aktualität, des Umgangs oder zusätzlicher Serviceleistungen) ausrichten kann.

Eine zentrale Strategie der indirekten Erlösgenerierung ist die **Mehrfachvernutzung** von produzierten Informationsgütern wie etwa dem Inhalt von Medienprodukten, um Produktionskosten auf verschiedenen Wegen zu amortisieren und Erlöspotenziale abzuschöpfen (Hess/Schulze 2004). Mehrfachvernutzung kann heißen, dass Inhalte aufbereitet werden, dass sie zielgruppenspezifisch modifiziert, auf unterschiedliche Endgeräte zugeschnitten oder mittels Versionierung bzw. individueller Anpassung diversifiziert werden. So sind beispielsweise journalistische Angebote sowohl in der materiellen Ausgabe der Tageszeitung als auch in der Online-Version im Internet, auf mobilen Endgeräten, als E-paper oder als Ticker per SMS zugänglich. Die Gründe für ein solches Engagement können neben der Ausweitung von Distributionsformen die Erschließung neuer Lesersegmente, die Erhaltung bzw. Ausweitung des Anzeigengeschäfts und die Erhöhung der Leser-Blatt-Bindung sein (Altmeppen 2006: 227).

Eine weitere Strategie ist der Austausch von Informationsangeboten mit anderen Unternehmen, bei denen aus den Anbietern für den Rezipientenmarkt Zulieferer für andere Unternehmen werden. Die **Content Syndication** ist nichts Online-Spezifisches, sondern bereits im Pressebereich ein häufig genutztes Mittel der Vermarktung. Im Netz haben jedoch freie Re-

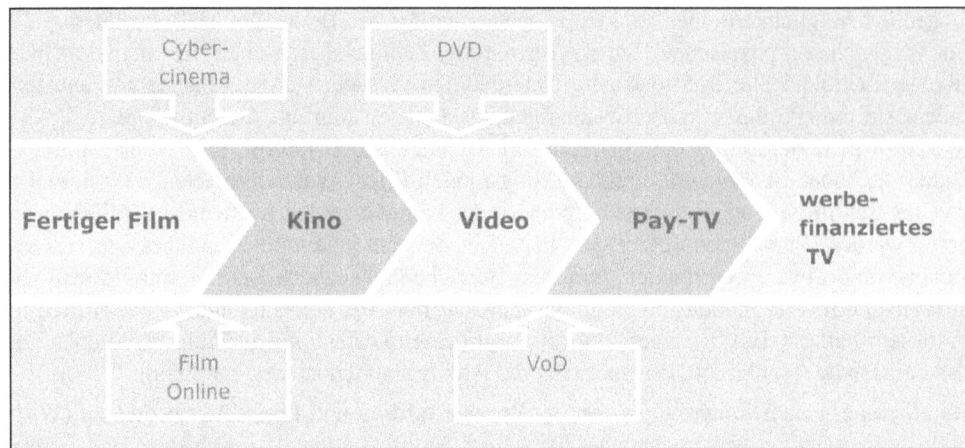

Abb. 6.3: Erweiterung der Verwertungsstufen zur Mehrfachvernutzung am Beispiel des Film- und Fernsehmarkts. Quelle: adaptiert nach Zerdick et al. (2001: 72).

dakteure und Unternehmen auch außerhalb der traditionellen Medienbranche die Chance, als sogenannte Content Broker Inhalte bereitzustellen (Dogruel/Katzenbach 2010: 117).

Beispielhaft lässt sich die Auswertung von Nutzerdaten, das **Datamining**, am Beispiel von Google zeigen (Kaumanns/Siegenheim 2008): Von vielen wird Google zunächst als Internet-Suchmaschine wahrgenommen. Das Anbieten einer Suchfunktion ist die Basis des geschäftlichen Erfolgs des Unternehmens. Google verfolgt durch die Bereitstellung einer kostenlosen Suchfunktion, die auf Suchanfragen sehr zügig relevante Webseiten auswählt und geordnet präsentiert, eine Penetrationsstrategie, um den Markt möglichst umfassend zu durchdringen. Auf diesem Weg ist Google zum Marktführer unter den Suchmaschinen geworden und nutzt diese Position wiederum zur Refinanzierung seines Angebots. Die Einnahmen von Google speisen sich insbesondere aus Werbeeinnahmen. Mit AdWords steht Google dazu seit 2002 ein System zur kontextsensitiven Platzierung von Anzeigen zur Verfügung, die auf der Auswertung von Suchanfragen beruht. Die Idee dahinter besteht darin, passgenaue Werbeanzeigen im inhaltlichen Zusammenhang von Suchanfragen zu positionieren. Das heißt, Werbekunden können bestimmen, bei welchen Suchbegriffen ihre Werbung am Rand des Ergebnisfensters erscheinen soll.

6.2.2 Modularisierung und Vernetzung von Organisationen

Von den veränderten ‚Spielregeln' der Internet-Ökonomie ebenso betroffen sind die intra- und die interorganisationale Gestaltung bzw. Verbindung von Unternehmen. Als traditionelle betriebswirtschaftliche Organisationsform gilt das hierarchisch aufgebaute Unternehmen, dessen formale Ordnung die entpersönlichte, routinisiert arbeitende Bürokratie ist (Weber [1922] 1990; Williamson 1990). Das Bürokratiemodell des effizient und rational arbeitenden Konzerns bildet nicht nur die Vorlage für vertikal integrierte Großunternehmen, sondern findet sich auch auf der Ebene der Arbeitsorganisation zum Beispiel als Arbeitsteilung und formale Regelungen von Arbeitsabläufen wieder. Jedoch gerät diese Organisationsform angesichts des Bedarfs an Flexibilität, Innovativität und der Kreativitätsanforderungen in einer auf Informationsgüter ausgerichteten Wirtschaft unter Veränderungsdruck (Sydow/Windeler

2006). Chancen zur Veränderung wiederum ergeben sich, da der Einzug von vernetzten Informations- und Kommunikationstechnologien die Transaktionskosten des Organisierens verändert.

a) Modularisierung

Die intraorganisationale Ausgestaltung von Unternehmen kann auf die Anpassungsbestrebungen durch eine modulare Organisation reagieren. Modularisierung ist damit ein Aspekt der in der Internet-Ökonomie zu beobachtenden Dynamiken. Nach Picot, Reichwald und Wigand (2003: 230) ist darunter die „Restrukturierung der Unternehmensorganisation auf der Basis integrierter, kundenorientierter Prozesse in relativ kleine, überschaubare Einheiten (Module)" zu verstehen. Diese Module zeichnen sich durch dezentrale Entscheidungskompetenzen und Ergebnisverantwortung aus. Der klassische Typ der Modularisierung ist die Spartenorganisation, das heißt die Gliederung einer Unternehmung nach Produktsegmenten, Regionen oder Kompetenzfeldern. Eine zweite Form ist die Durchsetzung von Holdingstrukturen mit einer Muttergesellschaft und damit verbundenen Unternehmen. Das dritte in dieser Organisationsform gebräuchliche, nicht-hierarchische Modularisierungskonzept ist das Profit-Center: die Schaffung organisatorischer Teilbereiche mit gesondertem Erfolgsausweis in einem Unternehmen (Sydow/Windeler 2006).

b) Netzwerke

Neben der Modularisierung soll besonders die Bildung interorganisationaler Netzwerke die in der Internet-Ökonomie erstehende Forderungen an Unternehmen nach Flexibilität und Effizienzsteigerung erfüllen (Powell 1990; Windeler 2001). Kennzeichnend für Netzwerke sind der Aufbau und die Aufrechterhaltung organisationsübergreifender Strukturen, in denen sich autonome Firmen zur dauerhaften aufgaben- und problembezogenen Kooperation zusammenschließen und nicht, wie in Wettbewerbsmärkten zu erwarten wäre, gegeneinander in Kompetition stehen. Ein Element dieses Prozesses ist die Orientierung an Kernkompetenzen und das *Outsourcing* von Teilaufgaben an strategische Partner in vor- oder nachgelagerten Stufen des Wertschöpfungsprozesses, was eine Erosion der Wertschöpfungsketten bedingt. Damit ist es Unternehmen möglich, sowohl die Skalenvorteile der Konzentration und Spezialisierung als auch die Verbundvorteile (*economies of scope*) der Vernetzung zu nutzen (Steinmueller 2007: 119). Eine im Bereich der Medienindustrie etablierte Form interorganisationaler Netzwerke ist der projektförmige Verbund. Auf die Flexibilitätsanforderungen antworten die Produzenten von Medienprodukten durch eine ‚flexible Spezialisierung' (Hirsch/Piore/Sabel 1986) von einzelnen Akteuren, die zeitlich und sachlich begrenzt arbeitsteilig zusammenarbeiten. Projektnetzwerke bilden einen das einzelne Projekt überdauernden Beziehungszusammenhang, in dem Produktionspraktiken und Akteurskonstellationen über die einmalige Kooperation hinaus verknüpft werden (Sydow/Windeler 2006).

Eine durch die Online-Kommunikation ermöglichte Art der intra- als auch interorganisationellen Netzwerkorganisation stellen **virtuelle Organisationen** dar. In ihnen werden zumeist zeitlich befristet Produkte bzw. Dienstleistungen erbracht, wobei die Kooperation und Organisation vermittels Online-Kommunikationsformen wie E-Mail, Videokonferenzen oder Wikis erfolgt (DeSanctis/Monge 1999). Eine andere Form ist das **Supply-Chain-Management**, bei dem unternehmensübergreifend (Zu-)Lieferketten gesteuert und optimiert werden. Als typisch für die Internet-Ökonomie gelten des Weiteren **Business Webs**. Ein Beispiel hierfür sind Internet-Portale wie Yahoo!, wo der Betreiber (Yahoo!) anderen Akteuren eine

Plattform bereitstellt, auf der ihre Leistungen angesiedelt werden können (Picot/Neuburger 2006: 140).

6.2.3 Kundenintegration

Wie bereits angesprochen sind die technische Vernetzung und die Digitalisierung zentrale Faktoren bei der Veränderung der Wertschöpfungsketten, dem Aufkommen neuer bzw. der Ablösung alter Akteure der Intermediation, dem Wandel von Preisgestaltungsmechanismen und Datenauswerteverfahren zur Analyse von Nutzungs- und Kaufverhalten. Das Verhältnis zwischen Unternehmen und Kunden beeinflussen sie darüber hinaus insbesondere im Hinblick auf die verschiedentlich mögliche Einbindung des Kunden in Unternehmensprozesse.

Ganz allgemein angesprochen wird der Wandel vom Klischee des passiven Besuchers bzw. bloßen Rezipienten zum aktiven Produzenten durch das Schlagwort des Web 2.0 als ‚Mitmachnetz' vollzogen, welches angefüllt ist von *user-generated content* (Kap. 2.2). Bruns (2008) schlägt zur allgemeinen Kennzeichnung dieser Aktivitäten den Begriff der *produsage* bzw. **Prod(n)utzung** vor. Charakteristisch für die Prodnutzung sei die praktische Verschmelzung der Funktionen Produktion, Distribution und Konsumption in der Rolle des hybriden *produser*, der nicht nur Inhalte (passiv) rezipiert, sondern selbst (aktiv) an der Produktion beteiligt ist (Levine et al. 2000). Weiterhin zeichnet sich die Prodnutzung durch den kooperativen Charakter des Zusammenwirkens aus, welches weder an Märkte als Distributionsmechanismus noch an formale, hierarchisch strukturierte Organisationen gebunden ist (Guenther/Schmidt 2008). *User-generated content* bzw. **nutzergenerierte Inhalte** als Resultat der Prodnutzung sind „i) content made publicly available over the Internet, ii) which reflects a certain amount of creative effort, and iii) which is created outside of professional routines" (Schweiger/Quiring 2006; OECD 2007). Sie sind demnach (internet-)öffentliche, durch kreative Arbeit außerhalb betrieblicher Routinen entstandene Inhalte, wie man sie in Wikis wie Wikipedia, Foto-Plattformen wie Flickr oder Videoportalen wie YouTube findet. Sieht man davon ab, dass ein beträchtlicher Teil der *Free-/Open-Source-Software* inzwischen in und durch Unternehmen (ko-)produziert wird, dann zählen auch Projekte wie Linux zum user-generated content. Aufbauend auf einer solchen Definition listet Bruns (2008) sechs Strategien im Umgang mit nutzergenerierten Inhalten auf:

1. *harnessing the hive*, bei der die Inhalte unter Respektierung der Rechte der Ersteller (weiter)verwendet werden, wie etwa bei der Online-Enzyklopädie Wikipedia,
2. *harvesting the hive*, bei der den Arbeitsresultaten wertschöpfende Leistungen, wie z. B. die kostenpflichtige Distribution der *Free-/Open-Source-Software* Linux durch das Unternehmen RedHat beigefügt werden,
3. *hijacking the hive* als Übertragung der Nutzerrechte vom Erzeuger auf den Plattformanbieter bei der Publikation von Inhalten, wie es z. B. auf YouTube geschieht,
4. *harboring the hive* als unentgeltlicher Zugang von Einrichtungen und Artefakten, z. B. durch Installation einer Plattform,
5. *helping the hive*, z. B. durch finanzielle Unterstützung und
6. *feeding the hive* z. B. durch das Bereitstellen von Inhalten.

Eine weiterführende Auseinandersetzung und Akzentuierung der Kundenintegration stellen die Konzepte der *mass customization*, der *open innovation* und des *crowdsourcing* dar. Sie alle können unter den Begriff der **„interaktiven Wertschöpfung"** (Reichwald/Piller 2006) als neue Formen der Arbeitsteilung zwischen Anbieter und Kunden gefasst werden, für die auch Bezeichnungen wie „wikinomics" (Williams/Tapscott 2007) oder Formeln wie „the wisdom of crowds" (Surowiecki 2007) erdacht wurden. Während sie von einigen als Demokratisierung des Internet und betrieblicher Arbeitsabläufe betrachtet werden (von Hippel 2005), verstehen andere es vornehmlich als unbezahlte Ausbeutung von Usern zum Zweck der Gewinnsteigerung (Petersen 2008) oder stellen infrage, wie offen diese Prozesse wirklich sind (Cammaerts 2008).

Mass Customization meint ein Produktionsverfahren zur individualisierten Anpassung von massengefertigten Produkten (Piller 2006). Unternehmensseitig angestrebt wird dabei eine weitestgehende Übereinstimmung zwischen Kundenbedürfnissen und Produkteigenschaften bei gleichzeitiger Ausnutzung der Effizienzpotenziale einer Massenfertigung standardisierter Ausgangsprodukte. Die Online-Kommunikation befördert in dieser Hinsicht die Individualisierung der Produktion, welche zumeist durch die Auswahl und Zusammenstellungen vordefinierter Optionen geschieht. Eines der bekannteren Beispiele für kundenindividuelle Massenproduktion ist Spreadshirt.de, wo T-Shirts von den Kunden mit konfiguriert werden können.

Abb. 6.4: Mass Customization bei Spreadshirt. Quelle: www.spreadshirt.de. Aufgerufen am 10.08.2011.

Anders gelagert ist das Konzept der **Open Innovation**. Hier wird die Entwicklung marktfähiger Produkte geöffnet, so dass diese nicht mehr (nur) unter Geheimhaltung in speziellen betrieblichen Abteilungen der Forschung und Entwicklung abläuft (*closed innovation*). Stattdessen wird das Wissen der Kunden mittels Informations- und Kommunikationstechnologien erhoben und systematisch in den Innovationsprozess integriert (Chesborough 2003; von Hippel 2005). Ein Beispiel hierfür ist die vom Computerhersteller Dell initiierte Plattform

IdeaStorm.com, auf der Nutzer eingeladen werden, ihre Ideen zur Verbesserung und Veränderung des Angebots von Dell einzubringen und von anderen Nutzern bewerten zu lassen. Dell selbst führt auf der Plattform einen Blog, in dem das Unternehmen Auskunft über die Implementierung der Ideen gibt.

Auch das **Crowdsourcing** zielt auf die unternehmensseitige Auslagerung von Aufgaben an (Internet-)Nutzer, doch erfasst es jede Strategie des Auslagerns der traditionell von Erwerbstätigen erbrachten Leistungen (Papsdorf 2009). Damit umfasst es sowohl Formen des offenen Ideenwettbewerbs wie im Beispiel des Idea Storm von Dell, der nutzerbasierten Massenanfertigung wie bei Spreadshirt.de als auch der Vergabe von ergebnisorientierten Mikrojobs. Bei der letzten Strategie bieten Firmen Aufgaben zur Erledigung an und entlohnen diese zum Teil auch mit einem Entgelt, wie etwa auf der von Amazon bereitgestellten Plattform *Mechanical Turk*. Unter Crowdsourcing kann zudem die Vernutzung von Usercontent gerechnet werden, wie sie etwa die Boulevardzeitung BILD mit ihren Leserreportern verfolgt. Hier geht es nicht in erster Linie darum, die von den Nutzern zur Verfügung gestellten Inhalte direkt zu nutzen, sondern das wesentliche Ziel ist die Steigerung der Popularität des gesamten Angebots und die Kundenbindung.

Zusammenfassung
Die veränderten Bedingungen der Internet-Ökonomie haben Konsequenzen für Unternehmen und Kunden. Eine mögliche Veränderung der Wertschöpfungskette betrifft die Disintermediation, bei der Vermittler zwischen Unternehmen und Kunden ausgeschaltet werden. Auch anderen Stufen, etwa die Beschaffung von Inhalten, können unter Umständen ausgelagert oder eingegliedert werden.
Ebenso gerät die Ausgestaltung der Organisationsformen in und zwischen Unternehmen unter Veränderungsdruck, etwa in Richtung einer Modularisierung und der Bildung von Netzwerken.
Für die Kundenbeziehung birgt die Internet-Ökonomie die Gelegenheit, Kunden, z. B. in Form der *Mass Customization*, der *Open Innovation* oder des *Crowdsourcing* in die Wertschöpfungskette zu integrieren

6.3 Werbung und Online-Kommunikation

Wenn gesagt wird, die Informationsökonomie des Internet basiere auf nicht-knappen, weil immateriellen, unbegrenzt vervielfältigbaren Informationen, dann bedeutet dies nicht, dass es keine knappen Ressourcen gäbe. Eher könnte man dem Ökonomen Simon (1971: 40) zustimmen, wenn er feststellt: „A wealth of information creates a poverty of attention". Anders gesagt: Wenn das Angebot an Informationen nicht limitiert ist, dann wird stattdessen die Kapazität zu Wahrnehmung, Selektion und Verarbeitung von Information zur knappen Ressource. Man kann daher von einer ‚**Aufmerksamkeitsökonomie**' sprechen (Franck 1998). Ein Weg, die Aufmerksamkeit der Zielgruppen auf bestimmte Produkte, Leistungen, Personen, Institutionen oder Themen zu lenken, ist die werbliche Kommunikation, kurz Werbung (Zerdick et al. 2001: 45).

Vor diesem Hintergrund wird der folgende Abschnitt die Auswirkungen der veränderten ‚Spielregeln' der Internet-Ökonomie auf Werbeprozesse behandeln, die in vielen Praxishandbüchern und Strategieratgebern Hoffnungen auf eine effektivere und effizientere Kundenansprache wecken. Ohne diesen zum Teil euphorischen Erwartungen zu folgen, werden hier Merkmale der Online-Werbung und deren Formate diskutiert (Schumann/Thorson 2007; Spurgeon 2007; Bauer/Große-Leege/Rösger 2008; Ha 2008; Hass/Walsh/Kilian 2008; Siegert 2010).

6.3.1 Merkmale der Online-Werbung

Werbung ist ein geplanter Kommunikationsprozess mit dem Ziel, Meinungen, Einstellungen und Handeln hinsichtlich gewisser Produkte, Dienstleistungen, Unternehmen oder Marken zu beeinflussen. Zu diesem Zweck bedient sie sich spezieller Werbemittel, die über Kanäle verbreitet werden, um Anschlusskommunikation in den Medien und zwischen den Kunden hervorzurufen und Einfluss auf Lebensstile auszuüben (Siegert/Brecheis 2005: 28).

Das Internet kann als weiterer Transporteur einer Werbebotschaft neben den klassischen Medien wie Fernsehen, Radio, Zeitungen und Zeitschriften mittels eines Werbeträgers betrachtet werden. Die zentralen Akteure sind in diesem Fall das werbetreibende Unternehmen, die beauftragte Werbe- bzw. Mediaagentur und der Vermarkter des entsprechenden Online-Angebots, in dem die Werbung platziert wird. Der Preis der Schaltung bemisst sich an der Anzahl der erreichten Kontakte (Siegert 2010: 440). Darüber hinaus eröffnen das Internet und seine Kommunikationsformen Arten des Werbens, welche die Grenzen des Werbeprozesses und seiner Akteure überschreiten (Gleich 2009). Wesentliche Bedingungen hierfür sind die netzwerkförmige Organisation der Kommunikation, die gesteigerte Interaktivität zwischen Unternehmen und Kunden sowie zwischen den Kunden untereinander als auch die Personalisierung der Werbung.

a) Netzwerke

Das Stichwort ‚Netzwerke' verweist hier zum einen auf den technischen Charakter des Internet, zum anderen auf die netzwerkförmige Organisation von Unternehmen und Unternehmensverbünden. In werblicher Hinsicht profitiert die Werbewirtschaft von netzwerkförmig organisierten Verbünden wie dem *Business Web* in der Form, dass im Rahmen von Affiliate-Marketing Werbung im Netzwerk verbundener Partner gestreut und an entsprechenden Stellen publiziert werden kann. Damit steigen die Kontaktchancen. Bezahlt wird in diesen Fällen durch Provisionen, etwa pro Klick (Pay-per-Click), pro Interessent (Pay-per-Lead) oder pro erfolgten Verkauf (Pay-per-Sale) bzw. Kombinationen davon (Lammenett 2006: 23; Fritz 2007: 182 ff.).

b) Interaktivität

Interaktivität in der werblichen Kommunikation kann heißen, dass die Empfänger von Werbebotschaften und potenzielle Kunden unmittelbarer mit den Kommunikatoren in Kontakt treten können. Es kann auch heißen, dass werbetreibende Unternehmen oder andere in den Werbeprozess involvierte Akteure Kundenfeedback oder non-reaktiv erhobene Nutzungsdaten auswerten (Ha 2008). Ein Aspekt dieser Ausnutzung der Interaktivität ist die Konfiguration des Angebots oder die Präsentation der Werbekampagne entsprechend der Auswertung von Nutzeraktionen, wie im Fall von Google (Kap. 2.4.2). Doch nicht nur die Push-Strategie kann modifiziert werden. Auch den Empfängern von Werbebotschaften stehen Mittel zur

Verfügung, Werbung gezielt auszuweichen, etwa durch das Blockieren von Pop-up-Einblendungen (Liu/Shrum 2002; Siegert 2010: 444).

c) Personalisierung

Bezüglich der individuellen Adressierung eröffnet die Online-Kommunikation Möglichkeiten der direkten Ansprache von Zielpersonen, die über die klassische Direktwerbung via Brief oder Prospekt hinausgehen (Siegert/Brecheis 2005: 189 ff.; Gleich 2009). Den interaktiven bzw. responsiven Kontakt vorausgesetzt, kann personalisierte Werbung dabei auf die auswertbaren Informationen über das Verhalten und die Interessen zurückgreifen und diese für eine passgenaue Ansprache nutzen. Beispielsweise greifen Plattformen wie Amazon auf die ihnen verfügbaren Daten zu Nutzerprofilen wie E-Mail-Adressen, gekaufte und gesuchte Artikel und Artikelwünsche zurück, um für ihre Kunden ein individualisiertes Angebot entsprechend den abgeleiteten Präferenzen zusammenzustellen (*behavioral targeting*). Aus den Benutzerfeedbacks werden Kundenprofile aggregiert. Dabei muss Personalisierung nicht heißen, dass stets völlig individuelle Angebote entstehen. Vielmehr greifen die Anbieter auf in Datenbanken abgelegte mehr oder minder differenzierte Kundensegmente als Bausteine dieser Personalisierungen zurück (Siegert 2010: 444).

6.3.2 Formate der Online-Werbung

Werbung bedient sich verschiedener Werbemittel. In der traditionellen werblichen Kommunikation dominieren Anzeigen und Spots, bei denen Werbemittel und -träger getrennt sind. Das heißt, ein Werbemittel wie eine Anzeige erscheint vermittels eines Werbeträgers, z. B. eines Magazins. Davon abgesehen existieren auch Werbemittel, die mit ihrem Träger verschmelzen, wie etwa Flyer oder DirectMail-Sendungen, bei denen der Träger gleichzeitig das Mittel ist (und umgekehrt). Im Internet kann abseits der Banner-Anzeigen auf Webseiten oder eingeblendeten Spots die Trennung von Werbemittel und -träger selten klar gezogen werden (Siegert 2010: 440). Bei diesen Formen der Kommunikation bleibt oft unklar, was Werbemittel und was -träger sein soll.

Im Rahmen dieser Formate nimmt das **Suchmaschinenmarketing**, wie es an Google dargestellt wurde, eine dominierende Rolle ein (Kap. 2.4.2 u. Greifeneder 2006). Google verdient bei AdWords in einem Cost-per-Click-Verfahren dann Geld, wenn Nutzer auf einen entsprechend angezeigten Link klicken. Auf der Grundlage dieses Basismodells baut Google zudem sein Angebot zu einem umfassenden Portfolio an Werbe-Instrumenten aus, mit denen Werbetreibende ihre Maßnahmen optimieren und ihre Anzeigen über die verschiedenen Google-Dienste, aber auch vermittels Google auf weiteren Internetangeboten platzieren können. In diesem Sinne entwickelt die Firma sich perspektivisch zum „crossmedialen Werbenetzwerk" (Kaumanns/Siegenheim 2008: 28). Neben dem von Google praktizierten Verfahren des Verkaufs von Anzeigen, die bei entsprechenden Suchbegriffen gesondert erscheinen (*paid listings*), sind andere Typen des Suchmaschinenmarketings zum einen die Bezahlung der Indexierung von URLs in Suchmaschinen (*paid inclusion*) und zum anderen die Optimierung von Webseiten, um sie leichter von Suchmaschinen auffindbar zum machen und in den Ergebnislisten prominent zu platzieren (*site optimization*).

Davon zu unterscheiden, doch mit der Netzwerklogik des Internet wesentlich verbunden, ist das **Word-of-Mouth-Marketing**. Es bezeichnet das quasi Mund-zu-Mund-Mitteilen von Meinungen und Erfahrung. Dies geschieht durch Kommunikationsformen wie Blogs und

6.3 Werbung und Online-Kommunikation

Tab. 6.1:   Typologie von Formaten der Internet-Werbung. Quelle: adaptiert von McMillan (2007: 20).

Zweck (vordring-lich, nicht aus-schließlich)	Publikationsformat	
	von Werbetreibenden kontrolliert	nicht von Werbetreibenden kontrolliert
Kontaktaufbau	Spam	Kleinformatige Anzeigen (z. B. Buttons, Tiles, Hyperlinks, Audioeinspielungen)
		Listen (Linklisten, Suchmaschinenoptimie-rung)
		Bezahlte Platzierung (z. B. in Suchmaschi-nen, durch inhaltliches Sponsoring, Sponso-ring von Online Games, Platzierung von Werbemitteln auf Webseiten Dritter)
Informationen/ Hinweise	Direkte E-Mails E-Newsletter Newsgroups E-Cards Foren	Bannerwerbung (inkl. Flash-Animationen, kontextgebundene Anzeigen, erweiterbare Banner, Bannerrahmen, fließende Banner) Externer Inhalt (Reviews, Rankings, Nach-richten)
Ermöglichung direkter Interaktion	Informations-/Präsentationswebseiten von Marken, Unternehmen Chaträume Blogs Online Spiele Communities Webcasts	Großformatige Anzeigen auf Webseiten (z. B. als Pop-ups, Pop-unders, Interstitials, Site Takeovers, integrierte Videos)
Ermöglichung von Transaktionen	E-Commerce (Shopping-Webseiten) Kontrolliertes Direktmarketing (Online-Coupons etc.)	Affiliate-Webseiten

dafür angebotene Feedback-Plattformen wie Ciao.de oder Dooyoo.de sowie in dafür vorge-sehenen Bereichen bei Online-Händlern, wie in der von Amazon bereitgestellten Option, Produkte zu bewerten und Kritiken zu schreiben. Anders als bei den durch die Werbewirt-schaft genutzten Weiterempfehlungen durch Meinungsführer, wie die Testimonials von Pro-minenten, liegt der Fokus des Word-of-Mouth-Marketing auf der Weitergabe von Meinungen und Erfahrungen von Kunden an Kunden. Das Besondere dieses Formats werblicher Kom-munikation ist ihre weitgehende Losgelöstheit vom eigentlichen Unternehmen. Neben Vor-teilen, wie der weitgehenden Kostenneutralität solcher Formen des Marketings und der werb-lichen Effekte, die sich aus den für die Konsumenten authentischen und glaubwürdigen Empfehlungen ergeben, sind Unternehmen dabei aber auch mit kritischen Aspekten konfron-tiert. Nicht nur die Messung der Effekte ist schwer. Auch entzieht sich das Mund-zu-Mund-Marketing der Kontrolle durch das bewertete Unternehmen, ganz gleich, ob die Einschätzun-gen positiv oder negativ ausfallen (Siegert 2010: 452).

> **Beispiel: Horst Schlämmer macht den Führerschein (virales Marketing)**
> Der deutsche Komiker Hape Kerkeling machte als Horst Schlämmer Werbung für Volkswagen. Die Kunstfigur Horst Schlämmer ist stellvertretender Chefredakteur des „Grevenbroicher Tagblatt". Unter der Webadresse www.schlaemmerblog.de veröffentlichte er 2007 mehrere Videos, die ihn als Teilnehmer eines Fahrschulkurses zeigten.

> Diese Aktion wurde vom Unternehmen Volkswagen finanziert und von einer Werbeagentur realisiert. Internetnutzer riefen die Clips millionenfach von der eigens dafür eingerichteten Website ab und publizierten sie auf Videoplattformen wie YouTube weiter. Auf diese Weise verbreiteten sich die unterhaltsamen Videos und es bot sich für Volkswagen die Möglichkeit, die Kampagne quasi als Selbstläufer in einem breiten Publikum zu streuen.

Ähnlich dem Word-of-Mouth-Marketing hat das **virale Marketing** das Ziel, dass Werbebotschaften zwischen Nutzern vermittels der Online-Kommunikation ausgetauscht und weitergegeben werden. Manche benutzen daher auch den Vergleich mit einem Virus, der sich rapide multipliziert, nur dass in diesem Fall die Werbebotschaft zu verbreiten ist und keine Krankheit (Langner 2005; Bauer/Martin/Albrecht 2008). Virales Marketing beruht damit auf dem unaufwendigen, ‚reibungslosen' Gebrauch von Kommunikationsnetzen. Um jedoch für dieses Vorhaben geeignet zu sein, muss die Werbebotschaft wie auch das Werbemittel nicht nur persuasiv sein, sondern vor allem für die Nutzer auf gewisse Weise interessant und mitteilenswert.

Zusammenfassung
Verschiedene Formate können als Werbemittel in der Online-Kommunikation genutzt und zu unterschiedlichen Zwecken wie dem Kontaktaufbau, der Information, der Ermöglichung direkter Interaktion oder der Ermöglichung von Transaktionen gebraucht werden. Wichtige Arten des Marketings sind das Suchmaschinenmarketing, das Word-of-Mouth-Marketing und das virale Marketing.

6.4 Online-PR

Aufgabe der Online-Public Relations (Online-PR) von Organisationen (z. B. Museen, Unternehmen, Universitäten, Parteien, Non-Profit-Organisationen, NGOs) ist es, an der gezielten Verbreitung von Informationen, der Festlegung von Themen, der Beeinflussung von Images und dem Aufbau von Reputation steuernd teilzunehmen (Wehmeier 2002; Pleil 2007; Thimm/ Wehmeier 2008; Zerfaß/Sandhu 2008; Röttger 2008; Schultz/Wehmeier 2010).

Organisationen gebrauchen webbasierte Anwendungen, um zentrale PR-Funktionen wie die Interaktion mit Interessengruppen, die Schaffung von Transparenz und den Gewinn bzw. Erhalt von Legitimität zu bewerkstelligen. Diesen allgemein positiven Erwartungen stehen aber auch Verunsicherungen der PR-Treibenden entgegen, welche sich mit einem Kontrollverlust angesichts der interaktiven Möglichkeiten der Online-Kommunikation konfrontiert sehen. So können zwar viele Anwendungen zu PR-Zwecken zum Einsatz kommen, doch stehen diese Kommunikationsoptionen auch anderen Gruppen, Protestakteuren und ‚Gegenöffentlichkeiten' mit möglicherweise organisationskritischen Absichten und Botschaften zur Verfügung (Malchow/Schulz 2008).

Der folgende Teil führt einerseits die für Online-PR in Frage kommenden Instrumente der Online-Kommunikation ein, wie sie auch in entsprechenden Praxisanleitungen behandelt werden (Bogula 2007; Huber 2008; Bernet 2010), andererseits sollen die Potenziale von Online-PR knapp erörtert werden.

Tab. 6.2: Instrumente der Online-PR (Auswahl). Quelle: adaptiert von Schultz/Wehmeier (2010: 418 f.).

Instrument	Beschreibung	Funktionen (vordringlich, nicht ausschließlich)
Corporate Weblogs	Präsentation von Mitarbeitern (Führungskräften, Angestellten, Arbeitern) Persönliche Botschaften/Profile	Externe/interne Information Feedback (Kommentarfunktion) Human Touch (Weblogs als persönliche, authentische Kommunikationsform) Kundenbindung Imagepflege
Weblogs allgemein	Organisationsexterne Weblogs von Stakeholdern (z. B. Medien, Kunden, private Mitarbeiterblogs, Non-Profit-Organisationen)	Beobachtung Issue Monitoring
Microblogging	Kurze, über SMS, Instant Messaging, E-mail oder *short message services* wie Twitter verbreitete Nachrichten	Externe/interne Information (z. B. bei Krisenkommunikation) Beobachtung Kundenbindung Imagepflege
Corporate Press Room	Speziell angelegte, eventuell geschützte und nur teil-öffentliche Newsräume für bestimmte Stakeholder (z. B. Journalisten)	Externe Information Zielgruppenansprache Informationen Feedback
E-mail	(zumeist asynchrone) Übermittlung/Verteilung von Nachrichten/Dateien	Externe/interne Information Feedback
Instant Messaging	(unmittelbare) Übermittlung/Verteilung von Nachrichten/Dateien	Externe/interne Information (unmittelbares) Feedback Kundenbindung
Chat	Synchrone (Gruppen)Kommunikation	Externe/interne Information Unmittelbares Feedback Informelle Gespräche/Kontakt Kundenbindung
Newsgroup	Diskussionsforum	(vornehmlich) interne Kommunikation
Wiki	(einfach) editierbare Sammlung an Hypertext-Dokumenten	Interne Kollaboration
Soziale Netzwerkplattform	Webbasierte Netzwerkplattformen mit Mitgliedschaften Integration weiterer Formen, z. B. Instant Messaging	Externe/interne Information Kundenbindung Beobachtung Feedback Imagepflege
RSS-Feed	Abonnierbarer Nachrichtendienst	Externe Information Beobachtung Kundenbindung
Podcast/Videocast	Verbreitung von Audio-/Videomaterial	Externe/interne Information Kundenbindung Imagepflege
Gästebuch	Öffentliches Feedback	Feedback Kundenbindung
Internet-TV	Kunden-/Mitarbeiterfernsehen mit redaktionellen und/oder werblichen Inhalten	Externe/interne Information Kundenbindung Imagepflege

6.4.1 Instrumente der Online-PR

Organisationen können Formen der Online-Kommunikation für zwei grundsätzliche Aufgaben nutzen (Schultz/Wehmeier 2010: 416 ff.): die Selbstdarstellung und die Beobachtung.

Selbstdarstellung: Mittels Online-Kommunikation können Organisationen die für sie relevanten Themen, Interessen und Meinungen der Öffentlichkeit allgemein und ihren Stakeholdern (Politik, Aktionäre, Mitarbeiter, Kunden, Journalisten etc.) im Speziellen präsentieren, ihr Image pflegen und Legitimität herstellen (Wehmeier 2002; Zerfaß/Sandhu 2008). In dieser Hinsicht kann Online-PR nicht nur den Bereich *media relations*, sondern auch die der *employer communication*, der *customer relations*, der *government relations*, der *investor relations* und der *consumer relations* bedienen (Johnson 1997). Dabei greift sie auf eine Reihe von Instrumenten zurück (Tab. 6.2 u. Zerfaß/Welker/Schmidt 2008: 238ff.). Das bedeutet auch, dass Online-Kommunikation nicht nur für die externe Kommunikation, sondern ebenso für die organisationsinterne Kommunikation neue oder veränderte Möglichkeiten schafft. Die *internal relations* der Kommunikationsbeziehungen zwischen Führung und Mitarbeitern sollen erwartungsgemäß die Integration und Identifikation der Organisationsmitglieder fördern und ihre Leistungsbereitschaft und Motivation steigern. Zudem soll die interne PR zur Abstimmung der verschiedenen Aktivitäten beitragen und auf die gesetzten Organisationsziele und -zwecke hin ausrichten (Röttger 2008: 506). In dieser Hinsicht ergänzen beispielsweise Intranets, E-Mails, Diskussionsforen, Portale, Wikis oder Blogs herkömmliche Wege der internen PR, wie Schwarze Bretter, Mitarbeiterzeitungen und -handbücher oder Versammlungen, und ermöglichen auf ihre Weise das Management von Wissen und den vertikalen (zwischen den Mitarbeitern untereinander) und horizontalen (zwischen verschiedenen Hierarchieebenen) Informationsaustausch (Zerfaß/Boelter 2005).

Beobachtung: Online-Kommunikation ist für Organisationen interessant, um Informationen über relevante Themen, über Feedback zur Organisation und ihren Tätigkeiten, über Konkurrenten, Konsumenten, aber auch über Mitarbeiter oder potenzielle Zielgruppen und deren Interessen zu sammeln. Die Online-Kommunikation wird damit zu einem Instrument, um für die Organisation interessante Entwicklungen und Meinungen zu beobachten und auszuwerten (Brauckmann 2010; Woelke/Maurer/Jandura 2010).

Demgemäß lassen sich Instrumente der Online-Kommunikation entsprechend ihrer Funktionen bestimmen. Diese können entsprechend zielführenden PR-Maßnahmen situations- und themenspezifisch abgestimmt werden.

6.4.2 Potenziale der Online-PR

Allgemein wird von den Funktionen der Online-PR erwartet, dass sie einen im Vergleich zu klassischen PR-Mitteln interaktiveren und dialogischeren Kontakt zwischen Organisationen und ihren Stakeholdern möglich machen. Damit verbunden ist die Annahme, dass sich diese direkteren Wege der Kontaktaufnahme, Information, Kommunikation und Beobachtung außerdem positiv in den Aufbau von Vertrauen, Legitimität und Zustimmung umlegen lassen und zudem mit Effizienz- und Effektivitätsvorteilen sowie gesteigertem Wirkungsvermögen der PR einhergehen (Kent/Taylor 1998; Capriotti/Moreno 2007). Aufgrund der Direktheit und Aktualität der Online-Kommunikation wird häufig in Szenarien der **Krisenkommunikation** auf sie zurückgegriffen: einmal, weil sie Organisationen die Chance bietet, zeitnah und unvermittelt Informationen zu publizieren, und dann auch, weil sie den Organisationen ebenso wie ihren Stakeholdern die Option eröffnet, bedarfsgerecht auf eine Bandbreite an Informationsquellen abseits der Massenmedien zurückzugreifen (Kent/Taylor 1998; Köhler 2006; Stephens/Malone 2009).

Indessen lassen sich diese Zuschreibungen einer gesteigerten **Dialogizität**, **Interaktivität** und **Glaubwürdigkeit** der Online-PR empirisch nur bedingt belegen. Grundsätzlich weisen Schultz und Wehmeier (2010: 421 f.) darauf hin, dass von Online-PR nicht erwartet werden kann, vertrauenswürdiger zu sein, wenn der Online-Kommunikation und darin vermittelten Informationen generell mit Misstrauen begegnet wird (Cassidy 2007). Zwar gibt es Anzeichen, dass unter Journalisten das dementsprechende Vertrauen im Laufe der Zeit zugenommen hat (Pleil/Zerfaß 2007), doch zeigen Studien, dass die Nutzer sowohl quellen- als auch kontextspezifisch die Glaubwürdigkeit von Online-Angeboten differenzieren. So erhalten die Online-Ausleger von Nachrichtenanbietern wie Zeitungen oder Fernsehkanälen allgemein höhere Vertrauenswerte als Unternehmenswebsiten (Stavrositu/Sundar 2008), während etwa im Bereich der politischen Kommunikation Weblogs besser bewertet werden als offizielle Webseiten von Politikern (Johnson/Kaye 2009). Zur tatsächlichen Nutzung der möglichen Instrumente der Online-PR ist weiterhin festzustellen, dass hier nur ein Bruchteil der Option aktiv wahrgenommen wird (Jünger/Wehmeier 2008; Zerfaß/Sandhu 2008). Beispielsweise erbrachte eine Befragung unter 300 US-amerikanischen PR-Praktikern, dass nur E-Mail, Intranets, Blogs, Videokonferenzen und Podcasts intensiver genutzt wurden (Eyrich/Padman/Sweetser 2008). Auch in der Krisenkommunikation greifen die Organisationen zumeist auf traditionelle PR-Kanäle wie die Pressemitteilung zurück und selbst Akteure wie Nicht-Regierungsorganisationen oder Protestverbünde nutzen trotz der behaupteten gegenöffentlichen Potenziale die entsprechenden Formen nur zu einem geringeren Teil (Ingenhoff/Koelling 2009).

Das Potenzial der PR-Instrumente scheint daher (bisher) noch nicht in vollem Maß ausgeschöpft zu sein. Ein wichtiger Grund für diese zögerliche Verwendung sind die Einstellungen der Entscheidungsträger sowie organisationelle Routinen und Erwartungshaltungen. Organisationen, die sich daran orientieren, offen und kooperativ mit Stakeholdern umzugehen, treten auch im Internet stärker dialogisch auf als Organisationen, in denen mit der Online-Kommunikation zuerst **Kontrollverluste** verbunden werden. Außerdem spielen finanzielle Faktoren eine Rolle, denn entgegen allen Hoffnungen auf Effizienzsteigerung erfordern die interaktiven Kommunikationsformen eine dauerhafte Kommunikationsbereitschaft, die eher mit erhöhtem als verringertem Ressourceneinsatz zu leisten ist.

Zusammenfassung
Online-PR kann für Organisationen sowohl zur Selbstdarstellung und Präsentation von Informationen als auch zur Beobachtung und zum Sammeln von Informationen dienen.
Erhoffte Potenziale der verschiedenen Instrumente der Online-PR (Weblogs, E-Mail, Instant Messaging, Chat, Wikis, Podcasts oder Videocasts) sind der verstärkte Dialog von Organisationen und relevanten Bezugsgruppen, die gesteigerte Interaktivität zwischen diesen Akteuren und die erhöhte Glaubwürdigkeit von Kommunikationsmaßnahmen.

✛ **Zum Wiederholen, Weiterdenken ...**

1. Klären Sie den Begriff „Informationsgesellschaft"!
2. Die Internet-Ökonomie basiert wesentlich auf der Nutzung digitaler Informationen. Welche Merkmale digitaler Informationen kennen Sie? Versuchen Sie die Charakteristika am Beispiel eines Wikipedia-Artikels zu erläutern!
3. Suchen Sie nach Beispielen, die das Argument des *Long Tail* belegen!
4. Das iPhone von Apple ist eine der wichtigsten Neuerungen im Mobilfunkmarkt der letzten Jahre. Überlegen Sie: Was können Sie aus diesem Beispiel über die Dynamiken der Internet-Ökonomie, insbesondere über Netzeffekte und Lock-In-Effekte, sowie über Geschäfts- und Ertragsmodelle lernen?
5. Welche zentralen Veränderungen bringt die Internet-Ökonomie für Unternehmen mit sich?
6. Finden Sie aktuelle Beispiele für die verschiedenen von Bruns (2008) benannten Optionen der Strategien im Umgang mit nutzergenerierten Inhalten!
7. Welche Formate der Online-Werbung kennen Sie? Suchen Sie nach einer Kampagne, in der verschiedene dieser Formate im Kontext von Marketingstrategien wie dem viralen Marketing genutzt wurden!

📖 **... und Weiterlesen**

Shapiro, Carl/R. Hal Varian (1999): Information Rules. A Strategic Guide to Network Economy. Boston/MA: Harvard Business School Press.

<small>Dieses Standardwerk behandelt die wichtigsten Elemente der Internet-Ökonomie, angefangen bei den Voraussetzungen bis zu den Ertrags- und Erlösmodellen.</small>

Zerdick, Axel et al. (2001): Die Internet-Ökonomie. Strategien für die digitale Wirtschaft. 3., erw. u. überarb. Auflage. Berlin et al.: Springer.

<small>Trotz mancher im Rückblick sehr optimistischer Erwartungen an das Wirtschaften im und durch das Internet bietet dieses Buch immer noch einen umfassenden Zugang zum Thema.</small>

Zerfaß, Ansgar/Martin Welker/Jan Schmidt (Hg.) (2008): Kommunikation, Partizipation und Wirkungen im Social Web. Bd. 2: Strategien und Anwendungen: Perspektiven für Wirtschaft, Politik und Publizistik. Köln: Halem.

<small>Neben Arbeiten zur Anwendung des Social Web in publizistischen und politischen Kontexten versammelt der Band eine Reihe theoretischer Abhandlungen und empirischer Fallstudien zur Nutzung von Online-Kommunikation in der externen und internen PR.</small>

Bauer, Hans H./Dirk Große-Leege/Jürgen Rösger (Hg.) (2008): Interactive Marketing im Web 2.0+: Konzepte und Anwendungen für ein erfolgreiches Marketingmanagement im Internet. München: Vahlen.

<small>Das Kompendium liefert eine breite Übersicht über Public Relations im Internet. Es kann sowohl als Ressource für die wissenschaftliche Beschäftigung mit Online-PR als auch von Marketingpraktikern genutzt werden</small>

Walsh, Gianfranco/Berthold H. Hass/Thomas Kilian (Hg.) (2008): Web 2.0. Neue Perspektiven für Marketing und Medien. Berlin et al.: Springer.

<small>Dieser umfassende Sammelband enthält Beiträge, die die Konzepte und Anwendungen im Social Web behandeln. Darüber hinaus wird das Themenfeld Online-Ökonomie mit einem Schwerpunkt auf den Bereich Marketing in verschiedenen Beiträgen behandelt.</small>

7 Methoden der Online-Forschung

7.1 Befragung
7.2 Beobachtung
7.3 Inhaltsanalyse
7.4 Logfile-Analyse
7.5 Forschungsethik

Das letzte Kapitel dieses Buches behandelt die Frage, wie Online-Kommunikation untersucht werden kann. Dabei wird sowohl auf quantitative als auch auf qualitative Methoden eingegangen (Bortz/Döring 2003; Flick 2006; Brosius/Koschel/Haas 2008; Wagner/Schönhagen/Nawratil 2009). Aus dem Spektrum sozialwissenschaftlicher Methoden werden zunächst die Datenerhebungsmethoden der Befragung und Beobachtung behandelt. Danach sollen Inhalts- und Logfile-Analysen als gängige Analysemethoden beschrieben werden. Abschließend geht das Kapitel auf forschungsethische Fragestellungen ein. Der Schwerpunkt liegt stets auf der Frage, wie die Methoden für die Untersuchung von Online-Kommunikation einzusetzen und zu adaptieren sind.

- In Abschnitt 7.1 wird die Befragung als eine der wichtigsten Datenerhebungsmethoden der empirischen Sozialforschung behandelt, die je nach Forschungsparadigma (quantitativ oder qualitativ) nach unterschiedlichen Kriterien ausgerichtet ist. Vorgestellt werden standardisierte und nichtstandardisierte Befragungen sowie Gruppendiskussionen und deren Möglichkeiten und Grenzen für die Online-Forschung.
- Abschnitt 7.2 wendet sich der teilnehmenden Beobachtung als einem Verfahren der Datenerhebung und -generierung zu, das für gewöhnlich am einzelnen Fall gegenstandsnahe Erkenntnisse gewinnt.
- Abschnitt 7.3 stellt grundsätzliche Merkmale, Ziele und Verfahrensschritte der quantitativen und qualitativen Online-Inhaltsanalyse vor. Dabei werden die besonderen onlinemedialen Bedingungen für die Erhebung und Auswertung beachtet. Anschließend treten Probleme der Inhaltsanalyse für die Bearbeitung multimodaler Medienprodukte und somit Verfahren zur Analyse visueller Zeichen und themenzentrierter Online-Diskurse in den Vordergrund.
- Die Erstellung und Auswertung von Protokolldateien wird im Abschnitt 7.4 zur Logfile-Analyse erläutert.
- Der Abschnitt 7.5 fokussiert grundlegende ethische Anforderungen an empirische Sozialforschung, die unvermindert auch für die Online-Forschung gelten, sich hier jedoch mit verschärfter Dringlichkeit stellen. Das Unterkapitel geht vor allem auf ethische Fragestellungen im Hinblick auf Datenerhebung und Umgang mit den erhobenen Daten ein.

7.1 Befragung

Befragungen sind sowohl in der qualitativen als auch in der quantitativen sozialwissenschaftlichen Forschung zentrale Datenerhebungsmethoden, die sich allerdings je nach Paradigma in den methodischen Anforderungen unterscheiden. In der quantitativen Forschung sind standardisierte Befragungen der zentrale Zugang zum empirischen Material (Bortz/Döring 2003: 237). Auch in der qualitativen Forschung finden Befragungen – vor allem in Form von Interviews – immer breitere Anwendung, obwohl hier die teilnehmende Beobachtung (Kapitel 7.2) traditionell lange Zeit als Königsweg galt (Lamnek 2005: 329). Als spezifische Form der mündlichen Befragung hat sich in kritischer Auseinandersetzung mit standardisierten Einzelbefragungen die Gruppendiskussion (Focus-Groups) herausgebildet. Da sie als eine Form des Gruppeninterviews online verstärkt Anwendung findet, soll sie hier mit behandelt werden.

7.1.1 Grundlagen

Befragungen sind entweder nach den Anforderungen der quantitativen oder der qualitativen Forschung ausgerichtet und können mündlich oder schriftlich, face-to-face oder medial vermittelt durchgeführt werden. All diese Rahmenbedingungen haben Einfluss auf Planung, Durchführung und Auswertung der Befragungen. Während sich quantitative Forschung an den Naturwissenschaften orientiert und bestrebt ist, über die Messung von Merkmalen und Ausprägungen vorhandene Theorien und Hypothesen zu testen, will qualitative Forschung Hypothesen und Theorien erst im Verlauf des Forschungsprozesses aus den Daten heraus entwickeln. Deshalb sind quantitative Befragungsmethoden hochgradig standardisiert und darauf ausgerichtet, Einflüsse durch Befrager und Befragte sowie situative Kontexte so weit wie möglich auszuschließen. Qualitative Methoden sind im Gegensatz dazu darauf abgestimmt, solche Einflüsse als wichtige empirische Hinweise mit zu berücksichtigen. Entsprechend müssen sich die Erhebungsmethoden (hier qualitative und quantitative Befragungen) und deren Auswertung unterscheiden. Sie tun dies erstens hinsichtlich der **Prinzipien der Fallauswahl**, zweitens hinsichtlich der **Gestaltung der Befragung**, also nach dem Grad der Standardisierung, dem Kommunikationsmodus (mündlich, schriftlich), dem Kommunikationsmedium (face-to-face, Telefon, Brief, Internet) sowie dem Kommunikationsstil und Verhalten der Befrager, und drittens nach der Art und Weise der **Auswertung** der erhobenen Daten.

Bei **standardisierten Befragungen** erfolgt die Auswahl der Fälle nach dem Kriterium der Repräsentativität, d.h., die Stichprobe muss in ihrer Zusammensetzung der Population, die erforscht werden soll, möglichst stark ähneln (Bortz/Döring 2003: 401). Die zu stellenden Fragen sind weitgehend standardisiert. Das bedeutet, dass Wortlaut und Reihenfolge der Fragen vorgegeben und verbindlich sind und unter Verwendung vorab entwickelter klarer Begrifflichkeiten präzise formuliert und für die Befragten ohne klärende Rückfragen verständlich sein müssen. In schriftlich zu beantwortenden Fragebögen werden in der Regel Antwortmöglichkeiten vorgegeben, die anzukreuzen sind und entweder eine Ja-Nein-Entscheidung oder eine Skalenangabe erfordern. Da das Interview bzw. der Fragebogen unverändert für die gesamte Stichprobe einzusetzen ist, muss die Befragungsgrundlage exakt vorbereitet und vor der eigentlichen Befragung getestet werden. Dementsprechend finden sich in der quantitativen Methodenliteratur viele Aussagen zu Anforderungen an die Durchführung von standardisierten Interviews, die Fragebogenkonstruktion, die Formulierung der Fragen usw. Dennoch können während der Befragung Verfälschungen der Untersuchungsergebnisse auftreten, deren Ursachen sowohl auf der Seite der Befrager als auch auf der Seite der Befragten liegen können. In einem Interview können z. B. Alter, Kleidung, Aussehen, Persönlichkeit, Einstellungen oder Erwartungen des Interviewers die Antworten der Befragten beeinflussen. Auf Seiten der Befragten können unerwünschte Effekte als Stichprobenverzerrung systematisch auftreten. Die Methodenliteratur geht von einer Ausschöpfungsquote der Stichproben von ca. 70 Prozent aus (Bortz/Döring 2003: 249), was bedeutet, dass 30 Prozent der Stichprobe ausfallen (Non Response). Interviewpartner können wegen Nichterreichbarkeit, Krankheit oder Verweigerung ausscheiden. Ebenso besteht die Möglichkeit, dass z. B. wegen Nichtinformiertheit, Meinungslosigkeit oder Unentschlossenheit einzelne Fragen abgelehnt werden, was im ungünstigsten Falle zum Abbruch der Befragung führt. Eine weitere Fehlerquelle sind mehr oder weniger bewusste Antwortverfälschungen. Solche Verzerrungen können aufgrund von unterstellter sozialer Erwünschtheit oder antizipierter negativer Konsequenzen bestimmter Antworten, geringer Bereitschaft zur Selbstoffenbarung (*self disclosure*) oder Vermutungen über den Auftraggeber bzw. dessen Untersuchungsziele (Sponsorship-Bias) zustande kommen. Die Analyse der erhobenen Daten erfolgt nach deskriptiven und/ oder inferenzstatistischen Auswertungsmethoden.

Bei **nichtstandardisierten Befragungen** muss die Auswahl der Fälle entsprechend den Anforderungen der Forschungsfrage motiviert und begründet werden. „Generell geht es bei qualitativen Erhebungen nie nur um die Antwort des Befragten allein, sondern immer auch um die Erhebung der Kontexte, auf die der Befragte [...] seine Sicht der Dinge bezieht, und die man braucht, um sein Handeln verstehen zu können." (Krotz 2005: 34) Als Befragungsmethode wird deshalb am häufigsten das Leitfaden-Interview mit seinen verschiedenen Spielarten (fokussiert, halbstandardisiert, problemzentriert, expertenorientiert oder ethnografisch) eingesetzt (Flick 2006: 143). Die Fragen sind nicht vollkommen standardisiert, sondern weitgehend offen und sollen die Interviewpartner zu ausführlichen Antworten animieren. Dabei gelten nach Lamnek (2005: 351 f.) die folgenden Prinzipien als Orientierungsgrößen:

- Prinzip der **Zurückhaltung des Forschers** sowie dementsprechend das Prinzip der **Relevanzsysteme des Befragten**, weil die Wirklichkeitskonstruktion des Befragten im Zentrum steht und er nicht nur Datenlieferant ist,
- Prinzip der **Offenheit** und Prinzip der **Flexibilität**, weil der Interviewer seine Fragen nicht mit vorgefassten Vorstellungen formuliert, sondern unerwartete, für ihn neue Informationen aus den Antworten bewusst wahrnimmt sowie auf die Dynamik der Interviewsituation reagiert,
- Prinzip der **Kommunikativität**, weil der Interviewer sich an das kommunikative Regelsystem des Befragten anpasst,
- Prinzip der **Prozesshaftigkeit**, weil Deutungs- und Handlungsmuster des Befragten ermittelt werden sollen,
- Prinzip der **datenbasierten Theorie**, weil das qualitative Interview eher der Entwicklung als der Prüfung von Theorien dient,
- Prinzip der **Explikation**, weil die Aussagen der Befragten im Interviewprozess durch den Forscher interpretiert und in der Datenauswertung über Typenbildung zur Entwicklung von Theorien genutzt werden.

Die Auswertung der erhobenen Daten erfolgt also interpretativ und bezieht die Kontexte der Befragung und der Befragten mit ein. Die Rekonstruktion von Sinnstrukturen und Handlungsmustern, um die es bei qualitativer Forschung geht, erfordert es, dass sie nicht bei der Beschreibung des jeweiligen Einzelfalls stehen bleibt, sondern (z. B. durch Bildung von Kategorien) auf Generalisierung der Einzelfälle zielt (Krotz 2005: 34).

Da der Prozess der sozialen Sinn- und Wirklichkeitskonstruktion in realen Alltagssituationen kommunikativ ausgehandelt wird und dieser Prozess durch Einzelbefragung kaum erhoben werden kann, wurde neben der Befragung die **Gruppendiskussion** als Datenerhebungsmethode entwickelt, die genau diese kommunikative Dynamik erfasst (Bohnsack 2000; Loos/Schäffer 2001). Die Erforschung von Meinungen und Einstellungen sowie von intersubjektiven Aushandlungs- und Problemlösungsprozessen ist über diese Methode besser zugänglich als über Befragungen im klassischen Sinne. Gruppendiskussionen „können offenbaren, wie Meinungen im sozialen Austausch gebildet und vor allem verändert, wie sie durchgesetzt bzw. unterdrückt werden" (Flick 2006: 178). Deshalb werden sie im Vergleich zum Einzelinterview als das „natürlichere" Setting für die Datenerhebung gesehen. In den letzten Jahren wird die Methode als **Focus-Groups** (Steward/Shamdasani 1990) verstärkt vor allem in der Markt- und Medienforschung eingesetzt (Lunt/Livingstone 1996). Sie kann sowohl als eigenständige Methode als auch in Kombination mit Umfragen, Beobachtungen oder Einzelinterviews genutzt werden. Insgesamt gilt sie als „a good means for accessing a wide variety of information in a short peroid of time […] [that] allows for more specific framing of research topics and issues by participants, limiting researcher bias" (Gaiser 2008: 290). Die Auswertung der aus Focus-Groups erhobenen Daten erfolgt für gewöhnlich über Inhaltszusammenfassungen, systematische Kodierung oder Inhaltsanalysen (Morgan 1988; zu verschiedenen Auswertungsverfahren qualitativer Interviews Gläser/Laudel 2010 u. Kap. 7.3).

7.1.2 Online-Befragung

Computervermittelte Kommunikation hat für die empirische Sozialforschung völlig neue Perspektiven eröffnet, die methodisch zunächst vor allem im Rahmen des **quantitativen Forschungsparadigmas** genutzt wurden (Fielding/Lee/Blank 2008; Jackob/Schoen/Zerback 2009). Online-Befragungen (per E-Mail versendete Fragebögen bzw. online auszufüllende, auf Webserver abgelegte Befragungen) haben die Umfrageforschung in einem Maße verändert wie vor rund 20 Jahren das Aufkommen telefonischer Interviews (Maurer/Jandura 2009). Sie haben sich innerhalb von zehn Jahren zu einer routiniert genutzten Methode und einem der am häufigsten eingesetzten Datenerhebungsinstrumente der Online-Forschung entwickelt (Dillman 2007: 447; Welker/Wünsch 2010: 492 nach ADM 2008). Die Vorteile liegen vor allem in der Zeit- und Kostenoptimierung, der Flexibilisierung des Befragungsmanagements (Zeit- und Ortsunabhängigkeit), der Reichweite (Befragen großer Populationen), der Zeit-Effizienz (schnelles zeitgleiches Befragen), dem einfachen Datentransfer sowie deren Aufarbeitung und Möglichkeiten der Einbindung multimodaler Elemente bis hin zu virtuellen Befragern, die als computergesteuerte Agenten die Fragen generieren. Dieses vorteilhafte Bild von Online-Befragungen wird von Tourangeau (2004: 792) zusammengefasst als „marriage of low costs and high capabilities".

Mit diesen offensichtlichen Vorteilen sind jedoch auch eine Reihe von Problemen bzw. noch nicht gelösten Fragen verbunden. So muss bei der Planung von Online-Befragungen z. B. berücksichtigt werden, dass die optische Anmutung des Fragebogens, also das Layout, das Zusammenspiel von Farben, Bildern, Grafiken und die Schriftgestaltung einen signifikanten Einfluss auf den Erfolg der Befragung haben. Auch kann nicht davon ausgegangen werden, dass allen Befragten das gleiche technische Equipment zur Verfügung steht, so dass eventuell unterschiedliche Darstellungsweisen zu berücksichtigen sind. Die Vor- und Nachteile von Online-Befragungen lassen sich folgendermaßen zusammenfassen:

Tab. 7.1: Vor- und Nachteile von Online-Befragungen. Quelle: ergänzt und adaptiert nach Welker/Wünsch (2010: 492).

Vorteile	Nachteile
– Geringere Kosten als bei anderen Modi	– Hohe Anforderungen an Technikkompetenz für Befrager und Befragte
– Erweitere Darstellungsoptionen im Fragebogen	– Höhere Kosten durch Einsatz von Technik
– Leichte Realisierung unterschiedlicher Versionen (z. B. in unterschiedlichen Sprachen)	– Hohe Anforderungen an die optische Gestaltung
– Laufzeitkontrolle, Fehlerkontrolle, Plausibilitätstests	– Hohe Anforderungen an den Einsatz multimodaler Elemente
– Interaktive Menü- und Eingabeführung	– Gegebenenfalls nur einmalige Kontaktaufnahme möglich (bei Pop-ups keine Nachfassaktion)
– Automatische Filterung	– Negative Methoden-Effekte
– Validierung von Antworten direkt nach Eingabe	
– Schnelle Weiterverarbeitung der Daten	

Neben den in der Tabelle aufgeführten, technisch bedingten Nachteilen schlagen vor allem Zweifel an der Qualität der erhobenen Daten und negative Methodeneffekte zu Buche, die mit den Besonderheiten interpersonaler computervermittelter Kommunikation (Kap. 4) in Verbindung stehen. Zwar werden einerseits negative Methoden-Effekte traditioneller Befragungen gemindert, da Effekte der sozialen Erwünschtheit oder der antizipierten negativen Konsequenzen bestimmter Antworten bei Web-Befragungen aufgrund der subjektiv empfundenen Anonymität seltener auftreten, so dass ehrlicher geantwortet wird. Auch kann im Internet mit einer erhöhten Bereitschaft zur Selbstoffenbarung (*self disclosure*) gerechnet werden, so dass das Problem der Antwort-Verweigerung nicht in gleicher Weise gravierend ist wie bei Offline-Befragungen. Andererseits muss berücksichtigt werden, inwieweit Online-Befragungen mit einer vergleichsweise geringeren Konzentration und Aufmerksamkeit abgearbeitet werden, was sich auf die Qualität der Antworten auswirkt (Ankreuzen auf einem Papierfragebogen erfordert mehr Aufmerksamkeit als schnelles Durchklicken durch einen Online-Fragebogen am Bildschirm). Ferner ist eine Tendenz zu beobachten, dass Eigendarstellungen bei Befragungen im Internet eher einem idealen Selbstbild folgen und auf diese Weise unbewusst geschönt werden (Taddicken 2008: 350). Die im Internet empfundene Anonymität und die damit einhergehende geringere Bindung an soziale Normen, verbunden mit einer Überbewertung individueller Normen und Werte, führen z.T. zu einer erhöhten Selbsttäuschung. Das individuelle (ideale) Selbstbild wird überbetont, wohingegen die realistische Selbsteinschätzung aus dem sozialen Alltag vernachlässigt wird. Diese negativen Methoden-Effekte, die zu erheblichen Verzerrungen der Daten führen können, werden von Taddicken (2008: 350) als Effekte der sozialen Entkontextualisierung gefasst. Sie haben vor allem Konsequenzen hinsichtlich einer geminderten Generalisierbarkeit der Antworten auf den sozialen Alltag und einer eingeschränkten Vergleichbarkeit der Antworten mit Daten aus anderen Befragungsmethoden.

Ein gravierendes Problem von Online-Befragungen ist die Stichprobenziehung – eine für das gesamte quantitative Paradigma zentrale Phase des Forschungsprozesses, da die Qualität der Daten daran gemessen wird, „inwieweit Stichprobenergebnisse einen Wert in der Grundgesamtheit abbilden oder davon abweichen" (Pötschke 2009: 79). Zufallsstichproben für bevölkerungsrepräsentative Umfragen können im Internet nicht gezogen werden, da es aufgrund der sozial, ökonomisch sowie geografisch bedingten unterschiedlichen Internetzugänglichkeit und des Nutzungsverhaltens unterschiedlicher Bevölkerungsgruppen schwierig ist, im Internet eine Grundgesamtheit zu bestimmen, die systematisch die Gesamtbevölkerung abbilden lässt. Das ist im Grunde genommen nur möglich, „wenn eine vergleichsweise kleine, klar definierbare Grundgesamtheit erfasst werden soll, die vollständig über Internetzugänge verfügt und deren E-Mail-Adressen bekannt sind" (Maurer/Jandura 2009: 65). Das könnten Mitarbeiter einer Firma, Studierende einer Universität oder Mitglieder eines Verbandes sein, aus deren E-Mail-Adressen-Listen sich Zufallsstichproben ziehen ließen.

> **Beispiel: Stichprobenverzerrung**
>
> Wie Stichprobenverzerrungen in der Online-Forschung zustande kommen können, beschreibt Orgad (2006) in ihrer Studie über Online-Kommunikationsräume von an Brustkrebs erkrankten Patientinnen. Erstens rekrutierte sie ihre Studien-Teilnehmerinnen über inhaltlich relevante globale Top-Level-Domain-Websites (also Internetseiten mit .com, .net oder .org als Adressenende). Als Konsequenz enthält die Studie eine deutliche Verzerrung durch eine Überrepräsentation von nordamerikanischen Sites samt deren Nutzerrinnen. Daraus resultiert zweitens eine sprachbedingte Verzerrung, denn die einbezogenen Websites sind englischsprachig. Eine dritte Verzerrung entsteht dadurch, dass nur die auf den Websites jeweils registrierten Userinnen als Studienteilnehmerinnen rekrutiert wurden und somit nicht-registrierte User oder Lurker nicht berücksichtigt werden konnten, was insgesamt ein Problem quantitativer Online-Strichproben ist (O'Connor et al. 2008: 277). Darüber hinaus könnte im beschriebenen Beispiel eine stärkere Selbstselektion ein Problem sein. Oft ist eine Umfrage im Internet zunächst ein Angebot, auf das potenzielle Teilnehmer dann reagieren – oder eben nicht. Die Studienteilnahme hängt gegebenenfalls von bestimmten Faktoren ab, die die Zusammensetzung der Stichprobe beeinflussen und dadurch eine Verzerrung hervorrufen können. So besteht die Möglichkeit, dass bestimmte Krebsfälle in der Stichprobe über- oder unterrepräsentiert sein.

Was jedoch insgesamt die Qualität der online erhobenen Daten angeht, so zeigen vergleichende Studien und Metaanalysen inzwischen, dass diese nicht notwendigerweise in Zweifel zu ziehen ist, sondern dass zunehmend Standards für die Durchführung von Online-Befragungen und die Beurteilung der Daten-Güte entwickelt werden (Pötschke 2009: 79; ADM 2008). Vor allem müssen Qualität und Effizienz von Online-Umfragen weiter evaluiert und die entsprechenden Standards weiterentwickelt werden, um deren methodische Potenzen auszubauen (Vehovar/Manfeda 2008: 190). Auch hinsichtlich der multimodalen Gestaltung online-basierter Befragungen ist das Potenzial vor allem im wissenschaftlichen Bereich bei weitem noch nicht ausgeschöpft (Zerback et al. 2009: 27).

Für das **qualitative Forschungsparadigma** sind internetbasierte Interviews als Befragungsmethode interessant (O'Connor et al. 2008). Auch hier führen die technischen Möglichkeiten des Internet zur Kostenoptimierung und Flexibilisierung der Erreichbarkeit von Interviewpartnern. Räumliche, soziale und persönlichkeitsspezifische Begrenzungen können überwunden werden. Jedoch sind qualitative Online-Interviews im Vergleich zu quantitativen Online-Befragungen, die inzwischen als gängige Praxis gelten und sich an klaren methodischen Standards orientieren, noch ein eher neuer und weniger elaborierter Ansatz. Während asynchrone qualitative Befragungen per Mail bereits relativ üblich sind, wird synchronen Online-Interviews bisher sowohl in der Methodenliteratur als auch in der Forschungspraxis weniger Aufmerksamkeit geschenkt (O'Connor et al. 2008: 274). Gründe hierfür liegen wahrscheinlich zum einen in den hohen technischen sowie kommunikativen Anforderungen, die sie an Interviewer sowie Interviewte stellen. Zum anderen spielen in der qualitativen Forschung die Interviewsituation selbst sowie die Interview-Beteiligten eine zentrale Rolle, während diese in der quantitativen Forschung negative Effekte hervorrufen. Durch die mediale Vermittlung verändern sich die Interview-Bedingungen in einer Weise, die im Rahmen des qualitativen Paradigmas zwar sorgfältig reflektiert werden müssen, sich jedoch nicht notwendigerweise ungünstig auswirken.

Relativ üblich sind inzwischen **asynchrone Befragungen.** Deren Vorteile liegen vor allem in der breiten Verfügbarkeit und der Anwendungskompetenz hinsichtlich der E-Mail-Nutzung sowie in den Freiheiten der Interviewten hinsichtlich der Antwortgeschwindigkeit, des Antwortzeitpunkts und der Antwortformulierung. Die Interviewten können nach ihren eigenen Bedürfnissen ohne Zeitvorgaben und -druck reagieren, was insgesamt durchdachtere und ausführlichere Antworten ermöglicht und unter praktischen Gesichtspunkten bei internationaler Beteiligung über Zeitzonen hinweg sehr wichtig sein kann. Auch die Interviewer können ohne Zeitdruck auf Rückfragen eingehen und weitere Fragen in Ruhe durchdenken. Die Möglichkeit, Antworten länger zu durchdenken und immer wieder umzuformulieren, kann gleichzeitig ein Nachteil sein, denn sie schränkt die Spontanität der Formulierungen erheblich ein und kann zu Verzerrungen unterschiedlicher Art, z. B. in Richtung sozialer Erwünschtheit führen. Genauso ist es möglich, dass sich die einfache technische Handhabung von E-Mails ungünstig auswirkt, denn diese können einfach ignoriert oder gelöscht werden, was die Gefahr von Non Response oder des Abbruchs der Befragung erhöht.

Synchrone Interviews erfordern einen größeren technischen Aufwand und größere technische Kompetenzen bei Interviewern und Interviewten. Meist werden sie bisher mit Konferenz-Software oder als Chat durchgeführt. In neueren Untersuchungen werden auch die Möglichkeiten von Voice over IP-Technologien (z. B. Skype) erprobt. Synchrone Interviews sind wie Gespräche angelegt, unterstützen die Spontanität der Antworten und ermöglichen die Interaktion der Interviewpartner. So kann der Interviewer immer wieder nachfragen und den Interviewten zu ausführlichen Antworten animieren. Die Nachteile dieser Interviewform resultieren aus den technischen Rahmenbedingungen und den Vorgaben der entsprechenden Software. So werden beim Chat die Beiträge in der Regel nicht nach inhaltlichen Gesichtspunkten dargestellt, so dass neue Fragen bereits eingeblendet und aufgezeichnet werden können, während die Antwort noch nicht vollständig übertragen und dargestellt ist. Das macht die Chatprotokolle mitunter schwer lesbar und erschwert die Auswertung der Daten. Auch wenn Voice-over-IP-Technologien eingesetzt werden, die ein Quasi-face-to-face-Gespräch erlauben, ist die Interviewsituation durch die technischen Bedingungen beeinflusst (z. B. verzögerte Bild- und Tonübertragung, Ablenkungen durch anwesende Dritte usw.). Dies muss vom Forscher bei der Vorbereitung des Interviews entsprechend berücksichtigt sowie in der Interviewsituation gehandhabt werden. Bei der Durchführung von Online-Interviews ist es notwendig, über die technischen Anforderungen hinaus die medialen Bedingungen interpersonaler Online-Kommunikation (Kap. 4) sowie übliches Mediennutzungsverhalten der Interviewpartner zu bedenken. So ist z. B. zu klären, dass während des Interviews keine anderen Online-Aktivitäten der Interviewpartner stattfinden sollten (d.h. Unterbindung eventueller paralleler Chats und Nutzung weiterer Internetangebote). Da die soziale Praxis der Internetnutzung in der Regel durch simultane Aktionen gekennzeichnet ist, muss das vorher explizit verabredet werden. Auch ist zu beachten, dass klassische Anleitungen für Interviewer, die auf nonverbales Verhalten zur Unterstützung der Interviewführung hinweisen (Nicken, Lächeln usw.), auf den Online-Bereich nicht einfach übertragen werden können. So mag das Ausbleiben einer Reaktion eine Reihe von Gründen haben: technische Schwierigkeiten, Unsicherheit bei der Antwort, Nachdenken, die Ablehnung einer Frage, das Zurückziehen aus der Interviewsituation oder auch eine Unterbrechung durch Dritte (O'Connor et al. 2008: 281 f.).

Online-Gruppendiskussionen bzw. -Focus-Groups eröffnen neue Möglichkeiten qualitativer Befragungen, stellen jedoch aufgrund der medialen Bedingungen der Computervermittlung auch spezifische Anforderungen. Diese beziehen sich erstens auf die **technischen Voraussetzungen** sowie die Medien- und Technik-Kompetenz der Moderatoren und Teilnehmer. Zweitens muss den **Kommunikationsbedingungen computervermittelter Interaktion** Rechnung getragen werden, insbesondere, wenn die Diskussionen nicht unter Einsatz von Webcams oder mit Hilfe von Videokonferenz-Software, sondern nur verbal geführt werden und visuelle Informationen fehlen (Kap. 4). Jedoch müssen die medialen Bedingungen nicht einschränkend sein, wie oft angenommen wird. So kann der soziale Druck der Gruppe in Face-to-face-Diskussionen das Empfinden von Erwünschtheit bzw. Unerwünschtheit bestimmter Äußerungen verstärken, was bei Online-Diskussionen weniger der Fall ist (Gaiser 2008: 299). Drittens sind mit der Organisation von Online-Gruppendiskussionen **ethische Probleme** verbunden, die der Forscher im Blick haben und managen muss, da die Diskussionen zum Teil sensible Themen behandeln und somit die Persönlichkeitsrechte der Teilnehmer zu schützen sind. Außer der Verwendung sicherer Software (z. B. Verschlüsselungsprotokolle wie TLS (Transport Layer Security) bzw. SSL (Secure Sockets Layer) sollte der Forscher, der die Gruppe konstituiert und in der Gruppendiskussion als Moderator fungiert, auf die Vertraulichkeit der Inhalte hinweisen. Es muss klar sein, dass die Inhalte in der Gruppe bleiben müssen, nicht für persönliche Zwecke gespeichert und nicht an Dritte weitergepostet werden dürfen. Dies wäre unter technischen Gesichtspunkten alles leicht möglich und entzieht sich letzten Endes der Kontrolle des Forschers.

Gruppendiskussionen werden durch einen Moderator geleitet. Die Aufgabe des Moderators ist es, die Gruppe zusammenzustellen, das gegenseitige Kennenlernen zu unterstützen, Interesse und Aufmerksamkeit der Teilnehmer lebendig zu halten und das inhaltliche Ziel der Diskussion immer wieder in den Fokus zu rücken, ohne dabei inhaltliche Impulse aus der Gruppe zu übersehen und zu unterbinden. Wie das untenstehende Beispiel zeigt, kann von diesen Standards jedoch auch abgewichen werden.

Beispiel: Zur Moderation von Online-Focus-Groups

„In my research, for example, I once discovered a group beginning to interact without any guidance from me. The participants took it upon themselves to get to know one another and then began discussing the research topic before I entered the discussion. Instead of derailing the momentum and the trust they had established amongst themselves, I simply found a point of entry where I could use material from the topic guide to orient the discussion back to formulated topic questions. I also noted that in the course of their initial discussion, they began discussion topics in new ways, providing me with substantive information to reformulate and recognize some of my study questions."
Quelle: (Gaiser 2008: 297).

Tab. 7.2: Merkmale von E-Mails, Foren und Chats für Gruppendiskussionen. Quelle: ergänzt und adaptiert nach Kelle/Tobor/Metje (2009:187/188) und Gaiser (2008: 305).

asynchron		synchron	
Mail	**Forum**	**Chat**	**Skype**
– Nutzungskompetenz bei den Teilnehmern kann vorausgesetzt werden – Für die Teilnehmer geläufige Kommunikationsform (keine Verzerrung durch ungewohnte Kommunikationsbedingungen) – Kontrolle durch Moderator eingeschränkt – Gruppe muss gewissen Grad an Selbstorganisation entwickeln	– Unterschiedliche Themen können in unterschiedlichen Threads gleichzeitig diskutiert werden – Themen und Diskussionsverlauf können durch die Beteiligten strukturiert werden – Hohe Dropout-Rate	– Simulation von Face-to-face-Diskussionen – Hoher Organisations-, Administrations- und Moderationsaufwand – Technische Lösung für Persönlichkeitsschutz der Teilnehmer (firewall) notwendig – Einfaches Verfügbarmachen der Daten für die Analyse (Logfiles)	– Face-to-face-Diskussionen
– Leicht zu etablieren und zu organisieren – Relativ kostengünstig – Diskussion ohne Reaktionszwang – Antworten können überlegt und überarbeitet werden – Längere Beiträge möglich – Moderator kann ausführlicher auf Beiträge bzw. Probleme eingehen – Daten müssen nicht verschriftlicht werden		– Hohe Aufmerksamkeit – Schnelle Reaktionszeiten – Ungezwungen, spontan – Direkte Interaktion – Eventuell Notwendigkeit von technischem Support für die Teilnehmer – Eventuell technisch bedingte Verzerrungen (Übertragungskapazität) – Relativ geringe Dropout-Rate	
– Hohe Anforderungen an die Fähigkeiten der Moderierenden – Hoher Aufwand bei der Rekrutierung der Teilnehmer – Hohe Anforderungen an Initiierung und Aufrecherhaltung der Diskussion – Fülle von dichten Beschreibungen und reiches Material			

Auch Online-Focus-Groups können – ebenso wie Online-Befragungen – synchron oder asynchron organisiert sein. Asynchrone Diskussionsgruppen erfordern weniger Aufwand, da sie relativ einfach z. B. über E-Mail organisiert werden können (die Möglichkeit des Einsatzes von Internetforen wird in Kelle/Tobor/Metje 2009 diskutiert). Die Asynchronizität macht allerdings einen höheren Grad an Selbstmanagement der Teilnehmer notwendig, was vom Moderator explizit gemacht und unterstützt werden muss. Synchrone Focus-Groups, die z. B. über Chat organisiert werden können, versuchen, die Face-to-face-Situation des Gesprächs zu simulieren und dadurch dessen interaktive Dynamik zu nutzen. Sie erfordern einen hohen Administrations- und Moderationsaufwand, können jedoch sehr reichhaltige Daten liefern (Gaiser 2008: 305). Insgesamt schlägt als wesentlicher Vorteil zu Buche, dass die online erhobenen Daten für die Analyse nicht verschriftlicht werden müssen, da sie als elektronisch gespeicherte Protokolle verfügbar sind. Tabelle 7.2 stellt die Vor- und Nachteile dar, die mit dem Einsatz von E-Mails, Foren, Chats und Voice-over-IP-Technologien (Skype) für Gruppendiskussionen verbunden sind.

Mit den Möglichkeiten des Internet setzt sich eine Tendenz der empirischen Sozialforschung fort, die zunehmend qualitative und quantitative Ansätze fruchtbar verbindet: „Today, most substantive research fields draw on both approaches" (Vehovar/Manfeda 2008: 187; Kuckartz 2009). **Methoden-Mix-Ansätze** können für Online-Befragungen flexibel und vergleichsweise unkompliziert eingesetzt werden, indem z. B. quantitative Online-Befragungen und qualitative Interviews kombiniert werden. Dies kann die Validität und Erklärungskraft der Daten erheblich erhöhen (Vehovar/Manfeda 2008: 187; Kelle/Tobor/Metje 2009: 181). Auch wird vorgeschlagen, Focus-Groups zur Entwicklung von Kategorien einzusetzen, die anschließend in Internet-Befragungen getestet werden können (Gaiser 2008). Die Kombination qualitativ und quantitativ erhobener Daten erfordert methodische Sensibilität, da unterschiedliche Datenformate und gegebenenfalls auch zum Teil widersprüchliche Ergebnisse sinnvoll aufeinander bezogen werden müssen. Die Vorteile der **Methoden-Mix-Ansätze** überwiegen jedoch gegenüber möglichen Problemen, denn die damit verbundene Öffnung der Forscher und Forschungsfragen überwindet die unproduktive Abgrenzung der Forschungsparadigmen gegeneinander.

Zusammenfassung
Befragungen sind sowohl in der qualitativen als auch in der quantitativen sozialwissenschaftlichen Forschung zentrale Datenerhebungsmethoden, die sich allerdings je nach Paradigma in den methodischen Anforderungen unterscheiden. Sie können mündlich oder schriftlich, face-to-face oder medial vermittelt durchgeführt werden. Die Möglichkeiten computervermittelter Kommunikation haben für Befragungen völlig neue Perspektiven eröffnet. Vor allem im quantitativen Paradigma sind Online-Befragungen inzwischen gängige Praxis. Die Vorteile liegen vor allem in der Zeit- und Kostenoptimierung, in der Flexibilisierung des Befragungsmanagements (Zeit- und Ortsunabhängigkeit), in der Reichweite (Befragen großer Populationen), in der Zeit-Effizienz (schnelles zeitgleiches Befragen), im einfachen Datentransfer sowie den Möglichkeiten der Einbindung multimodaler Elemente. Mit diesen offensichtlichen Vorteilen sind jedoch auch eine Reihe von Problemen bzw. noch nicht gelösten Fragen verbunden. Neben hohen Anforderungen an Stichprobenziehung, Technikkompetenz der Beteiligten sowie multimodaler Gestaltung der Befragung sind negative Methoden-Effekte zu beachten. Für das qualitative Forschungsparadigma sind internetbasierte Interviews und Online-Focus-Groups als Befragungsmethode interessant. Im Vergleich zu quantitativen Online-Befragungen sind diese Methoden jedoch noch nicht hinreichend erprobt. Lediglich asynchrone qualitative Befragungen per E-Mail sind bereits relativ üblich. Dennoch werden synchrone Online-Interviews in dem Maße an Bedeutung gewinnen, wie adäquate technische Lösungen (z. B. Voice-over-IP-Technologien wie Skype) zur Verfügung stehen. Mittels Online-Focus-Groups können interaktive Prozesse des Aushandelns von Bedeutung beobachtet werden. Sie erfordern einen hohen Administrations- und Moderationsaufwand, liefern jedoch sehr reichhaltige Daten. Für Online-Befragungen wird zunehmend auch der Nutzen von Mixed-Methods-Ansätzen erkannt, die hier flexibel und vergleichsweise unkompliziert eingesetzt werden können.

7.2 Beobachtung

Die teilnehmende Beobachtung ist die zentrale empirische Arbeits- und Erkenntnisweise der **Ethnografie**. Sie ist durch den Erkenntnisstil des ‚Entdeckens' gekennzeichnet (Amann/Hirschauer 1997). Fremde Lebensweisen, Sozialstrukturen, Glaubens- und Denksysteme zu ‚entdecken', war bereits der Bezugspunkt klassischer Studien, wie beispielsweise der Arbeit von Bronislaw Malinowski ([1922] 1997) oder der Untersuchungen von William F. Whyte ([1943] 1981). Das Potenzial der Ethnografie reduziert sich aber nicht darauf, fremde Lebensweisen zu erkunden, zu beschreiben und erklärend zu verstehen. Vielmehr kann sie alle möglichen auch alltäglichen Sachverhalte relativ zu entsprechenden Forschungsfragen aufschließen.

7.2.1 Grundlagen

Wesentliches Charakteristikum des ethnografischen Forschungsprozesses ist die Gewinnung gegenstandsnaher Erkenntnisse am einzelnen Fall in einer zeitlich gestreckten Phase teilnehmender Beobachtung. Im Forschungsablauf unterscheiden Hammersley und Atkinson (2007) dabei standardmäßig folgende Verfahrensschritte:

1. Die Formulierung von Forschungsfragen betreffs eines interessierenden Phänomens auf der Grundlage von anfänglichen Beobachtungen, von Fachliteratur und anderer Quellen,
2. die Felderschließung und Felderkundung, um festzustellen, was das Forschungsfeld charakterisiert und was zu den relevanten Untersuchungsgegenständen zählt,
3. die Verfahrenswahl, um in Abhängigkeit der interessierenden Phänomene und der verfügbaren Datenformen die passenden Erhebungsmethoden festzulegen,
4. den Feldzugang, d.h. das (mehr oder weniger einfache) Finden eines Weges ins Feld, die Festlegung auf offene oder verdeckte Beobachtung, die Darlegung des eigenen Forschungsinteresses für die Beobachteten und die Aushandlung der Rolle als teilnehmender Beobachter,
5. die Feldforschung, bei der man mit dem Feld, den dort relevanten Personen, Positionen, Rollen, Ansichten und Vorstellungen, Regeln, Praktiken etc. vertraut wird und diese Beobachtungen und Erfahrungen protokolliert,
6. die Auswertung der Protokolle und aller weiteren gesammelten und erhobenen Daten,
7. den Rückzug vom Feld und
8. die Anfertigung von Forschungsberichten.

Die **teilnehmende Beobachtung** ist in diesem allgemeinen ethnografischen Forschungszusammenhang ein **Verfahren der Datenerhebung und -generierung**, welches eine Vielzahl möglicher Arbeitsweisen in einem Aufenthalt im Feld miteinander verbinden kann (Amann/Hirschauer 1997). In diesem Sinne ist Ethnografie die generelle Forschungsstrategie, die teilnehmende Beobachtung ein Verfahren, welches zwar typisch für Ethnografien ist, aber auch mit anderen Forschungsvorhaben und Auswertungsmethoden kombiniert werden kann.

Teilnehmende Beobachtung umfasst als Verfahrensrahmen wiederum weitere Methoden, die ebenfalls variabel eingesetzt werden können: Audio- und Videoaufzeichnung, Interviews, die Analyse von Dokumenten und Gesprächen, das Erlernen fremder Praktiken, die Untersuchung von Artefakten, die Katalogisierung von Vokabularen, die Aufnahme von Biografien, das Nachzeichnen von Genealogien und Beziehungsstrukturen, quantitative Erhebungen von Aktivitätsmaßen, Bevölkerungszahlen usw., die Erstellung von Karten, das Sammeln von Gütern oder die Aufzeichnung von Arbeitsabläufen, Ritualen etc. (Fischer 1998; Hirschauer 2001: 431). Als Verfahrensrahmen ist die teilnehmende Beobachtung im Wesentlichen gekennzeichnet durch die **Integration** der Forschenden in ein ihnen zunächst fremdes bzw. von ihnen ‚befremdetes' Feld, die längerfristige **Präsenz** in diesem Feld und die **aktive Teilnahme** an den Tätigkeiten des Feldes. Die teilnehmende Beobachtung ist im Hinblick auf den Grad der Integration, die zeitliche Dauer der Teilnahme und die eingenommenen bzw. im Feld zugebilligten Beobachter- bzw. Teilnehmerpositionen variabel.

Anwesenheit und Partizipation sind nur eine Seite teilnehmender Beobachtung. Die teilnehmende Integration ins Feld muss zudem stets begleitet werden von Distanzierungsschritten, um die gemachten Erfahrungen, die gewonnenen Daten und Einsichten zu organisieren (Amann/Hirschauer 1997: 27). Daher kann sich der teilnehmende Beobachter nicht völlig ins Feld integrieren lassen, sondern steht etwas ‚am Rande', sonst geht beim totalen Eintauchen ins Feld und seine Anforderungen die für eine wissenschaftliche Beschäftigung notwendige Distanz verloren.

Unterstützt wird die Auswertung der gemachten Erfahrungen und der anderen gesammelten Daten durch unterschiedliche Arten von Texten, die während und nach der teilnehmenden Beobachtung angefertigt werden. Sie sind ein zentraler Datentyp der Untersuchung. Während der aktiven Teilnahme selbst werden für gewöhnlich Feldnotizen und Tagebücher angefertigt, die in späteren Auswertungsschritten über Gedächtnisprotokolle und strukturierte Beobachtungsprotokolle zu einer ‚dichten Beschreibung' geführt werden (Geertz 1990; Sanjek 1991; Emerson/Fretz/Shaw 1996).

7.2.2 Online-Beobachtung

Eine methodische Grundvoraussetzung der teilnehmenden Beobachtung ist die Anwesenheit in der untersuchten Umwelt über einen längeren Zeitraum hinweg.

Für die Online-Kommunikation stellt sich daher die Frage, wie man irgendwo anwesend sein kann, wenn man nur über eine Internetverbindungen in Kontakt steht. Wo ist in diesem Fall das Feld des Teilnehmens und Beobachtens und was heißt es, online ‚vor Ort' anwesend zu sein? Außerdem ist fraglich, welcher Art die beobachtbaren Handlungen sind, wenn die Bandbreite körperlicher Aktivitäten und para- oder nonverbaler Signale nicht verfügbar zu sein scheint. Solche und ähnliche Fragen bringen dem Anschein nach das Vorhaben einer teilnehmenden Online-Beobachtung von vornherein in Schwierigkeiten. Nichtsdestotrotz sind Online-Ethnografien bzw. „netnographies" (Kozinets 2009) und Online-Beobachtungen bevorzugte Verfahren zur Untersuchung netzvermittelter Interaktion und Kommunikation (Beaulieu 2004; Hine 2008; Markham/Baym 2009; Coleman 2010). Den skizzierten Nachteilen stehen denn auch forschungspraktische Vorteile gegenüber (Döring 2003: 174 f.):

- Die zu erforschenden Situationen und Handlungszusammenhänge im Internet sind vergleichsweise einfach und kostengünstig zu erreichen. Sie sind nur ‚einen Klick entfernt' zu finden und zu ihrer Auffindung müssen keine räumlichen Distanzen zurückgelegt werden.
- Im Internet erfolgt für viele Aktivitäten eine (teilweise automatische) **Aufzeichnung** und **Speicherung**, was eine darauf aufbauende Untersuchung erleichtert.

- Die konservierten und jederzeit abrufbaren Daten erlauben einen zeitlich und räumlich **flexiblen Zugriff** und zeitlich und räumlich versetzte Analysen.

Zu fragen ist darüber hinaus, ob die Feststellung überhaupt zutrifft, im Internet könne man an keinen ‚Ort' gehen, denn seit ihren Anfängen wird die Online-Kommunikation von Raummetaphern begleitet. So spricht man allgemein vom Cyberspace. Auch geht man in Chaträume oder betritt im Second Life gewisse Örtlichkeiten (Funken/Löw 2003; Schmidt 2005: 17 ff. u. Kap. 2.3.1). Der Ort und damit das Feld teilnehmender Beobachtung muss nicht als räumlich abgeschlossener Platz zu finden sein. Stattdessen entsteht das Feld, welches teilnehmend und beobachtend aufgesucht werden kann und in welchem sich die Forschenden und die Erforschten aufhalten, durch das Zusammenspiel von Handlungen, Personen und Gegenständen. Anwesend zu sein heißt, bei den dort im Feld anzutreffenden Aktivitäten mitzumachen und selbst zum Teilnehmer zu werden (Amit 2000; Strübing 2006: 259 f.; Greschke 2007).

In das Feld einzutreten und mit ihm vertraut zu werden, bedeutet auch, sich starrer vorab getroffener Festlegungen auf eine Untersuchung im Online- oder im Offline-Bereich zu enthalten. Die wenigsten Aktivitäten finden nur im Internet statt, wenn unser ganzes Leben zusehends ‚mediatisiert' wird (Krotz 2006 u. Kap. 4.1.). So erklären Miller und Slater (2000: 5), die in ihrer Ethnografie die Rolle und Funktion des Internet im Leben von Menschen aus Trinidad untersuchten: „[I]f you want to get to the Internet, don't start from there".

Zusammenfassung
Online-Beobachtung ist ein Verfahren der Datenerhebung und Datengenerierung. Dabei werden gegenstandsnahe Daten in einer zeitlich gestreckten Phase teilnehmender Beobachtung gewonnen. Wichtige Aspekte teilnehmenden Beobachtens sind die längerfristige Präsenz und teilweise Integration in den untersuchten Handlungszusammenhang sowie die aktive Teilnahme an den im Feld relevanten Tätigkeiten.

7.3 Inhaltsanalyse

Die Inhaltsanalyse verfolgt das Ziel, Merkmale von Mitteilungen nach intersubjektiv nachvollziehbaren Kriterien formal und inhaltlich zu erschließen, um verallgemeinerbare Aussagen z. B. über deren relevante Positionen, mediale Quellen, zeitlichen Wandel sowie deren soziale Eingebundenheit treffen zu können (Rössler 2005). Für die Analyse medialer Inhalte liefert dieses Verfahren einen systematischen Zugriff auf die Fülle, Heterogenität und Komplexität bestehender Medienprodukte. Von inhaltsinternen Merkmalsausprägungen soll im Ergebnis auf die soziale Wirklichkeit zum Beispiel zur Spezifizierung des Kommunikators, der Rezipienten und der Kommunikationssituation geschlossen werden (Merten 1995: 23 ff.). Im Online-Bereich bereiten diese ‚**Inferenzschlüsse**' jedoch vermehrt Schwierigkeiten, da hier häufiger die Rollen von Produzent und Rezipient verwischen (Welker/Wünsch 2010).

7.3.1 Grundlagen

Gemeinhin wird zwischen quantitativen und qualitativen Verfahren der Inhaltsanalyse unterschieden. Mittlerweile werden diese jedoch nicht mehr als dichotome bzw. sich gegenseitig ausschließende Verfahren behandelt, sondern gelten als feste Bestandteile des etablierten Methodenrepertoires der empirischen Sozialforschung. Zunehmend kommen sie je nach Forschungsanliegen auch in ergänzender Kombination zur Anwendung (Früh 2004: 68).

> „Die **Inhaltsanalyse** ist eine empirische Methode zur systematischen, intersubjektiv nachvollziehbaren Beschreibung inhaltlicher und formaler Merkmale von Mitteilungen, meist mit dem Ziel einer darauf gestützten interpretativen Inferenz auf mitteilungsexterne Sachverhalte." (Früh 2004: 27)

Als empirische Methode verfolgt sie eine **Forschungsfrage**, die ein allgemein identifizierbares Erkenntnisobjekt in der Realität fokussiert (Früh 2004: 27). Dieser Forschungsgegenstand muss allerdings nicht materiell sein, sondern wird als soziale Konstruktion erst durch das Handeln der Akteure wahrnehmbar. Das ist zum Beispiel bei politischen Haltungen der Fall. Eine mögliche Forschungsfrage wäre demnach: Inwiefern hat sich die veröffentlichte Meinung der Bundesregierung über die Atomenergie in der Berichterstattung der Online-Magazine *spiegel-online* und *welt.de* zwei Monate vor und einen Monat nach dem Reaktorunglück in Fukushima gewandelt?

Die Inhaltsanalyse wurde zunächst als eine Forschungstechnik behandelt, die auf die Arbeiten des behavioristischen Medienforschers Bernard Berelson zurückgeht. Dieser hat Inhaltsanalyse in den 50er Jahren wie folgt definiert (Rössler 2005: 18):

"Content analysis is a research technique for the objective, systematic and quantitative description of the manifest content of communication" (Berelson 1952: 18).

Das Zitat verdeutlicht, dass die Inhaltsanalyse ursprünglich als ein rein quantitatives Messverfahren angesehen wurde. Dabei wird nicht die Menge oder Größe der Forschungsgegenstände selbst ermittelt, sondern nur die Anzahl ihrer symbol- oder zeichenhaften Nennung/ Repräsentation bzw. das Vorkommen ihrer vorab festgelegten Eigenschaftszuschreibungen. Die Analysedaten werden demnach in Form von Medienkommunikaten nach Stichproben-, Wahrscheinlichkeits- bzw. Zufallsauswahlen erhobenen (Welker/Wünsch 2010). Damit wird die Grundidee verfolgt, dass eine „Bedeutungsstruktur in eine Formalstruktur transformiert wird" (Früh 2004: 29). Die Bedeutungsstruktur stellt einen durch die Forschungsfrage fokussierten Vorstellungsinhalt dar, während die Formalstruktur das mittels der Inhaltsanalyse erstellte Datenmodell, also die Gesamtheit der nach Kategorien geordneten Kodierungen, ist (Früh 2004: 29). Somit sollte im Ergebnis die Formalstruktur die mit der Forschungsfrage angestrebte Bedeutungsstruktur abbilden. Dies erfordert ein Repräsentationsverhältnis zwischen gewonnener Formalstruktur und empirischer Bedeutungsstruktur, die bei quantitativen Verfahren als Validitätskriterium gilt. Qualitative Verfahren berücksichtigen demgegenüber verstärkt markante Einzelfälle, deren Auswahl intersubjektiv plausibilisiert werden muss. Bei der Analyse werden zudem kontextuelle Bedingungen hinzugezogen, um latente Sinnstrukturen im interpretativen Schlussverfahren ermitteln zu können.

7.3.2 Online-medienspezifische Bedingungen bei der Datenerhebung

Die quantitative und qualitative Inhaltsanalyse sind mit den besonderen Publikations- und Rezeptionsbedingungen des Internet konfrontiert, was zu speziellen Problemen bei der Datenerhebung und -auswertung führt. Analysen von institutionalisierten Offline-Massenmedien können bei der Auswahl häufig auf ritualisierte Publikationspraktiken sowie auf systematische und strukturierte Archivierung durch die Sender, Verlagshäuser oder Bibliotheken zurückgreifen. Online-Medienkommunikate sind in der Regel jedoch für eine lückenlose Archivierung weniger zugänglich. Zwar bieten viele Anbieter auch durchsuchbare Archive ihrer vergangenen Veröffentlichungen an, diese sind allerdings nicht immer vollständig oder hinsichtlich Layout und Bildmaterial im Originalzustand downloadbar. Folgende mediale Bedingungen lassen sich als problematisch für eine systematische Datenerhebung zusammenfassen (Meier et al. 2010: 109):

- besondere *Dynamik* und **Transitorik** des Online-Mediums durch permanenten Wandel von Webangeboten, -seiten, -inhalten
- besondere *Multimedialität* bzw. *Multimodalität* (Kap. 3) durch die Kombination und Integration verschiedener Zeichentypen wie Sprache, Bild und Audiovisualität und unterschiedlicher Kommunikationsformen wie Foren, Chats oder Videoportalen
- besondere *Hypertextualität* durch Verlinkungen, die von einer Webseite auf andere verweisen und so kommunikative Einheiten ergeben, welche zu geplanten oder emergenten Netzwerken mit unterschiedlicher Linktiefe führen können
- besondere *Reaktivität* und mögliche Personalisierung der Inhalte durch datenbankgenerierte Contentangebote gemäß individuell realisierter Suchabfragen, individueller Account-Angebote in Communities und Portalen, individueller Navigation durch die Online-Angebote etc. sowie durch mögliche Interaktivität
- besondere *Intermedialität* durch enge Bezogenheit von bestimmten Online-Angeboten auf mögliche Offline-Medien anhand von crossmedialen Kommunikationsstrategien und Konvergenzdynamiken.

Angesichts dieser medialen Bedingungen im Web bietet sich eine Typologie inhaltsanalytischer Verfahren an, die zwar nicht ausdrücklich für den Online-Bereich entwickelt wurde, sich aber hierfür als besonders günstig erweist (Rössler/Wirth 2001: 284 ff.). Sie unterscheidet zunächst zwischen angebots- und nutzerzentrierten Inhaltsanalysen, die für eine quantitative sowie qualitative Inhaltsanalyse anwendbar sind. Dabei treten beim ersten Typus die online-publizierten Medieninhalte als Angebotsoptionen in den Analysefokus, die potenziell jede Userin oder jeder User rezipieren könnte. Der zweite Typus bezieht sich auf die von der individuellen Userin bzw. dem User tatsächlich rezipierten Angebote (Angebotsrealisierungen). Beide Typen der Inhaltsanalyse unterteilen die Autoren des Weiteren in zwei idealtypische Unterformen. So lässt sich die **angebotszentrierte Inhaltsanalyse** zum einen in die Sparten- oder Bereichsanalyse aufgliedern, die an Mediengenres, Publikationsformaten oder Anbietergruppen orientiert ist, und zum anderen in eine eher inhaltlich ausgerichtete Fokusanalyse, die „ganz konkrete Themen, Personen, Ereignisse oder auch Autoren fokussiert" (Rössler/Wirth 2001: 285). Die **nutzerzentrierte Inhaltsanalyse** unterteilen die Autoren erstens in die Publizitätsanalyse. Diese dient der Eingrenzung der zu analysierenden Angebote. So können bestimmte Reichweitenkriterien (z. B. die zehn meistbesuchten Websites), die sich beispielsweise durch die Pageimpressions oder Visits bestimmen lassen, als Auswahlkriterien festgelegt werden. Zweitens schlagen die Autoren die Selektivitätsanalyse vor, die nicht die kollektive Webnutzung betrachtet, sondern die einzelnen Rezeptionen. Dabei wird die konkrete Surfpraxis individueller Nutzerinnen und Nutzer anhand von servergenerierten Logfiles und/oder Videomitschnitten untersucht.

Während die Probleme im Umgang mit Online-Material in nutzerzentrierten Inhaltsanalysen durch den dargestellten Einsatz von technischen Aufzeichnungsverfahren lösbar erscheinen, machen sie in der angebotszentrierten Inhaltsanalyse weiterhin besondere Verfahren nötig. So lässt sich im Hinblick auf die Auswahl des Materials unter online-medialen Bedingungen eine für die Untersuchungsfrage relevante Grundgesamtheit der Angebote kaum oder nur unter ganz bestimmten Bedingungen (z. B. durch sehr enge Auswahlzeiträume) generieren. Zwar kann man unter Umständen auf redaktionelle (z. B. web.de) oder kollaborative (z. B. Mister Wong) Web-Verzeichnisse zurückgreifen, doch ist fraglich, ob diese aktuell und vollständig sind. Auch ermöglichen Suchmaschinenrecherchen keine vollständige Erfassung, da sie bezüglich der Funktionsweise und Reichweite nicht das gesamte Netz erschließen lassen. Mögliche Homonymien, Synonymien und Hindernisse auf der Ebene der Websites (nicht erreichbare, nicht-indizierte, abweichend indizierte oder *mirror sites*) können weitere Einschränkungen mit sich bringen. Außerdem beeinträchtigen die Reaktivität und die bedingt mögliche Archivierbarkeit des Materials die intersubjektive Reproduzierbarkeit, welche aber ein wesentliches Kriterium inhaltsanalytischer Studien darstellt (Meier et al. 2010: 110 f.).

7.3.3 Quantitative Online-Inhaltsanalyse

Übliche Verfahrensschritte einer quantitativen Inhaltsanalyse nach Rössler (2005) sind:

1. **Formulierung des Forschungsinteresses** und der zu untersuchenden Hypothesen, die im Entdeckungs- und Begründungszusammenhang durch geeignete Theorien fundiert, in den aktuellen Forschungsstand eingeordnet und mittels zentraler Begriffe definiert werden
2. **Planungsphase:** Festlegung der Rahmenbedingungen und Bestimmung möglicher ergänzender Methoden, detaillierte Projektplanung hinsichtlich verfügbarer Ressourcen (Geld, Zeit, Kodierer) und Erkenntnisziele, Bestimmung des zu untersuchenden Materials
3. **Entwicklungsphase:** Festlegung und Definition der Analyseeinheiten, die als inhaltliche Bezugsgrößen für die Kodierung dienen, Bestimmung operationaler Definitionen für die Erstellung von Zuordnungskategorien und zur Erstellung von Kodierregeln, die zu einem Kategoriensystem zusammengestellt werden
4. **Test-, Anwendungs- und Auswertungsphase:** Schulung und Testung der Kodierung unter Realbedingungen, entsprechende Modifizierung des Instrumentariums und Anwendung auf das gesamte Untersuchungsmaterial, Ende der Erhebungsphase und Beginn der Auswertungsphase, die mit der Erfassung und meist softwaregestützten Aufbereitung der Daten anschließt, Korrekturen von ermittelten Fehlkodierungen
5. **Ergebnisdarstellung:** Deskriptive Präsentation der Befunde, Interpretation der Befunde unter Einbeziehung der Inferenzschlüsse, Ergebnisdarstellung der Hypothesenprüfung, Entwicklung begründeter Antworten der Forschungsfrage, Bezugnahme auf zugrundegelegte Theorien und auf frühere Forschungsergebnisse
6. **Verwertungszusammenhang:** Erstellung eines ausführlichen Forschungsberichts zur Dokumentation der gesamten Arbeit samt Forschungszielen, Untersuchungsmaterial, Er-

hebung, Auswertung und Ergebniserstellung, Präsentation der Ergebnisse vor der interessierten Fachöffentlichkeit auf Konferenzen und in Form von Zeitschriftenartikeln

a) Online-medienspezifische quantitative Inhaltsanalyse

Folgend werden die üblichen Verfahrensschritte einer quantitativen Inhaltsanalyse auf die online-mediale Kommunikation angewandt.

Zu 1. Formulierung des Forschungsinteresses:

Zur weiteren Erläuterung des quantitativ inhaltsanalytischen Vorgehens tritt als mögliche Forschungsfrage beispielhaft die Online-Berichterstattung in spiegel-online und welt.de über die politische Haltung der Bundesregierung zwei Monate vor und einen Monat nach dem Reaktorunglück von Fukushima in den Fokus. Hierzu ließen sich folgende zu untersuchende Hypothesen aufstellen: a) Die Bundesregierung hat ihre Haltung zur Atomenergie nach der Katastrophe extrem geändert, b) nur einzelne Politiker der CDU haben ihre Haltung geändert, c) die CDU und die Bundesregierung haben ihre Haltung nicht nennenswert geändert. Diese Hypothesen sind des Weiteren hinsichtlich ihrer Relevanz und Erkenntnisfunktion zur Beantwortung der Forschungsfrage zu begründen. Im vorliegenden Fall erscheint dies relativ einfach, da die politische Haltung der CDU bisher eher atomfreundlich zu bewerten war. Dies zeigte sich nicht zuletzt in der Aufhebung der Laufzeitenbeschränkung für deutsche AKWs durch die neue Regierungskoalition von CDU und FDP im Jahre 2010. Nach dem japanischen Reaktorunglück im März 2011 erwirkte die gleiche Koalition ein Moratorium für die ältesten Reaktoren in Deutschland. Die Kraftwerke wurden abgeschaltet, um Sicherheitsüberprüfungen durchzuführen. Eine mögliche Studie könnte in Form von Inferenzschlüssen somit mögliche Indikatoren für einen Haltungswandel der Bundesregierung ermitteln.

Zu 2. Planungsphase:

In der Planungsphase muss der mögliche und nötige Aufwand sowie das konkrete Prozedere der Studie festgelegt werden. Rössler (2005) führt Kernfragen auf, die die genaue Ablaufplanung leiten können. Außerdem muss die Auswahleinheit zur genauen Bestimmung des Analysematerials festgelegt werden. Dabei sind die bereits aufgeführten online-medialen Bedingungen zu beachten, die erschwerend auf die Bestimmung einer **Grundgesamtheit** einwirken. Diese umfasst alle für die Forschungsfrage relevanten Medienprodukte und wird wegen der online-medialen Bedingungen nur erreicht, wenn ein solch enges Forschungsinteresse besteht, wie es hier formuliert wurde. In der Regel wird eine **Stichprobenziehung** aus der Grundgesamtheit vorgenommen, die aus Gründen statistischer Repräsentativität idealerweise als Zufallsauswahl oder in möglichst strukturgleicher Verteilung durchzuführen ist. Da auch dieses Verfahren voraussetzt, dass die Zusammensetzung der Grundgesamtheit bekannt ist, kommt in der Online-Inhaltsanalyse aus forschungspragmatischen Gründen eher die bewusste Auswahl **typischer Fälle** zur Anwendung. Die Kriterien zur Bestimmung der ‚typischen Fälle' müssen vom Forschenden intersubjektiv nachvollziehbar plausibel gemacht werden, um nicht als willkürliche Auswahl zu erscheinen. Rössler schlägt hierfür folgende **Auswahleinheiten** vor: Zeitraum, räumlicher Geltungsbereich, Mediengattungen, Medienangebote, Ressorts/Formate, die im Ergebnis zum Kodiermaterial führen sollen. Das bereits bemühte Beispiel würde somit einen Zeitraum von zwei Monaten vor und einen Monat nach dem japanischen Reaktorunglück veranschlagen. Es würde den deutschsprachigen Geltungsbereich fokussieren anhand der Mediengattung Online-Magazin und der Medienangebote *spiegel-online* und *welt.de*. Man würde sich auf das politische Ressort und die Formate bzw. Darstellungsformen Nachrichten, Berichte und Reportagen beschränken. Bisher veröffentlichte Online-Inhaltsanalysen nutzen als Auswahleinheiten entweder die Startseite (Top-Page) oder den Gesamt-Auftritt bzw. eine Auswahl an Seiten aus verschiedenen Hierarchien der Verlinkungsstruktur (Meier et al. 2010).

Zu 3. Entwicklungsphase:
Definitionen von nötigen Analyseeinheiten haben zum Ziel, Elemente aus dem Untersuchungsmaterial zu bestimmen, die bei der Kodierung jeweils als Dokument bearbeitet werden sollen (Rössler 2005). Als Analyseeinheiten führen Rössler/Wirth (2001) für einen Online-Auftritt folgende Strukturparameter auf: Gesamtumfang der Seiten, Link-Struktur bzw. -Ebenen, Nutzerführung, Netzwerkdichte bzw. -zentralität etc. und für die Einzelseiten die Maße Bildschirmfüllung, Linkgestaltung und -funktionalität sowie die Position im Gesamt-Auftritt. Weitere Kodiereinheiten können Merkmale des Screendesigns behandeln wie die Verteilung von Bild-Sprache-Ton-Anteilen, deren jeweilige Funktionen und Konstitutionen (z. B. Animation, Video, Podcasts), mögliche Frameaufteilungen und die ‚gestalterische Anmutung'. Auch eingesetzte Interaktivität wie in Gästebüchern, Downloads und ählichem wird hier als Kodiereinheit genannt. Beim vorliegenden Beispiel würde sich als Analyseeinheit der einzelne Online-Artikel anbieten. Dieser ist meist themenzentriert aufgebaut und kann somit im Sinne der Forschungsfrage inhaltlich bestimmt werden. Beim gewählten Thema atompolitische Haltung der Bundesregierung vor und nach Fukushima ließe sich auch eine personenzentrierte Analyseeinheit wählen, die konkrete politische Akteure wie die Bundeskanzlerin Angela Merkel oder den Umweltminister Norbert Röttgen in den Mittelpunkt stellt. Hierbei handelt es sich um eine **parallele Zerlegung** der Analyseeinheit. Von einer **hierarchischen Zerlegung** spricht man, wenn man die Analyseeinheit hinsichtlich möglicher journalistisch gesetzter Relevanzen ausrichtet. Dies würde, bezogen auf das Beispiel, bedeuten, dass die Index-Seite des politischen Ressorts auf das Vorkommen des Themas in den aufgeführten Teaser-Abfolgen überprüft wird. Anschließend sollte man einer festgelegten Linktiefe folgen. Bei der Charakterisierung möglicher Auswahl- und Analyseeinheiten, nach der sich die Erhebung und Kodierung des Materials richten sollen, zeigen sich medienbedingt weitere Probleme. Solche Festlegungen werden im **Kodebuch** aufgeführt, um die Transparenz des Forschungsprozesses und eine Einheitlichkeit bei der Kodierung zu wahren. Das hierin dargelegte **Kategoriensystem** beschreibt somit die einzelnen Analyseeinheiten und ordnet diesen die Anzahl der ermittelten Schlüsselkodes zu, die aus einer groben Sichtung des Materials in Abhängigkeit der Forschungsfragen sowie hypothesengestützt formuliert werden. Dabei sind z. B. formale, thematisch-inhaltliche, akteurs-/handlungsbezogene sowie wertende Kategorien für die Bestimmung festzulegen. Entsprechende Kodierbeispiele sollten die Zuordnung veranschaulichen.

Zu 4. Test-, Anwendungs- und Auswertungsphase:
Anhand des Kodebuchs kann die eigentliche Kodierung der Daten erfolgen, die als letzter Schritt der Erhebungsphase gilt. Dabei sind einige vorgeschaltete Testkodierungen unter Realbedingungen nötig, um eine Einheitlichkeit der Kodierung gewährleisten und mögliche Modifizierungen des Kategoriensystems vornehmen zu können. Die Grundgesamtheit, die Zufallsstichproben oder die typischen Fälle werden kodiert, woran sich eine meist software-

7.3 Inhaltsanalyse

gestützte quantitative Auswertung der erhobenen Daten anschließt. Diese unterteilt Klammer (2005: 257) in **Frequenz-, Valenz-, Intensitäts- und Kontingenzanalysen**. Mit der Frequenzanalyse kann die Häufigkeit bestimmter Wörter in einem Datenkorpus bestimmt werden. Mittels Valenzuntersuchungen sind bestimmte Wortkombinationen zu ermitteln, die u.a. Aussagen über Bewertungen bestimmter Gegenstände, Personen und Sachverhalte ermöglichen. Mit der Intensitätsanalyse werden beispielsweise die Bewertungen hinsichtlich ihrer Stärke spezifiziert. Dabei ermitteln korpuslinguistische Analyseprogramme bestimmte Wortgruppen, die aus dem bewertenden Wörtern wie einem Adjektiv und einem damit verknüpften steigernden oder abschwächenden Adverb bestehen: *Die Atomenergie ist dringend zu überdenken*. Die Kontingenzanalyse ermittelt ebenfalls die Häufigkeit bestimmter Wortkombinationen, die als Indikatoren bestimmter Positionen, Haltungen etc. festgelegt wurden und somit deren Vorkommen im Untersuchungsmaterial quantifizieren und vergleichen lässt.

Zu 5. Ergebnisdarstellung:

In der Ergebnisdarstellung müssen die Analyseergebnisse zur Beantwortung der Forschungsfrage sachlogisch interpretiert werden. Dabei ist auf die Darstellung einer intersubjektiv nachvollziehbaren **Analyse-, Inhalts-, Kriteriums- und Inferenzvalidität** zu achten (Krippendorff 2004; Rössler 2005). Mit der Analysevalidität ist der Nachweis zu erbringen, dass das Analyseinstrumentarium bzw. Kategoriensystem im Sinne der Forschungsfrage geeignet war und bei der Kodierung zuverlässig angewendet wurde. Die Inhaltsvalidität macht es notwendig, plausibel darzustellen, dass alle relevanten Teilaspekte bei der Erstellung der Begriffsdefinitionen und des Kategoriensystems sowie der Analyse berücksichtigt wurden. Dabei sollten die angenommene soziale Realität und das gemessene Konstrukt in einem überzeugenden Abbildungsverhältnis stehen. Eine hohe Kriteriumsvalidität ist nachgewiesen, wenn sich die Analyseergebnisse durch andere Inhaltsanalysen stützen lassen. Hierfür ist auch die Hinzunahme qualitativer Vergleichsstudien sinnvoll. Ziel ist es, die angewandten Kriterien für die Ermittlung bestimmter Inhaltsbestimmungen zu plausibilisieren. Die Inferenzvalidität erfordert den logischen Nachweis, dass die Analyseergebnisse empirische Gültigkeit hinsichtlich Kommunikator, Rezipient und soziale Situation beanspruchen können. Hinzu tritt eine anlass- und adressatenorientierte Präsentation (z. B. für Zeitschriften oder auf Konferenzen), damit die Studie der weiteren wissenschaftlichen Diskussion zur Verfügung gestellt werden kann.

Zu 6. Verwertungszusammenhang:

Ein ausführlicher Abschlussbericht wird erstellt. Je nach geplanter Präsentation auf Tagungen oder in Zeitschriften etc. sind die Ergebnisse aufzubereiten.

b) Quantitative visuelle Inhaltsanalyse

Durch die Multimedialität und Multimodalität von Online-Kommunikation (Kap. 3) ist auch die Notwendigkeit gegeben, visuelle Daten quantitativ-inhaltsanalytisch auszuwerten. Dies ist jedoch problematisch, da die Inhaltsanalyse primär als Textanalyse entwickelt wurde. Man kann allerdings versuchen, die Forschungsschritte und die Analyseverfahren gemäß visuellen Daten anzugleichen. Eine vollständige Anwendung quantitativer Verfahren muss aber scheitern, da z. B. bildliche Darstellungen über eine hohe semantische Dichte und Fülle, Mehrdeutigkeit und Kontextabhängigkeit (Bock/Isermann/Knieper 2010: 225 f.) verfügen. Zudem sind sie in ihrer Gestalthaftigkeit kaum so zu sequenzieren wie ein Text, was den softwaregestützten Zugriff extrem erschwert (Meier 2008a). Jedoch gibt es bereits einige erfolgreiche Versuche der automatischen Bilderkennung, was in näherer Zeit weiter verbessert wird.

Das Prozedere orientiert sich am allgemeinen Verfahren der quantitativen Inhaltsanalyse: Bestimmung der Forschungsfrage, der Hypothesen, der Grundgesamtheit, der Auswahl- und Analyseeinheiten, des Kategoriensystems, Erstellung des Kodierbuchs, der Kodierungen, der Auswertung und der Ergebnisdarstellung. Das Kategoriensystem und die Kodierungen müssen dabei den Bilddaten entsprechend angepasst werden. So ist es im Falle von Bewegtbildern nötig, neben der Perspektive bzw. den Kameraeinstellungen auch mögliche Einstellungslängen zu kodieren (Meier 2008a: 233). Durch die vorliegende Multimodalität muss die Korrespondenz zwischen den unterschiedlichen Zeichentypen wie Artikeltext zu Bild oder Bewegtbild zu Bildüberschrift (Kap. 3) erfasst werden. Bock/Isermann/Knieper (2010: 235) weisen auf eine notwendige Ausweitung des Instrumentariums z. B. durch Methoden der Medienwirkungsforschung hin. So sollten Blickaufzeichnungsstudien (*eye tracking*) und Befragungen mit inhaltsanalytischen Ergebnissen verknüpft werden.

7.3.4 Qualitative Online-Inhaltsanalyse

Die qualitative Inhaltsanalyse ist üblicherweise ein Textanalyseverfahren, das in Abgrenzung zu quantitativen Instrumentarien keine expliziten Repräsentativitätsansprüche verfolgt oder zur Analyse einer Grundgesamtheit von Texten, Daten oder Medienprodukten dient. Sie bleibt bei der Untersuchung von Fallbeispielen, ist jedoch der inhaltsanalytischen Maxime des systematischen und transparenten Analyseprozesses und der intersubjektiven Überprüfbarkeit verpflichtet. Die qualitative Inhaltsanalyse schließt zudem an klassische textwissenschaftliche Disziplinen wie Linguistik und Literaturwissenschaft an. Allerdings stellt sie diesen ein eigenes Verfahren der Textanalyse entgegen, da sie der Linguistik ein zu strukturalistisches und der Literaturwissenschaft ein zu wenig überprüfbares Vorgehen zuschreibt (Mayring/Gläser-Zikuda 2008: 10). Die qualitative Inhaltsanalyse besteht aus folgenden Kernpunkten:

1. **Einordnung in ein Kommunikationsmodell**: Festlegung des Analyseziels (Variablen des Textproduzenten, dessen Erfahrungen, Einstellungen, Gefühle, der Entstehungssituation des Materials, des soziokulturellen Hintergrunds, der Wirkung des Textes)
2. **Regelgeleiteter Forschungsprozess**: Zerlegung des Materials in Analyseeinheiten, schrittweise Bearbeitung nach einem Ablaufmodell
3. **Kategorienbildung**: Begründete Erstellung von Kategorien anhand von Analyseaspekten und deren ständige Überarbeitung im Forschungsprozess
4. **Wahrung von Gütekriterien**: Stiftung intersubjektiver Überprüf- und Vergleichbarkeit mit Ergebnissen anderer Studien sowie Reliabilitätsprüfungen (Interkoder-Reliabilität) (nach Mayring/Gläser-Zikuda 2008: 10)

Im Folgenden werden diese Kernpunkte anhand eines Kommentartextes über die Haltung der Bundesregierung zur Atomenergie auf tagesschau.de vom 28.03.2011 veranschaulicht. Das Vorgehen orientiert sich dabei an den einzelnen Analyseschritten, wie sie Mayring/Hurst (2005) konkretisiert haben.

> **Beispiel: Nachrichtentext vom 28.03.2011 auf tagesschau.de**
> *Union debattiert über Atompolitik*
> *Merkel beharrt auf ihrer Kehrtwende*
> Trotz des schlechten Abschneidens der Union in Baden-Württemberg will Bundeskanzlerin Angela Merkel am kürzlich geänderten Kurs der schwarz-gelben Regierung in der Atompolitik festhalten. Die Niederlage bedeute zwar einen „schweren Einschnitt für Baden-Württemberg", sagte sie dem ARD-Hauptstadtstudio. Die Bundesregierung werde aber „genau das tun, was wir vor dem Wahltag gesagt haben", fügte sie hinzu.
> „Wir werden die Zeit des Moratoriums nutzen, um eine Energiewende mit Augenmaß hinzubekommen." Es gebe in Deutschland eine Übereinstimmung darin, aus der Kernenergie auszusteigen. Die Lehre aus den Ereignissen von Fukushima bestehe darin, dabei den „schnellstmöglichen Weg" zu gehen. Einen Zusammenhang zwischen dem Kurswechsel in der Atompolitik und den Landtagswahlen wies sie zurück. Zugleich verteidigte sie das Moratorium zur Aussetzung der Laufzeitverlängerung der Atomkraftwerke als richtig.
> Eine Energiewende müsse auf jeden Fall schneller erfolgen. Notwendig sei aber ein gesellschaftlicher Konsens, um dafür die Voraussetzungen zu schaffen. „Ein Atomausstieg in Deutschland, um anschließend Atomenergie aus anderen Ländern zu importieren, den halte ich nicht für ehrlich", sagte Merkel. Sie kündigte an, am 15. April mit den Ministerpräsidenten der Bundesländer über einen schnelleren Ausbau der erneuerbaren Energien zu sprechen.
> *Quelle: http://www.tagesschau.de/inland/merkel2182.html. Aufgerufen am 27.05.2011.*

Zu 1. Einordnung in ein Kommunikationsmodell:

Zunächst wird eine präzise und theoretisch begründete **Fragestellung** entwickelt, deren Beantwortung mit Hilfe des zu untersuchenden Materials möglich und mit der zugrundegelegten Theorie anschlussfähig ist. Im vorliegenden Fall wird eine ähnliche Thematik wie für die quantitative Inhaltsanalyse gewählt: Wie stellt sich die politische Haltung der Bundesregierung und insbesondere die Angela Merkels zur Kernenergie nach dem Reaktorunglück von Fukushima im Vergleich zu anderen Positionen innerhalb der CDU dar.

Nach dieser Fragestellung richtet sich die plausible und intersubjektiv nachvollziehbare Bestimmung des **Untersuchungsmaterials**. Dies kann ein Gesamt-Korpus von Interviewtranskripten sein oder Stichproben einer Materialgesamtheit, wie sie für die inhaltsanalytische Bearbeitung von Online-Kommunikation häufiger ist: Das oben genannte Beispiel wurde gewählt, da der Nachrichtentext unmittelbar an ein ARD-Interview mit Merkel anschließt. Somit verspricht er, große Teile der persönlichen Sicht Merkels zu enthalten. Diese sind jedoch journalistisch eingebettet, so dass Bezugnahmen zu weiteren Positionen innerhalb der CDU sowie Kontextinformationen zu erwarten sind.

Es erfolgt eine Einordnung des Materials in ein **Kommunikationsmodell**, was die Verortung des Materials im soziokulturellen Kontext, genaue Quellennachweise, die Explikation der Rolle des Kommunikators samt emotionaler und kognitiver Handlungshintergründe sowie der Rezipienten samt Interaktionszusammenhängen und deren soziale Situation nötig macht. Hinzu kommen die Explikation des Vorverständnisses der Untersuchenden, ihre Ziele und der angestrebte Verwendungszusammenhang samt Zielgruppe: Der vorliegende Text ist demnach dem öffentlich-rechtlich finanzierten Nachrichtenportal tageschau.de entnommen. Dies verfügt zwar über eine eigene Redaktion, ist jedoch inhaltlich eng mit der ARD-Nachrichtensendung verschränkt, was sich visuell auch am gleichen Corporate-Design widerspiegelt. Es handelt sich um einen mehrfachadressierten journalistischen Bericht, der prototypisch relativ neutral Ereignisse und Positionen zu einem bestimmten Thema von öffentlicher Relevanz zusammenfasst.

Zu 2. Regelgeleiteter Forschungsprozess:
Daraufhin werden die **Analyseeinheiten** festgelegt, denen konkrete Auswertungsregeln zugrunde gelegt sind. Analyseeinheiten wären die Kodiereinheit (kleinster auszuwertender Materialbestandteil), die Kontexteinheit (größte einer Kategorie zuordenbare Texteinheit) und die Auswertungseinheit (festgelegte Reihenfolge der Textauswertung) (Mayring/Gläser-Zikuda 2008: 53): Anhand des Beispiels ist es interessant festzustellen, a) welche Position Merkel aktuell zur Kernenergie hat, b) inwiefern sich diese im Vergleich zum Reaktorunglück gewandelt hat und c) wie sie diesen Wandel argumentativ begründet. Solche Begründungshandlungen werden erst unter qualitativer Perspektive deutlich.

Zu 3. Kategorienbildung:
Folgend werden entweder **Kategoriendefinitionen** entwickelt, die bei einer **induktiven Inhaltsanalyse** regeln, wie Kategorien aus dem Material heraus generiert werden sollen. Im Falle einer **deduktiven Kategorienanwendung** wird vorab ein theoriegeleitet festgelegtes Kategoriensystem entwickelt, nach dem das Material zu bearbeiten ist: Für eine induktive Inhaltsanalyse wäre anhand des vorliegenden Themas interessant, verschiedene Begründungen für den Haltungswandel als Kategorien eruieren zu können. Eine deduktive Kategorienbildung würde beispielsweise vorschreiben, nur Stellungnahmen bestimmter Akteure oder nur bestimmte Argumentationsmuster (Topoi) untersuchen zu lassen.

Für die induktive Inhaltsanalyse muss zudem ein **Abstraktionsniveau festgelegt** werden, also wie nah oder weit die zu entwickelnden Kodierungen am Material entwickelt werden sollen, während bei der deduktiven ein **Kodierleitfaden** die Kategoriedefinitionen samt Beispielkodierungen vorgibt: Beim vorliegenden Text ließe sich ein relativ abstrakter Kode für den ersten Absatz wie „Wahlergebnis in Baden-Württemberg" ableiten. Näher am Text wäre die Kodierung „CDU: kein Zusammenhang zwischen Wahlergebnis in Baden-Württemberg und Atompolitik".

Danach folgen die **Analysedurchführungen** als erster Durchlauf, was idealerweise durch mehrere Analysierende geschieht. Anhand des Beispieltextes ließen sich die am Text entwickelten Kodierungen „Merkel: kein Zusammenhang zwischen Wahlergebnis in Baden-Württemberg und Atompolitik"; „Merkel: Fukushima veranlasst Atomausstieg"; „Merkel: konsensbasierter Ausstieg aus der Kernenergie"; „Merkel: keine Abhängigkeit vom Ausland durch Energieimporte" ableiten.

Erkenntnisse und Probleme des ersten Durchlaufes werden im Forscherteam diskutiert und zu möglichen **Korrekturen des Kodiersystems** bzw. der Fragestellung genutzt. Ein solcher Fall macht eine erneute Analyse des Materials des ersten Durchlaufs nötig: Der vorliegende Text gibt z. B. wenig Aufschluss über weitere Akteure. Hier müssen andere Texte herangezogen werden, um diese gemäß der Fragestellung bearbeiten zu können. Sollten sich keine weiteren Akteure finden, so ist das Kodiersystem entsprechend zu reduzieren.

Anschließend wird die **Analyse des Gesamtmaterials** durchgeführt, das je nach Fragestellung erhoben wurde (siehe b): Im vorliegenden Fall können das alle Texte ausgewählter

Online-Magazine (spiegel-online und welt.de) sein, die sich zu einer festgelegten Zeitspanne thematisch mit der Haltung der CDU zur Kernenergie beschäftigen.

Zu 4. Wahrung von Gütekriterien:

Im Schritt der **Interkoder-Reliabilitätsprüfung** wären idealerweise eine Überprüfung und ein Vergleich der Ergebnisse mehrerer Forschender des gleichen Materials empfehlenswert. Ziel ist es, die Ergebnisse materialgestützt und intersubjektiv nachvollziehbar aufzuarbeiten: Im vorliegenden Fall könnten weitere Forscher es für wichtig ansehen, dass zwischen verschiedenen Adressaten unterschieden werden sollte. Merkel möchte den konsensorientierten Ausstieg mit der Gesellschaft, den Ministerpräsidenten und der Partei realisieren. Diese kontextuell zu ermittelnden unterschiedlichen Interessenlagen können eine genauere Differenzierung erfordern.

Das induktiv ermittelte **Kategoriensystem** stellt das **Analyseergebnis** dar, das im Abschlussbericht deskriptiv dargestellt und interpretativ, bezogen auf die Fragestellung, zu begründen ist. Bei der deduktiven Inhaltsanalyse muss die Zuordnung von Kategorien an den Text beschrieben und interpretativ zur Beantwortung der Forschungsfrage begründet werden: Der vorliegende Text bietet hierfür weitere Informationen zur Differenzierung der Kodierung: „Merkel: Fukushima veranlasst Atomausstieg". Er liefert die Einschränkung „mit Augenmaß", die jedoch keine genaue Angabe enthält. Diese muss durch weitere Argumentationen, bezogen auf die unterschiedlichen Akteure, interpretativ hergestellt werden. Eine Möglichkeit läge darin, „Augenmaß" so weit zu quantifizieren, dass „keine ausländischen Energieimporte" nötig werden sollten, sondern der Bedarf ausreichend durch einheimische „erneuerbare Energien" gedeckt sein müsste.

Die qualitative Inhaltsanalyse ermittelt somit logisch-relationale Verbindungen und kontextbezogene latente Sinnstrukturen, die durch eine auf der Textoberfläche operierende quantitative Inhaltsanalyse nicht erfassbar sind.

a) Qualitative Online-Diskursanalyse

Als eine besondere Form der Inhaltsanalyse lässt sich die Diskursanalyse verstehen. Sie gilt in der Kommunikationswissenschaft als weitere qualitative Analysemethode empirischen Materials (Krippendorff 2004: 16; B. Scheufele 2008). Dabei wird sie häufig in Verbindung mit der qualitativen Inhaltsanalyse und der Grounded Theory gebracht. Zentrale Merkmale der Diskursanalyse sind erstens ihr besonderes Augenmerk auf politische und soziale Problemfelder, oft verbunden mit kritischen Wertungen, welche etwa in der *Critical Discourse Analysis* verfolgt werden. Zweitens basieren Diskursanalysen auf der Untersuchung von Korpora verschiedener Dokumente, wobei der Schwerpunkt zumeist auf massenmedialen Materialien liegt. Drittens ist die Diskursanalyse, ausgehend von der Sozialphilosophie Michel Foucaults, von der Auffassung geprägt, dass Diskurse einen wesentlichen Anteil an der kollektiven Konstruktion sozialer Wirklichkeit bzw. sozialer Wissensbestände (Keller 2005) haben. Sie ist darum bemüht, diskursive Praktiken, Diskursformationen und Dominanzverhältnisse zu untersuchen. Als Analysematerial dienen ihr zumeist sprachlich manifestierte Medienkommunikate, die sie hinsichtlich Argumentationen, Metaphern oder Neologismen bearbeitet.

In jüngerer Zeit wird die Diskursanalyse zunehmend mit dem Ziel verfolgt, **Frames/ Framing** bzw. **Interpretationsmuster** (D. Scheufele 1999; Dahinden 2006; Matthes 2007) in der themenorientierten Kommunikation zu erschließen. In einer allgemeinen Definition können demnach Frames als „*idea elements*" (B. Scheufele 2008) bzw. konsistente Sinnhorizonte verstanden werden, die zu einem Thema verschiedene Elemente (z. B. Problemdefinitionen, Ursachen- und Lösungszuschreibungen sowie Bewertungen) miteinander verknüpfen. Der Frame-Begriff fokussiert daran anschließend mögliche Perspektivierungen eines Themas oder Diskursgegenstandes und markiert damit eine diskursive Position in der (massen-) medial vermittelten Kommunikation. Im bereits behandelten Beispiel um die Haltung der CDU zur Kernenergie hat sich demgemäß eine Perspektivierung seitens Merkel gezeigt. Diese hat zwar den Ausstieg zum Ziel, möchte ihn jedoch nicht sofort vollziehen, sondern im ‚gesellschaftlichen Konsens'.

Online-Diskursanalyse umfasst insbesondere eine medienadäquate Analyse von Online-Kommunikation zu bestimmten öffentlichen bzw. gesellschaftlichen Themen. Dabei verfolgt sie, angesichts des dezentralen und unstrukturierten Diskursfeldes, vornehmlich eine qualitative Erhebung und zirkuläre Auswertung von Fallbeispielen im Sinne eines **theoretischen Samplings der Grounded Theory** (Kelle/Kluge 1999; Strauss/Corbin [1996] 2005). Das Verfahren sieht vor, in zyklischen Phasen regelgeleitet Fallbeispiele (im Online-Bereich wären das multimodale Online-Texte bzw. interaktiv generierte Forumsdiskussionen) zu erheben und kodierend auszuwerten. Anhand eines systematisch ausgewählten diskursrelevanten Einstiegstextes werden Kandidaten für diskursiv zentrale Schüsselkonzepte ermittelt. Die Schlüsselkonzepte weisen weitere Fallbeispiele als entsprechende Diskursfragmente aus und werden gemäß inhaltlicher minimaler und/oder maximaler Kontrastierung genauer bestimmt. Dabei folgt die Erhebung den drei Stufen des **offenen, axialen und diskriminierenden Samplings**. Ersteres zielt auf die Erhebung so vieler relevanter Daten wie möglich ab, deren Analyse die fortschreitenden Stufen des axialen (Suche nach Beziehungen und Variationen) und diskriminierenden (Ausfüllung von Lehrstellen, Prüfung von Kategorien) Samplings informieren.

Entsprechend der **Kodierungspraxis der Grounded Theory** wird auch die Auswertung des Untersuchungsmaterials verfolgt. Hierbei handelt es sich um ein interpretativ-hermeneutisches Verfahren (Krotz 2005): Zunächst werden dabei die Fallbeispiele **offen kodiert**, indem Textbausteine paraphrasiert oder betitelt werden, die Informationen zum Wer, Was oder Wie bezogen auf die anfangs formulierte Forschungsfrage liefern. Anschließend werden Kategorien gebildet, die synoptisch aus den offenen Kodierungen abzuleiten sind, wodurch im folgenden Schritt auf einer höheren Abstraktionsebene Haupt- und Schlüsselkategorien entwickelt werden. Dieses Verfahren heißt **axiale Kodierung**. Dafür werden parallel verfertigte Analyseeinsichten und theoretisches Hintergrundwissen, die in Form von Memos gesammelt wurden, in die Interpretation eingebunden. Abweichend von der Kodierung einer Grounded Theory verfolgt der letzte Analyseschritt nicht die Erstellung einer abschließenden Kernkategorie als Ergebnis einer **selektiven Kodierung**, sondern die begründete Darstellung von Interpretationsmustern, die als überindividuelle und diskurskonstituierte Wissensbestände bestimmter diskursiver Positionen bzw. frameabhängiger Perspektivierung gelten.

b) Qualitative Inhalts- und Diskursanalyse von Visualität und Multimodalität

Eine qualitative Bildinhaltsanalyse ist bisher noch unzureichend methodologisch systematisiert worden, jedoch wird diese bereits in einigen Studien verfolgt (z. B. Bechmann 1979; Ludes 2001; Bickelhaupt 2004). In der qualitativen Sozial- und Medienforschung wurden bisher zumeist in Anlehnung an kunstwissenschaftlich inspirierte ikonografisch-ikonologische Bildanalyseverfahren (Müller 2003; Michel 2006; Raab 2008) eigene Methoden qualitativer Bildanalysen entwickelt. Wegen der Fülle der Ansätze werden hier nur zwei prominente genannt, aber nicht näher dargestellt. In Anlehnung an die dokumentarische Methode hat Bohnsack (2000) eine „qualitative Bild- und Videoanalyse" entwickelt, und Reichertz/Englert (2011) führen mit Rückgriff auf hermeneutisch-wissenssoziologische Instrumentarien eine „Einführung in die qualitative Videoanalyse" vor.

In den genannten Methodologien und Studien wird zwar auf die Notwendigkeit hingewiesen, den sprachlichen Kontext mit in die Analysen von Visualität aufzunehmen. Dies wurde jedoch systematisch bisher nur unter dem Begriff der Multimodalität (siehe Kap. 3) von soziosemiotisch inspirierten Arbeiten wie von van Leeuwen (2005) und Kress (2001) und für die Online-Kommunikation von Meier (2008a) durchgeführt. Des Weiteren gibt es mittlerweile einen breiten medienlinguistischen Forschungszusammenhang, der sich um Sprache-Bild-Phänomene kümmert (Diekmannshenke/Klemm/Stöckl 2011).

Angesichts des multimodalen Zeichenhandelns im Netz (Kap. 3) werden Interpretationsmuster nicht nur anhand sprachlich verfasster Kommunikate ermittelt, sondern auch unter Hinzunahmen nichtsprachlicher wie Bilder, Grafiken etc. Diese sind in ihrem multimodalen Zusammenhang bezüglich bedeutungsstiftender Korrespondenzen mit den sprachlichen Kontexten zu erfassen (Meier 2008a, 2010). Visuelle Zeichenhaftigkeit lässt sich jedoch gemäß der codespezifischen Unterschiede nicht genauso kodieren wie sprachliche Anteile. Um dies zu gewährleisten, können zum einen aus der Kunstwissenschaft entlehnte **ikonografisch-ikonologische** (Müller 2003) und/oder in der pragmatischen Sprachwissenschaft entwickelte **soziosemiotische Analyseverfahren** (Kress/Leeuwen 2001) herangezogen werden. Ikonografisch muss im ersten Analyseschritt das visuelle Phänomen hinsichtlich Inhalt (Motive) und Gestaltung (Bildkomposition-Proportionen, Farbgebung, Lichtführung, Perspektive, Ausschnitt, Format) beschrieben werden. Danach wird der kommunikative Sinn erschlossen, was den sprachlichen Kontext einbeziehen lässt und entsprechend kodiert werden kann. Im letzten Schritt abstrahiert der Forschende ähnlich wie mittels axialer und selektiver Kodierung multimodale Interpretationsmuster, die mit den Kodierungen des sprachlichen Materials interpretativ in Bezug gesetzt werden.

Soziosemiotisch muss im ersten Schritt ebenfalls eine Inhaltsbeschreibung stattfinden. Diese umfasst auf der Ebene der *ideational/representational function* jedoch nicht nur die abgebildeten Motive, sondern auch die angedeuteten Metaphern, Symbole, Konzepte und Begriffe. Auf der Ebene der *interactional/interpersonal function* wird die kommunikative Gestaltung des visuellen Phänomens hinsichtlich seiner prototypisch angelegten Adressierung des Betrachters analysiert. Dabei setzt z. B. ein Bildphänomen mittels Ausschnitt und Perspektive den Betrachter z. B. in eine intime (mittels Nahaufnahme) oder distanzierte (mittels Vogelperspektive) Beziehung zum Bildobjekt. Auf der Ebene der *textual/composional function* wird abschließend die Komposition des Bildes hinsichtlich möglicher zum Ausdruck kommender Zugehörigkeits-, Abgrenzungs- und Hierarchieverhältnisse interpretiert und mit den aus dem Sprachmaterial generierten Deutungsmustern interpretativ in Beziehung gesetzt, um zu multimodalen Interpretationsmustern zu gelangen (Meier 2008a; 2008b).

Zusammenfassung
Die Inhaltsanalyse ist ein empirisches Analyseverfahren, um (mediale) Mitteilungen nach intersubjektiv nachvollziehbaren Kriterien systematisch zu erschließen. Ziel ist es dabei, in Form von Inferenzschlüssen verallgemeinerbare Aussagen über relevante Positionen, mediale Quellen, zeitlichen Wandel sowie soziokulturelle Zusammenhänge eines bestimmten sozialen Phänomens treffen zu können. Dabei wird zwischen quantitativer und qualitativer Inhaltsanalyse unterschieden. Während die quantitative, statistischen Repräsentativitätsstandards folgend, Häufigkeiten und Korrelationen bestimmter Ausdrücke als Inhaltsindikatoren ermittelt, will die qualitative Inhaltsanalyse, mittels verschiedener Operationen, explizite und implizite Bedeutungsstrukturen ausgewählter Fallbeispiele kategorisieren. Beide Verfahren lassen sich gemäß der Forschungsfrage sinnvoll ergänzen.
Eine inhaltsanalytische Bearbeitung von Medienprodukten im Netz muss insbesondere die online-medialen Bedingungen einer multimodalen sowie dezentralen und unregelmäßigen Publikations- sowie userzentriert-reaktiven Rezeptionspraxis methodisch berücksichtigen. Inhaltsanalysen von multimodalen Medienkommunikaten sind jedoch noch zu wenig systematisiert worden. Dies liegt an der besonderen Kodierung und Bedeutungskonstitution visueller Zeichen, die zum einen einer maschinellen Erkennung und Auswertung und zum anderen dem sprachzentrierten inhaltsanalytischen Instrumentarium nur sehr oberflächlich zugänglich sind. Visuelle Bedeutungskonstruktionen werden deshalb vermehrt mit ikonografisch-ikonologischen und/oder soziosemiotischen Verfahren analysiert. Eine besondere online-medienadäquate Inhaltsanalyse themenzentrierter Diskurse im Netz stellt die Online-Diskursanalyse dar. Sie hat zum Ziel, multimodale Interpretationsmuster als überindividuelle Bedeutungsstrukturen diskursiver Formationen im Internet zu ermitteln.

7.4 Logfile-Analyse

Die Analyse von Logdateien ist ein originäres Verfahren der Online-Forschung, das in dieser Form kein vergleichbares Pendant offline besitzt (Kimball/Merz 2000; Welker/Wünsch 2010: 137). Dabei werden Datendateien ausgewertet, die bestimmte Aktionen in Computersystemen formalisiert registrieren. Diese maschineabhängig angelegten Dateien werden genutzt, um technische Messungen durchzuführen und automatisch Daten zu sammeln (Kaczmirek/Neubarth 2007). Die Generierung der Protokolle erfolgt non-reaktiv, sie setzt also keine Interaktion mit den Nutzern von Internetangeboten und auch keine explizite Eingabe von Daten voraus.

Entsprechend technischen Kriterien können zwei Formen der Logfile-Analyse unterschieden werden. Serverseitige Logfile-Analysen werten Datendateien aus, die von Servern wie etwa Webservern erstellt werden. Clientseitige Logfile-Analysen hingegen beziehen ihre Daten aus Logfiles, die auf den Rechnern des Nutzers erstellt werden (Welker/Wünsch 2010).

7.4.1 Serverseitige Logfile-Analysen

Ein Server-Logfile ist eine Datendatei, die auf einem Server angelegt ist und entsprechend ihrer jeweiligen Konfiguration bei bestimmten Aktionen Daten erfasst (Welker 2009). In Server-Logfiles liegen keine Informationen über bestimmte individuelle Nutzer vor, sondern

7.4 Logfile-Analyse

sie erfassen Merkmale und Aktionen von Rechnern. Logfiles enthalten Aufzeichnungen von überwiegend durch Personen verursachten Prozessen, jedoch keine Daten über diese Personen selbst (Welker 2009: 105). Welche verschiedenen Informationen ein Server-Logfile enthalten kann, zeigt das folgende Beispiel:

> **Beispiel: Server-Logfile.**
> 183.121.143.32 - - [18/Mar/2003:08:04:22 +0200] "GET/images/logo.jpg HTTP/1.1" 200 512 "http://www.wikipedia.org/" "Mozilla/5.0 (X11; U; Linux i686; de-DE;rv:1.7.5)
> *Quelle: http://de.wikipedia.org/wiki/Logdatei. Aufgerufen am 16.06.2011.*

Dieser Eintrag enthält unter anderem folgende Informationen:

- Die **IP-Adresse**: Im Beispiel ist 183.121.143.32 die **IP** (Internet Protocol). In der Dezimaldarstellung ist die IP eine Nummer, die jedem Rechner beim Einwählen ins Internet zugewiesen wird. Nicht der individuelle Nutzer wird damit erfasst, da IP-Adressen selten statisch sind, sondern dynamisch bei jeder Verbindung oder in Zeitintervallen neu vergeben werden und weil zum Beispiel mehrere Nutzer einen Rechner verwenden können.
- Das **Zugriffsdatum** und die **Zugriffsuhrzeit**: Aufgezeichnet werden können ebenso das Datum und die Uhrzeit des Zugriffs [18/Mar/2003:08:04:22 +0200] Sollte das Verlassen bestimmter Angebote protokolliert werden, kann die **Verweildauer** erhoben werden.
- Gelegentlich ist es näherungsweise möglich, die **Zugriffsdauer** eines Angebots zu ermitteln. Dabei ist die zeitliche Differenz zwischen dem ersten und dem letzten aufgerufenen Element entscheidend. Es besteht aber das Problem, dass nur Abrufzeitpunkte erfasst werden und somit der Abstand zwischen dem Abruf des letzten registrierten Elements und dem Verlassen des Angebots nicht gemeldet wird.
- Die **ausgeführten Operationen**: Mit „GET/images/logo.jpg HTTP/1.1" wird registriert, dass auf eine bestimmte Datei (logo.jpg) mit einer speziellen Zugriffsmethode (Befehl: GET) und einem bestimmten Protokoll (**HTTP**/1.1) zugegriffen wurde. Auf diese Weise kann auch erfasst werden, welche anderen Aktionen erfolgten, und in welcher zeitlichen Reihenfolge sie durchgeführt wurden.
- Den **Status** der Operation: In diesem Fall zeigt die Statusnummer 200 an, dass die Anfrage erfolgreich war (der bekannteste Statuscode ist „404 Not Found").
- Die **Menge** der gesendeten Daten, in diesem Fall 512 **Byte.**
- Von welcher **URL** die Daten angefordert werden, hier ist es die Website http://www.wikipedia.org/
- Mittels des Eintrags „Mozilla/5.0 (X11; U; Linux i686; de-DE;rv:1.7.5)" werden der benutzte **Browser** (Mozilla 5.0) und das benutzte **Betriebssystem** (Linux) angezeigt.

Server-Logfiles können im privaten Bereich gebraucht werden, um die Nutzung von Webpräsenzen auszuwerten (Welker 2009: 107). Die meisten **Provider** bieten ihren Kunden Tools an, mit denen Logfiles ausgelesen und ausgewertet werden können.

Der Vorteil dieser Art der Untersuchung ist, dass standardmäßig in den Kommunikationsvorgängen zwischen Rechnern und Servern anfallende Daten erhoben werden können. Problematisch aber ist, dass mittels der Analyse von Logfiles nur bedingt auf die Aktivitäten individueller Internet-Nutzer geschlossen werden kann. Neben anderen Problemen wie der Zwischenschaltung von **Proxy-Servern** und dem lokalen Zwischenspeichern von Daten im

Browsercache, die eine exakte Bestimmung aller Aktivitäten erschweren, ist die passgenaue Zuordnung von IPs auf menschliche Akteure schwer. Indem Logfiles technische Daten aufzeichnen, registrieren sie jede Aktivität gleichermaßen und machen zunächst keinen Unterschied, ob diese menschliche technikvermittelte Aktionen sind oder ob sie auf Operationen von Computerprogrammen zurückgehen.

7.4.2 Clientseitige Logfile-Analysen

Bei clientseitigen Logfile-Analysen werden Datendateien auf den Rechnern von Nutzern geschrieben und ausgewertet. Mit diesem Verfahren können individuelle, an diesem Rechner durchgeführte Vorgänge über längere Zeiträume automatisch und kontinuierlich erfasst werden (Welker/Wünsch 2010: 500 f.).

Eine Möglichkeit, diese Analyse durchzuführen, geschieht mittels Cookies. Das sind Dateien, die von Servern generiert werden, um einen **Client** wiederzuerkennen. Dazu wird das Cookie als Datendatei clientseitig zeitlich begrenzt und mit einem Namen versehen gespeichert. Mit Cookies können zum Beispiel Rechner eindeutig identifiziert oder bestimmte Einstellungen gespeichert werden. So kann ein Cookie das Nutzerkennwort eines Nutzers erfassen, wenn dieser ein Webangebot zum ersten Mal besucht. Bei allen folgenden Besuchen wird er dann personalisiert mit seinem Alias begrüßt. Auch können Cookies Nutzungsvorgänge protokollieren.

Anders als bei der serverseitigen Logfile-Analyse, die weitestgehend ohne aktive Zustimmung der Nutzer auskommt, sollten die Nutzer über die Speicherung von Cookies informiert werden (ADM 2007 [2000]: 2). Demnach muss das Verfahren der Speicherung von Cookies so gestaltet sein, dass die Nutzer die Chance haben, vorab und ausdrücklich der Speicherung entsprechender Dateien zuzustimmen.

Logfiles werden von kommerziellen Organisationen unter anderem dazu genutzt, Reichweiten von Internet-Angeboten zu bestimmen. Nicht-reaktive Reichweitenmessungen dienen beispielsweise im Rahmen von Mediaplanungen dazu, Informationen darüber aufzustellen, welcher Anteil einer Bevölkerung in einem bestimmten Zeitraum Kontakt mit einem bestimmten Werbeträger hatte. Die Informationsgesellschaft zur Feststellung der Verbreitung von Werbeträgern e.V. (IVW) erhebt seit 1997 Zugriffsdaten auf die Angebote ihrer Mitglieder. Zwei Reichweitegrößen können dabei ermittelt werden: Pageimpressions als Anzahl der Aufrufe einzelner Seiten und Visits als Anzahl zusammenhängender Nutzungsvorgänge. In diesem Sinn besteht ein Visit dann aus mehreren Pageimpressions, wenn der Nutzer bei seinem Besuch mehrere Unterseiten der Website aufruft (Welker/Werner/Scholz 2005: 148 ff.). Die Zugriffe auf Webseiten werden mit einem Zählpixel gemessen. Das ist eine nicht sichtbare Bilddatei, die von speziellen Zählpixel-Servern ausgeliefert und in bestimmte Seiten eingebaut wird. Das Logfile misst den Aufruf dieses Zählpixels.

Die Arbeitsgemeinschaft Online-Forschung (AGOF) veröffentlicht quartalsweise ihre Internet Facts. Basisgröße in dieser Messung ist der „unique user", worunter der einzelne Nutzer eines Online-Angebots verstanden wird. Weil die non-reaktiven Verfahren hier nur bedingt von Aussagekraft sind, ist das Messverfahren der Logfile-Analysen durch Cookies und Zählpixel mit Online-Befragungen und Telefonbefragungen kombiniert.

7.4 Logfile-Analyse

Tab. 7.3: IVW-Zahlen ausgewählter Angebote. Stand: Mai 2011. Quelle: http://www.ivw-online.de. Aufgerufen am 06.08.2011.

Angebot (Rang nach Visits)	Visits	PIs	Anteil der Inhalte an allen Pis	
	in Millionen		redaktionell	nutzergeneriert
1. AGOF (Sammlung verschiedener Angebote)	581	6.106	18,6 %	0,3 %
2. T-Online	431	4.322	28 %	1,1 %
3. Ebay	321	4.962	1 %	---
4. Yahoo!	211	1.256	30,6 %	1,8 %
5. VZ-Netzwerke (studiVZ, schülerVZ)	207	3.853	0,3 %	83 %
6. Windows Live	203	542	3,8 %	5,2 %
7. MSN	194	569	98,5 %	0,05 %
8. Bild.de	176	2.476	97,2 %	2,6 %
9. Spiegel Online	153	892	97,2 %	0,7 %
10. ProSieben Online	120	258	0,4 %	0,1 %
11. wer-kennt-wen.de	114	2.465	1,3 %	78,4 %
21. MyVideo	35	182	35,9 %	63 %
28. XING	26	195	0,2 %	74,4 %

Tab. 7.4: AGOF-Reichweiten ausgewählter Angebote. (Untersuchungszeitraum 12/2010-02/201. Quelle: http://www.agof.de/aktuelle-studie.583.de.html). Aufgerufen am 06.08.2011.

Angebote	Reichweite in Prozent (bezogen auf Internetnutzer 12/2010–02/2011)	Netto-Reichweite (in Millionen Unique User)
1. T-Online	49,7	25,2
2. Ebay	47,2	23,94
3. Web.de	33,8	17,15
4. Gutefrage.net	30,5	15,43
5. Yahoo!	28	14,2
6. GMX	26,2	13,26
7. Bild.de	25,3	12,82
8. MSN.de	25,8	13,06
9. CHIP Online	24,7	12,53
10. VZ-Netzwerke	22,5	11,41
15. MyVideo	18,1	9,15

Zusammenfassung

Die Logfile-Analyse ist ein eigenständiges Verfahren der Online-Forschung. Sie hat kein Pendant in der Untersuchung von Interaktions- und Kommunikationszusammenhängen, die nicht computervermittelt vonstattengehen.

Bei der Logfile-Analyse werden Datendateien ausgewertet, welche entsprechend konfiguriert bestimmte Aktionen in Computernetzen automatisch protokollieren. Sie beruht also auf maschineabhängig angelegten Dateien. Man unterscheidet dabei serverseitige Logfile-Analysen, bei denen die Logdateien ausgewertet werden, die auf Servern wie zum Beispiel Webservern erzeugt werden und dort Daten erfassen, und clientseitige Logfile-Analysen, die Dateien auswerten, welche auf Nutzerrechnern angelegt werden.

7.5 Forschungsethik

7.5.1 Grundlagen

Fragen der Forschungsethik sind so alt wie die empirische Sozialforschung selbst. Entsprechend wird diese Problematik in der Methodenliteratur ausführlich behandelt, und es haben sich Institutionen herausgebildet, die ethische Forschungsrichtlinien erarbeiten und deren Einhaltung kontrollieren. Die sozialwissenschaftlichen Fach- und Berufsverbände (Deutsche Gesellschaft für Soziologie (DGS), Berufsverband Deutscher Soziologinnen und Soziologen (BDS), Deutsche Gesellschaft für Psychologie (DGPs), Berufsverband Deutscher Psychologinnen und Psychologen (BDP), Deutsche Gesellschaft für Publizistik- und Kommunikationswissenschaft (DGPuK) geben Ethik-Kodizes heraus, die den Sozialforschern als Orientierung dienen und deren Einhaltung bei sozialwissenschaftlichen Forschungsprojekten von Ethik-Kommissionen an Universitäten und Forschungseinrichtungen geprüft wird. Vor allem der Umgang mit Personen, die im Rahmen von Studien untersucht oder beobachtet werden sollen, muss geregelt werden. Ethische Probleme betreffen hier ganz grundlegend Fragen des Vertrauens- sowie des Interessens- und Datenschutzes (Flick 2006: 95). Bortz und Döring (2003) nennen folgende Aspekte, die bei der Überprüfung der ethischen Unbedenklichkeit empirischer Studien beachtet werden sollten:

- Güterabwägung: wissenschaftlicher Fortschritt oder Menschenwürde
- Persönliche Verantwortung
- Informationspflicht
- Freiwillige Untersuchungsteilnahme
- Vermeidung psychischer und körperlicher Beeinträchtigung
- Anonymität der Ergebnisse

Der erste Punkt bedeutet, dass im Vorfeld der Untersuchung sorgfältig geprüft werden muss, ob eventuelle Beeinträchtigungen der Versuchspersonen (z. B. bei der Untersuchung der Schmerztoleranz oder bei der experimentellen Erzeugung von psychischen Zuständen wie Angst oder Hilflosigkeit) durch den zu erwartenden wissenschaftlichen Nutzen zu rechtfertigen sind. Der zweite Punkt betrifft die persönliche Verantwortung des Forschers für alle unplanmäßigen Vorkommnisse bei Befragungen, Tests, Instruktionen oder Experimenten und hinsichtlich der umfassenden Information über mögliche Gefährdungen sowie das Recht auf Verweigerung. Damit ist der dritte Punkt bereits aufgerufen, denn die Untersuchungsteilnehmer haben das Recht, über alle relevanten Aspekte der Untersuchung informiert zu werden. Sind aufgrund der Forschungsfrage Täuschungen notwendig (z. B. wenn Konformitätsverhalten untersucht werden soll), müssen die Versuchspersonen im Nachhinein über die wahren Zusammenhänge aufgeklärt werden und haben dann nachträglich das Recht, die Auswertung ihrer Daten zu verweigern. Entsprechend ist im vierten Punkt angesprochen, dass niemand zu einer Untersuchung gezwungen werden darf und dass jedem jederzeit das Recht zum Abbruch der Untersuchung zusteht. Der fünfte Punkt verweist auf die Gewährleistung der psychischen und physischen Unversehrtheit der Untersuchungsteilnehmer. Wenn Untersuchungen psychische oder körperliche Beeinträchtigungen nicht nur in Kauf nehmen, sondern beabsichtigen (z. B. bei Untersuchungen zu Angst oder Scham- und Schuldgefühlen), sollen die Versuchspersonen so wenig wie möglich belastet werden. Der letzte Punkt betrifft die Notwendigkeit, bei der Publikation der Untersuchungsergebnisse die Anonymität der Untersuchungsteilnehmer zu gewährleisten.

7.5.2 Ethik der Online-Forschung

Diese grundlegenden ethischen Anforderungen an empirische Sozialforschung gelten unvermindert auch für Online-Forschung. Mit den technischen Möglichkeiten des Internet stellen sich hier jedoch forschungsethische Fragen mit verschärfter Dringlichkeit, denn die Forscher befinden sich in einem Dilemma zwischen technischer Machbarkeit und ethischer Vertretbarkeit. Im Internet werden sämtliche Abläufe mitprotokolliert und gespeichert, so dass ein gigantisches, leicht zugängliches Archiv von Kommunikations- und Interaktionsvollzügen sowie Dokumenten entstanden ist und ständig wächst, das durch immer leistungsfähigere Softwarelösungen ausgewertet werden kann. Der einfache Zugang zu einer großen Menge und Vielfalt an Daten sowie die subjektiv empfundene Anonymität in den virtuellen Räumen sozialer Interaktion und Informationsverarbeitung haben das Internet zu einem „social science laboratory" (Eynon/Fry/Schroeder 2008: 34) werden lassen. Das forschungspraktisch prinzipiell Machbare hat sich exponentiell vervielfacht, jedoch ist nicht alles Machbare ethisch-moralisch vertretbar. So gelten z. B. verdeckte Beobachtungen auch unter Offline-Bedingungen als ethisch fragwürdig, denn mit dem Ziel, das Feld nicht zu beeinflussen, werden die Beobachteten nicht über die Beobachtung informiert, so dass die Prinzipien der Informationspflicht sowie der freiwilligen Untersuchungsteilnahme verletzt sind (Bortz/Döring 2003; Flick 2006: 201, 205 f.). Unter Online-Bedingungen ist es sehr viel einfacher, in einem sozialen Netzwerk, einem Forum oder einer Community als teilnehmend beobachtender Forscher unerkannt zu bleiben, wenn man sich als normaler User registriert und an den Interaktionen beteiligt oder einfach als Lurker ohne Anmeldung einloggt und gleichzeitig das Geschehen und die Beteiligten forschend beobachtet. Auch kann die Beobachtung großflächig und permanent geschehen, was offline nur schwer möglich ist. Darüber hinaus ist den Beobachteten in einer Online-Umgebung, selbst wenn sie ihr Einverständnis zur Beobachtung erklärt haben, sicher nicht permanent bewusst, dass sie entsprechend den technischen Möglichkeiten rund um die Uhr unter Beobachtung stehen. Die Reichhaltigkeit der Daten, die online prinzipiell gewonnenen werden könnten, und der einfache Feldzugang verheißen Sozialforschern optimale Bedingungen. Die Forschungsethik verlangt es jedoch, dass die Verantwortung gegenüber den Beobachteten niemals außer Acht gelassen werden darf.

Zwei grundsätzliche ethische Fragen der Internetforschung betreffen die Datenerhebung und den Umgang mit den erhobenen Daten. Hinsichtlich der Datenerhebung ist der große Komplex des **Schutzes der Privatsphäre** tangiert. Da Äußerungen im Internet zunächst prinzipiell öffentlich gemacht sind, stellt sich für die Sozialforschung die Frage, inwieweit Veröffentlichungen im Internet als bewusst und gewollt für die Öffentlichkeit verfügbar gemacht gelten und demzufolge einfach als Datengrundlage herangezogen werden können. Eine Definition dafür, was ‚öffentlich' in Online-Umgebungen heißt, lässt sich nicht so einfach geben. Zahlreiche Internetforscher haben gezeigt, dass User ihre Kommunikation in Online-Räumen nicht unbedingt als öffentlich wahrnehmen (McKee/Porter 2008: 719). Auch ist fraglich, ob eine reale Person, die sich hinter einer online kreierten Identität oder einem Avatar verbirgt, in ihrem Offline-Leben identifiziert werden möchte, was technisch möglich wäre.

"The Internet blurs traditional categories like "professional" versus "amateur," "published" versus "unpublished," and "public" versus "private." Existing rules for the ethical conduct of human subjects research that rely on these categories are thus difficult to extend to this new medium. [...] What "seems reasonable" depends to a great extent on the metaphors and analogies we use to understand the phenomena at hand. We don't have intuitions for what is ethical in this new medium

> per se, so we instead compare it to other media and settings that are better understood. Which metaphors and analogies we chose greatly influence the conclusions we reach. We may come to very different final results if we say that "an Internet chatroom is like a public square" than if we say that "an Internet chatroom is like my front porch" or "an Internet chatrooms is like a telephone party line." […] Over time the research community will need to develop intuitions for what is allowed there, equitably balancing the rights of Internet users and the value to society of research on this new medium. (Bruckman, Amy (2002): Studying the Amateur Artist: A Perspective on Disguising Data Collected in Human Subjects Research on the Internet."
> (Quelle: http://www.nyu.edu/projects/nissenbaum/ethics_bru_full.html. Aufgerufen am 06.08.2011.

Hinsichtlich des Umgangs mit den erhobenen Daten ist der große Bereich des **Datenschutzes** im Zusammenhang mit **automatischer Datensammlung**, **Entkontextualisierung** und **Rekombination** von Daten angesprochen. Dies ist besonders kritisch, wenn Daten aus Forschungszusammenhängen für kommerzielle Zwecke (Marktforschung) weiterverwendet werden. Die Mehrfachverwertung von Datensätzen wirft jedoch auch jenseits kommerzieller Nutzung weitreichende ethische Probleme auf. Während Einzelstudien nach ethischen Richtlinien konzipiert sein mögen und Anonymität sowie Privatsphäre der Beteiligten schützen, können durch Wiederverwertung und Rekombination von Daten sensible Informationen, wie z. B. Nutzerprofile oder Kontaktdaten erschlossen werden. Auch könnten direkte Zitate von anonymisierten Studienteilnehmern, die in wissenschaftlichen Publikationen verwendet werden, von Dritten zur Identitätszuordnung über Suchmaschinen missbraucht werden (McKee/Porter 2008). Da bei qualitativer Forschung die soziokulturellen Kontexte nicht ausgeblendet werden, ist die Problematik der Anonymisierung von Daten, die im Rahmen quantitativer Studien besser gewährleistet werden kann, noch nicht hinreichend geklärt (Eynon/Fry/Schroeder 2008: 38). Unterschiedliche Initiativen arbeiten an der Lösung dieses Problems (siehe u.a. die britische „Qualidata initiative": http://www.esds.ac.uk/qualidata/).

Prinzipiell sind die fließenden **Grenzen zwischen realer Welt und virtuellen Welten** zu beachten. So müssen zum einen Online- und reale Identitäten sowie soziokulturelle Aspekte (Werte und Normen) von Internetnutzern ebenso respektiert werden wie das eventuelle Bedürfnis, reale und virtuelle Daseinsweisen nicht zu vermischen. Aus der Perspektive der Forscher muss beachtet werden, dass z. B. Experimente mit virtuellen Charakteren zwar hilfreich sein können, um Untersuchungen durchzuführen, die mit realen Personen in der realen Welt nicht möglich sind. Gleichzeitig gilt: „just because it's virtual does not mean that any type of research can be done with human participants, and even if the virtual humans are not real, that does not mean that 'anything goes'" (Eynon/Fry/Schroeder 2008: 33).

Im Wesentlichen können drei methodische Bereiche der Online-Forschung benannt werden, für die forschungsethische Entscheidungen getroffen werden müssen (Eynon/Fry/Schroeder 2008: 23 f.). Der erste Bereich, den dies betrifft, sind die Methoden zur **Datengewinnung direkt von Personen**, also Befragungen, Interviews und Focus-Groups. Zweitens sind hier **Untersuchungen von Online-Interaktionen** in virtuellen Umgebungen bzw. Kommunikationsräumen angesprochen, z. B. teilnehmende Beobachtung, Logfile-Analysen und die Visualisierung von Interaktionen zwischen den Usern im Rahmen von Netzwerkanalysen. Drittens sind groß angelegte umfangreiche Online-Studien betroffen, die **Spuren von Nutzern** untersuchen, die diese während ihrer Online-Aktivitäten hinterlassen, z. B. Suchanfragen, Verlinkungen, kommerzielle Transaktionen, Textnachrichten oder hochgeladene Inhalte. Solche Studien ähneln oft verdeckten teilnehmenden Beobachtungen, denn sie sammeln

Daten ohne Wissen und Zustimmung der Nutzer, nehmen sie aus dem eigentlichen Nutzungskontext heraus und können sie mit mächtigen Visualisierungstools kombinieren, die komplexe soziale Strukturen abbilden.

> **Beispiel: Experimente mit virtuellen Charakteren**
>
> Wo die ethischen Grenzen bei Experimenten mit virtuellen Charakteren liegen, wie weit man also gehen kann, haben Slater und Kollegen (2006) in einem Versuchssetting gezeigt, das sich am sogenannten Milgram-Experiment aus den 1960er Jahren orientiert (Milgram 1963; 1997 [1974]). Milgram hat untersucht, inwieweit Personen aus Gehorsam gegenüber autoritären Personen bereit sind, anderen Personen Schmerzen zuzufügen. Er ließ Versuchspersonen in einem Lehrer-Schüler-Setting die Rolle des Lehrers übernehmen und nach Anweisungen eines Versuchsleiters die falschen Antworten des vermeintlichen Schülers mit Elektroschocks quittieren. Die Versuchspersonen waren nicht darüber informiert, dass sowohl die Rolle des Schülers als auch die Rolle des Versuchsleiters mit vorher instruierten Personen besetzt waren, die also keine Versuchspersonen waren, und dass die Schmerzäußerungen des vermeintlichen Schülers inszeniert waren. Das Experiment löste u.a. aus ethischen Gründen kontroverse Diskussionen aus, die sich zum einen daran entzündeten, dass den Versuchspersonen durch das Rollenspiel der instruierten Personen falsche Tatsachen vorgespielt worden waren. Zum anderen wurde kritisiert, dass die Versuchspersonen in einem hohen Maße psychischem Stress ausgesetzt waren. Slater und Kollegen (2006) adaptierten dieses Experiment in einem virtuellen Setting und vermieden dabei die kritisierten Aspekte. Sie ließen Versuchspersonen einem virtuellen Charakter Schmerzen zufügen, wobei es ihnen weniger darum ging, die Grenzen von Gehorsam gegenüber Autoritäten auszuloten, als zu untersuchen, inwieweit die Gefühlsäußerungen des Avatars von den Versuchspersonen als real erlebt wurden. Es ging also weniger um Gewissensfragen, sondern eher um Präsenz-Erleben. Die Versuchspersonen waren umfassend über das Versuchssetting informiert und wussten, dass die Schmerzensäußerungen nicht von einer realen Person, sondern von einem virtuellen Charakter ausgedrückt wurden. Im Ergebnis zeigte sich, dass das Präsenz-Erleben offensichtlich so stark war, dass die gequälten Avatare als reale Interaktionspartner empfunden wurden sowie dass einige Versuchspersonen das Experiment von sich aus abbrachen und ca. die Hälfte der Versuchspersonen im Nachhinein angab, sie hätten es gern abgebrochen.

Das obige Beispiel zeigt die Grenzen von Experimenten in virtuellen Umgebungen: Sofern die Versuchspersonen nicht in unzumutbare psychische Zustände gebracht werden und ein Mehrwert der Experimente zu erwarten ist, können virtuelle Umgebungen für Untersuchungen hilfreich sein, die nicht mit realen Personen durchgeführt werden können. Andererseits gibt es auch in virtuellen Umgebungen extreme soziale Situationen, die den Versuchspersonen in einer Weise psychischen Stress verursachen, der durch den möglichen Nutzen einer entsprechenden Studie nicht gerechtfertigt werden kann. Dass virtuelle Charaktere nicht im physischen Sinne real sind, heißt nicht, dass die Interaktion mit ihnen nicht als real empfunden wird und bei den realen Personen reale psychische Zustände hervorrufen würde, selbst wenn sie sich der Virtualität ihres Interaktionspartners bewusst sind (Eynon/Fry/Schroeder 2008: 33).

In den vergangenen Jahren wurden Bemühungen um ethische Richtlinien der Online-Forschung zunehmend institutionalisiert. Im akademischen Bereich ist hier die Association of Internet Researchers führend, unter deren Dach eine internationale interdisziplinäre Ethics Working Group aus namhaften Wissenschaftlern einen Ethik-Guide verabschiedet hat, an dem sich Internetforscher bei der Planung und Durchführung von empirischen Studien orientieren können (Ess/AoIR 2002). Ein Auszug aus diesem Ethik Guide findet sich hier:

> "Different nations and cultures enjoy diverse legal protections and traditions of ethical decision-making. Especially as Internet research may entail a literally global scope, efforts to respond to ethical concerns and resolve ethical conflicts must take into account diverse national and cultural frameworks. [...]
>
> What are the initial ethical expectations/assumptions of the authors/subjects being studied?
>
> For example: Do participants in this environment assume/believe that their communication is private? If so – and if this assumption is warranted – then there may be a greater obligation on the part of the researcher to protect individual privacy in the ways outlined in human subjects research (i.e., protection of confidentiality, exercise of informed consent, assurance of anonymity – or at least pseudonymity – in any publication of the research, etc.). If not – e.g., if the research focuses on publicly accessible archives; inter/actions intended by their authors/agents as public, performative (e.g., intended as a public act or performance that invites recognition for accomplishment), etc.; venues assigned the equivalent of a "public notice" that participants and their communications may be monitored for research purposes, then there may be less obligation to protect individual privacy.
>
> What ethically significant risks does the research entail for the subject(s)?
>
> Examples (form/content distinction):
>
> If the content of a subject's communication were to become known beyond the confines of the venue being studied – would harm likely result? For example: if a person is discussing intimate topics – psychological/medical/spiritual issues, sexual experience/fantasy/orientation, etc. – would the publication of this material result in shame, threats to material well-being (denial of insurance, job loss, physical harassment, etc.), etc.? A primary ethical obligation is to do no harm. Good research design, of course, seeks to minimize risk of harm to the subjects involved.
>
> By contrast, if the form of communication is under study – for instance the linguistic form of requests ("Open the door" vs. "I'd appreciate it if you'd open the door," etc.), not what is being requested – this shift of focus away from content may reduce the risk to the subject.
>
> In either case (i.e., whether it is the form or content that is most important for the researcher), if the content is relatively trivial, doesn't address sensitive topics, etc., then clearly the risk to the subject is low."

(Ess and the AoIR ethics working group (2002): *Ethical decision-making and Internet research: Recommendations from the aoir ethics working committee,* Approved by AoIR, November 27, 2002: 3; 7/8. www.aoir.org/reports/ethics.pdf. Aufgerufen am 06.08.2011.)

Zusammenfassung

Die grundlegenden ethischen Anforderungen an empirische Sozialforschung gelten unvermindert auch für Online-Forschung. Mit den technischen Möglichkeiten des Internet stellen sich hier jedoch forschungsethische Fragen mit verschärfter Dringlichkeit, denn die

7.5 Forschungsethik

Forscher befinden sich in einem Dilemma zwischen technischer Machbarkeit und ethischer Vertretbarkeit. Ethische Fragen der Internetforschung betreffen im Wesentlichen die Datenerhebung und den Umgang mit den erhobenen Daten. Vor allem müssen die Rechte der Untersuchungsteilnehmer und Beobachteten auf Persönlichkeitsschutz, insbesondere Anonymität und Selbstbestimmung sowie psychische und physische Unversehrtheit beachtet werden.

+ Zum Wiederholen, Weiterdenken …

1. Planen Sie eine qualitative Online-Befragung zum Nutzungsverhalten in Bezug auf eine aktuell neue Online-Anwendung bzw. ein neues Online-Format, die/das sich gerade durchzusetzen beginnt. Berücksichtigen Sie Fragen wie: Welche Nutzergruppen sind hier aktiv? Auf welche Weise, aus welchen Motiven heraus und mit welchen Zielen nutzen diese die neue Anwendung/das neue Format? Welche Aspekte müssen Sie in die Planung dieser Studie einbeziehen?
2. Planen Sie eine quantitative Online-Befragung zum Nutzungsverhalten in Bezug auf eine aktuell neue Online-Anwendung bzw. ein neues Online-Format, die/das sich gerade durchzusetzen beginnt. Berücksichtigen Sie Fragen wie: Welche Nutzergruppen sind hier zu welchen Anteilen aktiv? Welche Nutzergruppen nutzen auf welche Weise, aus welchen Motiven heraus und mit welchen Zielen diese die neue Anwendung/das neue Format? Welche Aspekte müssen Sie in die Planung dieser Studie einbeziehen?
3. Die teilnehmende Beobachtung ist für gewöhnlich eines der wesentlichen Datenerhebungs- und Datengenerierungsverfahren im ethnografischen Forschungsprozess. Es dient insbesondere dazu, die Sinn-, Handlungs- und Erfahrungsstrukturen bestimmter Interaktionszusammenhänge gegenstandsnah zu untersuchen.
   Stellen Sie sich hypothetisch vor, Sie wollen folgende Frage mittels einer teilnehmenden Beobachtung untersuchen: Wie interagieren und kommunizieren die Teilnehmer in den virtuellen Welten des Second Life? Überlegen Sie, wie Sie entsprechend den Verfahrensschritte vorgehen würden? Wie würden Sie das Feld erschließen und welche Verfahren würden Sie anwenden, um welche Daten zu sammeln bzw. zu generieren?
   Einen Vorschlag, wie dies bewerkstelligt werden kann, hat Tom Boellstorff in seinem 2009 erschienenen Buch *Coming of Age in Second Life* gemacht.
4. Charakterisieren Sie das jeweilige Anwendungsfeld der quantitativen und qualitativen Inhaltsanalyse, begründen Sie mögliche Fragestellungen und diskutieren Sie Kombinierungsmöglichkeiten. Gehen Sie dabei u.a. auf das Problem der Grundgesamtheit ein.
5. Bestimmen Sie den Einstiegstext eines zu analysierenden aktuellen thematischen Online-Diskurses und ermitteln Sie zentrale Schlüsselkonzepte sowie zwei dem Text zugeordnete Bilder. Analysieren Sie diese nach der Vorgehensweise einer sozialsemiotischen Bildanalyse.
6. Von Logfile-Einträgen auf Nutzerverhalten zu schließen, ist mit Hindernissen verbunden. Besuchen Sie die Webseiten der Arbeitsgemeinschaft Online Forschung (www.agof.de) und informieren Sie sich, wie diese Organisation der Online-Vermarkter und Online-Werbeträger mit dem Problem umgeht.
7. Begründen Sie, warum sich für die Online-Forschung ethische Fragen mit verschärfter Dringlichkeit stellen. Gehen Sie dabei auf die besonderen Anforderungen hinsichtlich quantitativer und qualitativer Forschung ein.

📖 **... und Weiterlesen**

Fielding, Nigel/Raymond M. Lee/Grant Blake (Hg.) (2008): The Sage Handbook of Online Research Methods. London: Sage.

Die gesamte Breite konzeptueller und praktischer Fragen zu Methoden der Online-Forschung ist hier versammelt. Neben Artikeln zu einzelnen Methoden enthält der Band auch Beiträge zur Forschungsethik, zum allgemeinen Design von Forschungsvorhaben und zur Softwareunterstützung von Online-Forschung.

Hine, Christine (2000): Virtual Ethnography. London: Sage.

Eine der ersten ausführlich beschriebenen und erklärten Online-Beobachtungen. Neben einer Darstellung der Untersuchung enthält das Buch außerdem viele weiterführende Überlegungen zu den Chancen und Herausforderungen teilnehmenden Beobachtens im Netz.

Hunsinger, Jeremy/Lisbeth Klastrup/Matthew Allen (Hg.) (2009): International Handbook of Internet Research. Berlin: Springer.

Der Band hat den Anspruch, das Feld der Online-Forschung umfassend mit einer internationalen Perspektive darzustellen. Das Spektrum reicht von Artikeln zur historischen Entwicklung von Kommunikationsformen und medienphilosophischen Betrachtungen zum Internet bis zu Problemen der Inhaltsaltsanalyse oder der Untersuchung virtueller Welten.

Jackob, Nikolaus/Harald Schoen/Thomas Zerback (Hg.) (2009): Sozialforschung im Internet. Methodologie und Praxis der Online-Befragung. Wiesbaden: VS.

Die Beiträge des Bandes geben einen Überblick über den aktuellen Stand der Online-Umfrageforschung. Dabei werden erstens die Methodologie der Online-Befragung bzw. des Befragungsexperiments und zweitens die forschungspraktische Anwendung behandelt. Der Band geht daher einerseits auf generelle methodische Fragen (z. B. Stichprobenziehung, Fragebogenkonstruktion, Online-Implementation, Kontakt-Strategien) ein und dokumentiert andererseits Fallbeispiele, für die die Methode der Online-Befragung besonders geeignet ist.

Jackob, Nikolaus/Thomas Zerback/Marcus Maurer (Hg.) (2010): Das Internet als Forschungsinstrument und -gegenstand in der Kommunikationswissenschaft. Köln: Halem.

Der Band informiert über die aktuelle Forschung zu kommunikationswissenschaftlichen Fragen im und mit dem Internet.

Markham, Annett M./Nancy K. Baym (Hg.) (2009): Internet Inquiry. Conversations About Method. London: Sage.

In die Chancen und Probleme qualitativer Methoden der Online-Forschun führt dieses Buch ein. Dabei werden sechs allgemeine Fragen, etwa nach der Güte qualitativer Online-Forschung, dem Umgang mit Privatsphären oder der Berücksichtigung von Gender-Aspekten, in mehreren aufeinander Bezug nehmenden Aufsätzen bearbeitet.

McKee, Heidi A./James E. Porter (2009): The Ethics of Internet Research: A Rhetorical, Case-Based Approach. New York: Peter Lang.

Forschungsethische Fragestellungen sind das Thema dieses Bandes. Die Autoren nähern sich dem Thema, indem sie verschiedene im Feld der Online-Forschung tätige Wissenschaftler zu ihren Problemstellungen und Lösungen befragen.

Welker, Martin/Andreas Werner/Joachim Scholz (2005): Online-Research. Markt- und Sozialforschung mit dem Internet. Heidelberg: Dpunkt.

Dieses Buch enthält ausführliche Informationen über die Auswertung computergenerierter Daten wie der Logfile-Analyse.

Welker, Martin/Carsten Wünsch (Hg.) (2010): Die Online-Inhaltsanalyse. Köln: Halem.

Der Sammelband trägt verschiedene Ansätze einer online-adäquaten Inhaltsanalyse zusammen. Dabei wird insbesondere der Dynamik, Interaktivität, Hypertextualität und Multimodalität des Internet Rechnung getragen. Er vereint qualitative und quantitative Verfahren und lotet mögliche Kombinationen angesichts der online-medialen Bedingungen aus.

Abbildungsverzeichnis

Abb. 2.1:	Kommunikation auf der Mikro-, Meso- und Makroebene. Quelle: eigene Darstellung.	8
Abb. 2.2:	Medien erster und zweiter Ordnung. Quelle: eigene Darstellung	12
Abb. 2.3:	Geschichtliche Entwicklung von Anwendungen. Quelle: Schmidt (2009: 15).	14
Abb. 2.4:	E-Mail. Quelle: www.web.de. Aufgerufen am 03.03.2010.	22
Abb. 2.5:	Newsgroup. Quelle: Beck (2006: 103).	23
Abb. 2.6:	Chat-Ausschnitt. Quelle: Misoch (2006: 48. zitiert nach Orthmann 2004: 111).	24
Abb. 2.7:	Plattform Facebook. Quelle: www.facebook.com. Aufgerufen am 03.03.2010.	25
Abb. 2.8:	Blog. Quelle: www.netzpolitik.org. Aufgerufen am 03.03.2010.	26
Abb. 2.9:	Wikis. Quelle: eigene Darstellung nach simpsonspedia.net/index.php?title=Simpsons pedia; www.zunftwissen.org/de/index.php/Hauptseite; www.ameisenwiki.de/index.php/Hauptseite. Alle aufgerufen am 03.03.2010.	27
Abb. 2.10:	Chat-Ausschnitt von ICQ. Quelle: eigene Darstellung. Aufgerufen am 03.03.2010.	28
Abb. 2.11:	Feed Reader (Feedreader 3.14). Quelle: www.feedreader.com/?fromfr. Aufgerufen am 03.03.2010.	28
Abb. 2.12:	Verschlagwortungssystem Delicious. Quelle: delicious.com/?view=hotlist. Aufgerufen am 03.03.2010.	29
Abb. 2.13:	Darstellung einer Folksonomy als Tag Cloud. Quelle: jilltxt.net/wp-content/uploads/2006/10/tagcloud-bards-to-blogs.png. Aufgerufen am 16.03.2010.	29
Abb. 2.14:	Ebenen der Öffentlichkeit. Quelle: Jarren/Donges (2006: 105).	32
Abb. 2.15:	Ebenen der Öffentlichkeit. Quelle: nach Katzenbach (2008: 108).	34
Abb. 2.16:	Integrierte Öffentlichkeit im Internet. Quelle: Neuberger (2009a: 45).	37
Abb. 2.17:	Verlinkungsstruktur der Blogosphäre. Quelle: datamining.typepad.com/data_mining/2006/07/interactive_map.html. Aufgerufen am 16.03.2010.	38
Abb. 2.18:	Google News. Quelle: news.google.de. Aufgerufen am 03.03.2010.	40
Abb. 2.19:	Social-News-Plattform digg.com. Quelle: digg.com/world_business. Aufgerufen am 03.03.2010.	41

Abb. 2.20:	Suchziele in Weblogs. Quelle: Neuberger/Nuernbergk/Rischke (2009: 184).	42
Abb. 2.21:	Verbesserung der journalistischen Arbeit durch Suchmaschinen. Quelle: Neuberger/Nuernbergk/Rischke (2009: 185).	42
Abb. 3.1:	Ausschnitte aus der Startseite der TU Chemnitz. Quelle: http://www.tu-chemnitz.de/index.html. Aufgerufen am 17.01.2010.	57
Abb. 3.2:	Startseite des Online-Auftritts der Technischen Universität Chemnitz. Quelle: eigene Darstellung.	67
Abb. 4.1:	Liste von Chat-Nicknames als Pseudonyme. Quelle: www.knuddels.de. Aufgerufen am 16.03.2010.	75
Abb. 4.2:	Ebay.com-Profil. Quelle: myworld.ebay.de. Aufgerufen am 06.08.2011.	76
Abb. 4.3:	Fan-Site in MySpace. Quelle: www.myspace.com/463912986. Aufgerufen am 06.08.2011.	78
Abb. 4.4:	Authentizitätsnormen der sozialen Netzwerkplattform Facebook. Quelle: www.facebook.com/note.php.note_id=10150162305100301. Aufgerufen am 06.08.2011.	81
Abb. 4.5:	Soziale Unterstützung in einem Wiki für Fitnessbewusste. Quelle: wikifit.de. Aufgerufen am 06.08.2011.	87
Abb. 4.6:	Beziehung im vernetzten Individualismus. Links eine schematische Darstellung zweier Netzwerke lokaler, eng miteinander verbundener Kollektive. Rechts die personenzentrierten, translokalen Verknüpfungen zwischen vernetzten Individuen. Quelle: Wellman et al. (2005: 162).	91
Abb. 4.7:	ASCII Art. Quellen: de.wikipedia.org/wiki/ASCII-Art, www.ascii-art.de. Aufgerufen am 06.08.2011.	98
Abb. 4.8:	Der SIDE-Ansatz. Quelle: nach Köhler (2003: 46).	102
Abb. 5.1:	Protokoll des Politikerchat mit SPD-Vizevorsitzenden Andrea Nahles. Quelle: tagesschau.de. Aufgerufen am 04.03.2009.	118
Abb. 5.2:	MySpace-Seite von Hillary Clinton: http://www.myspace.com/hillaryclinton. Aufgerufen am 27.11.2010.	122
Abb. 5.3:	Aus Blog PR BLOGGER: http://klauseck.typepad.com/prblogger/2008/02/obama-twitter.html. Aufgerufen am 27.11.2010.	122
Abb. 5.4:	BI Lüchow-Dannenberg auf Twitter: http://twitter.com/gorleben Aufgerufen am 28.01.2011.	127
Abb. 5.5:	Anti-Atom-Treck auf Facebook: http://www.facebook.com/AntiAtomTreck. Aufgerufen am 28.01.2011.	127
Abb. 5.6:	ZDF-Mediathek: http://www.zdf.de/ZDFmediathek/beitrag/video/1251340/ Die-Woche-im-Web-vom-5.Februar-2011?setTime=8. Aufgerufen am 11.02.2011.	133
Abb. 5.7:	Twitter-Seite von Ghonim: http://twitter.com/Ghonim. Aufgerufen am 12.02.2011.	133

Abbildungsverzeichnis

Abb. 6.1: Der Kreislauf positiven Feedbacks. Quelle: Zerdick et al. (2001: 160). 142

Abb. 6.2: Veränderungen in der Wertschöpfungskette in der Internet-Ökonomie. Quelle: Dogruel/Katzenbach (2010: 115). 144

Abb. 6.3: Erweiterung der Verwertungsstufen zur Mehrfachvernutzung am Beispiel des Film- und Fernsehmarkts. Quelle: adaptiert nach Zerdick et al. (2001: 72). 146

Abb. 6.4: Mass Customization bei Spreadshirt. Quelle: www.spreadshirt.de. Aufgerufen am 10.08.2011. 149

Tabellenverzeichnis

Tab. 2.1:	Klassifikation der Online-Kommunikationsmodi. Quelle: Rössler (1998: 36).	20
Tab. 2.2:	Beschreibung der Kommunikationsform Chat. Quelle: Dürscheid (2005).	20
Tab. 2.3:	Weblog-Typen. Quelle: eigene Darstellung.	26
Tab. 3.1:	Kodierungskriterien für die Zeichensysteme Sprache und Bild. Quelle: eigene Darstellung angelehnt an Stöckl (2011: 48).	59
Tab. 4.1:	Beziehungsstatus auf Netzwerkplattformen. Quelle: nach Schmidt (2009: 82).	83
Tab. 4.2:	Mediale Reichhaltigkeit. Quelle: Schmitz/Fulk (1991).	96
Tab. 4.3:	Mediale Reichhaltigkeit. Quelle: Clark/Brennan (1991).	96
Tab. 4.4:	Passung von Ambiguität und medialer Reichhaltigkeit. Quelle: nach Fischer (2008 :50).	97
Tab. 4.5:	Die wichtigsten Theorien sozialer Prozesse in der Online-Kommunikation. Quelle: eigene Darstellung.	103
Tab. 5.1:	Akteure der Internet Governance. Quelle: Donges/Puppis (2010: 92).	115
Tab. 6.1:	Typologie von Formaten der Internet-Werbung. Quelle: adaptiert von McMillan (2007: 20).	153
Tab. 6.2:	Instrumente der Online-PR (Auswahl). Quelle: adaptiert von Schultz/Wehmeier (2010: 418 f.).	155
Tab. 7.1:	Vor- und Nachteile von Online-Befragungen. Quelle: ergänzt und adaptiert nach Welker/Wünsch (2010: 492).	163
Tab. 7.2:	Merkmale von E-Mails, Foren und Chats für Gruppendiskussionen. Quelle: ergänzt und adaptiert nach Kelle/Tobor/Metje (2009:187/188) und Gaiser (2008: 305).	167
Tab. 7.3:	IVW-Zahlen ausgewählter Angebote. Stand: Mai 2011. Quelle: http://www.ivw-online.de. Aufgerufen am 06.08.2011.	187
Tab. 7.4:	AGOF-Reichweiten ausgewählter Angebote. (Untersuchungszeitraum 12/2010-02/201. Quelle: http://www.agof.de/aktuelle-studie.583.de.html). Aufgerufen am 06.08.2011.	187

Glossar

Das Glossar soll kurz über die wichtigsten im Text erwähnten Begriffe der Online-Kommunikation informieren. Die hier zu findenden Einträge orientieren sich zum Teil an der Online-Enzyklopädie Wikipedia.

A-List-Blogs/A-Blogs siehe **focal points**

Amazon
Amazon ist ein erfolgreiches Internet-Versandhaus, das neben dem eigenen Vertrieb auch Unternehmen und Privatpersonen die Möglichkeit bietet, neue oder auch gebrauchte Produkte online zu vertreiben. Verkäufer und Produkte können nach der Transaktion bewertet werden.

ARPANET
ARPANET („Advanced Research Projects Agency Network") ist ein Vorläufer des heutigen Internet. Es wurde ursprünglich im Auftrag des US-Verteidigungsministeriums entwickelt, um verschiedene amerikanische Universitäten und Forschungseinrichtungen, die für das Verteidigungsministerium forschten, in dezentraler Form miteinander zu verbinden.

ASCII
ASCII steht für „American Standard for Information Interchange" und ist eines der am meisten verbreiteten Formate für Textdateien in Computern und im Internet. In einer ASCII-Datei wurde ursprünglich jedes Zeichen (Buchstaben, Zahlen, Sonder- oder Steuerzeichen) durch eine siebenstellige Folge aus Nullen und Einsen definiert. 128 verschiedene Zeichen konnten so digital kodiert werden. Später wurde der Code auf 256 mögliche Zeichen erweitert.

asynchrone/synchrone Kommunikationsformen
Elektronisch vermittelte Kommunikation kann sowohl synchron als auch asynchron stattfinden. Bei synchroner Kommunikation werden die Beiträge der Beteiligten ohne nennenswerten Zeitverzug, also quasi in Echtzeit, dem Konversationspartner übermittelt. Synchronizität in elektronisch vermittelten Kommunikationssituationen findet sich zum Beispiel in text-, audio- oder videobasierten Chats oder auch beim Instant Messaging. Asynchrone Kommunikation meint eine Form der Kommunikation, bei der die Nachrichten mit einem gewissen Zeitverzug übermittelt bzw. rezipiert werden. Das bekannteste Beispiel ist die E-Mail.

Avatar
Der Ausdruck „Avatar" leitet sich aus dem Sanskrit-Wort „avatāra" (deutsch: herabsteigen, Herabkunft) her und bezeichnet im Hinduismus die Verkörperung eines Gottes auf Erden. Im Bereich der Internet-Kommunikation und Interaktion wird damit der virtuelle Stellvertreter einer Person zum Beispiel in einem Rollenspiel oder einer virtuellen Umgebung bezeichnet.

Blog, Blogger, bloggen siehe **Weblog**

Blogosphäre
Der Begriff „Blogosphäre" bezeichnet das Netzwerk aller Weblogs.

Breitband, Broadband
Ursprünglich bezeichnete der Begriff Breitband eine Realisierungsform von Datennetzwerken. Heute wird der Begriff sinnentfremdet vor allem für Internetverbindungen mit relativ hoher Datenübertragungsrate (Bandbreite) verwendet. Die Übertragungsgeschwindigkeit ist dabei um ein Vielfaches höher als bei älteren Techniken, wie dem Telefonmodem oder ISDN (Integrated Services Digital Network). Die Zahl der Breitbandzugänge steigt in westlichen Staaten ständig und immer mehr Internetangebote setzen aufgrund von anspruchsvolleren Anwendungen eine möglichst schnelle Verbindung voraus. In unterschiedlichen Ländern und Institutionen gelten verschiedene Kennwerte als minimale Datenübertragungsrate einer Breitbandverbindung.

Browser-Chache
Ein Browser-Cache ist ein Zwischenspeicher, der vom Browser für das beschleunigte Laden von Internetseiten genutzt wird. Es handelt sich um einen Ordner, in dem Grafiken, Bilder oder ganze Webseiten abgelegt werden. Sie ermöglichen die Speicherung von Passwörtern und eingegebenen Nutzernamen, die bei späteren Besuchen der entsprechenden Seiten browserseitig wieder abgerufen werden können und nicht mehr als Datenpakete vom aufgerufenen Server verschickt werden müssen.

Byte
Byte ist eine Maßeinheit für digitale Informationen in der Computertechnik oder Telekommunikation. Sie stellt die kleinste direkt adressierbare Speichereinheit eines Computers dar.

Chaos Computer Club
Der Chaos Computer Club (CCC) ist laut eigenen Angaben mit 2000–3000 Mitgliedern die größte europäische Hackervereinigung. Die Organisation wurde 1981 in Berlin gegründet und veranstaltet regelmäßige Treffen. Ihre Mitglieder fordern mehr Transparenz bei Regierungsentscheidungen, Informationsfreiheit und die Etablierung eines neuen Menschenrechts auf weltweite, ungehinderte Kommunikation. Sie orientieren sich dabei an den Prinzipien der Hackerethik.

Chat
Chat leitet sich vom englischen „to chat" (deutsch: plaudern, sich unterhalten) ab und bezeichnet eine Online-Kommunikationsform, in der Interaktanten internetgestützt synchron schriftlich kommunizieren. Mittels neuer Chat-Anwendungen kann die schriftliche Kommunikation auch audiovisuell unterstützt als Video-Chat durchgeführt werden.

Chat-Protokoll
Das Chat-Protokoll ist der schriftliche Dialog-Text, der durch die Chat-Kommunikation entsteht. Es kann als Transkript gesprächsanalytisch analysiert werden, um soziale Rollen und Themenbearbeitungen zu rekonstruieren. Der Text kann aber auch von Dritten sowie den Chat-Teilnehmern selbst als Dokumentation der Kommunikation behandelt und für Anschlusskommunikation genutzt werden.

Client
Clients sind Browser-Programme, die Verbindungen mit Internetservern herstellen und dort abgelegte Dateien zur Darstellung am abfragenden Rechner kopieren und rückvermitteln.

Cyberdemocracy
Die Benennung Cyberdemocracy hat ihren Ursprung in subkulturellen Diskursen der amerikanischen Westküste. Sie entstammt einer technischen Elite des Silicon Valley und bezeichnet eine schöpferische Zerstörung bestehender Politik- und Ökonomiesysteme zugunsten

einer neuen radikaldemokratischen digitalen Gesellschafts- und Wirtschaftsordnung. Geprägt ist diese Auffassung von einer Skepsis gegenüber Zentralismus und jeder Form staatlicher Regulierung.

Cybermobbing/Cyberbullying
Mit den Ausdrücken Cybermobbing und Cyberbullying werden Formen der Verleumdung, Belästigung, Verfolgung, Beleidigung, Tyrannisierung und Nötigung bezeichnet, die über Internet oder mobile Kommunikation ausgeübt werden und Personen schädigen können.

Cyberspace
Cyberspace ist ein Kunstwort, das sich aus den englischen Bezeichnungen „Cyber" (griechisch: Kybernetike = Kunst des Steuermanns) und „Space" ((Welt)-Raum) zusammensetzt. Der Ausdruck wurde erstmals 1982 in einer Kurzgeschichte des amerikanischen Science-Fiction-Autors William Gibson verwendet. Cyberspace steht für den virtuellen (Kommunikations-) Raum, der durch das Internet entstanden ist.

Datenbank
Eine Datenbank ist zunächst eine Sammlung von Daten zu einem oder mehreren Themen, die möglichst effizient, widerspruchsfrei und dauerhaft gespeichert werden soll. Elektronische Datenbanken sind in der Regel zusätzlich an ein Datenbankmanagementsystem gekoppelt, das für die Verwaltung und Recherchierbarkeit der Datenmengen zuständig ist.

Delicious
Delicious ist eine Web-2.0-Anwendung für social bookmarking, wodurch Nutzer Web-Inhalte mit persönlichen Lesezeichen und Schlagwörtern (Tags) versehen können. Da diese Kennzeichnungen in der Regel von allen anderen Nutzern eingesehen werden können, entstehen gemeinschaftlich erstellte Inhaltsklassifikationen (Folksonomies).

digg.com
Digg.com ist eine Social-News-Plattform, die ihre Nutzer in die Auswahl und Systematisierung von Nachrichten einbindet, indem diese die Ergebnisse ihrer Informationssuche und -auswahl anderen Nutzern zur Verfügung stellen. Nutzer können die Aufmerksamkeit so auf bestimmte Nachrichten lenken, indem sie diese verlinken, bewerten und gegebenenfalls empfehlen.

digital citizen
Direkt ins Deutsche übersetzt heißt dies: digitaler Bürger und wird oft in Verbindung mit „digitaler Bürgerschaft" (digital citizenship) genannt. Damit sind Personen gemeint, die Online-Kommunikation als Mittel der politischen, kulturellen und sozialen Information und Teilhabe an Willensbildungsprozessen in erhöhtem Maße nutzen. Als Einstieg in die digitale Bürgerschaft ist schon die Einrichtung einer E-Mail-Adresse zu bewerten, da man hier über digitale Medien in Interaktion mit anderen Nutzern in Kontakt treten kann.

digital divide
Unter digital divide wird eine „digitale Spaltung" oder auch „digitale Kluft" (englisch: digital gap) verstanden, die unter Berücksichtigung der sozialen, geografischen, ökonomischen und politischen Bedingungen Unterschiede des Zugangs und der Handhabe vernetzter Informations- und Kommunikationstechnologien thematisiert. Diese verschiedenen Voraussetzungen können zu einer weiteren Verstärkung der bestehenden sozialen und ökonomischen Ungleichheiten durch die ungleiche Teilhabe an Wissensbeständen und kommunikativen Einflussmöglichkeiten führen.

Digitale Bildlichkeit
Digitale Bildlichkeit macht im Gegensatz zur analogen ein elektronisches Ausgabemedium nötig, um den Bildinhalt sichtbar zu machen. Sie beruht auf digitalen Datenpaketen, die hard- und softwareabhängig decodiert werden. Die Datenpakete definieren vektor- oder pixelbasiert die Verteilung der bildlichen Formen und Farben auf der Grafikfläche. Das darstellende Display nimmt dabei hinsichtlich Größe, Farbdarstellung, Helligkeit etc. Einfluss auf die Erscheinung der Bilder. Sie können darüber hinaus bis in die Ebene der einzelnen Bildpunkte hinein bearbeitet und verändert werden, so dass die Belegfunktion von digitaler Fotografie gegenüber analoger Fotografie relativiert werden muss.

Digitalisierung
Der Begriff Digitalisierung bezeichnet den Prozess der Überführung analoger in digitale Daten.

DNS (Domain Name System)
Das Domain Name System oder auch Domänennamensystem ist der wichtigste Verzeichnisdienst des Word Wide Web zur Verwaltung von Domänennamen und Internetadressen (URLs). Das System ordnet die Domänennamen als verbale Hauptkomponenten der Internetadressen den dazugehörigen IP-Adressen der entsprechenden Web-Server zu, auf der die entsprechende Website abgelegt ist beziehungsweise gehostet wird.

Ebay
E-Bay (deutsch: elektronisch kaufen) ist das weltweit größte Internet-Auktionshaus, bei dem Waren ver- bzw. ersteigert oder auch direkt verkauft bzw. gekauft werden können. Wie bei Amazon gibt es Bewertungsmöglichkeiten über Verkäufer und Produkte.

E-Commerce
E-Commerce steht für „Electronic Commerce" (deutsch: elektronische Geschäftsabwicklung) und bedeutet, dass alle Prozesse des Geschäftsverkehrs (Kauf, Verkauf, Vertrieb, Marketing, Werbung und PR) nicht auf physischem Austausch beruhen, sondern elektronisch vermittelt (über Internet oder Mobilfunk) abgewickelt werden.

E-Demokratie
Unter E-Demokratie werden partizipatorische und emanzipatorische Ansätze verstanden, die versuchen, mittels neuer Informationstechnologien vermeintliche Missstände einer repräsentativen Demokratie zu überwinden, ohne diese verändern oder gar abschaffen zu wollen. Ein solches Konzept zielt auf eine Verbesserung des Informationsflusses zwischen Regierenden und Regierten ab, um politische Entscheidungen und Bürgermeinungen für beide Seiten transparenter zu gestalten. Dies soll unter anderem durch öffentliche Debatten und durch leichtere Zugänge zu Behörden im Netz gestützt werden.

E-Mail
Die Kurzform E-Mail steht für „electronic mail" (deutsch: elektronische Nachricht) und bezeichnet Nachrichten, die in elektronischer Form mithilfe von Computernetzwerken übertragen werden. Die E-Mail gehört zu den meistgenutzten Diensten im Internet.

Emoticons
Bei dem Begriff Emoticon handelt es sich um eine Wortkreuzung, gebildet aus „Emotion" und „Icon" (bildliches Zeichen). Er steht für Zeichenfolgen, die dazu gebraucht werden, in der schriftlichen elektronischen Kommunikation nonverbal Gefühlslagen und Stimmungen auszudrücken, etwa indem ein ☺ (Smily) zur Markierung von Zustimmung, Zufriedenheit, Freude eingefügt wird.

Facebook
Facebook ist ein internationales soziales Online-Netzwerk, das 2004 gegründet wurde und im Juli 2011 mit mehr als 700 Millionen Nutzern die größte Netzwerk-Plattform darstellt. Facebook unterstützt vielfältige Kommunikations- und Interaktionsbedürfnisse der Nutzer, was z.T. zu daten- und persönlichkeitsrechtlichen Problemen führt.

FAQ
FAQ steht für „frequently asked questions" (deutsch: häufig gestellte Fragen) und ist eine Rubrik, die auf vielen Internetseiten angeboten wird. Sie umfasst eine Liste von Fragen, die im Zusammenhang mit der jeweiligen Seite in der Vergangenheit häufiger aufgetreten sind. FAQ's dienen zum Beispiel zur Unterstützung der Nutzer beim Verstehen und Verwenden der Seiteninhalte oder zur Entlastung des Kundenserviceangebotes des Seitenbetreibers.

Feed Reader/Feed Aggregatoren (siehe auch RSS)
Feed Reader (wörtlich übersetzt: Eingabeleser) oder auch Feed Aggregatoren sind Computerprogramme zum Herunterladen und Anzeigen von elektronischen Nachrichten aus dem Internet (Feeds), die zielgruppenspezifisch zusammengestellt und kostenpflichtig bzw. kostenlos abonniert werden können. Sie werden häufig im RSS-Format zur Verfügung gestellt und zum Beispiel von Nachrichtenseiten, Blogs oder auch Foren angeboten. Die Abonnenten der Feeds werden auf diese Weise über neue Entwicklungen in den Webangeboten informiert.

Feedback-Option
Die Feedback-Option gibt den Nutzern einer Website die technische Möglichkeit, eine Rückmeldung auf die Inhalte der Site zu geben. Die einfachste Form ist das Angebot eines E-Mail-Formulars, über das User sich schriftlich an den Betreiber der Site wenden können. Die Kommentarfunktion erlaubt es, Leser-Beiträge direkt unter bestimmten Bildern und Texten der Website erscheinen zu lassen. Gästebücher dienen demgegenüber eher der Rückmeldung auf den Gesamtauftritt oder der öffentlich wahrnehmbaren Adressierung des Website-Betreibers und Foren lassen Leser der Seiten auf einzelne Aspekte der Site eingehen oder sogar untereinander in Kontakt treten.

Filesharing
Filesharing (deutsch: Dateien teilen, Dateifreigabe, gemeinsamer Dateizugriff) bezeichnet das direkte Weitergeben von Dateien zwischen Internetnutzern, wobei Peer-to-Peer-Netzwerke (Zusammenschlüsse gleichberechtigter Rechner zu einem Netzwerk) verwendet werden. Die Daten sind dabei entweder auf den Computern der Teilnehmer oder auf zentralen Servern gespeichert und werden von dort verteilt. In der Regel stellen Nutzer, die Daten von anderen Nutzern beziehen, im Gegenzug auch eigene Daten zur Verfügung. Zur Nutzung von Filesharing-Netzwerken werden spezielle Computerprogramme benötigt. Filesharing kann illegale und legale Formen des Datenaustausches darstellen.

Firewall
Eine Firewall (deutsch: Brandmauer) ist ein Computerprogramm, mit dessen Hilfe der Zugriff auf ein bestimmtes Netzwerk oder Endgerät beschränkt werden kann. Auf Basis festgelegter Regeln bestimmt das Programm den Empfang zulässiger Daten.

Flaming
Unter „flaming" versteht man eine aggressive zumeist beleidigende online-kommunikative Handlung. Es ist ein internetspezifischer Jargon-Ausdruck, der mit dem aus dem HipHop stammenden Wort „bashing" korrespondiert. Dieser lässt sich am besten mit öffentlicher

Beschimpfung übersetzen. Zum einen kommt es zum flaming als Resultat einer emotional aufgeladenen Diskussion oder geht von Nutzern aus, die gezielt versuchen, Konversationen anzuheizen. Letztere bezeichnet man als flamer.

Flickr
Flickr ist eine englische Wortschöpfung, die auf die Verben „to flick through" (durchblättern) und „to flicker" (flimmern) anspielt. Es handelt sich um ein Online-Portal mit Dienstleistungs- und Community-Elementen, bei dem die Nutzer Bilder und Videos hochladen und kommentieren und themenspezifische Gruppen gründen können.

focal point
Als focal points werden sehr stark verlinkte Weblogs bezeichnet, die immer mehr Aufmerksamkeit auf sich ziehen und damit eine quasi massenmediale Reichweite erreichen. Sie werden auch A-List-Blogs oder A-Blogs genannt und stehen der großen Mehrheit von Blogs gegenüber, die sich mit relativ wenigen Verlinkungen im Long Tail des Internets befinden.

Folksonomy
Folksonomy ist eine Wortkomposition aus „folk" und „taxonomy" und kann frei als „Laien-Klassifizierung" übersetzt werden. Wenn Nutzer über einen entsprechenden Internetdienst Web-Inhalte mit persönlichen Schlagwörtern (Tags) versehen, um die Inhalte systematisch erschließbar zu machen (social tagging), bilden sich durch die Zusammenführung der vergebenen Schlagwörter inhaltliche Ordnungen heraus. Diese Klassifikationen werden also nicht, wie in der Tradition der Wissenschaften üblich, von Experten nach bestimmten Regeln entwickelt, sondern von Nutzern ohne bestimmte Vorgaben generiert. Deshalb werden sie als Folksonomies, also von Laien erstellte Inhalts-Ordnungen bezeichnet.

Follower
„Follower" bedeutet auf deutsch Anhänger oder Gefolgsmann. Der Ausdruck bezieht sich in der Online-Kommunikation auf Personen, die bei Twitter (einem Anbieter für Micro-Blogging) die Tweets (Nachrichten auf dem Portal in SMS-Länge) einer Person abonniert haben und diese nach Veröffentlichung direkt zugesandt bekommen.

Forum
Mit Forum (lateinisch: „forum" = Marktplatz) ist eine spezielle Online-Kommunikationsform gemeint. Sie bezeichnet einen online-medialen Ort, an dem interessierte Nutzer Meinungen und Erfahrungen austauschen können. Die Kommunikationssituation ist asynchron. Außerdem ist jeder Beitrag (Post) in der Regel öffentlich und nicht an einen bestimmten Empfänger, sondern an die gesamte Nutzergruppe (Community) gerichtet.

Friend
„Friend" heißt übersetzt Freund. In der Online-Kommunikation versteht man darunter insbesondere Online-Kontakte, die ein aktiver Nutzer über Netzwerkplattformen wie Facebook unterhält. Dabei ist die jeweilige Anfrage vorgeschaltet, ob der oder die andere Netzwerknutzerin als Friend akzeptiert wird. Im positiven Fall wird diese in eine Kontaktliste aufgenommen, so dass mit der jeweiligen Person in interpersonalem Austausch oder über Sammelnachrichten kommuniziert werden kann.

FSM
Die Freiwillige Selbstkontrolle Multimedia-Dienstleister (FSM) ist nach Vorbild der Freiwilligen Selbstkontrolle Fernsehen (FSF) organisiert und arbeitet als Kontrollinstanz für die inhaltliche Publikationspraxis privater Internet-Unternehmen in Deutschland. Mitglieder sind AOL, die Deutsche Telekom, Google, MSN, T-Online u.a. Die FSM ist von der staatlichen

Kommission für Jugendmedienschutz (KJM) anerkannt. Dadurch hat sie rechtliche und inhaltliche Legitimität und gilt somit als co-regulierendes Gremium der Internet-Governance. Sie folgt einem Kodex, der die Zugänglichkeit illegaler, rassistischer und jugendgefährdender Inhalte untersagt und unterhält eine Beschwerdestelle, in der Hinweise auf Verstöße bearbeitet werden.

Gästebuch
Elektronische Gästebücher, die im Internet verwendet werden, dienen den Nutzern/Besuchern ähnlich wie bei herkömmlichen Gästebüchern zum Hinterlassen von Notizen, die prinzipiell alle denkbaren Informationen enthalten können: vom Gruß bis hin zur Eigenwerbung oder Kritik. In der Regel ist für das Hinterlassen solcher Notizen oder Kommentare keine Registrierung nötig.

global village
Das global village (deutsch: globales Dorf) ist ein Begriff, der 1962 von Marshall McLuhan in seinem Buch „The Gutenberg Galaxy: The Making of Typographic Man" geprägt wurde und den er später in „War and Peace in the Global Village" (1968) weiter ausformulierte. Er geht davon aus, dass durch die zunehmende Vernetzung der Welt durch moderne Informationstechnologien auch die Gesellschaften immer weiter zusammenwachsen.

Google News
Google News ist eine von Google Inc. zur Verfügung gestellte Nachrichten-Seite. Die Nachrichten werden nicht redaktionell bearbeitet, sondern automatisch aus einer Vielzahl von Internetquellen ausgewählt (selektiert), zu thematischen Bereichen zusammengefasst (aggregiert) und in einer ebenfalls technisch erzeugten Reihenfolge verfügbar gemacht.

Google
Google wird zuerst als Suchmaschine im Internet wahrgenommen, die von dem US-amerikanischen Unternehmen Google Inc. seit 1998 bereitgestellt wird. Der Dienst ist momentan Marktführer im Bereich der Internet-Suchmaschinen und finanziert sich insbesondere durch Anzeigen-Einnahmen. Googles Suchalgorithmus (PageRank) war als erster in der Lage, Suchergebnisse hinsichtlich ihres Verlinkungsgrades zu bewerten und zu vergleichen und damit Hinweise auf ihre Relevanzen zu geben. Während die Suchmaschinenfunktion bei Google im Mittelpunkt steht, bietet die Google Inc. weitere Software-Lösungen wie zum Beispiel Google Maps oder Google Earth an.

Hackerethik
Die ethischen Grundsätze der Hackerkultur haben ihren Ursprung am MIT (Massachusetts Institute of Technology) der 1950er und 60er Jahre. Sie fordern die kooperative Entwicklung und allgemein zugängliche Dokumentation sowie uneingeschränkte Verbreitung und Nutzung von Software. Der Journalist Steven Levy fasste die Ethik in konkrete Punkte zusammen und Wau Holland sowie der Chaos Computer Club erweiterten diese zu einem Programm. Dieses akzeptiert unter anderem auch das Eindringen in fremde Computersysteme aus Vergnügen und zur Wissenserweiterung, solange keine Daten gestohlen oder verändert werden.

Homepage (siehe auch **Startseite**)
Homepage (wörtlich übersetzt: Heimseite) bezeichnet im ursprünglichen Sinne eine einzelne Seite einer gesamten Internetpräsenz, die zumeist als zentrale Startseite dient oder direkt nach dem Intro angezeigt wird. Hier bekommt der Nutzer zumeist erste Informationen und Navigationsangebote, um dann tiefer in den Internetauftritt einzudringen. Im allgemeinen

Sprachgebrauch werden auch die gesamten unter einer Webadresse aufrufbaren Webseiten als Homepage bezeichnet.

HTML
HTML steht für „Hypertext Markup Language" (deutsch: Hypertext-Auszeichnungssprache). Es handelt sich hierbei um eine textbasierte Sprache zur Strukturierung von Inhalten wie Texten, Bildern oder Links in Dokumenten, die im **World Wide Web** verwendet und mit Hilfe von Webbrowsern dargestellt werden. Zusätzlich zum jeweilig angezeigten Inhalt enthält ein HTML-Text sogenannte Meta-Tags, mit deren Hilfe typografische, layouttechnische, autorenspezifische und suchmaschinenbezogene Meta-Informationen gegeben werden, die sich auf die gesamte Webseite beziehen.

http
Ist die Kurzform für „Hypertext Transfer Protocol" (deutsch: Hypertext-Übertragungsprotokoll). Es wurde ab 1989 durch Roy Fielding, Tim Berners-Lee und andere am CERN (Europäisches Zentrum für Kernforschung) zusammen mit den Konzepten URL und HTML entwickelt. Das Hypertext-Übertragungsprotokoll wird zur Vermittlung von Daten über ein Netzwerk eingesetzt, wobei es hauptsächlich dazu verwendet wird, Webseiten in einen Webbrowser zu laden.

Hyperlink
Ein Hyperlink (deutsch: Verknüpfung, Verbindung, Verweis) ist ein codebasierter Verweis von einem elektronischen Dokument zum einem anderen, der per Mausklick ausgelöst wird.

Hypertext (siehe auch **Hypertextualität, Hyperlink**)
Ein Hypertext organisiert Inhalte elektronischer Dokumente in Form einer netzartigen Struktur. Die Inhalte sind dabei in Textmodule aufgegliedert und verknüpft. Diese Struktur wird durch Hypertext-Knoten (zum Beispiel Textteile oder Bilder) und deren Verknüpfung über Hyperlinks hergestellt. Bei der Rezeption eines Hypertextes folgt der Rezipient den Links, die ihm in der aktuellen Situation angeboten und gemäß dem Informationsbedürfnis ausgewählt werden.

Hypertextualität (siehe auch **Hypertext**)
Mit Hypertextualität ist eine Texteigenschaft gemeint, die aus technisch verknüpften und digitalen Texten hergestellt ist. Dabei sind einzelne Wörter dieser Texte als Verlinkungen codebasiert definiert und visuell markiert.

ICAAN – Internet Corporation for Assigned Names
ICAAN ist die Kurzform für die Internet Corporation for Assigned Names and Numbers, welche 1998 gegründet wurde. Es handelt sich dabei um eine Non-Profit-Organisation, deren Mitglieder nach eigenem Bekunden daran arbeiten, das Internet sicher, stabil und kompatibel zu halten. Aufgrund ihrer Entscheidungsgewalt über Grundlagen der Verwaltung von Top-Level-Domains ist sie eines der wichtigsten Elemente der Internet-Governance. Sie hat ihren Hauptsitz in den USA, weshalb die Netzverwaltungsorganisation US-amerikanischer Rechtsprechung unterliegt.

ICQ
ICQ (ausgesprochen ähnlich wie der Satz „I seek you", deutsch: „Ich suche dich") ist ein Instant-Messaging-Programm, das den Nutzern sowohl synchrone als auch asynchrone Kommunikation mit Hilfe von Textnachrichten, Emoticons und Datensendungen erlaubt. Angemeldete Nutzer werden mit Hilfe von Nicknames und sogenannten ICQ-Nummern identifiziert und können mit denjenigen ICQ-Nutzern in Kontakt treten, die sie ihrer Kontaktliste hinzugefügt haben.

Instant Messaging
Instant Messaging (deutsch: sofortige Nachrichtenübertragung) ist eine plattformbasierte Weiterentwicklung des Chats, bei der zwei oder mehrere Teilnehmer synchron zumeist schriftlich kommunizieren. Dazu ist ein Computerprogramm (Client) nötig, mit dem die Gesprächspartner über ein Netzwerk (meist das Internet) miteinander in Kontakt treten. Standardmäßig können die Nutzer mithilfe ihrer Clients ein Profil anlegen, auf dem sie Informationen über sich selbst angeben. Außerdem wird meist eine Liste von Kontakten angelegt, die alle Personen umfasst, mit denen der jeweilige User Instant Messages austauschen möchte. Beispiele für Instant Messenger sind ICQ, Skype und Trillian.

Interaktion, Interaktionspartner
In der Kommunikationswissenschaft bezeichnet Interaktion das wechselseitig aufeinander bezogene Handeln von Interaktionspartnern. In der Online-Kommunikation spricht man demnach von Interaktivität, wenn Interaktionspartner über die mediale Infrastruktur wechselseitig in kommunikativen Austausch treten können.

Intermedialität
Intermedialität bezeichnet die Wanderung bestimmter Inhalte von einem Publikationsmedium in das andere. So werden Fernsehbeiträge nicht selten auch als Videos bei YouTube ins Online-Medium hochgeladen. Auch die Übernahme eines medialen Stils in ein anderes Medium ist als intermedial zu verstehen. So gibt es im World Wide Web zahlreiche Spielarten des aus dem Printmedium entlehnten Comics. Nicht zuletzt werden ganze Ausgabemedien von anderen aufgenommen. Als ein solcher Fall kann das Internetfernsehen verstanden werden.

Internet
Internet ist eine Abkürzung der englischen Bezeichnung „interconnected network" (miteinander verbundene Netzwerke). Sie benennt die technische Infrastruktur für einen weltweiten Verbund von Rechnernetzwerken. Diese Infrastruktur ermöglicht zeitlich und räumlich unabhängige Kommunikation zwischen diesen Netzwerken, die durch technisch normierte Internetprotokolle geregelt wird. Die bekanntesten Internetdienste sind zum Beispiel E-Mail, das Usenet, verschiedene Datenübertragungsmöglichkeiten, das WWW (World Wide Web) sowie Internettelefonie, -radio oder -fernsehen. Obwohl die Bezeichnung Internet häufig synonym mit „World Wide Web" (WWW) verwendet wird, stellt das WWW jedoch nur einen der Internet-Dienste dar.

Internet-Governance
Unter Internet-Governance sind staatliche sowie nichtstaatliche Regulierungsformen zum Schutz des Einzelnen und zur Wahrung des Allgemeinwohls im Internet zu verstehen. Darunter werden unter anderem der Aufbau und die Unterhaltung der technischen Infrastruktur des Netzes, die Gewährleistung der technischen Kompatibilität der Internet-Kernressourcen, der Schutz gegen ökonomische und infrastrukturelle Monopolwirtschaft und Datenkriminalität sowie die Wahrung ethischer Grundstandards verstanden.

Internetprotokoll
Das Internet Protocol (IP) ist ein in Computernetzen genutztes Netzwerkprotokoll. Es stellt die Grundlage des Internets dar.

Intranet
Die Bezeichnung „Intranet" setzt sich zusammen aus intra (lateinisch für innerhalb) und net (englisch für „Netz) und bezeichnet ein Rechnernetz, das nicht öffentlich, sondern nur für einen genau definierten und eingeschränkten Benutzerkreis zugänglich ist und sich so grund-

legend vom Internet unterscheidet. Intranets werden zum Beispiel in Unternehmen und Institutionen zur internen Kommunikation und Organisation verwendet.

IP-Adresse
IP ist die Kurzform für Internet-Protokoll. Die IP-Adresse gibt einen bestimmten Ort im Internet an. Jedem Endgerät wird beim Einloggen ins Internet eine IP-Adresse zugewiesen, durch die es erreichbar und identifizierbar ist. Anhand der Adresse ist es den Routern (Server zur Datenübertragung) möglich festzulegen, wohin die Daten geschickt werden sollen. Die IP-Adressen wurden bei ihrer Erstellung als 32-Bit-Nummer definiert und diese Form bekam den Namen „Internet Protocol Version 4" (IPv4). Sie wird auch heute noch benutzt und besteht aus vier Zahlen mit Werten von 0 bis 255, die jeweils durch einen Punkt getrennt sind, zum Beispiel 192. 0. 2. 31.

iTunes
iTunes ist ein Programm der Firma Apple zur Verwaltung von Multimediadateien. Nutzer können über dieses Programm Audio- und Video-Dateien (automatisiert) auswählen, abspielen, organisieren, konvertieren und über einen verbundenen Internetshop (iStore) auch kaufen oder ausleihen. Nutzer werden außerdem zur Bewertung der jeweiligen Produkte aufgefordert, um anderen Nutzern bei der Kaufentscheidung zu helfen.

Kommunikationsformen
Der Begriff Kommunikationsform meint die kulturelle kommunikative Praxis, die mit dem Zeichenrepertoire eines bestimmten Mediums ermöglicht ist. Diese Vorstellung wurde in der Textlinguistik erstmals anhand von brieflicher Kommunikation entwickelt. Ein Brief ist somit in Form geschriebener Sprache entweder handschriftlich oder maschinell auf Papier verfasst. Kommunikationsformen sind wiederum in bestimmte Textsorten oder kommunikative Gattungen untergliedert. So enthält die Kommunikationsform Chat die Möglichkeit, mittels geschriebener Sprache zu kommunizieren und ist in Gattungen wie den Experten-, den Plauder- oder den Flirtchat unterteilt, was den Nutzern bestimmte Kommunikationsstile nahelegt.

Kontaktbörsen
Kontaktbörsen oder auch Singlebörsen sind soziale Netzwerke im Internet, die in der Regel auf kommerzieller Basis die Partnersuche von Nutzern unterstützen.

Last.fm
Last.fm ist ein Internetradio, das auf der Basis sozialer Software den Nutzern auf Grund ihrer Hörgewohnheiten Musik oder Konzerte empfiehlt und sie mit Menschen zusammenbringt, die einen ähnlichen Musikgeschmack haben.

Logfile
Ein Logfile (Ereignisprotokolldatei) ist ein automatisch geführtes Protokoll bestimmter Prozesse in einem Computersystem.

Long Tail
Long Tail (langer Schwanz des Internet) beschreibt ursprünglich einen Bereich des Internethandels und meint Internet-Märkte, die nicht nur die Bedürfnisse des Massenkonsums bedienen, sondern durch das Anbieten einer großen Zahl an Nischenprodukten einen Gewinn erwirtschaften können. Übertragen auf Kommunikations- bzw. Informationsangebote im Internet sind damit Anwendungen gemeint, die kein Massenpublikum erreichen, sondern gezielt spezifische und kleinere Nutzergruppen ansprechen.

Lurken
Lurken (deutsch: lauern, sich versteckt halten) bezeichnet eine Form der Teilnahme an computervermittelten Kommunikationsprozessen. Die Lurker (Beobachter, passiver Zuschauer) verfolgen Diskussionen oder nutzen Informationen, die von anderen Usern gesammelt und entwickelt wurden, tragen aber selbst nichts bei.

Mailinglist
Eine Mailinglist ist eine Sammlung von Namen und E-Mail-Adressen, die benutzt werden, um Informationen an die Mitglieder der Liste zu senden. Mailinglists können zum Beispiel für die Verbreitung von Unternehmens-Newslettern genutzt werden. In diesem Fall besitzt in der Regel nur der Gründer der Liste das Recht, alle Mitglieder zu adressieren. Auch die Kommunikation innerhalb von Gruppen, bei denen jeder Einzelne auf die komplette Adressliste zugreifen kann, ist möglich.

Mashup
Mit Mashup (englisch: to mash up = vermischen) wird die für das Web 2.0 typische Kombination und Rekombination von multimodalen Inhalten bezeichnet. Aus der Musik ist diese Collagen-Technik als Sampling bekannt. Im Internet können alle Darstellungsformen (Texte, Bilder, Bewegtbilder, Töne usw.) miteinander zu Mashups kombiniert werden.

Micro Blogging
Micro Blogging bezeichnet eine Form des Bloggens, bei der die Autoren sehr kurze Nachrichten veröffentlichen, die meist weniger als 200 Zeichen umfassen. Die einzelnen Einträge sind an unterschiedlich große Öffentlichkeiten gerichtet und werden wie in einem Blog umgekehrt chronologisch (das aktuellste erscheint oben) dargestellt.

mister wong
Mister wong ist eine deutsche Web-2.0-Anwendung zur Erstellung von social bookmarks, das heißt, dass die Nutzer über den Dienst Web-Inhalte mit persönlichen Lesezeichen und Schlagwörtern (Tags) versehen können. Da diese Kennzeichnungen in der Regel von allen anderen Nutzern eingesehen werden können, entstehen gemeinschaftlich erstellte Inhaltsklassifikationen (Folksonomies).

mobile Kommunikation
Mobile Kommunikation meint die Übermittlung von Inhalten mit Hilfe von drahtlosen, also mobilen Endgeräten (zum Beispiel Handys, Smartphones oder iPads). Beispiele für mobile Kommunikationsangebote sind Mobilfunk (UMTS: ausgehend von flächendenkenden Sendestationen), drahtlose Funknetze (WLAN (wireless lan): ausgehend von festen Routern mit begrenzter Reichweite) oder auch Bluetooth (Konnektivität zwischen Geräten über Infrarotstrahlung mit begrenzter Reichweite).

MP3
MP3 ist die Bezeichnung für ein Kompressionsverfahren digitaler Audiodateien. Dabei werden die Wahrnehmungsgrenzen des menschlichen Hörsinns ausgenutzt und primär bewusst wahrnehmbare Audiosignale gespeichert. Ziel ist es, die Datenmenge auf diesem Wege so stark wie möglich zu reduzieren, bei gleichzeitiger Beibehaltung der Qualität des Audioeindrucks. MP3 ist eines der wichtigsten Verfahren zur Speicherung und Übermittlung von Audiodaten auf Computern und im Internet.

MUD (siehe auch **Online-Games**)
Als MUD (Multi-User Dungeon) bezeichnet man Online-Rollenspiele. Die Spieler (Mudder) loggen sich auf einem zentralen Server ein und kommunizieren miteinander. In den frühen MUD-Anwendungen geschah dies zumeist textbasiert.

Multimedialität
Multimedialität beschreibt die Kombination verschiedener medialer Zeichenträger in einem Hypermedium. So finden sich in einem Computerspiel oder einem Video-Portal audiovisuelle Filme in Kombination mit geschriebenem Text auf zweidimensionalen Schriftflächen, die durch das Hypermedium Computer darstellbar sind.

Multimodalität
Multimodalität umfasst je nach Wissenschaftsperspektive zwei leicht unterschiedliche Gegenstandsbereiche. Während eine psychologische bzw. kommunikationswissenschaftliche Ausrichtung darunter die Ansprache verschiedener Sinnes- bzw. Wahrnehmungskanäle (Auge, Ohr etc.) beispielsweise durch einen Film versteht, subsumiert ein sozialsemiotischer Fokus darunter das Vorkommen unterschiedlicher Zeichensysteme (Bild, Sprache, Musik etc.) in einem Kommunikat.

MySpace
MySpace (deutsch: mein Platz oder mein Raum) ist eine Netzwerk-Plattform im Internet, die sich durch erweiterte Möglichkeiten der Profilgestaltung für die Nutzer auszeichnet. Hier ist es erlaubt, neben Texten und Bildern auch Audio- und Videodateien hochzuladen, sowie eigene Blogs einzurichten. Ursprünglich war MySpace eine Plattform zur Speicherung von Daten im Internet. Heute besteht die Besonderheit der Seite darin, dass diese verstärkt von Musikern und Künstlern für PR-Zwecke genutzt wird, indem sie auf ihren Profilen für Konzerte werben, Tour-Tagebücher führen und kostenlos Musik-Downloads bereitstellen.

Netbook, Lifebook
Net- oder Lifebooks sind auf den mobilen Gebrauch ausgelegte Computer, die im Vergleich zu herkömmlichen Laptops eine niedrigere Rechenleistung aufweisen und mit kleineren Bildschirmen ausgestattet sind. Sie sind vor allem für die flexible und mobile Nutzung des Internets sowie Textverarbeitung und Präsentation konzipiert.

Netspeak
Die englische Bezeichnung „Netspeak" kann frei als Internetjargon übersetzt werden. Darunter wird eine online-medienspezifische Form der schriftlichen Kommunikation gefasst, die aus einer kreativen Verwendungen schriftlicher Zeichen besteht, um emotionsbezogene non- und paraverbale Kommentierungen auszudrücken. Dies kann durch Abkürzungen (wie „lol"- laughing out loud oder „afk"- away from keyboard) oder Emoticons (☺) geschehen.

New Economy
New Economy ist ein Begriff für eine auf Digitalisierung und Globalisierung beruhende Wirtschaftsform, von der im Zuge der Verbreitung von Computern und vernetzten Kommunikationsmedien in den 1990er Jahren große neue Gewinnerwartungen ausgingen. Die Vorstellung dabei war, dass traditionelle Wirtschafsweisen wie die industrielle Massenfertigung von Waren zu Gunsten immaterieller Prozesse und Güter (Informationsökonomie, Schaffung und Verbreitung medialer Inhalte) an Bedeutung verlieren würden. Auslöser des Booms, der die New Economy-Bewegung beflügelte, waren dynamische technische Weiterentwicklungen wie das Internet und die flächendeckende Einführung von Mobiltelefonie. Ende der 1990er-Jahre zeichnete sich ab, dass viele Geschäftsmodelle der New Economy nicht mit den

realen Wertschöpfungsmöglichkeiten übereinstimmten, so dass es um die Jahrtausendwende zum Platzen der sogenannten Dotcom-Blase kam. Viele der internetorientierten Unternehmen der New Economy-Bewegung gingen darauf in Konkurs.

Newsforum
Newsforen sind Anwendungen, in denen Nutzer über verschiedene Themen diskutieren können. Man findet sowohl spezialisierte Newsforen, deren Mitglieder sich für stark eingegrenzte Themen interessieren, als auch thematisch breit gefächerte Angebote. Wie in allen Foren werden dabei von berechtigten Nutzern (Usern) Threads (Themenseiten) eröffnet, in denen sie zum Beispiel Neuigkeiten oder ihre Meinung zu einem bestimmten Thema veröffentlichen. Andere User können dann auf diesen Thread reagieren und so in die Diskussion einsteigen.

Newsletter
Ein Newsletter ist eine mehr oder weniger periodisch veröffentlichte Publikation, die angemeldeten Abonnenten aktuelle Informationen der externen und internen PR von Unternehmen oder Vereinen versendet. Newsletter können auch, ausgehend von publizistischen Institutionen, themenspezifische Nachrichten enthalten.

Nicknames (siehe auch **Pseudonym**)
Nicknames (deutsch: Spitznamen) bezeichnet man auch als Usernames (deutsch: Benutzernamen). Sie werden als Pseudonyme vor allem von Nutzern im Internet oder in LAN-Netzwerken verwendet. Häufig stehen Nicknames in Verbindung mit einem Profil, das der betreffende Nutzer zum Beispiel in einem Online-Forum angelegt hat. Im Gegensatz zum Realname (deutsch: echter/bürgerlicher Name) werden Nicknames frei gewählt.

one-to-one, one-to-many, one-to-few, many-to-many
Kommunikation kann je nach Anzahl der Beteiligten in unterschiedlichen Konstellationen stattfinden: erstens zwischen genau zwei Teilnehmern (one-to-one) wie beim Skypen oder Mailen, zweitens von einem Sender an mehrere Empfänger (one-to-few) wie beim Mailen an eine Gruppe von Personen, drittens von einem Sender an viele Empfänger (one-to-many) wie beim Bloggen oder Twittern oder viertens von vielen Sendern zu vielen Empfängern (many-to-many) wie bei der Nutzung von Filesharing-Plattformen (zum Beispiel YouTube oder Flickr), über die massenhaft Inhalte ausgetauscht werden.

Onlineauftritt
Der Onlineauftritt ist oft gleichbedeutend mit einer Website. Es handelt sich um eine inhaltlich kohärente kommunikative Einheit, die sich in Unterrubriken aufgliedert, hypertextuelle Verlinkungen unter den zugehörigen einzelnen Webseiten aufweist und meist dramaturgisch organisierte Hierarchieebenen enthält. Onlineauftritte sind performative (Selbst-)Darstellungen von gesellschaftlichen Akteuren wie Unternehmen, Parteien etc. im World Wide Web, können aber auch von Einzelpersonen in Form persönlicher Websites unterhalten werden. Social Networks wie MySpace und Facebook lassen sich demgegenüber als vernetzende Plattformen für Onlineauftritte von kollektiven und individuellen Akteuren verstehen.

Online-Communities, Online-Netzwerke
Als Online-Communities (Netzgemeinschaften) werden soziale Gruppierungen im Internet bezeichnet, die sich auf Grund länger andauernder Interaktionsbedürfnisse auf der Grundlage computervermittelter Kommunikation bilden. Aus sozialwissenschaftlicher Sicht wird die Verwendung des Begriffes Community (Gemeinschaft) in diesem Zusammenhang kritisiert, weil er enge soziale Beziehungen suggeriert. Da im Internet soziale Beziehungen jedoch

typischer Weise eher locker und weitmaschig geknüpft werden, wird vorgeschlagen, hier nicht von Communities, sondern von Netzwerken zu sprechen.

Online-Dependancen klassischer Massenmedien
Das Wort Dependance stammt aus dem Französischen und wird im Deutschen gebraucht für die Beschreibung einer Niederlassung oder Zweigstelle einer Firma oder eines Verlages. Klassische Medien sind Printmedien, Fernsehen, Kino und Rundfunk. Mit Online-Dependancen klassischer Medien sind meist deren Online-Präsenzen gemeint, die online-medialen publizistischen Konzepten untergeordnet sind. (Z. B. tagesschau.de der ARD-Fernseh-Nachrichtensendung Tagesschau).

Online-Games
Online-Game ist ein Überbegriff für eine Reihe verschiedener Spielformen, die im Internet stattfinden. Er kann sowohl für einfache, textbasierte Spiele als auch für graphisch hochkomplexe virtuelle Welten stehen. Viele Spiele erlauben die Kommunikation der Spieler untereinander und begünstigen so die Entstehung von sogenannten Communities oder Gruppen, deren Mitglieder sich teilweise auch im realen Leben kennen oder sich auf organisierten Treffen begegnen.

Online-Magazin
Online-Magazine (Magazin ist dem Englischen entlehnt und müsste übersetzt werden als Sammelstelle von Neuigkeiten) können entweder Online-Dependancen einer im OfflineBereich bekannten publizistischen Marke sein, so wie spiegel-online, oder sie stellen eine eigenständige publizistische Website dar. Das Online-Magazin ist eine online-medienspezifische journalistische Kommunikationsform, die zumeist Unterrubriken wie Politik, Wirtschaft, Kultur, Sport etc. aufweist. Sie kann redaktionell auch auf ein Themenfeld fokussiert sein. Häufig enthält sie neben journalistischen Texten wie Nachrichten, Reportagen und Interviews auch journalistische Bilder bzw. zu Galerien zusammengestellte Bildfolgen. Zunehmend werden audiovisuelle Elemente in Form von Videofiles angeboten.

Online-Werbebanner
Bei einem Online-Werbebanner (kurz „Banner" genannt) handelt es sich um eine Form der Werbung des World Wide Web, bei der eine Grafik (meist im gif-, jpeg- oder png-Format), eine Animation oder ein Video (dargestellt anhand von Technologien wie Java, Shockwave oder Flash) auf einer Internetseite eingebettet wird und eine Verlinkung zur beworbenen Seite herstellt. Werbe-Banner stellen eine online-spezifische Textsorte dar, die mittels multimodaler Kombination von Sprache- und Bild-Einheiten mit Werbe-Anzeigen in Printmedien vergleichbar sind. Zunehmend enthalten Banner auch Bewegtbilder, so dass eine Entwicklung zum Werbespot besteht.

Open source
Als open source (wörtlich übersetzt offene Quelle) wird frei zugängliche, in der Regel nicht kommerzielle Software bezeichnet. Da der Quellcode offen zugänglich ist, wird dessen kooperative Weiterentwicklung unterstützt. Die Verwendung von Open-source-Quellcode in einem eigenen Programm führt in Abhängigkeit von der Lizenz häufig dazu, dass der eigene Code auch als open source veröffentlicht werden muss.

Pageimpression
Pageimpression oder Page-View lässt sich mit Seitenabruf ins Deutsche übersetzen. Es handelt sich dabei um eine Analyseeinheit der Internet-Marktforschung. Nach Festlegung der Informationsgemeinschaft zur Feststellung zur Verbreitung von Werbeträgern (IVW) gilt als

Pageimpression jede einzelne Seite eines Internetangebots, die ein User während eines Website-Besuchs aufruft. Dabei wird jeder Seitenabruf nur einmal gezählt, auch wenn eine Seite mehrmals während eines Besuchs betrachtet wurde.

PageRank
PageRank ist ein Algorithmus zur Bewertung und Wichtung einer Menge verlinkter Dokumente. Dabei wird jedem Element aufgrund seiner Verlinkungsstruktur ein Gewicht, der PageRank, zugeordnet. Google setzt diesen Algorithmus als Grundlage für die Bewertung von Seiten zur Erstellung einer Rangfolge bei Sachabfragen ein.

peer-to-peer
Peer-to-Peer-Netzwerk („peer" bedeutet deutsch Gleichgestellter, Ebenbürtiger) bezeichnet eine Verbindung gleichberechtigter Computer in einem Netzwerk, die sowohl Dienste beanspruchen als auch bereitstellen können. In modernen Netzwerken wird die strikte Peer-to-Peer-Organisation häufig aufgebrochen und die einzelnen Netzwerkteilnehmer, abhängig von bestimmten Eigenschaften und Qualifikationen, in Untergruppen mit jeweils passenden Aufgaben unterteilt.

Personal Publishing
Personal Publishing (deutsch: persönliches Publizieren) bezeichnet die Veröffentlichung von Inhalten im Netz durch einzelne Produzenten, Autoren bzw. Urheber zum Beispiel über Weblogs, Micro Blogging-Dienste, Podcasts oder Videocasts. Die Bezeichnung unterstreicht die Möglichkeit, im Internet Inhalte individuell und ohne Unterstützung einer Medieninstitution zu veröffentlichen.

Plauderchat
Der Plauderchat ist eine kommunikative Gattung der Kommunikationsform Chat. Er ist themenoffen, das heißt, dass die Beteiligten in der Kommunikation mögliche Themen aushandeln. Auch die sozialen Rollen werden im Plauderchat erst während der Interaktion organisiert, während der Experten-Chat demgegenüber von Anbeginn eine asymmetrische Rollenverteilung und ein vorgegebenes Themenfeld aufweist. Die Teilnahme am Plauderchat ist prinzipiell offen, wird nicht durch einen Moderator gesteuert und dient vor allem der freien Kontaktaufnahme.

Podcast/Videocast
Podcast ist eine Wortkreation aus „iPod", der Markenbezeichnung für einen MP3-Player der Firma Apple, und „broadcasting" (deutsch: Rundfunk) und bezeichnet einzelne oder eine Serie von Medienbeiträgen, die meist in Form von MP3-Audiofiles aus mehreren Episoden bestehen und über einen sogenannten Feed (oft RSS-Feeds) automatisch bezogen werden können. Die Podcasts ähneln inhaltlich Radiosendungen. Videobeiträge heißen Videocasts und sind an Fernsehsendungen angelehnt. Beide sind in der Regel kostenlos und zeitunabhängig konsumierbar und werden über bestimmte Anbieter wie iStore von Apple zentral, sonst dezentral über entsprechende Websites der Produzenten vertrieben.

Politiker-Chat
Der Politiker-Chat ist eine Untergruppe des Experten-Chats, in dem Bürger die Möglichkeit haben, in einem angekündigten Zeitraum mittels schriftlicher Online-Kommunikation Fragen und Meinungen direkt an eine Politikerin oder einen Politiker zu senden. Die Adressaten sitzen zeitgleich in einer Online-Redaktion und beantworten diese gemäß der serverseitigen und redaktionellen (Vor-)Auswahl. Die Politiker tippen dabei selbst oder diktieren ihre Entgegnungen, so dass diese ebenfalls in schriftlicher Form in entsprechenden Chat-Protokollen

erscheinen. Diese werden häufig noch eine gewisse Zeit nach dem Chat von den Redaktionen online verfügbar gehalten.

Power Law
Die Aufmerksamkeit der Nutzer für Internetangebote ist nicht gleichmäßig verteilt. Das heißt, dass eine relativ geringe Anzahl sehr erfolgreicher Angebote eine Mehrheit von Aufmerksamkeit im Sinne von Verlinkungen auf sich zieht, während die überwiegende Mehrzahl weniger bis kaum verlinkt ist. Die Netzwerk-Forschung nennt dieses Phänomen Power Law-Verteilung, denn neben schwach verlinkten Knoten im System stehen stark verlinkte und die am stärksten verlinkten Knoten haben die größte Chance, weiter verlinkt zu werden. (siehe auch focal point, Long Tail).

Profil
Ein Profil (auch Nutzerseite genannt) ist ein online-verfügbarer Steckbrief, den Nutzer im Internet (zum Beispiel in sozialen Netzwerken oder auf Jobvermittlungsseiten) anlegen, um sich selbst anderen Nutzern zu präsentieren. Meistens enthalten die Profile Angaben zu Name, Wohnort, Alter, Kontaktdaten und häufig auch Fotos des jeweiligen Nutzers. Dabei kann der Profil-Inhaber in der Regel frei entscheiden, welche Informationen er welcher Nutzergruppe zugänglich macht und welche er nicht oder falsch angibt.

Provider
Provider sind Internetdienstanbieter (Internet Service Provider), die den technischen Zugang ins Internet ermöglichen.

Proxy-Server
Die Bezeichnung Proxy-Server wird übersetzt mit bevollmächtigter Diener oder Zusteller. In Computernetzwerken dient dieser Server als Vermittler zwischen dem Client und einem weiteren Server, indem er Verbindungen zu anderen Seiten herstellt. Der Proxy-Server filtert, analysiert und bewertet Daten nach bestimmten Vorgaben. Er ist so in der Lage, nur die für die Anfrage des Clients relevanten Server anzusteuern und die entsprechenden Informationen effizient an den Client weiterzuleiten.

Pseudonym (siehe auch **Nickname**)
Ein Pseudonym ist ein frei wählbarer Name, den für gewöhnlich vor allem Künstler u. a. zum Schutz der Privatsphäre oder zu Marketingzwecken verwenden. Im Internet, beispielsweise in Chats oder Foren, werden Pseudonyme von Nutzern als sogenannte Nicknames benutzt. Diese Spitznamen dienen hier vor allem zur Selbstdarstellung und zur Aufrechterhaltung der Anonymität gegenüber anderen Nutzern.

Reaktivität
Unter Reaktivität versteht man in der Online-Kommunikation die Veränderbarkeit von Kommunikaten je nach Handlung der Nutzer. So ergibt sich das Informationsangebot von Suchmaschinen gemäß deren algorithmische Funktionalität reaktiv auf die entsprechenden Anfragen. Auch personalisierte Produktangebote, wie sie bei Amazon durch vorheriges Kaufverhalten angezeigt werden, können als reaktiv bezeichnet werden.

RSS
Mithilfe der RSS-Formatfamilie (Really Simple Syndication) können Veränderungen, die auf Webseiten stattfinden, standardisiert und strukturiert veröffentlicht werden. Empfänger solcher Nachrichten per RSS-Feed (abonnierbarer Nachrichtendienst: to feed = füttern, einspeisen, zuführen) informieren sich in der Regel über Neuigkeiten auf News-Seiten, Blogs oder

auch auf Audio- und Video-Logs. Diese Dienste werden für gewöhnlich von speziellen Service-Webseiten, sogenannten RSS-Channels, angeboten.

Rückkanal (siehe **Feedback-Option**)

Second Life
Second Life (deutsch: zweites Leben) ist eine Online-3D-Infrastruktur, auf deren Grundlage sich die Nutzer virtuelle Welten aufbauen können. Ziel der Macher von Second Life war es, eine Art virtuelle Parallelwelt zu schaffen, in der die Nutzer gleichsam ein zweites Leben führen können

Server (siehe auch **Client**)
Mit dem Begriff Server (englisch: Diener) ist entweder ein Computerprogramm oder der Computer selbst gemeint, auf dem ein solches Programm läuft. Ein Software-Server kommuniziert mit dem Client (Kunden) und gewährt ihm gegebenenfalls Zugang zu bestimmten Diensten.

Skype
Skype ist eine kostenlose VoIP-Software, die ihren Nutzern neben normalen (akustischen) Telefongesprächen auch Videotelefonie, Konferenzschaltungen mit bis zu 25 Teilnehmern und einen Instant-Messaging-Service anbietet. Kontaktaufnahmen zwischen Skype-Nutzern sind kostenlos. Bezahlt werden müssen Kontakte, die zwischen Skype-Konten und den Offline-Telefonnetzen (Fest- oder auch Handynetz) aufgebaut werden. Im Frühling 2011 wurde Skype vom Microsoft-Konzern gekauft.

social bookmarking/social tagging
Wenn Nutzer mittels social software Web-Inhalte mit persönlichen Lesezeichen (bookmarks) und Schlagwörtern (Tags) versehen, um die Inhalte systematisch erschließbar zu machen, nennt man das social bookmarking bzw. social tagging. Da diese Kennzeichnungen in der Regel von allen anderen Nutzern eingesehen und weiterverarbeitet werden können, entstehen gemeinschaftlich erstellte Inhaltsklassifikationen (Folksonomies).

Social Web
Das Social Web (deutsch: soziales Netz) umfasst Internetanwendungen, bei denen die Unterstützung von sozialen Strukturen und Interaktionen im Netz im Vordergrund stehen. Sie umfassen in der Regel verschiedene Angebote, die die Entstehung einer Community und die kommunikative Vernetzung ihrer Mitglieder begünstigen. Dies können beispielsweise soziale Netzwerkplattformen oder die Möglichkeit zur Veröffentlichung von Videos sein. Oft wird der Begriff mit dem Konzept des Web 2.0 in Verbindung gebracht.

Spam
Die Bezeichnung Spam stammt von einer US-amerikanischen Dosenfleischmarke, die während der Rationierungszeit im zweiten Weltkrieg in Großbritannien fast überall erhältlich war. Hierdurch wurde ihre metaphorische Übertragung auf die Netz-Kommunikation motiviert, die in diesem Kontext auf unverlangt zugestellte elektronische Nachrichten mit zumeist werbendem Inhalt verweist. Das häufigste Beispiel ist sicherlich der E-Mail Spam, jedoch können Spams auch in YouTube-Kommentaren, Blogs, Instant Messengers etc. vorkommen. Eine Person, die Spams verschickt, wird als Spammer bezeichnet.

Startseite (siehe auch **Homepage**)
Die Bezeichnung Startseite ist in zweifacher Hinsicht gebräuchlich. Zum einen verweist sie als freie Übersetzung des englischen Wortes Homepage auf die Titelseite einer Website bzw. eines Web-Auftritts. Zum zweiten kann mit dem Ausdruck auch die erste Seite bezeichnet

sein, die vom Nutzer beim Öffnen des jeweiligen Browsers aufgerufen wird und als Startseite ins World Wide Web dient. Der Ausdruck Homepage wird vereinzelt auch für den Verweis auf einen gesamten Internetauftritt gebraucht.

StudiVZ
StudiVZ (Kürzel für Studentenverzeichnis) ist ein vorrangig deutschsprachiges soziales Netzwerk für Studentinnen und Studenten und existiert seit 2005. Die Angebote der Seite unterscheiden sich kaum von Angeboten anderer Netzwerk-Plattformen (zum Beispiel Facebook). Die Nutzer können Profile anlegen, Chatten, Nachrichten schicken, Minispiele spielen und den sogenannten Buschfunk, eine Art Blogfunktion, verwenden. Die Mitgliedszahlen auf StudiVZ sind seit einigen Jahren eher rückläufig.

Suchmaschine
Eine Suchmaschine (z.B. Google) ist ein Programm, das die Recherche über Anfrageeingaben in elektronisch verfügbaren Dokumenten ermöglicht und auf diese Weise die im World Wide Web verfügbaren Informationen zu erschließen hilft.

Tag Cloud
Eine Tag Cloud (Schlagwort-Wolke) ist die grafische Darstellung einer nutzergenerierten Klassifikation (Folksonomy). Die unterschiedliche Wichtung der einzelnen Schlagwörter wird durch Größenunterschiede der Schlagwörter dargestellt.

TLS (Transport Layer Security) bzw. SSL (Secure Sockets Layer)
TSL (eine Weiterentwicklung des SSL-Protokolls) ist ein Verschlüsselungsprotokoll, das zur Sicherung von Datenübertragungen (insbesondere in Form von E-Mails) im Internet eingesetzt wird. Daten, die mithilfe von TSL versendet oder empfangen werden, können sowohl vor unerwünschtem Abhören als auch vor gezielten Manipulationen geschützt werden. Somit werden Vertraulichkeit und Integrität der Daten sichergestellt. Um das zu erreichen, werden hauptsächlich zwei verschiedene Verfahren eingesetzt. Zum einen verschlüsselt man die Nachrichten, um potentiellen Urhebern von Lauschangriffen das Abfangen und Anzeigen der E-Mails zu erschweren. Zum anderen setzt man eine Authentifizierungstechnik ein. Mithilfe digitaler Zertifikate kann überprüft werden, ob die Sender bzw. Empfänger von Nachrichten auch wirklich diejenigen sind, für die sie sich ausgeben.

Tutorial
Der Begriff Tutorial meint hier vor allem online-basierte Lehr- oder Lernmittel, die als Video-, Audio- oder textbasierte Kurse zur Verfügung stehen können. Prinzipiell kann ein Tutorial sehr unterschiedliche Themen behandeln.

Twitter, Tweets
Twitter ist ein sogenanntes Micro Blogging-Angebot, das seit 2006 kostenlos im Internet zur Verfügung steht. Privatpersonen, Unternehmen oder auch Massenmedien nutzen den Dienst zur Verbreitung von kurzen Textnachrichten, sogenannten Tweets (englisch: to twitter = zwitschern), die nur maximal 140 Zeichen enthalten dürfen. Registrierte Nutzer können sowohl selbst Nachrichten und Links veröffentlichen, als auch die Beiträge anderer Teilnehmer in der Rolle eines sogenannten Followers (englisch: to follow = folgen) verfolgen.

URL
Die URL (Uniform Resource Locator, deutsch: einheitlicher Quellenanzeiger) ist mit der Internetadresse gleichzusetzen und wird meist für die Lokation und Identifikation von Webseiten verwandt. Sie ist einer IP-Adresse eindeutig zuzuordnen und besteht aus den Angaben

des genutzten Internetprotokolls (z.B. http//:) des Internetdienstes (z.B. www), des Domänennamens (z.B. tu-chemnitz) und der Toplevel-Domain (.com, .net, .de etc.)

Usability
Unter Usability versteht man die Benutzerfreundlichkeit einer Website oder einer Web-Anwendung. Sie richtet sich sowohl nach der funktionalen Transparenz hinsichtlich Navigationsmöglichkeiten und -wege als auch nach der inhaltlichen Verständlichkeit von Sprache und Bild sowie deren layouttechnischer Strukturierung.

USENET
Das Usenet wurde 1980 öffentlich nutzbar gemacht und ist ein über das Internet zugängliches weltweit verbreitetes Diskussionssystem. Die Nutzer (User) lesen und veröffentlichen Nachrichten (auch Artikel, Posts oder Nachrichten/News) in einer oder mehreren Unterkategorien des Usenet, sogenannten Newsgroups.

Video-on-Demand
Video-on-Demand (deutsch: Video auf Anforderung bzw. Video auf Abruf) meint verschiedene Internetangebote, bei denen audiovisuelle Dateien auf Anfrage zur Verfügung gestellt werden. Dabei werden die Daten entweder heruntergeladen oder gestreamed (in Echtzeit angesehen, wobei sie nicht auf die Festplatte abgelegt, sondern nur kurzweilig im Arbeitsspeicher verfügbar gemacht werden). Aus Gründen des datenintensiven Downloads eines Video-Streams sind schnelle Breitbandinternetzugänge notwendig. Mit Video-on-Demand-Angeboten sind unterschiedliche Geschäftsmodelle verbunden. Beispielsweise können die Daten gemietet, gekauft oder abonniert werden.

Videotelefonie (siehe auch **Skype**)
Videotelefonie überträgt im Gegensatz zu Audiotelefonie Telefongespräche nicht nur über den auditiven, sondern auch über den visuellen Kanal, indem Bewegtbilddaten einbezogen werden.

Visit
Visit heißt übersetzt Besuch und bezieht sich auf den zusammenhängenden Nutzungsvorgang einer Website. Er beginnt, wenn ein Nutzer in einem Angebot eine Pageimpression erzeugt, jeder weitere Seitenaufruf wird diesem Visit zugeordnet. Gemessen wird ein Visit, indem der Zeitraum des Aufenthalts eines Users auf der Site bestimmt wird. Allerdings gibt es keine standardisierten Zeiträume zur Begrenzung eines Visits, so dass die Vergleichbarkeit der Zahlen im Sinne einer Internet-Marktforschung problematisch ist. Die Identifizierung des Users geschieht durch die von ihm verwendete IP-Adresse.

Voice over IP-Technologien (VoIP)
Voice over IP-Technologien bezeichnen technische Systeme, welche die Internet- oder auch IP-Telefonie (Internet Protokoll-Telefonie) ermöglichen. Damit sind Telefonate gemeint, bei denen die Verbindung mithilfe von Computernetzwerken bzw. dem Internet aufgebaut wird.

W3C – World Wide Web Consortium
Bei W3C handelt es sich um die Abkürzung für das World Wide Web Konsortium. Es ist eine Organisation unter der Leitung des Web-Erfinders Tim Berners-Lee und des Geschäftsführers Jeffrey Jaffe, die 1994 gegründet wurde. Zusammen mit der Öffentlichkeit arbeitet das Konsortium daran, Standards für das Web zu entwickelt, um eine umfassende Kompatibilität zu erreichen.

Web (auch **World Wide Web: WWW**)
Das Web ist ein Hypertext-System, das über das Internet aufrufbar ist. Es besteht aus einzelnen elektronischen Dokumenten, die durch Hypertextlinks (elektronische Verweise auf an-

dere Dokumente) miteinander verknüpft sind. Mithilfe eines Webbrowsers, einem Computerprogramm zur Darstellung von Webseiten, können sich Internetnutzer durch das Web klicken und über die verschiedenen Links (Verweise) von Dokument zu Dokument bewegen.

Web 2.0
Das Schlagwort Web 2.0 spielt auf eine Dimension von Kommunikation und Interaktion im Internet an, die Formen der Zusammenarbeit, der Beziehungspflege und des Teilhabens betrifft. Web 2.0-Angebote werden deshalb auch als Social Media (soziale Medien) bezeichnet, denn sie beruhen auf Interaktivität, Zusammenarbeit und Eigenaktivität der Nutzer. Auf diese Weise produzieren, bearbeiten und veröffentlichen Nutzer einen bedeutenden Teil der Inhalte im Netz. Nutzer von Web 2.0-Angeboten werden daher auch als Prosumer (Zusammenziehung aus Producer bzw. Produzent und Consumer bzw. Konsument) oder Produser (Zusammenziehung aus Producer bzw. Produzent und User bzw. Nutzer) bezeichnet. Typische Social Media-Angebote sind Foren, Chats, Blogs oder auch Foto- und Video-Communities.

Webcasts
Der Begriff Webcast setzt sich aus den englischen Wörtern Web, die Kurzform von World Wide Web und broadcast (deutsch: Sendung, Ausstrahlung) zusammen und bezeichnet eine der Fernsehsendung ähnliche Produktion, die für das Internet konzipiert wurde. Im Gegensatz zur Videokonferenz sind Webcasts zumeist als Einweg-Kommunikation (One-Way-Kommunikation) konzipiert.

Webdesign
Webdesign meint die Konzeption, Gestaltung und Produktion von Websites und anderen online-medialen Anwendungen. Dabei stellt die Konzeption eine dramaturgische Planung des Aufbaus dar, der meist in Form eines Storyboards bzw. einer Site-Map umgesetzt wird. Hinzu kommen der Entwurf eines Layouts einzelner Seiten hinsichtlich Farb- und Formwahl sowie der Verteilung grafischer und typografischer Elemente auf der Fläche und die Planung der hypertextuellen Verlinkung der Seiten untereinander. Webdesign ist somit die kulturelle Praxis der Planung und Umsetzung visueller Zeichenhaftigkeit und Interaktivität für das Netz.

Web-Katalog
Der Web-Katalog ist neben der Suchmaschine ein weiteres Rechercheinstrument im Internet. Er bietet redaktionell erstellte nach Themenbereiche geordnete Linklisten zu entsprechenden Websites (z.B. Yahoo). Wurden Web-Kataloge in den 1990er noch als hauptsächliches Suchinstrument genutzt, so werden diese von Suchmaschinen immer stärker verdrängt.

Weblog
Weblog (kurz: Blog) stellt eine Wortkreuzung aus den Worten World Wide Web und Log (Logbuch) dar. Ein Blog ist eine Online-Kommunikationsform, die zumeist von einer einzelnen Person (Web-Logger oder kurz Blogger) geführt wird. Private Blogs stellen persönliche Ansichten, Erlebnisse oder Gedanken schriftlich, bildlich und filmisch dar. Demgegenüber stehen die Nachrichtenblogs, die von professionellen Journalisten oder von nachrichtenorientierten Privatpersonen unterhalten werden. Die Herstellung von Beiträgen wird als bloggen bezeichnet, wobei der aktuellste an erster Stelle erscheint. Die Leser können je nach Einstellung einzelne Beiträge kommentieren.

Website
Unter einer Website ist eine kommunikative Einheit zu verstehen, die sich aus einzelnen untereinander verlinkten Webseiten zusammensetzt. Die Website verfügt über eine eindeutige

Internetadresse (URL: Uniform Resource Locator), die sich unter anderem aus dem Domainnamen und der Top-Level-Domain (zum Beispiel .de oder .org) zusammensetzt.

Wiki

Wiki leitet sich ab vom hawaiischen „schnell". Ein Wiki ist eine Sammlung von Webseiten, die jeweils unterschiedliche Themen behandeln und untereinander verlinkt sind. Die Besonderheit der Wikis ist, dass prinzipiell jeder Besucher auch zum Autor werden kann. Ein Wiki ist damit eine Form von kollektiv erstellten Hypertextnetzwerken. Es gibt sowohl themenspezifische Wikis als auch thematisch sehr breit gefächerte Varianten. Eines der bekanntesten Wikis ist die Online-Enzyklopädie Wikipedia.

Wikipedia

Wikipedia ist eine Zusammensetzung aus Wiki (hawaiianisch für schnell) und Encyclopedia (englisch: Enzyklopädie). Seit der Gründung des kostenfreien Online-Lexikons im Jahr 2001, ist es bis heute zum meistgenutzten Angebot seiner Art herangewachsen, das in vielen Sprachen existiert. Die Einträge der Enzyklopädie werden von den Autoren unentgeltlich konzipiert und fortlaufend gemeinschaftlich in der Wikipedia-Community aktualisiert, kritisiert oder erweitert. Prinzipiell kann sich jeder mit seinem Wissen an dem Projekt beteiligen. Als Betreiber des Wikis fungiert die Wikimedia Foundation, die in vielen Ländern mit unabhängigen Wikimedia-Vereinen zusammenarbeitet.

YouTube

YouTube existiert seit 2005 und ist ein kostenloses Videoportal, bei dem die Nutzer kurze Videos hochladen, ansehen und kommentieren können. Auf der Plattform können auch private Channels (deutsch: Kanäle) gegründet werden, auf denen die Nutzer regelmäßig Filme zu bestimmten Themen veröffentlichen. Es werden häufiger auch Videos mit verfassungswidrigen und Persönlichkeitsrechte verletzenden sowie urheberrechtlich geschützten Inhalten hochgeladen, die YouTube eigenständig oder auf Hinweis aus dem Netz nimmt oder nehmen muss.

Literatur

ADM (2008). *Jahresbericht 2007*. Retrieved 6/14/11, from
 http://www.adm-ev.de/fileadmin/user_upload/PDFS/Jahresbericht_07.pdf.
ADM (2007 [2000]). *Richtlinien für Online-Befragungen*. Retrieved 6/14/11, from
 http://www.adm-ev.de/fileadmin/user_upload/PDFS/R08_D_07_08.pdf.
Altmeppen, K.-D. (2006): Medienökonomie im Internet-Zeitalter: Problemorientierung und Entwicklungspfade. In: Löffelholz, M./Quandt, T. (Hg.): *Die neue Kommunikationswissenschaft: Theorien, Themen und Berufsfelder im Internet-Zeitalter. Eine Einführung.* Opladen: Westdeutscher Verlag: 215–234.
Altmeppen, K.-D./Karmasin, M. (Hg.) (2003): *Medien und Ökonomie*. Wiesbaden: Westdeutscher Verlag.
Altmeppen, K.-D./Karmasin, M. (Hg.) (2004): *Medien und Ökonomie. Bd. 2: Problemfelder der Medienökonomik*. Wiesbaden: VS
Altmeppen, K.-D./Karmasin, M. (Hg.) (2006): *Anwendungsfelder der Medienökonomie*. Wiesbaden: VS.
Altmeppen, K.-D./Karmasin, M. (Hg.) (2006): *Medien und Ökonomie. Bd. 3: Anwendungsfelder der Medienökonomie*. Wiesbaden: VS.
Amann, K./Hirschauer, S. (1997): Die Befremdung der eigenen Kultur. Ein Programm. In: Amann, K./Hirschauer, S. (Hg.): *Die Befremdung der eigenen Kultur*. Frankfurt a. M.: Suhrkamp: 7–52.
Amichai-Hamburger, Y. (2005): Personality and the Internet. In: Amichai-Hamburger, Y. (Hg.): *The Social Net: Human Behavior in Cyberspace*. New York: Oxford University Press: 27–55.
Amichai-Hamburger, Y./McKenna, K. Y. A. (2006): The Contact Hypothesis Reconsidered: Interacting via the Internet. In: *Journal of Computer-Mediated Communication* 11(3): 825–843.
Amit, V. (Hg.) (2000): *Constructing the Field: Ethnographic Fieldwork in the Contemporary World*. London: Routledge.
Anderson, C. (2006): *The Longtail: Why the Future of Business Is Selling Less of More*. New York: Hyperion.
ARD/ZDF-Onlinestudie (2010). *ARD/ZDF-Onlinestudie 2010*. Retrieved 8/4/11, from http://www.ard-zdf-onlinestudie.de/index.php?id=265.
ARD/ZDF-Onlinestudie (2011). *ARD/ZDF-Onlinestudie 2011*. Retrieved 10/31/11, from http://www.ard-zdf-onlinestudie.de/index.php?id=326
Austin, J. L. (2002): *Zur Theorie der Sprechakte*. Stuttgart: Reclam.
Barabási, A.-L. (2003): *Linked: How Everything is Connected to Everything Else and What it Means for Business, Science, and Everyday Life*. New York: Plume.
Bargh, J. A./McKenna, K. Y. A. (2004): The Internet and Social Life. In: *Annual Review of Psychology* 55: 573–590.

Bargh, J. A./McKenna, K. Y. A./Fitzsimons, G. M. (2002): Can you see the real me? Activation and expression of the "true self" on the Internet. In: *Journal of Social Issues* 58: 33–48.

Baron, N. S. (2008): *Always on: Language in an Online and Mobile World*. Oxford: Oxford University Press.

Barthes, R. (1989): *Die helle Kammer: Bemerkungen zur Photographie*. Frankfurt a. M.: Suhrkamp.

Bauer, H. H./Große-Leege, D./Rösger, J. (Hg.) (2008): *Interactive Marketing im Web 2.0+: Konzepte und Anwendungen für ein erfolgreiches Marketingmanagement im Internet*. München: Vahlen.

Bauer, H. H./Martin, I./Albrecht, C.-M. (2008): Virales Marketing als Weiterentwicklung des Empfehlungsmarketing. In: Bauer, H. H./Große-Leege, D./Rösger, J. (Hg.): *Interactive Marketing 2.0+: Konzepte und Anwendungen für ein erfolgreiches Marketingmanagement im Internet*. München: Vahlen: 57–72.

Baym, N. K. (2006): Interpersonal Life Online. In: Livingstone, S./Lievrouw, L. A. (Hg.): *The Handbook of New Media*. London: Sage: 35–54.

Beaulieu, A. (2004): Mediating Ethnography: Objectivity and the Making of Ethnographies. In: *Social Epistemology* 18(2-3): 139–163.

Bechar-Israeli, H. (1995) From "Bonehead" to "cLoNehEAd": Nicknames, Play and Identity on Internet Relay Chat. In: *Journal of Computer-Mediated Communication* 1(2), Retrieved Access Date Access 1995, from http://jcmc.indiana.edu/vol1/issue2/bechar.html.

Bechmann, R. (1979): *BILD: Ideologie als Ware. Inhaltsanalyse der BILD-Zeitung*. Hamburg: VSA.

Beck, K. (2003): Neue Medien – neue Theorien? Klassische Kommunikations- und Medienkonzepte im Umbruch: In: Löffelholz, M./Quandt, Th. (Hg.): *Die neue Kommunikationswissenschaft. Theorien, Themen und Berufsfelder im Internet-Zeitalter. Eine Einführung*. Wiesbaden: Westdeutscher Verlag: 72–88.

Beck, K. (2006): *Computervermittelte Kommunikation im Internet*. München, Wien: Oldenbourg.

Beck, K. (2010): *Kommunikationswissenschaft*. Konstanz: UVK/UTB.

Beißwenger, M. (2007): *Sprachhandlungskoordination in der Chat-Kommunikation*. Berlin/New York: De Gruyter.

Bell, D. (1996): *Die nachindustrielle Gesellschaft* Frankfurt a. M./New York: Campus.

Ben-Ze'ev, A. (2005): Detachment: The unique nature of online romantic relationships. In: Amichai-Hamburger, Y. (Hg.): *The Social Net: Human Behavior in Cyberspace*. New York: Oxford University Press.

Benkler, Y. (2006): *The Wealth of Networks: How Social Production Transforms Markets and Freedom*. New Haven/London: Yale University Press.

Berelson, B. (1952): *Content Analysis in Communication Research*. Glencoe, IL: The Free Press.

Berger, P. L./Luckmann, T. (1969): *Die gesellschaftliche Konstruktion der Wirklichkeit. Eine Theorie der Wissenssoziologie*. Frankfurt a. M.: Fischer.

Bernet, M. (2010): *Social Media in der Medienarbeit Online-PR im Zeitalter von Google, Facebook und Co*. Wiesbaden: VS.

Bickelhaupt, T. (2004). *Kunst für's Volk. Kunstgeschichtliche Zitate in der Werbung der Printmedien. Qualitative und quantitative inhaltsanalytische Untersuchung am Beispiel des Wochenmagazins „Der Spiegel" von 1991–2000*. München, kopaed.

Bieber, C. (1999): *Politische Projekte im Internet. Online-Kommunikation und politische Öffentlichkeit*. Frankfurt a. M./New York: Campus.

Bieber, C./Leggewie, C. (2003): Demokratie 2.0. Wie tragen neue Medien zur demokratischen Erneuerung bei? In: Offe, C. (Hg.): *Demokratisierung der Demokratie. Diagnosen und Reformvorschläge*. Frankfurt a. M./New York: Campus: 124–151.

Bock, A./Isermann, H./Knieper, T. (2010): Herausforderungen bei der quantitativen (visuellen) Inhaltsanalyse von Online-Inhalten. In: Welker, M./Wünsch, C. (Hg.): *Online-Inhaltsanalyse: Forschungsobjekt Internet*. Köln: Halem: 224–239.

Boellstorff, T. (2009): *Coming of Age in Second Life: An Anthropologist Explores the Virtually Human*. Princeton: Princeton University Press.

Bogula, W. (2007): *Leitfaden Online-PR*. Konstanz: UVK.

Bohnsack, R. (2000): Gruppendiskussion. In: Flick, U./Kardorff, E. v./Steinke, I. (Hg.): *Qualitative Forschung. Ein Handbuch*. Reinbek bei Hamburg: Rowohlt: 369–384.

Boos, M./Jonas, K. J. (2008): Medienvermittelte Kommunikation. In: Batinic, B./Appel, M. (Hg.): *Medienpsychologie*. Heidelberg: Springer: 195–217.

Bortz, J./Döring, N. (2003): *Forschungsmethoden und Evaluation für Human- und Sozialwissenschaftler*. Berlin et al.: Springer.

Bourdieu, P. (1992): *Die verborgenen Mechanismen der Macht*. Hamburg: VSA.

Brandon, D. P./Hollingshead, A. B. (2007): Characterizing Online Groups. In: Joinson, A. N./McKenna, K. Y. A./Postmes, T. et al. (Hg.): *The Oxford Handbook of Internet Psychology*. Oxford: Oxford University Press: 105–120.

Brauckmann, P. (Hg.) (2010): *Web-Monitoring. Gewinnung und Analyse von Daten über das Kommunikationsverhalten im Internet*. Konstanz: UVK.

Bröckling, U./Krasmann, S./Lemke, T. (Hg.) (2000): *Gouvernementalität der Gegenwart: Studien zur Ökonomisierung des Sozialen*. Frankfurt a. M.: Suhrkamp.

Brosius, H.-B./Koschel, F./Haas, A. (2008): *Methoden der empirischen Kommunikationsforschung: Eine Einführung*. Wiesbaden: VS.

Bruns, A. (2008): *Blogs, Wikipedia, Second Life, and Beyond: From Production to Produsage*. New York: Peter Lang.

Bruns, A. (2009): Vom Gatekeeping zum Gatewatching: Modelle der journalistischen Vermittlung im Internet. In: Neuberger, C./ Nuernbergk, C./ Rischke, M. (Hg.): *Journalismus im Internet. Profession – Partizipation – Technisierung*. Wiesbaden: VS: 107-128.

Bucher, H.-J. (2005): Macht das Internet uns zu Weltbürgern? Globale Online-Diskurse: Strukturwandel der Öffentlichkeit in der Netzwerk-Kommunikation. In: Fraas, C./Klemm, M. (Hg.): *Mediendiskurse*. Frankfurt a.M.: Peter Lang: 187–218.

Burkart, P./McCourt, T. (2006): *Digital Music Wars: Ownership and Control of the Celestial Jukebox*. Lanham: Rowman and Littlefield.

Burkart, R. (2002): *Kommunikationswissenschaft. Grundlagen und Problemfelder. Umrisse einer interdisziplinären Sozialwissenschaft*. Wien/Köln/Weimar: Böhlau/UTB.

Cammaerts, B. (2008): Critiques on the Participatory Potentials of Web 2.0. In: *Communication, Culture & Critique* 1(3): 358–376.

Capriotti, P./Moreno, A. (2007): Corporate Citizenship and Public Relations: The Importance and Interactivity of Social Responsibility Issues on Corporate Websites. In: *Public Relations Review.* 33(1): 84–91.
Cassidy, J. (2002): *Dot.Con: The Greatest Story Ever Sold.* New York: HarperCollins.
Cassidy, W. P. (2007): Online News Credibility: An Examination of the Perceptions of Newspaper Journalists. In: *Journal of Computer-Mediated Communication* 12(2): 144–164.
Castells, M. (1996): *The Information Age: Economy, Society and Culture. Volume 1: The Rise of the Network Society.* Oxford: Blackwell.
Castells, M. (2001): *Das Informationszeitalter. Wirtschaft. Gesellschaft. Kultur. Bd. 1: Der Aufstieg der Netzwerkgesellschaft* Opladen: Leske + Budrich.
Castells, M. (2005): *Die Internet-Galaxie. Internet, Wirtschaft und Gesellschaft.* Wiesbaden: VS.
Chesborough, H. (2003): *Open Innovation: The New Imperative for Creating and Profiting from Technology.* Boston: Harvard Business School Press.
Clark, H. H./Brennan, S. E. (1991): Grounding in Communication. In: Resnick, L. B./Levine, J. M./Teasley, S. D. (Hg.): *Perspectives on Socially Shared Cognition.* Washington: APA Books: 127–149.
Coenen, C. (2005) Weblogs als Mittel der Kommunikation zwischen Politik und Bürgern- Neue Chancen für E-Demokratie? In: *kommunikation@gesellschaft* 6, Retrieved Access Date Access 2005, from http://www.soz.uni-frankfurt.de/K.G/B5_2005_Coenen.pdf.
Coleman, G. (2010): Ethnographic Approaches to Digital Media. In: *Annual Review of Anthropology* 39(1–16): 487–505.
Crystal, D. (2001): *Language and the Internet.* Cambridge: Cambridge University Press.
Daft, R. L./Lengel, R. H. (1984): Information Richness: A New Approach to Managerial Behavior and Organization Design. In: *Research in Organizational Behavior* 6: 191–233.
Daft, R. L./Lengel, R. H./Trevino, L. K. (1987): Message equivocality, media selection, and manager performance: Implications for information systems. In: *Management Information Systems Quarterly* 11(3): 355–366.
Dahinden, U. (2006): *Framing. Eine integrative Theorie der Massenkommunikation.* Konstanz: UVK
Dennis, A. R./Valacich, J. S. (1999): *Rethinking Media Richness: Towards a Theory of Media Synchronicity.* Proceedings of the Thirty-Second Annual Hawaii International Conference on System Sciences.
DeSanctis, G./Monge, P. (1999): Communication Processes for Virtual Organizations. Communication Processes for Virtual Organizations. In: *Organization Science* 10(6): 693–703.
Diekmannshenke, H./Klemm, M./Stöckl, H. (Hg.) (2011): *Bildlinguistik: Theorien – Methoden – Fallbeispiele.* Berlin: Erich Schmidt.
Dillman, D. A. (2007): *Mail and Internet Surveys: The Tailored Design Method.* Hoboken, NJ: Wiley.
Doelker, C. (1997): *Ein Bild ist mehr als ein Bild. Visuelle Kompetenz in der Multimedia-Gesellschaft.* Stuttgart: Klett-Cotta.

Dogruel, L./Katzenbach, C. (2010): Interent-Ökonomie – Grundlagen und Strategien aus kommunikationswissenschaftlicher Perspektive. In: Schweiger, W./Beck, K. (Hg.): *Handbuch Online-Kommunikation*. Wiesbaden: VS: 105–129.

Dolata, U. (2008): Das Internet und die Transformation der Musikindustrie. Rekonstruktion und Erklärung eines unkontrollierten Wandels. In: *Berliner Journal für Soziologie* 18(3): 344–369.

Domke, C. (2007): Werbung, Wahlkampf, Weblogs – Zur Etablierung einer neuen Kommunikationsform. In: Habscheid, S./Klemm, M. (Hg.): *Sprachhandeln und Medienstrukturen in der politischen Kommunikation*. Tübingen: Niemeyer: 335–353.

Donath, J. (1998): Identity and Deception in the Virtual Community. In: Smith, M./Kollock, P. (Hg.): *Communities in Cyberspace*. London: Routledge: 27–58.

Donges, P./Jarren, O. (1999): Politische Öffentlichkeit durch Netzkommunikation? In: Kamps, K. (Hg.): *Elektronische Demokratie? Perspektiven politischer Partizipation*. Opladen: Westdeutscher Verlag: 85–108.

Donges, P./Puppis, M. (2010): Kommunikations- und medienpolitische Perspektiven: Internet Governance. In: Beck, K./Schweiger, W. (Hg.): *Handbuch Online-Kommunikation*. Wiesbaden: VS: 80–104.

Donk, W. v. d./Loader, B. D./Nixon, P. G. et al. (Hg.) (2004): *Cyberprotest. New Media, Citizens and Social Movements*. London: Routledge.

Döring, N. (2001): Persönliche Homepages im WWW. Ein kritischer Überblick über den Forschungsstand. In: *Medien & Kommunikationswissenschaft* 49(3): 325–349.

Döring, N. (2003): *Sozialpsychologie des Internet. Die Bedeutung des Internet für Kommunikationsprozesse, Identitäten, soziale Beziehungen und Gruppen*. Göttingen et al.: Hofgrefe.

Döring, N. (2009): The Internet's Impact on Sexuality. A Critical Review of 15 Years of Research. In: *Computers in Human Behavior* 25(5): 1089–1101.

Dowe, C./Wetzel, A./Wagner, F. (2002). *eCandidates 2002* from http://3pc.de/downloads/ecandidates2002.pdf.

Drew, D./Weaver, D. (2006): Voter learning in the 2004 presidential election: Did the media matter? In: *Journalism Mass Communication Quaterly* 83(1): 25–42.

Druckmann, J. N./Kifer, M. J./Parkin, M. (2007): The Technology Development of Congressional Candidate Web Sites. How and Why Candidates Use Web Innovations. In: *Social Science Computer Review* 25(4): 362–377.

Dudenredaktion, (Hg.) (2007): *Deutsches Universalwörterbuch*. Mannheim/Leipzig/Zürich: Dudenverlag.

Dürscheid, C. (2005) Medien, Kommunikationsformen, kommunikative Gattungen. In: *Linguistik online* 22(1/05), Retrieved Access Date Access 2005, from http://www.linguistik-online.de/22_05/duerscheid.html.

Ebersbach, A./Glaser, M./Heigl, R. (Hg.) (2008): *Social Web*. Konstanz: UVK.

Emerson, R. E./Fretz, R. I./Shaw, L. L. (1996): *Writing Ethnographic Fieldnotes*. Chicago: University of Chicago Press.

Emmer, M. (2005): *Politische Mobilisierung durch das Internet? Eine kommunikationswissenschaftliche Untersuchung zur Wirkung eines neuen Mediums*. München: Reinhard Fischer.

Emmer, M./Bräuer, M. (2010): Online-Kommunikation politischer Akteure. In: Schweiger, W./Beck, K. (Hg.): *Handbuch-Onlinekommunikation*. Wiesbaden: VS: 311–337.

Emmer, M./Seifert, M./Vowe, G. et al. (2010): *Politische Online-Kommunikation in Deutschland*. Konstanz: UVK.
Emmer, M./Wolling, J. (2009): ‚Online Citizenship'? Die Entwicklung der individuellen politischen Beteiligung im Internet. In: BertelsmannStiftung. (Hg.): *Lernen von Obama? Das Internet als Ressource und Risiko von Politik*. Gütersloh: Bertelsmann: 83–116.
Erikson, E. H. (1973): *Identität und Lebenszyklus: Drei Aufsätze*. Frankfurt a. M.: Suhrkamp.
Ess, C. M./AoIR. (2002). *Ethical decision-making and Internet research: Recommendations from the AoIR ethics working committee.* Retrieved 14.06.2011, from www.aoir.org/reports/ethics.pdf.
Eynon, R./Fry, J./Schroeder, R. (2008): The Ethics of Internet Research. In: Fielding, N./Lee, R. M./Blank, G. (Hg.): *The Sage Handbook of Online Research Methods*. Thousand Oaks: Sage: 23–41.
Eyrich, N./Padman, M. L./Sweetser, K. D. (2008): PR practitioners' use of social media tools and communication technology. In: *Public Relations Review* 34(4): 412–414.
Faas, T. (2003): Landtagsabgeordnete in den Weiten des Netzes. Ergebnisse von Umfragen unter Landtagsabgeordneten zur Bedeutung des Internets in Politik und Wahlkämpfen. In: Rogg, A. (Hg.): *Wie das Internet die Politik verändert: Einsatzmöglichkeiten und Auswirkungen*. Opladen: Leske + Budrich: 55–66.
Feldmann, V./Zerdick, A. (2003): E-Merging Media: Die Zukunft der Kommunikation. In: Zerdick, A./Picot, A./Schrape, K. (Hg.): *E-Merging Media*. Berlin: Springer: 19–30.
Fielding, N./Lee, R. M./Blank, G. (2008): *The Sage Handbook of Online Research Methods*. Thousand Oaks: Sage.
Fischer, C. S. (1994): *America Calling: A Social History of the Telephone to 1940*. Berkeley: University of California Press.
Fischer, H. (Hg.) (1998): *Ethnologie. Einführung und Überblick*. Berlin: Dietrich Reimer.
Flick, U. (2006): *Qualitative Sozialforschung: Eine Einführung*. Reinbek bei Hamburg: Rowohlt.
Foot, K. (2010): Web Sphere Analysis and Cyberculture Studies. In: Nayar, P. K. (Hg.): *The New Media and Cybercultures Anthology*. New York: Wiley: 11–18.
Foucault, M. (1977): *Die Ordnung des Diskurses*. Frankfurt a. M.: Fischer.
Foucault, M. (2005): *Analytik der Macht*. Frankfurt a. M.: Suhrkamp.
Fraas, C./Meier, S./Pentzold, C. (2010): Konvergenz an den Schnittstellen unterschiedlicher Kommunikationsformen – Ein Frame-basierter analytischer Zugriff. In: Bucher, H.-J./Lehnen, K./Gloning, T. (Hg.): *Neue Medien – neue Formate. Ausdifferenzierung und Konvergenz in der Medienkommunikation*. Frankfurt a. M./New York: Campus: 227–256.
Franck, G. (1998): *Ökonomie der Aufmerksamkeit: Ein Entwurf*. München: Hanser.
Friedland, L. A. (1996): Electronic Democracy and the New Citizenship. In: *Media, Culture & Society* 18(2): 185–212.
Friedrichsen, M./Mühl-Benninghaus, W./Schweiger, W. (Hg.) (2007): *Neue Technik, neue Medien, neue Gesellschaft? Ökonomische Herausforderung der Onlinekommunikation*. München: Reinhard Fischer.
Fritz, W. (2004): *Internet Marketing und Electronic Commerce. Grundlagen – Rahmenbedingungen – Instrumente*. Wiesbaden: Gabler.
Fritz, W. (2007): *Internet-Marketing und Electronic Commerce. Grundlagen – Rahmenbedingungen – Instrumente; mit Praxisbeispielen*. Wiesbaden: Gabler.

Früh, W. (2004): *Inhaltsanalyse. Theorie und Praxis*. Konstanz: UVK.
Fulk, J./Schmitz, J./Steinfeld, C. W. (1990): A Social Modell of Technology Use. In: Fulk, J./Steinfeld, C. W. (Hg.): *Organizations and Communication Technology*. Newbury Park: Sage: 117–140.
Funken, C. (2004): Female, Male, Neuter, Either. Gibt es ein Geschlecht im Cyberspace? In: Thiedeke, U. (Hg.): *Soziologie des Cyberspace. Medien, Strukturen und Semantiken*. Wiesbaden: VS: 193-214.
Funken, C. (2005): Der Körper im Internet. In: Schroer, M. (Hg.): *Soziologie des Körpers*. Frankfurt a. M.: Suhrkamp: 215–240.
Funken, C./Löw, M. (2003): *Raum – Zeit – Medialität. Interdisziplinäre Studien zu neuen Kommunikationstechnologien*. Opladen: Westdeutscher Verlag.
Gaiser, T. J. (2008): Online Focus Groups. In: Fielding, N./Lee, R. M./Blank, G. (Hg.): *The Sage Handbook of Online Research Methods*. Thousand Oaks: Sage: 290–306.
Gauntlett, D. (2008): *Media, Gender and Identity: An Introduction*. London: Routledge.
Geertz, C. (1990): *Die künstlichen Wilden: Anthropologen als Schriftsteller*. München: Hanser.
Gerhards, J. (1994): Politische Öffentlichkeit. Ein system- und akteurstheoretischer Bestimmungsversuch. In: Neidhardt, F. (Hg.): *Öffentlichkeit, öffentliche Meinung, soziale Bewegungen*. Opladen: Westdeutscher Verlag: 77–105.
Gerhards, J. (2002): Öffentlichkeit. In: Jarren, O./Sarcinelli, U./Saxer, U. (Hg.): *Politische Kommunikation in der demokratischen Gesellschaft. Ein Handbuch mit Lexikonteil*. Opladen: Westdeutscher Verlag: 694–695.
Gerhards, J./Neidhardt, F. (1990): *Strukturen und Funktionen moderner Öffentlichkeit Fragestellungen und Ansätze*. Berlin: WZB.
Gerhards, J./Neidhardt, F. (1993): Strukturen und Funktionen moderner Öffentlichkeit. Fragestellungen und Ansätze. In: Wolfgang, L. (Hg.): *Politische Kommunikation. Grundlagen, Strukturen, Prozesse*. Wien: Braumüller: 52–88.
Gerhards, J./Neidhardt, F./Rucht, D. (1998): *Zwischen Palaver und Diskurs: Strukturen öffentlicher Meinungsbildung am Beispiel der deutschen Diskussion zur Abtreibung*. Opladen: Westdeutscher Verlag.
Gillmor, D. (2004): *We the Media: Grassroots Journalism by the People, for the People*. Sebastopol, CA: O'Reilly.
Gläser, J./Laudel, G. (2010): *Experteninterviews und qualitative Inhaltsanalyse*. Wiesbaden: VS.
Gleich, U. (2009): ARD-Forschungsdienst: Multimediale Kommunikationsstrategien. In: *Media Perspektiven* 1: 40–45.
Glück, H. (Hg.) (1993): *Metzler Lexikon Sprache*. Stuttgart/Weimar: Metzler.
Goffman, E. (1977): *Rahmen-Analyse. Ein Versuch über die Organisation von Alltagserfahrungen*. Frankfurt a. M.: Surkamp.
Goffman, E. ([1959] 2003): *Wir alle spielen Theater: Die Selbstdarstellung im Alltag*. München/Zürich: Piper.
Goodman, N. (1997): *Sprachen der Kunst. Entwurf einer Symboltheorie*. Frankfurt a. M.: Suhrkamp.
Granovetter, M. S. (1973): The Strength of Weak Ties. In: *American Journal of Sociology* 78(6): 1360–1380.
Greifeneder, H. (2006): *Erfolgreiches Suchmaschinenmarketing: Wie Sie bei Google, Yahoo, MSN & Co. ganz nach oben kommen*. Wiesbaden: Gabler.

Greschke, H. M. (2007) Bin ich drin? Methodologische Reflektionen zur ethnografischen Forschung in einem plurilokalen, computervermittelten Feld. In: *Forum Qualitative Sozialforschung* 8, Retrieved Access Date Access 2007, from http://www.qualitative-research.net/fqs-texte/3-07/07-3-32-d.htm.

Guenther, T./Schmidt, J. (2008): Wissenstypen im „Web 2.0" – eine wissenssoziologische Deutung von Prodnutzung im Internet In: Willems, H. (Hg.): *Weltweite Welten. Figurationen aus wissenssoziologischer Perspektive.* Wiesbaden: VS: 167–187.

Gulati, G. J./Williams, C. B. (2007): Closing the Gap, Raising the Bar: Candidate Web Site Communication in the 2006 Campaigns for Congress. In: *Social Science Computer Review* 26(3): 443–465.

Ha, L. (2008): Online Advertising Research in Advertising Journals: A Review. In: *Journal of Current Issues and Research in Advertising* 30(1): 31–48.

Habermas, J. (1984): *Vorstudien und Ergänzungen zur Theorie des kommunikativen Handelns* Frankfurt a. M.: Suhrkamp.

Habermas, J. (1990 [1968]): *Strukturwandel der Öffentlichkeit. Untersuchungen zu einer Kategorie der bürgerlichen Gesellschaft.* Frankfurt/M.: Suhrkamp.

Habermas, J. (1992): *Faktizität und Geltung. Beiträge zur Diskurstheorie des Rechts und des demokratischen Rechtsstaats.* Frankfurt a. M.: Suhrkamp.

Hagel, J./Armstrong, A. G. (1998): *Net Gain. Profit im Netz. Märkte erobern mit virtuellen Communities.* Wiesbaden: Gabler.

Hagen, M. (1997): *Elektronische Demokratie. Computernetzwerke und politische Theorie in den USA.* Hamburg: Lit.

Hammersley, M./Atkinson, P. (2007): *Ethnography. Principles in Practice.* London: Routledge.

Hanfeld, M. (2010). *Ist er von einem Blogger gestürzt worden?* FAZ-online. Retrieved 10/31/11, from http://www.faz.net/aktuell/feuilleton/medien/koehlers-ruecktritt-ist-er-von-einem-blogger-gestuerzt-worden-1993979.html

Hartmann, M./Krotz, F. (2010): Online-Kommunikation als Kultur. In: Schweiger, W./Beck, K. (Hg.): *Handbuch Online-Kommunikation.* Wiesbaden: VS: 234–256.

Hasebrink, U./Rohde, W. (2009): Die Social Web-Nutzung Jugendlicher und junger Erwachsener: Nutzungsmuster, Vorlieben und Einstellungen. In: Schmidt, J./Paus-Hasebrink, I./Hasebrink, U. (Hg.): *Heranwachsen mit dem Social Web. Zur Rolle von Web 2.0-Angeboten im Alltag von Jugendlichen und jungen Erwachsenen.* Berlin: Vistas: 83–119.

Hass, B. H./Walsh, G./Kilian, T. (Hg.) (2008): *Web 2.0: Neue Perspektiven für Marketing und Medien.* Berlin: Springer.

Haus, M. (2003): *Kommunitarismus: Einführung und Analyse.* Wiesbaden: Westdeutscher Verlag.

Haythornthwaite, C. (2005) Introduction: Computer-Mediated Collaborative Practices. In: *Journal of Computer-Mediated Communication* 10(4), Retrieved Access Date Access 2005, from http://jcmc.indiana.edu/vol10/issue4/haythornthwaite.html.

Haythornthwaite, C. (2007): Social networks and Online Community. In: Joinson, A. N./McKenna, K. Y. A./Reips, U. R. et al. (Hg.): *Oxford Handbook of Internet Psychology.* Oxford: Oxford University Press: 121–136.

Hepp, A. (2011): Netzwerke, Kultur und Medientechnologie: Möglichkeiten einer kontextualisierten Netzkulturforschung. In: Hartmann, M./Wimmer, J. (Hg.):

Digitale Medientechnologien: Vergangenheit – Gegenwart – Zukunft. Wiesbaden: VS: 53–74.

Hepp, A./Krotz, F./Moores, S. et al. (Hg.) (2006): *Konnektivität, Netzwerk und Fluss. Konzepte gegenwärtiger Medien-, Kommunikations- und Kulturtheorie.* Wiesbaden: VS.

Herring, S. C./Kouper, I./Paolillo, J. C. et al. (2005): *Conversations in the Blogoshere: An Analysis 'From the Bottom Up'*. 38th Hawaii International Conference on Systems Sciences, Los Alamitos, CA.

Herring, S. C./Paollilo, J. C. (2006): Gender and genre variation in weblogs. In: *Journal of Sociolinguistics* 10(4): 439–459.

Hertel, G./Geister, S./Konradt, U. (2005): Managing virtual teams: A review of current empirical research. In: *Human Resource Management Review* 15: 69–95.

Hess, T./Schulze, B. (2004): Mehrfachnutzung von Inhalten in der Medienindustrie. Grundlagen, Varianten, Heruasforderungen. In: Altmeppen, K.-D./Karmasin, M. (Hg.): *Medien und Ökonomie, Bd. 2: Problemfelder der Medienökonomik.* Wiesbaden: VS: 41–62.

Hickethier, K. (2003): *Einführung in die Medienwissenschaft.* Stuttgart/Weimar: Metzler.

Hiebler, H./Kogler, K./Walitsch, H. et al. (1997): *Kleine Medienchronik: Von den ersten Schriftzeichen zum Mikrochip.* München: Fink.

Hiltz, S. R./Turoff, M. (1993): *The Network Nation. Human Communication via Computer.* Cambridge, MA: MIT Press.

Hine, C. (2008): Virtual Ethnography: Modes, Varieties, Affordances. In: Fielding, N. G./Lee, R. M./Blank, G. (Hg.): *Handbook of Online Research Methods.* Thousand Oaks, CA: Sage: 257–270.

Hirsch, E. L./Piore, M. J./Sabel, C. F. (1986): Review of The Second Industrial Divide: Possibilities for Prosperity. In: *American Journal of Sociology* 91(5): 1259–1260.

Hirschauer, S. (2001): Ethnographisches Schreiben und die Schweigsamkeit des Sozialen. Zu einer Methodologie der Beschreibung. In: *Zeitschrift für Soziologie* 30: 429–451.

Höflich, J. R. (1996): *Technisch vermittelte interpersonale Kommunikation: Grundlagen, organisatorische Medienverwendung, Konstitution „elektronischer Gemeinschaften".* Opladen: Westdeutscher Verlag.

Höflich, J. R. (1997): Zwischen massenmedialer und technisch vermittelter interpersonaler Kommunikation – der Computer als Hybridmedium und was die Menschen damit machen. In: Beck, K./Vowe, G. (Hg.): *Computernetze – ein Medium öffentlicher Kommunikation?* Berlin: Spiess: 85–104.

Höflich, J. R. (1998): Computerrahmen und die undifferenzierte Wirkungsfrage oder: warum erst einmal geklärt werden muß, was die Menschen mit den Computern machen. In: Rössler, P. (Hg.): *Online-Kommunikation. Beiträge zu Nutzung und Wirkung.* Opladen: Westdeutscher Verlag: 47–64.

Höflich, J. R. (2003): *Mensch, Computer und Kommunikation: theoretische Verortungen und empirische Befunde.* Frankfurt a. M.: Peter Lang.

Höflich, J. R./Gebhardt, J. (Hg.) (2005): *Mobile Kommunikation. Perspektiven und Forschungsfelder.* Frankfurt a. M.: Peter Lang.

Holly, W. (2005): Zum Zusammenspiel von Sprache und Bildern im audiovisuellen Verstehen. In: Busse, D./Niehr, T./Wengeler, M. (Hg.): *Brisante Semantik. Neuere Konzepte und Forschungsergebnisse einer kulturwissenschaftlichen Linguistik.* Tübingen: Niemeyer: 337–354.

Homans, G. C. (1972): *Theorie der sozialen Gruppe*. Opladen: Westdeutscher Verlag.
Huber, M. (2008): *Kommunikation im Web 2.0*. Konstanz: UVK.
Huberman, B./Romero, D./Wu, F. (2009) Social networks that matter: Twitter under the microscope. In: *First Monday* 14(1), Retrieved Access Date Access 2009.
Huffaker, D. A./Calvert, S. L. (2005) Gender, identity and language use in teenage blogs. In: *Journal of Computer-Mediated Communication* 10(2), Retrieved Access Date Access 2005, from http://jcmc.indiana.edu/vol10/issue2/huffaker.html.
Ingenhoff, D./Koelling, A. M. (2009): The potential of web sites as a relationship building tool for charitable fundraising NPOs. In: *Public Relations Review* 35(1): 66–73.
Jäckel, M./Mai, M. (Hg.) (2005): *Online-Vergesellschaftung?: Mediensoziologische Perspektiven auf neue Kommunikationstechnologien*. Wiesbaden: VS.
Jackob, N./Schoen, H./Zerback, T., (Hg.) (2009): *Sozialforschung im Internet: Methodologie und Praxis der Online-Befragung*. Wiesbaden: VS.
Jackson, N. A./Lilleker, D. G. (2004): Just Public Relations or an Attempt at Interaction? British MPs in the Press, on the Web and 'In Your Face'. In: *European Journal of Communication* 19(4): 507–534.
Jäger, L. (2002): Transkriptivität. Zur medialen Logik der kulturellen Semantik. In: Jäger, L./Stanitzek, G. (Hg.): *Transkribieren Medien/Lektüre*. München: Fink: 19–42.
Janning, F./Toens, K. (Hg.) (2008): *Die Zukunft der Policy-Forschung. Theorien, Methoden, Anwendungen*. Wiesbaden: VS.
Jarren, O./Donges, P. (2006): *Politische Kommunikation in der Mediengesellschaft: Eine Einführung*. Wiesbaden: VS.
Jenkins, H. (2006): *Convergence Culture: Where Old and New Media Collide*. New York: NYU Press.
Johnson, M. A. (1997): Public Relations and Technology: Practitioner Perspectives. In: *Journal of Public Relations Research* 9(3): 213–236.
Johnson, T. J./Kaye, B. K. (2009): In blog we trust? Deciphering credibility of components of the internet among politically interested internet users. In: *Computers in Human Behavior* 25(1): 175–182.
Joinson, A. N. (2001): Self-disclosure in computer-mediated communication: The role of self-awareness and visual anonymity. In: *European Journal of Social Psychology* 31: 177–192.
Joinson, A. N. (2003): *Understanding the Psychology of Internet Behaviour: Virtual Worlds, Real Lives*. Basingstoke: Palgrave Macmillan.
Joinson, A. N. (2006): Disinhibition and the Internet In: Gackenbach, J. (Hg.): *Psychology and the Internet* Burlington, MA: Academic Press: 75–92.
Jünger, J./Wehmeier, S. (2008): Unternehmensauftritte im Internet: Eine Benchmarkanalyse im Mobilfunksektor. In: Bentele, G./Piwinger, M./Schönborn, G. (Hg.): *Handbuch Kommunikationsmanagement*. Neuwied: Luchterhand.
Kaczmirek, L./Neubarth, W. (2007): Nicht-reaktive Datenerhebung: Teilnahmeverhalten bei Befragungen mit Paradaten evaluieren. In: DGOF. (Hg.): *Online-Forschung 2007: Grundlagen und Fallstudien* Köln: Halem: 293–311.
Kaletka, C. (2003): *Die Zukunft politischer Internetforen- Eine Delphi-Studie*. Münster: Lit.
Karmasin, M./Winter, C. (Hg.) (2006): *Konvergenzmanagement und Medienwirtschaft*. München: Fink/UTB.
Katz, E. (1957): The Two-Step Flow of Communication: An Up-To-Date Report on an Hypothesis. In: *Public Opinion Quarterly* 21(1): 61–78.

Katzenbach, C. (2008): *Weblogs und ihre Öffentlichkeiten: Motive und Strukturen der Kommunikation im Web 2.0*. München: Reinhard Fischer.

Katzenbach, C. (2010): Weblog-Öffentlichkeiten als vernetzte Gespräche. Zur theoretischen Verortung von Kommunikation im Web 2.0. In: Wolling, J./Seifert, M./Emmer, M. (Hg.): *Politik 2.0.? Die Wirkung computervermittelter Kommunikation auf den politischen Prozess*. Baden-Baden: Nomos: 189–210.

Kaumanns, R./Siegenheim, V. (2008): Von der Suchmaschine zum Werbekonzern: Googles Ambitionen für ein crossmediales Werbenetzwerk. In: *Media Perspektiven* 1: 25–33.

Kelle, U./Kluge, S. (1999): *Vom Einzelfall zum Typus. Fallvergleich und Fallkonstrastierung in der qualitativen Sozialforschung*. Opladen: Leske + Budrich.

Kelle, U./Tobor, A./Metje, B. (2009): Quantitative Evaluationsforschung im Internet- Online-Foren als Werkzeuge interpretativer Sozialforschung. In: Jackob, N./Schoen, H./Zerback, T. (Hg.): *Sozialforschung im Internet. Methodologie und Praxis der Online-Befragung*. Wiesbaden: VS: 181–196.

Keller, R. (2005): *Wissenssoziologische Diskursanalyse. Grundlegung eines Forschungsprogramms*. Wiesbaden: VS.

Kent, M. L./Taylor, M. (1998): Building dialogic relationships through the world wide web: Are they sufficiently fulfilling organizational goals? In: *Public Relations Review* 24(3): 273–288.

Keupp, H./Ahbe, T./Gmür, W. et al. (1999): *Identitätskonstruktionen: Das Patchwork der Identitäten in der Spätmoderne*. Reinbek bei Hamburg: Rowohlt.

Kiefer, M. L. (2005): *Medienökonomik. Einführung in eine ökonomische Theorie der Medien* München/Wien: Oldenbourg.

Kiesler, S./Siegel, J./McGuire, T. W. (1984): Social psychological aspects of computer-mediated communication. In: *American Psychologist* 39(10): 1123–1134.

Kiesler, S./Sproull, L. (1986): Response effects in the electronic survey. In: *Public Opinion Quarterly* 50: 402–413.

Kiesler, S./Sproull, L. (1991): *Connections: New Ways of Working in the Networked Organization*. Cambridge, MA: MIT Press.

Kimball, R./Merz, R. (2000): *The Data Webhouse Toolkit: Building the Web-Enabled Data Warehouse*. New York: Wiley.

Klammer, B. (2005): *Empirische Sozialforschung. Eine Einführung für Kommunikationswissenschaftler und Journalisten*. Konstanz: UVK/UTB.

Kleinwächter, W. (2006): Internet Governance: Auf dem Wege zu einem strukturierten Dialog. In: Klump, D./Kubicek, H./Roßnagel, A. et al. (Hg.): *Medien, Ordnung und Innovation*. Berlin/Heidelberg/New York: Springer: 215–226.

Knobloch-Westerwick, S./Alter, S. (2007): Sex-segregated news consumption: Origins of gender-typed patterns of Americans' selective exposure to news topics. In: *Journal of Communication* 57(4): 739–758.

Koch, P./Oesterreicher, W. (1994): Schriftlichkeit und Sprache. In: Günther, H./Ludwig, O. (Hg.): *Schrift und Schriftlichkeit. Ein interdisziplinäres Handbuch internationaler Forschung*. Berlin/New York: De Gruyter: 587–604.

Köhler, T. (2003): *Das Selbst im Netz*. Wiesbaden: Westdeutscher Verlag.

Köhler, T. (2006): *PR im Internet. Nutzungsmöglichkeiten, Einflussfaktoren und Problemfelder*. Wiesbaden: VS

Kolo, C. (2010): Online-Medien und Wandel: Konvergenz, Diffusion, Substitution. In: Schweiger, W./Beck, K. (Hg.): *Handbuch Online-Kommunikation*. Wiesbaden: VS: 283–307.
Korte, K.-R./Fröhlich, M. (2004): *Politik und Regieren in Deutschland: Strukturen, Prozesse, Entscheidungen*. Paderborn: Schöningh.
Kozinets, R. V. (2009): *Netnography: Doing Ethnographic Research Online*. Thousand Oaks, CA: Sage.
Kraut, R./Kiesler, S./Boneya, B. et al. (2002): Internet paradox revisited. In: *Journal of Social Issues* 58(1): 49–74.
Kress, G. (2010): *Multimodality. A Social Semiotic Approach to Contemporary Communication*. New York/London: Routledge.
Kress, G./Leeuwen, T. v. (1996): *Reading Images. The Grammar of Visual Design*. London: Routledge.
Kress, G./Leeuwen, T. v. (2001): *Multimodal Discouse. The Modes and Media of Contemporary Communication*. London: Arnold.
Krippendorff, K. (2004): *Content Analysis: An Introduction to Its Methodology*. Thousand Oaks: Sage.
Kroeber-Riehl, W. (1993): *Bildkommunikation. Imagerystrategien für die Werbung*. München: Vahlen.
Krotz, F. (1998): Digitalisierte Medienkommunikation. Veränderungen interpersonaler und öffentlicher Kommunikation. In: Neverla, I. (Hg.): *Das Netz-Medium. Kommunikationswissenschaftliche Aspekte eines Mediums in Entwicklung*. Opladen: Westdeutscher Verlag: 113–135.
Krotz, F. (2005): *Neue Theorien entwickeln. Eine Einführung in die Grounded Theory, die Heuristische Sozialforschung und die Ethnographie anhand von Beispielen aus der Kommunikationsforschung*. Köln: Halem.
Krotz, F. (2007): *Mediatisierung: Fallstudien zum Wandel von Kommunikation*. Wiesbaden: VS.
Krüger, M./Leibold, K. (2006): Internet-Zahlungen aus der Sicht der Verbraucher. In: Lammer, T. (Hg.): *Handbuch E-Money, E-Payment & M-Payment*. Heidelberg: Physica: 307–324.
Kubicek, H./Schmid, U./Wagner, H. (Hg.) (1997): *Bürgerinformation und Medieninnovation*. Opladen: Westdeutscher Verlag.
Kuckartz, U. (2009): *Evaluation online: Internetgestützte Befragung in der Praxis*. Wiesbaden: VS.
Kühl, S. (2003): New Economy, Risikokapital und die Mythen des Internet. In: *Berliner Journal für Soziologie* 13(1): 77–96.
Lammenett, E. (2006): *Praxiswissen Online-Marketing: Affiliate- und E-Mail-Marketing, Keyword-Advertising, Online-Werbung, Suchmaschinen-Optimierung*. Wiesbaden: Gabler.
Lamnek, S. (2005): *Qualitative Sozialforschung*. Weinheim/Basel: Beltz.
Landes, W. M./Posner, R. A. (2003): *The Economic Structure of Intellectual Property Law*. Cambridge, MA: Belknap Press of Harvard University Press.
Langner, S. (2005): *Viral Marketing: Wie Sie Mundpropaganda gezielt auslösen und Gewinn bringend nutzen*. Wiesbaden: Gabler.
Latzer, M./Schmitz, S. W. (2002): *Die Ökonomie des eCommerce: New Economy, digitale Ökonomie und realwirtschaftliche Auswirkungen*. Marburg: Metropolis.

Lazarsfeld, P./Menzel, H. (1964): Massenmedien und personaler Einfluß. In: Schramm, W. (Hg.): *Grundfragen der Kommunikationsforschung*. München: Juventa: 117–139.
Le Bon, G. ([1895] 1982): *Psychologie der Massen*. Stuttgart: Kröner.
Leadbeater, C. (1999): *Living on Thin Air: The New Economy*. New York: Viking Press.
Leary, M. R./Kowalski, R. M. (1990): Impression Manangement. A Literature Review and Two-Component Model. In: *Psychological Bulletin* 107(1): 34–47.
Leeuwen, T. v. (2005): *Introducing Social Semiotics*. London: Routledge.
Lehmann, K./Schetsche, M. (Hg.) (2005): *Die Google-Gesellschaft. Vom digitalen Wandel des Wissens*. Bielefeld: Transcript.
Lerman, K./Laurie, J. (2006): *Social Browsing on Flickr*. International Conference on Weblogs and Social Media, Boulder, CO.
Levine, R./Locke, C./Searls, D. et al. (Hg.) (2000): *The Cluetrain Manifesto: The End of Business as Usual*. Cambridge, MA: Perseus.
Lindner, R. (2007): *Politischer Wandel durch digitale Netzwerkkommunikation? Strategische Anwendung neuer Kommunikationstechnologien durch kanadische Parteien und Interessengruppen*. Wiesbaden: VS.
Litman, J. (2000): *Digital Copyright: Protecting Intellectual Property on the Internet*. Amherst, NY: Prometheus Books.
Liu, Y./Shrum, L. J. (2002): What Is Interactivity and Is It Always Such a Good Thing? Implications of Definition, Person, and Situation for the Influence of Interactivity on Advertising Effectiveness. In: *Journal of Advertising* 31(4): 53–64.
Löffelholz, M. (2008): *Kriegs- und Krisenberichterstattung. Ein Handbuch*. Konstanz: UVK.
Loos, P./Schäffer, B. (2001): *Das Gruppendiskussionsverfahren: Theoretische Grundlagen und empirische Anwendung*. Opladen: Leske + Budrich.
Lorenz-Meyer, L. (2005): Trendanalyse: Wie werden sich die digitalen Medienszene und der klassische Journalismus entwickeln? In: NetzwerkRecherche. (Hg.): *Online-Journalismus. Chancen, Risiken und Nebenwirkungen der Internet-Kommunikation: Ergebnisse der Kommunikations-Fachtagung des Netzwerk Recherche e.V.* Wisbaden: Netzwerk Recherche: 43–49.
Ludes, P. (2001): *Multimedia und Multi-Moderne: Schlüsselbilder: Fernsehnachrichten und World Wide Web – Medienzivilisierung in der Europäischen Währungsunion*. Wiesbaden: Westdeutscher Verlag.
Luhmann, N. (1971): Sinn als Grundbegriff der Soziologie. In: Habermas, J./Luhmann, N. (Hg.): *Theorie der Gesellschaft oder Sozialtechnologie. Was leistet die Systemforschung?* Frankfurt a. M.: Suhrkamp: 25–100.
Luhmann, N. (1990): Gesellschaftliche Komplexität und öffentliche Meinung. In: Luhmann, N. (Hg.): *Soziologische Aufklärung 5. Konstruktivistische Perspektiven*. Opladen: Westdeutscher Verlag: 170–182.
Lunt, P./Livingstone, S. (1996): Rethinking the Focus Group in Media and Communications Research. In: *Journal of Communication* 46(2): 79–98.
Machill, M./Beiler, M. (2007): *Die Macht der Suchmaschinen*. Köln: Halem.
Machill, M./Beiler, M./Zenker, M. (2007): Suchmaschinenforschung. Überblick und Systematisierung eines interdisziplinären Forschungsfeldes. In: Beiler, M./Machill, M. (Hg.): *Die Macht der Suchmaschinen*. Köln: Halem: 7–43.
Machill, M./Lewandowski, D./Karzauninkat, S. (2005): Journalistische Aktualität im Internet. Ein Experiment mit den News-Suchfunktionen von Suchmaschinen. In:

Machill, M./Schneider, N. (Hg.): *Suchmaschinen: Herausforderung für die Medienpolitik.* Berlin: Vistas: 105–164.

Malchow, T./Schulz, J. (2008): Emergenz im Internet. Protest, Konflikt und andere Formen verständigungsloser Kommunikation. In: Thimm, C./Wehmeier, S. (Hg.): *Organisationskommunikation online : Grundlagen, Praxis, Empirische Ergebnisse.* Frankfurt a. M.: Lang: 61–81.

Malinowski, B. ([1922] 1997): *Argonauten des westlichen Pazifik.* Frankfurt a. M.: Syndikat.

Marcinkowski, F. (1993): *Publizistik als autopoietisches System: Politik und Massenmedien. Eine systemtheoretische Analyse.* Opladen: Westdeutscher Verlag.

Markham, A. N./Baym, N. K. (2009): *Internet Inquiry: Conversations About Method.* Thousand Oaks, CA: Sage.

Marr, M./Zillien, N. (2010): Digitale Spaltung. In: Schweiger, W./Beck, K. (Hg.): *Handbuch Online-Kommunikation.* Wiesbaden: VS: 257–282.

Mathes, R./Czaplicki, A. (1993): Meinungsführer im Mediensystem. Top-down und bottom-up Prozesse. In: *Publizistik* 38(2): 153–166.

Matthes, J. (2007): *Framing-Effekte. Zum Einfluss der Politikberichterstattung auf die Einstellungen der Rezipienten.* München: Reinhard Fischer.

Maurer, M./Jandura, O. (2009): Masse statt Klasse? Einige kritische Anmerkungen zu Repräsentativität und Validität von Online-Befragungen. In: Jackob, N./Schoen, H./Zerback, T. (Hg.): *Sozialforschung im Internet. Methodologie und Praxis der Online-Befragung.* Wiesbaden: VS: 61–74.

Mayntz, R. (2010): Governance im modernen Staat. In: Benz, A. (Hg.): *Governance – Regieren in komplexen Regelsystemen. Eine Einführung.* Wiesbaden: VS: 37–48.

Mayring, P./Gläser-Zikuda, M. (Hg.) (2008): *Die Praxis der Qualitativen Inhaltsanalyse.* Weinheim: Beltz/UTB.

Mayring, P./Hurst, A. (2005): Qualitative Inhaltsanalyse. In: Mikos, L./Wegener, C. (Hg.): *Qualitative Medienforschung. Ein Handbuch.* Konstanz: UVK/UTB: 430–447.

McKee, H./Porter, J. E. (2008). *The Ethics of Digital Writing Research: A Rhetorical Approach.* Retrieved 6/14/11, from http://www.users.muohio.edu/mckeeha/mckee_porter_ccc.pdf.

McKenna, K. Y. A./Bargh, J. A. (1998): Coming out in the age of the Internet: Identity "demarginalization" through virtual group participation. In: *Journal of Personality and Social Psychology* 75(3): 681–694.

McKenna, K. Y. A./Bargh, J. A. (2000): Plan 9 From Cyberspace: The Implications of the Internet for Personality and Social Psychology In: *Personality and Social Psychology Review* 4: 57–75.

McKenna, K. Y. A./Green, A. S./Gleason, M. J. (2002): Relationship formation on the Internet: What's the big attraction? In: *Journal of Social Issues* 58(1): 9–31.

Mead, G. H. ([1934] 1968): *Geist, Identität und Gesellschaft aus der Sicht des Sozialbehaviorismus.* Frankfurt a. M.: Suhrkamp.

Meier, S. (2008a): *(Bild-)Diskurs im Netz. Konzept und Methode für eine semiotische Diskursanalyse im World Wide Web.* Köln: Halem.

Meier, S. (2008b): Von der Sichtbarkeit im Diskurs. Zur Methode diskursanalytischer Untersuchung multimodaler Kommunikation. In: Warnke, I./Spitzmüller, J. (Hg.): *Diskurslinguistik nach Foucault. Methoden.* Berlin/New York: de Gruyter: 263–286.

Meier, S./Wünsch, C./Pentzold, C. et al. (2010): Auswahlverfahren für Online-Inhalte. In: Welker, M./Wünsch, C. (Hg.): *Die Online-Inhaltsanalyse: Forschungsobjekt Internet*. Köln: Halem: 103–123.

Meisner, H. (2006): *Einführung in die Internetökonomie: Arbeiten und Investieren in einer modernen Wirtschaft*. Münster: Lit.

Merten, K. (1977): *Kommunikation. Eine Begriffs- und Prozeßanalyse*. Opladen: Westdeutscher Verlag.

Merten, K. (1995): *Inhaltsanalyse*. Opladen: Westdeutscher Verlag.

Messner, M./Distaso, M. W. (2008): The Source Cycle. In: *Journalism Studies* 9(3): 447–463.

Michel, B. (2006): *Bild und Habitus: Sinnbildungsprozesse bei der Rezeption von Fotografien*. Wiesbaden: VS.

Miebach, B. (2006): *Soziologische Handlungstheorie: Eine Einführung*. Wiesbaden: VS.

Miesler, M. (2009): *Politische PR im Internet. Der Online-Wahlkampf zur Bundespräsidentenwahl in Österreich*. Hamburg: Diplomica.

Mileham, B. L. A. (2007): Online infidelity in Internet chat rooms: An ethnopraphic exploration. In: *Computers in Human Behavior* 23(1): 11–31.

Milgram, S. (1963): Behavioral Study of Obedience. In: *The Journal of Abnormal and Social Psychology The Journal of Abnormal and Social Psychology* 67(4): 371–378.

Milgram, S. (1997 [1974]): *Das Milgram-Experiment. Zur Gehorsamsbereitschaft gegenüber Autorität*. Reinbek bei Hamburg: Rowohlt.

Miller, D./Slater, D. (2000): *The Internet: An Ethnographic Approach*. Oxford: Berg.

Misoch, S. (2004): *Identitäten im Internet. Selbstdarstellung auf privaten Homepages*. Konstanz: UVK.

Morel, J./Meleghy, T./Niedenzu, H.-J. et al. (Hg.) (2007/2001): *Soziologische Theorie: Abriß der Ansätze ihrer Hauptvertreter*. München: Oldenbourg.

Morgan, D. L. (1988): *Focus Groups as Qualitative Research*. Newbury Park: Sage.

Müller, M. G. (2003): *Grundlagen der visuellen Kommunikation: Theorieansätze und Analysemethoden*. Konstanz: UVK.

Nayar, P. K. (2010): *An Introduction to New Media and Cybercultures*. New York: Wiley.

Neidhardt, F. (1979): Das innere System sozialer Gruppen. In: *Kölner Zeitschrift für Soziologie und Sozialpsychologie* 31: 639–660.

Neidhardt, F. (Hg.) (1994): *Öffentlichkeit, öffentliche Meinung, soziale Bewegungen*. Opladen: Westdeutscher Verlag.

Neuberger, C. (2007): Interaktivität, Interaktion, Internet. Eine Begriffsanalyse. In: *Publizistik* 1(52): 33–50.

Neuberger, C. (2009): Internet, Journalismus und Öffentlichkeit. Analyse des Medienumbruchs. In: Neuberger, C./Nuernbergk, C./Rischke, M. (Hg.): *Journalismus im Internet. Profession – Partizipation – Technisierung*. Wiesbaden: VS.

Neuberger, C./Nuernbergk, C./Rischke, M. (2009): Journalismus im Internet. Zwischen Profession, Partizipation und Technik. In: *Media Perspektiven*(4): 174–188.

Neuberger, C./Quandt, T. (2010): Internet-Journalismus: Vom traditionellen Gatekeeping zum partizipativen Journalismus? In: Schweiger, W./Beck, K. (Hg.): *Handbuch Online-Kommunikation* Wiesbaden: VS: 59–79.

Newhagen, J. E./Rafaeli, S. (1995): Why Communication Researchers Should Study the Internet: A Dialogue. In: *Journal of Communication* 46(1): 4–13.

Nielsen, J. (09.10.2006). *Participation Inequality: Encouraging More Users to Contribute.* Retrieved 8/15/11, from http://www.useit.com/alertbox/participation_inequality.html.

Nisbet, M. C./Kotcher, J. E. (2009): A Two-Step Flow of Influence? Opinion-Leader Campaigns on Climate Change. In: *Science Communication* 30(3): 328–354.

O'Sullivan, P./Flanagin, A. (2003): Reconceptualizing 'flaming' and other problematic messages. In: *New Media & Society* 5(1): 69–94.

O'Connor, H./Madge, C./Shaw, R. et al. (2008): Internet-based Interviewing. In: Fielding, N./Lee, R. M./Blank, G. (Hg.): *The Sage Handbook of Online Research Methods.* Thousand Oaks, CA: Sage: 271–289.

O'Reilly, T. (30.09.2005). *What is Web 2.0. Design patterns and business models for the next generation of software.* Retrieved 8/4/11, from http://oreilly.com/web2/archive/what-is-web-20.html.

OECD. (2007). *Participative Web and User-Created Content: Web 2.0, Wikis and Social Networking.* Retrieved 8/4/11, from http://www.oecd.org/document/40/0,3746,en_2649_34223_39428648_1_1_1_1,00.html.

Oels, A. (2005): Rendering climate change governable: From biopower to advanced liberal government? In: *Journal of Environmental Policy and Planning* 7((3)): 185–208.

Orgad, S. (2006): The Cultural Dimensions of Online Communication: A Study of Breast Cancer Patients' Internet Spaces. In: *New Media & Society* 8(6): 877–899.

Ortony, A./Clore, G. L./Collins, A. (1988): *The Cognitive Structure of Emotions.* Cambridge: Cambridge University Press.

Papsdorf, C. (2009). *Wie Surfen zu Arbeit wird: Crowdsourcing im Web 2.0.* Frankfurt a. M./New York, Campus.

Parks, M. R./Roberts, L. D. (1998): Making MOOsic: The development of personal relationships on line and a comparison to their off-line counterparts. In: *Journal of Social and Personal Relationships* 15: 517–537.

Pentzold, C./Seidenglanz, S./Fraas, C. et al. (2007): Wikis. Bestandsaufnahme eines Forschungsfeldes und Skizzierung eines integrativen Analyserahmens. In: *Medien und Kommunikationswissenschaft* 1(55): 61–79.

Perlmutter, D. D. (2008): Political Blogging and Campaign 2008: A Roundtable. In: *The International Journal of Press/Politics* 13(2): 160–170.

Petersen, S. M. (2008) Loser generated content: From participation to exploitation. In: *First Monday* 13(3), Retrieved Access Date Access 2008, from http://firstmonday.org/htbin/cgiwrap/bin/ojs/index.php/fm/article/view/2141/1948.

Picot, A./Neuburger, R. (2006): Internet-Ökonomie In: Altmeppen, K.-D./Karmasin, M. (Hg.): *Medien und Ökonomie. Bd. 3: Anwendungsfelder der Medienökonomie.* Wiesbaden: VS.

Picot, A./Reichwald, R./Wigand, R. T. (2003): *Die grenzenlose Unternehmung : Information, Organisation und Management.* Wiesbaden: Gabler.

Piller, F. T. (2006): *Mass customization: Ein wettbewerbsstrategisches Konzept im Informationszeitalter.* Wiesbaden: DUV.

Pleil, T. (2007): *Online-PR im Web 2.0: Fallbeispiele aus Wirtschaft und Politik.* Konstanz: UVK.

Pleil, T./Zerfaß, A. (2007): Internet und Social Software in der Unternehmenskommunikation. In: Piwinger, M./Zerfaß, A. (Hg.): *Handbuch Unternehmenskommunikation.* Wiesbaden: Gabler: 511–532.

Porat, M. U. (1977): *The Information Economy: Definition and Measurement.* Washington, DC: United States Department of Commerce.

Postmes, T./Spears, R./Lea, M. (1998): Breaching or building social boundaries? SIDE-effects of computer-mediated communication. In: *Communication Research* 25: 689–715.

Pötschke, M. (2009): Potentiale von Online-Befragungen: Erfahrungen aus der Hochschulforschung. In: Jackob, N./Schoen, H./Zerback, T. (Hg.): *Sozialforschung im Internet. Methodologie und Praxis der Online-Befragung.* Wiesbaden: VS: 75–90.

Powell, W. W. (1990): Neither market nor hierarchy: Network forms of organization. In: *Research in Organizational Behavior* 12: 295–336.

Preece, J./Maloney-Krichmar, D. (2005) Online Communities: Design, Theory and Practice. In: *Journal of Computer-Mediated Communication* 10(4), Retrieved Access Date Access 2005, from http://jcmc.indiana.edu/vol10/issue4/preece.html.

Quah, D. (2003): Digital Goods and the New Economy. In: Jones, D. C. (Hg.): *New Economy Handbook.* London: Academic Press: 289–321.

Raab, J. (2008): *Visuelle Wissenssoziologie: Theoretische Konzeption und materiale Analysen.* Konstanz: UVK.

Rehder, B./Winter, T. v./Willems, U. (Hg.) (2009): *Interessenvermittlung von Politikfeldern: Vergleichende Befunde der Policy- und Verbändeforschung.* Wiesbaden: VS.

Reichertz, J./Englert, C. J. (2011): *Einführung in die qualitative Videoanalyse. Eine hermeneutisch-wissenssoziologische Fallanalyse.* Wiesbaden: VS.

Reichwald, R./Piller, F. T. (2006): *Interaktive Wertschöpfung: Open Innovation, Individualisierung und neue Formen der Arbeitsteilung.* Wiesbaden: Gabler.

Reid, E. M. (1996): Text-Based Virtual Realities: Identity and the Cyborg Body and Communication and Community on Internet Relay Chat: Constructing Communities. In: Ludlow, P. (Hg.): *High Noon on the Electronic Frontier: Conceptual Issues in Cyberspace.* Cambridge, MA: MIT Press: 327–346.

Renckstorf, K. (1977): *Neue Perspektiven in der Massenkommunikationsforschung. Beiträge zur Begründung eines alternativen Forschungsansatzes.* Berlin: Spiess.

Renner, K.-H./Marcus, B./Machilek, F. et al. (2005): Selbstdarstellung und Persönlichkeit auf privaten Homepages. In: Renner, K.-H./Schütz, A./Machilek, F. (Hg.): *Internet und Persönlichkeit. Differentiell-spsychologische und diagnostische Aspekte der Internetnutzung.* Göttingen: Hofgrefe: 189–204.

Rensmann, L. (2005): *Demokratie und Judenbild: Antisemitismus in der politischen Kultur der Bundesrepublik Deutschland.* Wiesbaden: VS.

Rheingold, H. (1993): *The Virtual Community: Homesteading at the Electronic Frontier.* Reading: Addison-Wesley.

Rice, R. E./Love, G. (1987): Electronic emotion: Socio-emotional content in a computer-mediated communication network. In: *Communication Research* 14(1): 85–108.

Rogers, E. M. (1973): Mass media and interpersonal communication. In: Pool, I. S./W. Schramm, F. W./Frey, N. M. et al. . (Hg.): *Handbook of communication.* Chicago: Rand McNally: 290–310.

Römmele, A. (2003): Political Parties, Party Communication and New Information and Communication Technologies. In: *Party Politics* 9(1): 7–21.

Rössler, P. (1998): Wirkungsmodelle: Die digitale Herausforderung. Überlegungen zu einer Inventur bestehender Erklärungsansätze der Medienwirkungsforschung. In: Rössler, P. (Hg.): *Online-Kommunikation. Beiträge zur Nutzung und Wirkung.* Opladen: Westdeutscher Verlag: 17–46.

Rössler, P. (2005): *Inhaltsanalyse.* Konstanz: UVK/UTB.

Rössler, P./Wirth, W. (2001): Inhaltsanalysen im World Wide Web. In: Wirth, W./Lauf, E. (Hg.): *Inhaltsanalysen. Perspektiven, Probleme, Potentiale.* Köln: Halem: 280–302.

Röttger, U. (2008): Aufgabenfelder. In: Bentele, G./Fröhlich, R./Szyszka, P. (Hg.): *Handbuch der Public Relations: Wissenschaftliche Grundlagen und berufliches Handeln.* Wiesbaden: VS: 501–510.

Russel, A. (2005): Myth and the Zapatista Movement: Exploring a Network Identity. In: *New Media & Society* 7(4): 559–577.

Sachs-Hombach, K. (2003): *Das Bild als kommunikatives Medium. Elemente einer allgemeinen Bildwissenschaft.* Köln: Halem.

Samuelson, P. A. (1954): The Pure Theory of Public Expenditure. In: *Review of Economics and Statistics* 36(4): 387–389.

Samuelson, P. A./Nordhaus, W. D. (2007): *Volkswirtschaftslehre : Das internationale Standardwerk der Makro- und Mikroökonomie.* Landsberg: Mi-Fachverlag.

Sanjek, R. (1991): *Fieldnotes: The Makings of Anthropology.* New York: Cornell University Press.

Sarcinelli, U. (2005): *Politische Kommunikation in Deutschland: Zur Politikvermittlung im demokratischen System.* Wiesbaden: VS.

Saxer, U. (1980): Grenzen der Publizistikwissenschaft. In: *Publizistik*(4): 525–543.

Saxer, U. (1996): Medientransformation – Bilanz nach einem Jahrzehnt dualen Rundfunks in Deutschland. In: Hömberg, W./Pürer, H. (Hg.): *Medien-Transformation. Zehn Jahre dualer Rundfunk in Deutschland.* Konstanz: UVK: 19–44.

Schenk, M. (1987): *Medienwirkungsforschung.* Tübingen: Mohr.

Schenk, M. (1989): Massenkommunikation und interpersonale Kommunikation. In: Kaase, M./Schulz, W. (Hg.): *Massenkommunikation. Theorien, Methoden, Befunde.* Opladen: Westdeutscher Verlag: 406–417.

Schenk, M. (1995): *Soziale Netzwerke und Massenmedien: Untersuchungen zum Einfluss der persönlichen Kommunikation.* Tübingen: Mohr.

Scheufele, B. (2008): Discourse Analysis. In: Donsbach, W. (Hg.): *International Encyclopedia of Communication.* Oxford, Malden: Blackwell.

Scheufele, D. (1999): Framing as a Theory of Media Effects. In: *The Journal of Communication* 49(1): 103–122.

Schmidt, J. (2005): *Der virtuelle lokale Raum. Zur Institutionalisierung lokal bezogener Online-Nutzungsepisoden.* München: Reinhard Fischer.

Schmidt, J. (2006): *Weblogs. Eine kommunikationssoziologische Studie.* Konstanz: UVK.

Schmidt, J. (2009): *Das neue Netz.* Konstanz: UVK.

Schmitz, J./Fulk, J. (1991): Organizational colleagues, media richness, and electronic mail: Test of the social influence model of technology use. In: *Communication Research* 18(4): 487–523.

Schneider, W. L. (2005): *Grundlagen der soziologischen Theorie: Weber – Parsons – Mead – Schütz.* Wiesbaden: VS.

Scholz, O. (2004): Was heißt es, ein Bild zu verstehen? In: Sachs-Hombach, K./Rehkämper, K. (Hg.): *Bild – Bildwahrnehmung – Bildverarbeitung. Interdisziplinäre Beiträge zur Bildwissenschaft.* Wiesbaden: Deutscher Universitätsverlag: 105–117.

Schönhagen, P. (2004): *Soziale Kommunikation im Internet : Zur Theorie und Systematik computervermittelter Kommunikation vor dem Hintergrund der Kommunikationsgeschichte.* Bern et al. : Lang.

Schuegraf, M. (2008): *Medienkonvergenz und Subjektbildung. Mediale Interaktionen am Beispiel von Musikfernsehen und Internet.* Wiesbaden: VS.

Schultz, F./Wehmeier, S. (2010): Online Relations. In: Schweiger, W./Beck, K. (Hg.): *Handbuch-Online Kommunikation.* Wiesbaden: VS: 409–433.

Schumann, D. W./Thorson, E. (2007): *Internet Advertising: Theory and Research.* Mahwah, NJ: Erlbaum.

Schwabe, G./Streitz, N./Unland, R. (Hg.) (2001): *CSCW-Kompendium: Lehr- und Handbuch zum computerunterstützten kooperativen Arbeiten.* Berlin: Springer.

Schweiger, W./Beck, K. (2010): *Handbuch Online-Kommunikation.* Wiesbaden: VS.

Schweiger, W./Quiring, O. (2006): User-Generated Content auf massenmedialen Websites – eine Systematik. In: Friedrichsen, M./Mühl-Benninghaus, W./Schweiger, W. (Hg.): *Neue Technik, neue Medien, neue Gesellschaft? Ökonomische Herausforderungen der Onlinekommunikation.* München: Reinhard Fischer: 97–120.

Schweitzer, E. J. (2008): Innovation or Normalization in E-Compaining?: A Longitudinal Content and Structural Analysis of German Party Websites in the 2002 and 2005 National Elections. In: *European Journal of Communication* 23(4): 449–470.

Schweitzer, E. J. (2010): Politische Websites als Gegenstand der Online-Inhaltsanalyse. In: Welker, M./Wünsch, C. (Hg.): *Die Online-Inhaltsanalyse: Forschungsobjekt Internet.* Köln: Harlem.

Searle, J. R. (1983): *Sprechakte. Ein sprachphilosophischer Essay.* Frankfurt a. M.: Suhrkamp Taschenbuch Wissenschaft.

Shapiro, C./Varian, H. R. (1999): *Information Rules: A Strategic Guide to the Network Economy.* Boston, MA: Harvard Business School Press.

Short, J. A./Williams, E./Christie, B. (1976): *The social psychology of telefcommunications.* New York: Wiley.

Siegert, G. (2010): Online-Kommunikation und Werbung. In: Schweiger, W./Beck, K. (Hg.): *Handbuch Online-Kommunikation.* Wiesbaden: VS: 434–460.

Siegert, G./Brecheis, D. (2005): *Werbung in der Medien- und Informationsgesellschaft : Eine kommunikationswissenschaftliche Einführung.* Wiesbaden: VS.

Siever, T./Schlobinski, P./Runkehl, J. (Hg.) (2005): *Websprache.net: Sprache und Kommunikation im Internet.* Berlin/New York: De Gruyter.

Simon, H. A. (1971): Designing Organizations for an Information-Rich World. In: Greenberger, M. (Hg.): *Computers, Communication, and the Public Interest.* Baltimore: The Johns Hopkins Press: 37–72.

Slater, M./Antley, A./Davison, A. et al. (2006) A virtual reprise of the Stanley Milgram obedience experiments. In: *PloS one* 1(1), Retrieved Access Date Access 2006, from http://www.plosone.org/article/info:doi/10.1371/journal.pone.0000039.

Smith, M. A./Kollock, P. (Hg.) (1998): *Communities in Cyberspace.* New York: Routledge.

Spears, R./Lea, M. (1994): Panacea or panopticon? The hidden power in computer-mediated communication. In: *Communication Research* 21: 427–459.
Spears, R./Lea, M./Lee, S. (1990): De-individualization and group polarization in computer-mediated communication. In: *British Journal of Social Psychology* 29: 121–134.
Sproull, L./Conley, C. A./Moon, J. Y. (2005): Prosocial behavior on the Net. In: Amichai-Hamburger, Y. (Hg.): *The Social Net. Human Behavior in Cyberspace*. Oxford: Oxford University Press: 139–162.
Sproull, L./Kiesler, S. (1986): Reducing social context cues: Electronic mail in organizational communication. In: *Management Science* 32(11): 1492–1512.
Spurgeon, C. (2007): *Advertising and New Media*. London: Routledge.
Stavrositu, C./Sundar, S. S. (2008): If Internet Credibility Is So Iffy, Why the Heavy Use? The Relationship between Medium Use and Credibility. In: *CyberPsychology and Behavior* 11(1): 65–68.
Stegbauer, C. (2001): *Grenzen virtueller Gemeinschaften. Strukturen internetbasierter Kommunikationsforen*. Wiesbaden: Westdeutscher Verlag.
Stegbauer, C./Bauer, E. (2008): Nutzerkarrieren in Wikipedia. In: Zerfaß, A./Welker, M./Schmidt, J. (Hg.): *Kommunikation, Partizipation und Wirkungen im Social Web*. Köln: Halem: 186–204.
Stegbauer, C./Jäckel, M. (Hg.) (2007): *Social Software: Formen der Kooperation in computerbasierten Netzwerken* Wiesbaden: VS.
Steinmueller, W. E. (2007): Economic Foundations of the Information and Communication Technology Industries. In: Mansell, R. E./Avgerou, C. A./Quah, D. et al. (Hg.): *The Oxford Handbook of Information and Communication Technologies*. Oxford: Oxford University Press: 196–219.
Stephens, K./Malone, P. (2009): If the Organizations Won't Give Us Information …: The Use of Multiple New Media for Crisis Technical Translation and Dialogue. In: *Journal of Public Relations Research* 21(2): 229–239.
Sternberg, R. J. (1986): A triangular theory of love. In: *Psychological Review* 93(2): 119–135.
Steward, D. W./Shamdasani, P. N. (1990): *Focus Groups. Theory and Practice*. Newbury Park, CA: Sage.
Stöckl, H. (2011): Sprache-Bild-Texte lesen. Bausteine zur Methodik einer Grundkompetenz. In: Diekmannshenke, H./Klemm, M./Stöckl, H. (Hg.): *Bildlinguistik: Theorien – Methoden – Fallbeispiele*. Berlin: Erich Schmidt: 45–70.
Strauss, A. L./Corbin, J. ([1996] 2005): *Grounded Theory. Grundlagen Qualitativer Sozialforschung*. Weinheim: Beltz.
Strübing, J. (2006): Webnografie? Zu den methodischen Voraussetzungen einer ethnografischen Erforschung des Internet. In: Rammert, W./Schubert, C. (Hg.): *Technographie: Zur Mikrosoziologie der Technik*. Frankfurt a. M./New York: Campus: 247–274.
Suler, J. (2004): The Online Disinhibition Effect. In: *CyberPsychology and Behavior* 7: 321–326.
Sulkin, T./Moriarty, C. M./Hefner, V. (2007): Congessional Candidates' Issue Agendas On- and Off-line. In: *Harvard International Journal of Press/Politics* 12(2): 63–79.
Surowiecki, J. (2007): *Die Weisheit der Vielen: Warum Gruppen klüger sind als Einzelne*. München: Goldmann.

Sydow, J./Windeler, A. (2006): Neue Organisationsformen in der Medienökonomie: Netzwerkbildung, Modularisierung, Virtualisierung. In: Altmeppen, K.-D./Karmasin, M. (Hg.): *Medien und Ökonomie Bd. 3: Anwendungsfelder der Medienökonomie*. Wiesbaden: VS: 47–60.

Taddicken, M. (2008): *Methodeneffekte bei Web-Befragungen: Einschränkungen der Datengüte durch ein „reduziertes Kommunikationsmedium"?* Köln: Halem

Tajfel, H./Turner, J. C. (1986): The social identity theory of intergroup behavior. In: Worchel, S./Austin, W. G. (Hg.): *Psychology of intergroup relations*. Chicago: Nelson-Hall: 7–24.

Thibaut, J. W./Kelly, H. H. (1959): *The Social Psychology of Groups*. New York: Wiley.

Thiedeke, U. (Hg.) (2003): *Virtuelle Gruppen. Charakteristika und Problemdimensionen*. Wiesbaden: Westdeutscher Verlag.

Thiedeke, U. (Hg.) (2004): *Soziologie des Cyberspace: Medien, Strukturen und Semantiken*. Wiesbaden: VS.

Thimm, C./Wehmeier, S. (2008): *Organisationskommunikation online: Grundlagen, Praxis, Empirie*, Frankfurt am Main et al.: Peter Lang.

Thurlow, C./Lengel, L. B./Tomic, A. (2009): *Computer Mediated Communication: Social Interaction and the Internet*. Los Angeles: Sage.

Tidwell, L. C./Walther, J. B. (2002): Computer-mediated communication effects on disclosure, impressions, and interpersonal evaluations: Getting to know one another a bit at a time. In: *Human Communication Research* 28: 317–348.

Tomlinson, J. (1999): *Globalization and Culture*. Oxford: Blackwell.

Tönnies, F. (2005): *Gemeinschaft und Gesellschaft: Grundbegriffe der reinen Soziologie*. Darmstadt: Wissenschaftliche Buchgesellschaft.

Tourangeau, R. (2004): Survey Research and Societal Change. In: *Annual Review of Psychology* 55(1): 775–801.

Tuomola, A. (2004): Disintermediation and Remediation oft he Sound Recording Value Chain: Two Case Studies. In: *Journal of Media Business Studies* 1(1): 27–46.

Turkle, S. (1998): *Leben im Netz. Identität in Zeiten des Internet*. Reinbek bei Hamburg: Rowohlt.

Turner, J. C./Hogg, M. A./Oakes, P. J. et al. (1987): *Rediscovering the social group. A Self-Categorization Theory*. New York: Blackwell.

Vaccari, C. (2008): From the air to the ground: the internet in the 2004 US presidential campaign. In: *New Media & Society* 10(4): 647–665.

Valkenburg, P. M./Schouten, A. P./Peter, J. (2005): Adolecents' identity experiments on the internet. In: *New Media & Society* 7(3): 383–402.

Vehovar, V./Manfeda, K. L. (2008): Online Surveys. In: Fielding, N./Lee, R. M./Blank, G. (Hg.): *The Sage Handbook of Online Research Methods*. Thousand Oaks: sage: 177–194.

von Hippel, E. (2005): *Democratizing innovation*. Cambridge, MA: MIT Press.

von Walther, B. (2007): *Intermediation und Digitalisierung: Ein ökonomisches Konzept am Beispiel der konvergenten Medienbranche*. Wiesbaden: DUV.

von Wiese, L. (1933): *System der Allgemeinen Soziologie als Lehre von den sozialen Prozessen und sozialen Gebilden der Menschen*. München/Leipzig Duncker & Humblot

Wagner, H./Schönhagen, P./Nawratil, U. (2009): *Qualitative Methoden in der Kommunikationswissenschaft*. München: Reinhard Fischer.

Walther, J. B. (1992): Interpersonal effects in computer-mediated interaction: A relational perspective. In: *Communication Research* 19: 52–90.
Walther, J. B. (1996): Computer-Mediated Communication: Imterpersonal, Interpersonal, and Hyperpersonal Interaction. In: *Communication Research* 23(1): 3–43.
Walther, J. B./Anderson, J. F./Park, D. W. (1994): Interpersonal effects in computer-mediated interaction: A meta-analysis of social and anti-social communication. In: *Communication Research* 21: 460–487.
Walther, J. B./Burgoon, J. K. (1992): Relational communication in computer-mediated interaction. In: *Human Communication Research* 19: 50–88.
Walther, J. B./Gay, G./Hancock, J. T. (2005): How do communication and technology researchers study the Internet? In: *Journal of Communication* 55: 632–657.
Walther, J. B./Heide, B. v. d./Hamel, L. M. et al. (2009): Self-generated versus other-generated statements and impressions in computer-mediated communication: A test of warranting theory using Facebook. In: *Communication Research* 36: 229–253.
Walther, J. B./Parks, M. R. (2002): Cues filtered out, cues filtered in: Computer-mediated communication and relationships. In: Knapp, M. L./A., D. J. (Hg.): *Handbook of interpersonal communication*. Thousand Oaks: Sage: 529–563.
Walther, J. B./Slovacek, C. L./Tidwell, L. C. (2001): Is a picture worth a thousand words? Photographic images in long term and short term virtual teams. In: *Communication Research* 28: 105–134.
Walther, J. B./Tidwell, L. C. (1995): Nonverbal cues in computer-mediated com-munication, and the effect of chronemics on relational communication. In: *Journal of Organizational Computing* 5: 355–378.
Wassermann, S./Faust, K. (1994): *Social Network Analysis: Methods and Applications*. Cambridge: Cambridge University Press.
Watts, D. J. (2003): *Six degrees: The Science of a Connected Age*. New York: Norton.
Watzlawick, P./Beavin, J. B./Jackson, D. D. ([1967] 2011): *Menschliche Kommunikation: Formen, Störungen, Paradoxien*. Bern: Huber.
Weber, M. ([1922] 1990): *Wirtschaft und Gesellschaft. Grundriß der vertshenden Soziologie*. Tübingen: Mohr.
Webster, F. (2006): *Theories of the Information Society*. London: Taylor & Francis.
Wehmeier, S. (2002): Online Relations. Ein neues Verfahren der Öffentlichkeitsarbeit und seine Problemfelder. In: Bentele, G./Piwinger, M./Schönborn, G. (Hg.): *Kommunikationsmanagement. Strategien, Wissen, Lösungen*. Neuwied: Luchterhand: 1–32.
Welker, M. (2009): Logfile-Analysen: Einsatz und Problemfelder. In: König, C./Stahl, M./Wiegand, E. (Hg.): *Nicht-reaktive Erhebungsverfahren. Schriftenreihe Gesis Leibniz-Institut für Sozialwissenschaften*. Bonn: GESIS: 103–118.
Welker, M./Werner, A./Scholz, J. (2005): *Online-Research. Markt- und Sozialforschung mit dem Internet*. Heidelberg: Dpunkt.
Welker, M./Wünsch, C. (2010): Methoden der Online-Forschung. In: Schweiger, W./Beck, K. (Hg.): *Handbuch Online-Kommunikation*. Wiesbaden: VS: 487–517.
Wellman, B./Gulia, M. (1999): Net surfers don't ride alone: Virtual communities as communities. In: Kollock, P./Smith, M. (Hg.): *Communities in Cyberspace*. New York: Routledge: 167–194.
Wellman, B./Haase, A. Q./Boase, J. et al. (2003) The Social Affordances of the Internet for Networked Individualism. In: *Journal of Computer-Mediated Communication* 8(3),

Retrieved Access Date Access 2003, from http://jcmc.indiana.edu/vol8/issue3/wellman.html.

Wellman, B./Haythornthwaite, C. (Hg.) (2002): *The Internet in Everyday Life*. Oxford: Blackwell.

Werle, R. (1999): Zwischen Selbstorganisation und Steuerung. Geschichte und aktuelle Probleme des Internet. In: Wilke, J. (Hg.): *Massenmedien und Zeitgeschichte*. Konstanz: UVK: 499–517.

Whitty, M. T. (2007): Loveletters: The development of romantic relationships thoughout the ages. In: Joinson, A. N./McKenna, K. Y. A./Postmes, T. et al. (Hg.): *Oxford Handbook of Internet Psychology*. Oxford: Oxford University Press: 31–42.

Whitty, M. T./Carr, A. N. (2006): *Cyberspace Romance. The Psychology of Online Relationships*. London: Palgrave Macmillan.

Whyte, W. F. ([1943] 1981): *Die Street Corner Society: Die Sozialstruktur eines Italienerviertels*. Berlin/New York: De Gruyter.

Willems, H. (Hg.) (2008): *Weltweite Welten: Internet-Figurationen aus wissenssoziologischer Perspektive*. Wiesbaden: VS.

Williams, A. D./Tapscott, D. (2007): *Wikinomics. Die Revolution im Netz*. München: Hanser.

Williams, A. P./Trammell, K. D. (2005): Candidate Compaign E-mail Messages in the Presidential Election 2004. In: *American Behavioral Scientist* 49((4)): 560–574.

Williams, D./Consalvo, M./Caplan, S. et al. (2009): Looking for gender (LFG): Gender roles and behaviors among online gamers. In: *Journal of Communication* 59: 700–725.

Williamson, O. E. (1990): *Die ökonomischen Institutionen des Kapitalismus: Unternehmen, Märkte, Kooperationen*. Tübingen: Mohr.

Windeler, A. (2001). *Unternehmungsnetzwerke: Konstitution und Strukturation*. Wiesbaden, Westdeutscher Verlag.

Winter, C./Thomas, T./Hepp, A. (Hg.) (2003): *Medienidentitäten: Identität im Kontext von Globalisierung und Medienkultur*. Köln: Halem.

Wirtz, B. W. (2006): *Medien- und Internetmanagement*. Wiesbaden: Gabler.

Wischermann, U. (2004): Der Kommunikationsraum Internet als Gendered Space. In: *Medien & Kommunikationswissenschaft* 2: 214–229.

Woelke, J./Maurer, M./Jandura, O. (Hg.) (2010): *Forschungsmethoden für die Markt- und Organisationskommunikation*. Köln: Halem

Wolling, J./Seifert, M./Emmer, M. (Hg.) (2010): *Politik 2.0.? Die Wirkung computervermittelter Kommunikation auf den politischen Prozess*. Baden-Baden: Nomos.

Zerback, T./Schoen, H./Jackob, N. et al. (2009): Zehn Jahre Sozialforschung mit dem Internet – Eine Analyse zur Nutzung von Online-Umfragen in den Sozialwissenschaften. In: Jackob, N./Schoen, H./Zerback, T. (Hg.): *Sozialforschung im Internet. Methodologie und Praxis der Online-Befragung*. Wiesbaden: VS: 15–32.

Zerdick, A./Picot, A./Schrape, K. et al. (2001): *Die Internet-Ökonomie: Strategien für die digitale Wirtschaft. European Communication Council Report* Berlin et al.: Springer.

Zerfaß, A. (2010): *Unternehmensführung und Öffentlichkeitsarbeit: Grundlegung einer Theorie der Unternehmenskommunikation und Public Relations*. Wiesbaden: VS.

Zerfaß, A./Boelter, D. (2005): *Die neuen Meinungsmacher: Weblogs als Herausforderung für Kampagnen, Marketing PR und Medien*. Graz: Nausner und Nausner.

Zerfaß, A./Sandhu, S. (2008): Interaktive Kommunikation, Social Web und Open Innovation. Herausforderungen und Wirkungen im Unternehmenskontext In: Zerfaß, A./Welker, M./Schmidt, J. (Hg.): *Kommunikation, Partizipation und Wirkungen im Social Web. Bd. 2: Strategien und Angwendungen. Perspektiven für Wirtschaft, Politik und Publizistik.* Köln: Halem: 283–310.

Zerfaß, A./Welker, M./Schmidt, J. (Hg.) (2008): *Kommunikation, Partizipation und Wirkungen im Social Web. Bd. 2.: Strategien und Anwendungen: Perspektiven für Wirtschaft, Politik und Publizistik.* Köln: Halem.

Zillien, N. (2009): *Digitale Ungleichheit. Neue Technologien und alte Ungleichheiten in der Informations- und Wissensgesellschaft.* Wiesbaden: VS.

Zimbardo, P. G. (1969): The human choice: Individuation, reason, and order vs. deindividuation, impulse, and chaos. In: Arnold, W. J./Levine, D. (Hg.): *Nebraska Symposium on Motivation.* Lincoln: University of Nebraska Press: 237–307.

Register

Abbruch der Befragung 161, 165
Affiliate-Marketing 151
aggregation 45, 87
Aggregation 39, 40, 110, 143
Akteur 3, 6, 8, 9, 13, 23, 31, 32, 33, 39, 42, 53, 54, 68, 73, 75, 76, 78, 79, 80, 81, 84, 85, 95, 99, 100, 103, 107, 110, 111, 112, 113, 114, 115, 116, 117, 118, 119, 120, 121, 123, 124, 126, 130, 138, 140, 143, 148, 151, 157, 172, 176, 180, 181, 186
Amazon 25, 144, 145, 150, 152, 153
Analyseeinheiten 174, 176, 178, 180
Aneignung 18, 35, 99, 101, 132
Anonymisierung von Daten 190
Anonymität 76, 79, 84, 85, 86, 98, 100, 102, 103, 124, 163, 188, 189, 190, 193
Anschlusskommunikation 17, 34, 35, 36, 41, 56, 151
antisoziales Verhalten 94
Arena 33
ASCII Art 98
asynchron 19, 21, 84, 86, 89, 155, 165, 167
asynchrone Befragung 165
Aufbauphase 82
Auflösungsphase 82
Aufmerksamkeit 23, 31, 33, 35, 37, 39, 40, 41, 61, 62, 64, 66, 69, 133, 150, 163, 165, 166, 167
Aufmerksamkeitsökonomie 150
Außenkommunikation 89
Äußerungsakt 53
Auswahleinheiten 175, 176
Auswertung 39, 144, 146, 151, 159, 160, 161, 162, 165, 169, 170, 173, 174, 175, 177, 178, 180, 182, 184, 188
Auswertungsmethoden 169
Authentizität 81, 82
Avatar 81, 189, 191
axiale Kodierung 182
Bandbreite 14, 63, 93, 94, 157, 170
Banner 36, 54, 67, 152, 153
Befragung 3, 41, 77, 78, 157, 159, 160, 161, 162, 168

Beobachtung 3, 42, 155, 156, 157, 159, 160, 169, 170, 171, 189, 190
Bestandsphase 82
Betriebssystem 185
Beziehung 3, 7, 8, 31, 52, 54, 63, 64, 69, 82, 83, 85, 86, 89, 90, 99, 128, 137, 183
Beziehungsaufbau 15, 83, 85, 99
Beziehungsmanagement 40, 43, 44, 45, 83, 130
Beziehungspflege 25, 103, 131
Beziehungssuche 83
Blog 19, 25, 26, 29, 35, 37, 43, 44, 118, 119, 131, 134, 150
Botschaft 7, 19, 52, 80, 83, 95, 97, 119
bottom-up 3, 107, 116, 117, 118, 119, 120, 123
Breitband 138
Browser 27, 165, 185
Browsercache 186
Business Web 147, 151
Byte 185
Chaos Computer Club 129
Chat 7, 17, 20, 24, 29, 56, 60, 75, 77, 79, 81, 84, 86, 117, 155, 157, 165, 167
Chat-Protokoll 60, 117
Client 186
Codiergrenzen 11
Community 39, 87, 189
Computer 13, 16, 17, 18, 20, 61, 129, 131
computer-mediated communication 1
Computerrahmen 17, 18
computervermittelt 91, 162, 168, 187
Computervermittlung 87, 98, 101, 166
Content Syndication 145
convergence 97, 131
conveyance 97
Crowdsourcing 148, 150
cues 93
cues filtered in 93, 97, 103
cues filtered out 93, 94, 99, 103
cues to choose by 93, 95, 99, 103
Cybercultural Studies 132, 133
Cyberdemocracy 108
Cyberspace 19, 88, 171
Datamining 144, 146

Datenbank 89, 152, 173
Datenerhebung 3, 159, 162, 169, 171, 173, 189, 193
Datenerhebungsmethoden 159, 160, 168
Datengenerierung 171
Daten-Güte 164
Datenschutz 114, 128, 129, 188, 190
Datentransfer 27, 162, 168
Deindividuation 102, 103
De-Marginalisierungsmodell 78
Dialogizität 157
digital citizen 60
digitale Bildlichkeit 63
digitale Kluft oder Spaltung 30
Digitalisierung 137, 139, 140, 141, 143, 148
Disintermediation 143, 150
dispers 9, 18, 51
disperses Publikum 9
Distribution 22, 139, 141, 143, 144, 148
doing gender 77
Domain Name System (DNS) 114
Ebay 25, 75, 81, 144, 187
Ebenen-Modell von Öffentlichkeit 34, 35
E-Business 137, 138
E-Commerce 18, 114, 138, 153
economies of scale 141, 142
E-Demokratie 108
Einzelbefragung 160, 162
electronic democratization 108
E-Mail 10, 17, 21, 74, 75, 80, 93, 96, 97, 100, 147, 152, 157, 162, 164, 165, 167, 168
Emoticon 77
Emotion 82, 85, 90, 95, 99, 100
Empfänger 13, 19, 100, 101, 151
empirische Sozialforschung 3, 159, 162, 188, 189, 192
encounter 33, 34
Entkontextualisierung 93, 163, 190
enträumlicht 140
Erhebung 94, 159, 161, 175, 176, 182
Erhebungsmethoden 160, 169
Ertragsmodelle 143, 144
ethische Anforderungen 159
ethische Forschungsrichtlinien 188
ethische Richtlinien 191
Facebook 25, 44, 83, 126, 130, 131, 133, 142
Face-to-face 6, 56, 60, 62, 66, 80, 85, 86, 89, 93, 95, 96, 97, 99, 100, 166, 167
fake identity 79, 80
Fallauswahl 160
Fans 55, 85, 133
Feedback 26, 95, 97, 100, 118, 119, 143, 153, 155, 156
flaming 103

Flickr 25, 44, 148
Folksonomies 28, 36
Followers 133
Format 38, 43, 139, 183
Forschungsethik 159, 188, 189
Forschungsfrage 161, 172, 174, 175, 176, 177, 178, 181, 182, 184, 188
Forschungsparadigma 159, 162, 164, 168
Forschungsprozess 160, 163, 169, 176, 178, 180
Fragebogen 160, 163
Fragmentierung 38, 45
Frames 181, 182
Freundschaft 82
Friends 83, 127
Gatekeeper 39, 42, 144
Gatewatcher 39
Gemeinschaft 61, 87, 88, 92, 120
gender swapping 77
gender switching 77
Geschäftsmodell 3
Geschlecht 30, 77, 129
Geschlechterwechsel 77
Gesellschaft 10, 16, 32, 77, 88, 91, 92, 109, 110, 112, 115, 116, 123, 124, 128, 138, 181, 188
Glaubwürdigkeit 31, 157
Google 5, 25, 35, 36, 39, 40, 41, 111, 114, 125, 133, 146, 151, 152
grassroots journalism 36
Gruppe 22, 30, 39, 55, 87, 89, 92, 102, 103, 133, 166, 167
gruppenbezogen 1, 7, 16, 43
Gruppendiskussion 94, 159, 160, 162, 166
Gruppenentscheidungssysteme 89
Gruppenidentität 89
Gruppeninterview 160
Gruppenkommunikation 18, 35
Gruppenkommunikationssysteme 89
Hackerethik 129
Handeln 2, 3, 6, 7, 13, 17, 35, 53, 54, 61, 73, 74, 101, 107, 110, 111, 113, 115, 123, 130, 131, 132, 134, 151, 161, 172
Hinweisreize 77, 79, 95, 98, 99, 100, 103
Homepage 26, 43, 80, 111, 118
Hybrid-Identität 80
hyperpersonale Kommunikation 100
Hypertext 14, 27, 155
Hypertextlink 90
Hypertextualität 173
Hypothesen zur Herausfilterung sozialer Kontextreize 94
Idealisierung 63, 100, 103
Identität 2, 73, 74, 75, 76, 77, 78, 79, 80, 81, 84, 100, 102, 103, 189
Identitätsmanagement 75

Identitätsmarker 81
Identitätsrequisiten 75
Identitätsressourcen 74
Identitätsspiel 77, 79, 81
Identitätsworkshop 77
Identitätszuordnung 190
ikonisches Zeichen 52
Image-Text 66
Impression management 74, 75
Index-Zeichen 52
indirekte Erlöse 144
indirekte Internet-Märkte 144
Individualisierung 16, 149
Individualität 20
induktive Inhaltsanalyse 180
Inferenzschlüsse 171, 174, 184
Information 11, 28, 56, 112, 121, 122, 131, 132, 139, 141, 150, 154, 155, 156, 188
Informationsgesellschaft 138, 186
Informationsgut 139
Informationsmanagement 16, 21, 28, 35
Informationsproduktion 141
Informationsselektion 45
ingroup 102, 103
Inhaltsanalyse 159, 171, 172, 173, 174, 175, 177, 178, 179, 180, 181, 184
Innovation 15, 149, 150
Instant Messaging 15, 21, 27, 77, 79, 86, 103, 155, 157
Integration 5, 20, 36, 44, 66, 131, 155, 156, 170, 171, 173
Intention 7
Interaktion 1, 2, 5, 6, 7, 8, 10, 13, 14, 18, 24, 25, 50, 74, 79, 88, 89, 91, 93, 100, 103, 116, 153, 154, 165, 166, 167, 170, 184, 189, 191
Interaktivität 10, 20, 50, 56, 151, 157, 173, 176
Intermedialität 173
Internet 1, 2, 3, 5, 10, 12, 13, 14, 15, 16, 18, 19, 20, 24, 26, 29, 30, 35, 36, 38, 39, 43, 45, 55, 62, 80, 81, 83, 85, 86, 88, 90, 91, 92, 107, 108, 109, 113, 114, 115, 116, 118, 119, 120, 121, 122, 123, 124, 128, 130, 132, 134, 137, 138, 139, 140, 141, 142, 143, 144, 145, 146, 147, 148, 149, 150, 151, 152, 155, 157, 160, 163, 164, 168, 170, 171, 173, 184, 185, 186, 189, 191, 192
Internet Corporation for Assigned Names 114
Internetnutzung 15, 17, 21, 29, 30, 31, 45, 86, 122, 166
Internet-Ökonomie 3, 137, 138, 139
Internetprotokoll 114
Internet-Unternehmen 138
interpersonal 99, 163, 165, 183
interpersonale Kommunikation 1, 18, 35, 117

Interpretationsmuster 181, 182, 183, 184
Interview 117, 118, 131, 160, 161, 165, 179, 190
Intimität 82, 85, 90, 94, 103
IP-Adresse 114, 185
iPhone 91, 120, 142
Isolation 102, 103
Journalismus 35, 36, 39
Kanal 10, 75, 94, 98, 100
Kapazität 20, 95, 150
Kategorien 75, 77, 83, 89, 162, 168, 172, 176, 178, 180, 181, 182
Kategoriensystem 174, 176, 177, 178, 180, 181
Kodalität 56, 64
Kodebuch 176
Kodierleitfaden 180
Kommunikation 1, 2, 3, 5, 6, 7, 8, 9, 10, 11, 13, 14, 15, 16, 17, 18, 19, 20, 21, 22, 24, 25, 27, 28, 29, 30, 31, 33, 34, 35, 36, 38, 39, 43, 45, 49, 50, 51, 52, 53, 54, 56, 59, 60, 61, 62, 63, 64, 65, 66, 68, 73, 74, 76, 77, 78, 79, 80, 81, 82, 83, 84, 85, 86, 87, 88, 89, 91, 92, 93, 94, 95, 97, 98, 99, 100, 101, 102, 103, 107, 108, 109, 110, 111, 112, 113, 115, 116, 117, 118, 119, 121, 122, 123, 124, 125, 126, 127, 128, 130, 131, 132, 134, 137, 139, 147, 149, 150, 151, 152, 153, 154, 155, 156, 157, 159, 162, 163, 165, 168, 170, 171, 175, 177, 179, 182, 183, 189
Kommunikationsbegriff 5, 6
Kommunikationsform 16, 17, 20, 22, 24, 50, 80, 85, 93, 94, 95, 96, 119, 126, 155, 167
Kommunikationsmodi 19, 20, 21, 29
Kommunikationspartner 7, 9, 11, 19, 20, 21, 27, 31, 59, 60, 62, 93, 94, 98, 101, 103
Kommunikationsraum 19, 29, 45, 116
Kommunikationsregeln 101
Kommunikationssituation 9, 10, 11, 13, 17, 22, 94, 95, 98, 171
Kommunikationsstil 77, 160
kommunikative Handlung 7, 53
Kommunikator 9, 10, 54, 177
Kompensationshypothese 85, 86
Konnektivität 91
Kontaktbörse 18, 83, 84, 92
Kontextinformation 93, 94, 179
Kontingenzanalyse 177
Kontrollverlust 154, 157
Konvention 13, 51, 52, 55
Konventionalisierung 54, 65, 66
Kooperation 14, 15, 16, 18, 21, 25, 114, 147
Kosten-Nutzen-Kalkulation 96
Krisenkommunikation 155, 156, 157
kritische Masse 142, 145
lean media 96

Leitfaden-Interview 161
Liebe 86, 92
Link 87, 152, 176
Linux 148, 185
Lock-In-Effekte 142
Logfile 3, 24, 159, 184, 185, 186, 187, 190
Logfile-Analyse 184, 187
Long Tail 36, 37, 43, 141
Lurker 23, 164, 189
Mailingliste 21, 22, 23, 24
Makro 7, 8, 66, 110, 111, 125, 126, 130
Makro-Ebene 111
Marktforschung 190
Massenkommunikation 1, 8, 9, 33, 34, 36, 38, 39
massenmedial 9, 18, 33, 34, 35, 41, 109
Media Richness Theory 95, 103
Media Synchronicity Theory 97, 103
medial vermittelt 6, 74, 160, 168
mediale Zeichenträger 50
Medialität 2, 5, 7, 8, 10, 13, 20
mediatisiert 171
Mediatisierung 16, 35, 92, 119, 131
Medien erster Ordnung 11
Medien zweiter Ordnung 11, 16
Medienbegriff 11, 15
Mediengebrauch 17, 20
Medienhierarchie 96
Medieninhalt 9, 33, 45, 49, 50, 173
Medieninstitution 9
Medienkompetenz 16, 128
Mediennutzung 31, 101
Mediennutzungsnorm 45
Mediennutzungsverhalten 165
Medienöffentlichkeit 33, 34
Medienprodukt 43, 50, 63, 184
Medienwahl 95, 97, 98, 99, 100, 101, 103
Medium 10, 15, 17, 18, 20, 50, 51, 54, 55, 58, 59, 86, 94, 95, 96, 116, 117, 118, 120, 121, 122, 130
Mehrfachverwertung von Datensätzen 190
Meso 7, 8, 110, 111, 117, 125, 126, 130
Meso-Ebene 111, 127
Methodeneffekte 163
Methoden-Mix-Ansätze 168
Metonymie 67
Microblogging 7, 25, 26, 38, 43, 44, 126, 155
Mikro-Ebene 7, 110, 111, 116, 125, 126, 127, 134
mirror sites 174
Mobilisierung 16, 112, 127, 134
Mobilkommunikation 91
Modalitäten 64, 65, 66
Modell der interpersonalen Medienwahl 100, 103
Moderator 166, 167
Modularisierung 146, 147, 150

Morphologie 57, 58
MP3 51, 140
MUD 76
Multimedia 21, 24, 25, 44, 50, 68, 114, 115
Multimedialität 68, 173, 177
Multimodalität 2, 5, 8, 10, 13, 49, 64, 66, 68, 69, 173, 177, 178, 182, 183
Multiplexität 90
MySpace 25, 44, 80, 83, 121
nachindustrielle Gesellschaft 138
Napster 140, 141, 144
Netspeak 59
Netzwerk 21, 24, 25, 31, 37, 40, 43, 44, 87, 90, 92, 101, 130, 132, 141, 151, 189
Netzwerkeffekte 132
Netzwerkgesellschaft 90, 91, 92
Netzwerkplattform 44, 74, 75, 80, 101, 142, 155
new economy 138
Newsletter 22, 153
Nicht-Identifizierbarkeit 76, 79, 103
nichtstandardisierte Befragung 161
Nickname 17, 24, 74
niedrigschwellig 35
nonverbal 7, 10, 94, 97, 99, 166
nonverbale Phänomene 66
Nutzer 10, 15, 16, 17, 18, 21, 23, 24, 25, 27, 28, 29, 33, 37, 40, 41, 42, 43, 44, 45, 62, 65, 75, 78, 80, 86, 93, 94, 96, 98, 101, 123, 140, 141, 150, 152, 154, 157, 174, 184, 185, 186, 191
nutzergenerierte Inhalte 18, 148
nutzergruppenspezifisch 38
Nutzungskontext 93, 191
Nutzungsmuster 17
Nutzungspraktiken 18, 20, 74
Nutzungspraxis 18
Nutzungsrollen 23
Nutzungsstandards 18
Nutzungsverhalten 23, 164
Nutzungsweise 16, 18
öffentlich 9, 14, 36, 40, 43, 45, 112, 126, 129, 179, 189
öffentliche Kommunikation 1, 7, 8
Öffentlichkeiten 5, 16, 30, 32, 33, 35, 36, 38, 39, 40, 42, 43, 44, 121
Öffentlichkeits-Ebenen 5, 36, 38
Öffentlichkeitsmodelle 32
Online-Befragung 162, 164, 167, 186
Online-Communities 14, 88
Online-Forschung 2, 3, 159, 162, 164, 184, 186, 187, 189, 190, 191, 192
Online-Game 77
Online-Gemeinschaft 87
Online-Gruppe 89, 92
Online-Gruppendiskussion 166

Online-Identität 74, 75
Online-Inhaltsanalysen 176
Online-Interaktionen 190
Online-Kommunikation 1, 2, 3, 5, 7, 16, 17, 21, 56, 62, 66, 77, 79, 80, 82, 85, 89, 93, 103, 107, 109, 110, 111, 112, 117, 119, 121, 122, 131, 137, 156, 159
Online-Magazin 176
online-medial 1, 50, 51, 118, 184
Online-Medium 16, 54, 56, 58, 59, 117, 130, 173
Online-Negativ-Campaigning 122
Online-Öffentlichkeit 2, 5, 30, 32, 35, 39, 44
Online-Policy 107, 124, 125, 126, 127, 130
Online-Politics 107, 115, 121, 123
Online-Polity-Instanzen 107
Online-Spiel 75
Online-Umfragen 164
Online-Werbebanner 54
Online-Werbung 2, 151, 152
Open Innovation 148, 149, 150
opinion leaders 34, 35
Orientierungsfunktion 31
outgroup 102
over-attribution 100
over-generalization 100
Pageimpressions 173, 186
Parallelität 97
parasprachliche Phänomene 66
paraverbal 59, 60, 62, 94, 100
Partizipation 18, 36, 108, 109, 110, 111, 128, 131, 170
Partnersuche 83, 84, 85
PDF 142
peer-to-peer 140, 144
performance 74, 77, 100, 192
Perlokution 54
personale Identität 103
Personalisierbarkeit 95
persönliche Öffentlichkeiten 43, 44
Persuasion 35
Piratenpartei 120, 129
Plattform 14, 16, 23, 29, 39, 43, 44, 148, 149, 150
Plauderchat 60
Podcast 155
Policy 107, 111, 112, 124, 125, 126
Politics 111, 112, 115, 121, 124
Politikfelder 123, 124, 125, 128, 130, 133
politische Kommunikation 35, 108, 110, 112, 132
Polity 110, 112, 113, 124
Pop-up 152
posten 23
Power-Law-Verteilung 37
Pragmatik 55, 57

Praktiken 18, 21, 29, 36, 44, 54, 60, 61, 77, 88, 92, 107, 109, 110, 111, 113, 115, 119, 121, 123, 124, 130, 132, 133, 137, 169, 181
Privatsphäre 129, 189, 190
Prodnutzung 148
Produktion 11, 18, 32, 33, 40, 50, 53, 66, 69, 138, 141, 143, 148, 149
Produser 148
Produzent 25, 52, 55, 171
Profil 25, 43, 44, 75, 80, 83, 84
propositionaler Akt 53
Provider 113, 115, 185
Pseudonym 24
Publikum 9, 18, 31, 32, 33, 41, 43, 51, 80, 154
Pull-Medium 126
Push-Medium 133
qualitativ 132, 159, 168
qualitative Befragung 165, 168
qualitative Methoden 160
quantitativ 36, 132, 159, 160, 163, 168, 175, 177
quantitatives Paradigma 163
Rahmen 9, 12, 17, 20, 28, 33, 39, 75, 87, 89, 101, 108, 111, 132, 151, 152, 162, 165, 186, 188, 190
Reaktivität 173, 174
Regeln 11, 24, 31, 55, 56, 57, 62, 81, 89, 101, 103, 125, 169
Reintermediation 143
Rekombination von Daten 190
rekombinierbar 140
Repräsentativität 160, 175
Reproduktion 140
Rezeption 19, 49, 50, 69
Rezipient 51, 52, 54, 55, 171, 177
Reziprozität 7, 90
rich media 96
Rollenwechsel 9
Rückkanal 9, 16
SchülerVZ 80, 83
Second Life 81, 171
Selbstbeschreibung 32, 75, 80
Selbstoffenbarung 79, 85, 100, 103, 161, 163
Selbstselektion 164
self disclosure 79, 161, 163
self-categorization theory 102
Semantik 55, 57, 59
semiotische Perspektive 49, 50
Sender 9, 11, 19, 40, 100, 173
SIDE 89, 102, 103
Skaleneffekt 141
social bookmarking 35, 36
social identity theory 102
social information processing theory 99, 103
social networking 15

social networks 18
social presence theory 93, 103
Social Software 15
Social Web 15, 16, 21, 38, 103
Social-News-Plattformen 40, 41, 42
Software 16, 18, 52, 75, 89, 113, 129, 140, 148, 165, 166
soziale Identität 102, 103
soziale Interaktion 7, 8, 12, 100
soziale Netzwerke 90, 133
soziale Präsenz 93, 94
soziales Handeln 3, 7, 107, 131
Sprachvarietäten 95
Sprechakttheorie 53, 54
standardisiert 75, 84, 159, 160, 161
standardisierte Befragung 159
Startseite 42, 56, 66, 176
Stichprobe 160, 164, 179
Stichprobenverzerrung 161, 164
Stichprobenziehung 163, 168, 175
StudiVZ 25, 43, 44, 75, 83, 101, 131
Suchmaschine 35, 146
Suchmaschinenmarketing 152, 154
Symbol 52, 68
Symbolhaftigkeit 2, 5, 7, 8, 10, 11, 13
Symbolhandlung 11, 13
synchron 19, 20, 167
synchrone Interviews 165
Syntax 57, 58
tag cloud 28
Teil-Identität 74, 80
teilnehmende Beobachtung 160, 169, 170
Teledemocracy 108
Theorie der sozialen Informationsverarbeitung 99
Theorie medialer Reichhaltigkeit 95, 96, 97, 103
Theorie sozialer Präsenz 93, 94, 103
TIME-Branche 139
Top-down 107, 116, 117, 119, 122, 123, 134
Top-Level-Domain-Websites 164
Transaktion 18, 81, 90, 154, 190
Transitorik 173
Transkriptivität 68
Transparenzfunktion 31
Twitter 7, 11, 17, 18, 25, 26, 38, 41, 42, 43, 44, 121, 126, 130, 131, 133, 155
Überarbeitbarkeit 97
Umfrageforschung 162
Unikatproduktion 141
Unmittelbarkeit 94, 95, 97
Unterstützung 18, 44, 86, 89, 92, 97, 116, 148, 166

URL 152, 185
User 14, 21, 22, 23, 29, 31, 44, 126, 129, 133, 148, 164, 173, 187, 189
User-generated content 148
Validierungsfunktion 31
verbal 11, 101, 166
verdeckte Beobachtung 169, 189
Verfahrensschritte 159, 169, 174, 175
Verhalten 5, 6, 7, 54, 60, 61, 79, 98, 102, 103, 128, 152, 160, 166
Verlinkung 36, 37, 43, 50, 52, 67, 84
Vermittlung 7, 8, 9, 11, 18, 36, 76, 83, 93, 95, 103, 116, 165
Vermittlungsinstanz 10
Vermittlungsprozess 9
Vermittlungsstrukturen 10
vernetzter Individualismus 91
Versammlungs-Öffentlichkeit 33, 34, 38
Versuchspersonen 188, 191
Vertrauen 31, 81, 82, 156, 157
Verweildauer 185
Verzerrung 163, 164, 167
Videocast 25, 155
virales Marketing 153, 154, 191
Virtual Community 87
virtuelle Organisation 147
Visits 173, 186, 187
Web 1, 14, 15, 16, 29, 36, 39, 41, 43, 63, 65, 114, 115, 117, 121, 130, 133, 148, 163, 173, 174, 187
Web 2.0 14, 15
Webcast 153
Webdesign 69
Weblog 7, 25, 26, 35, 37, 41, 80
Website 39, 52, 65, 117, 126, 154, 173, 185, 186
Werbemittel 151, 152, 154
Werbeträger 151, 152, 186
Wertschöpfungskette 137, 143, 150
Wiki 14, 27, 85, 147, 148, 155
Wissensmanagement 22
World Wide Web 1, 14, 15
WWW 14
Yahoo! 28, 147, 187
YouTube 11, 18, 25, 38, 43, 44, 75, 79, 85, 94, 111, 119, 121, 127, 128, 148, 154
Zeichenhandeln 2, 49, 51, 53, 54, 66, 69
Zeichenprozess 50, 54, 68
Zeichensystem 50, 57, 58, 59, 68
Zufallsstichprobe 164, 176
Zugriff 21, 140, 171, 178

www.ingramcontent.com/pod-product-compliance
Lightning Source LLC
Chambersburg PA
CBHW060455300426
44113CB00016B/2595